JN196421

Late Imperialism Studies Vol. 1

# 後発帝国主義研究
## 第一巻

Die deutschen Kolonien

# ドイツ植民地研究

Hisayasu Kurihara

## 栗原久定

1914 年段階のドイツ植民地帝国。ドイツ帝国とドイツ植民地を接続するケーブルと無線基地が示されている。

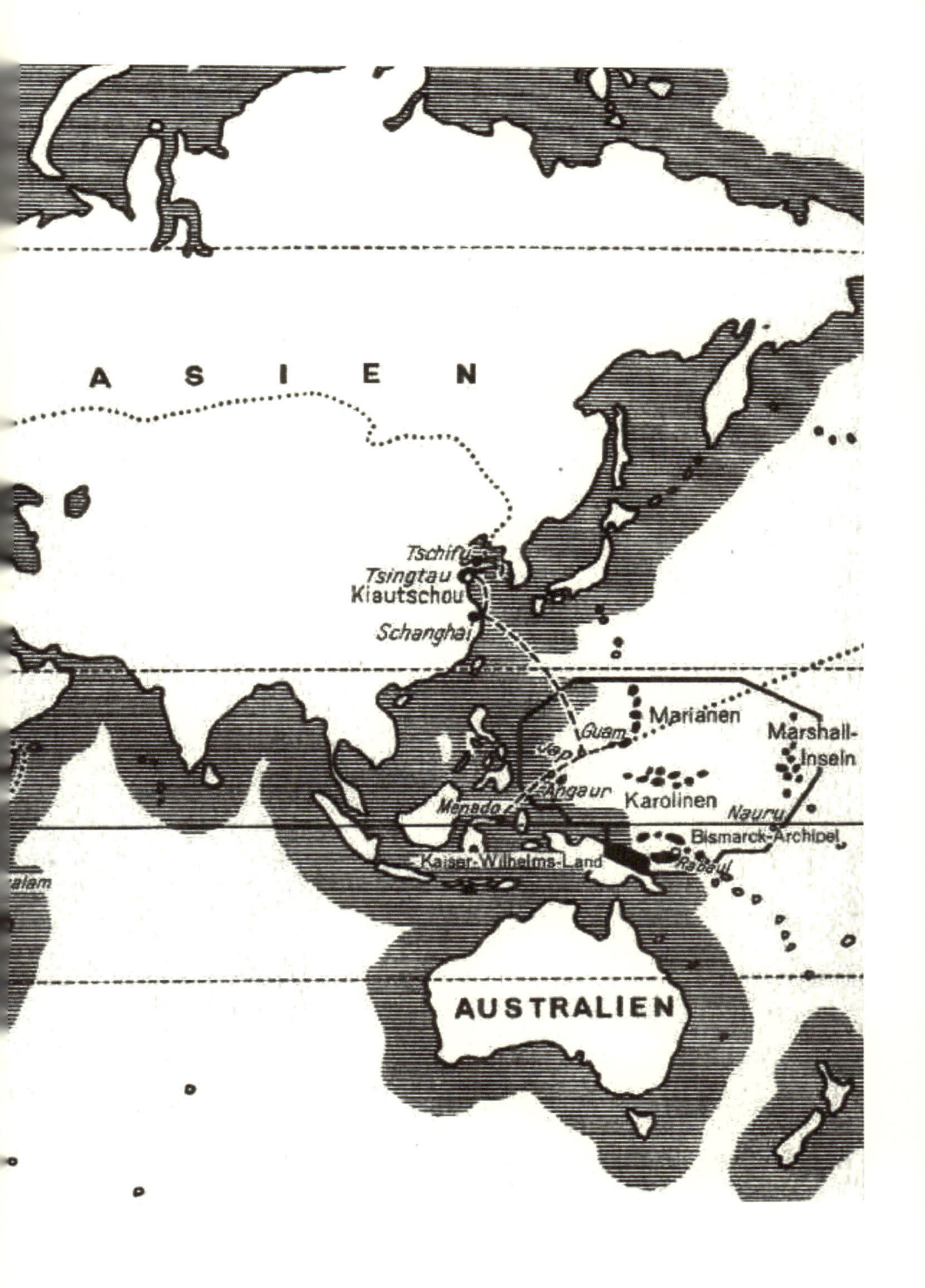

# まえがき

　ドイツ植民地とは、ドイツ帝国 (1871 〜 1918) の時代に約 30 年存在したアフリカ・太平洋・中国にまたがる植民地である。多くが熱帯地域に位置しており、面積は当時の植民地帝国の中では英仏に続く 3 番目で、人口も英仏蘭日に続く 5 番目という規模であった。しかしドイツからの入植者は少なく、当初は政治的・経済的には周辺的な地位にあった。統治後半にはドイツの国政を左右する存在となったが、第一次世界大戦における敗北によって消滅した。

　本書では植民地の統治機関とその政策を扱っている。公的には外務省、後にそこから独立する植民地省と現地に設置された総督府が統治の中心となった。民間では商社・キリスト教団体・植民地団体がおり、彼らは相互に協力・対立しつつ、その統治の性格を規定した。入植者が増え始めると、彼らも統治機関への参加を求めていく。

　植民地統治前半は、沿岸部の土地や徴税権といった各種権限を奪いつつ、内地に向かって、軍事遠征を繰り返し、領土を画定していった。次第に植民地経済も発展し、熱帯気候を活かしたプランテーション経営も行われたが、負担を強いられた住民は激しく抵抗した。植民地当局は、ドイツから派遣された軍隊の助けも借りつつ、過酷な鎮圧を行った。その後、これらの戦争の影響を踏まえ、植民地省が設置され、植民地改革が進められた。植民地経営に精通した官僚を養成しつつ、統治機構を整え、効率的な搾取に乗り出すことになった。

　統治においては多様な手段が用いられた。例えば軍事力の増強、現地の有力者を介した間接統治、教育機関による統治協力者の育成、植民地法の整備、他の帝国主義国家との連携といった手段がある。

　この植民地の時代を通して、民族問題の創出、恣意的な国境線の画定、世界経済と結びついた植民地経済の成立といった変化が起こり、現代に至るまで影響を与えている。

　ドイツ植民地は日本では馴染みが薄く、中学・高校の時期に歴史の授業で学んだ後は、触れる機会もないかもしれない。しかしドイツ、ひいては世界に与えた衝撃は大きく、その一環を本書の豊富な画像・情報を活かして示すことができれば幸いである。

　では、まずドイツ植民地の概観を見ていくことにしよう。

# 凡例

1. ドイツ人名・地名をカタカナにする際には、『ドゥーデン発音辞典（Duden. Das Ausspracheworterbuch)』を参照している。ただし日本で定訳がある場合は、この限りではない。
2. 植民地のおける都市名・地名は、初出では現在の都市名・地名も併記するが、それ以降はドイツ統治時代の呼び方で統一する。
3. 原語の表記は初出で記載したが、読者への理解を促進させる為に、章での初出や、初出での記載から相当離れている場合、そして地名や人名などの固有名詞を列挙している場合は適宜、複数箇所で付している。
4. 本著で掲載している数々の画像は当時刊行された新聞や雑誌から引用したものだが、写真によって縦と横の比率が異なる。また不鮮明なものも多い。これらの写真は読者の理解を促進させる為に、出来る限り本文で言及されている箇所の近くに配置したが、その結果、レイアウトがやや不規則になっている事に関して、予めご了承いただきたい。

# 第一章

Überblick

## ドイツ植民地概観

# 「ドイツ植民地」とはなんだろうか？

ヴェルザー家

クールラント・ゼムガレン
公ヤーコプ・ケトラー
（Jacob Kettler）。
戦艦を西インド諸島に差し
向け、トバゴ島を征服した。

ブランデンブルク選帝侯及びプロイ
セン公であるフリードリヒ・ヴィル
ヘルム（Friedrich Wilhelm）。増強
した艦隊をもって、西アフリカ沿岸
にまで遠征し、ガーナに要塞グロー
ス＝フリードリヒスブルク（Groß
Friedrichsburg）を建設した。

主にアフリカ、太平洋、中国にまたがる植民地で、気候も熱帯、温帯、砂漠帯と多様で、その総面積は当時のドイツの約6倍ともなった。総人口は約1400万人で、当時のドイツの人口約6500万人と比較して少ないものの、熱帯地区でしか育成できないアブラヤシといった産物を栽培しており、ヨーロッパで手に入らない肥料のリンを採取できるリン鉱石も埋蔵していた。中国においては当時約4億人の人口を抱え、世界最大の市場を控えていた。19世紀の後半から領有を開始し、第一次世界大戦におけるドイツ帝国の敗北とともに、消滅した。

他の列強の植民地と比較すると、その統治期間も約30年と短く、その政治的・経済的な影響力も低かったとされ、同時代の評価も同様であった。

一方で植民行政は議会で取り上げられ、ドイツ国政の行く末を左右した。さらにその後の生存圏（Lebensraum）構想の基礎を作った点で、ドイツ近現代史を語る上で、植民地の歴史は欠かせないものである。またこのドイツ植民地を巡り、当時の帝国主義国家体制が再編され、その後も、国際情勢に影響を与え続けた点は見逃せない。

以下、その世界を動かし続けた「ドイツ植民地」の概観を追うことにする。この場合の「ドイツ」は、1871年に成立した「ドイツ帝国」を指している。この「ドイツ帝国」の領域に属する君主や商人は、すでに16世紀から18世紀にかけ、植民活動を開始していた。古くはヴェルザー家（Welser、16世紀、ヴェネズェラに植民地を作り、ドミニコ会士ラスカサスの1552年の著作『インディアスの破壊についての簡潔な報告』に記載されている）、ハーナウ家（Hanau、17世紀、北部ブラジル、フランス領ギアナ）、クールラント・ゼムガレン公国（Kurland und Semgallen、17世紀、トバゴ）、そしてブランデンブルク＝プロイセン（Brandenburg-Preußen、17、18世紀、ガーナ、モーリタニア、カリブ、プエルトリコ、ベナン）の植民地が該当

するだろう。彼らは主に大西洋に面した地域（アメリカ大陸、アフリカ）に植民地を作り、略奪と入植を行い、砂糖といったアメリカ大陸の生産物、そして奴隷の貿易に携わるも長くは続かなかった。インド洋やアジア方面にも18世紀にプロイセンとオーストリアが進出し、経済的な利益を生み出そうとしたが、その計画も失敗した。当時は統一した「ドイツ」は存在していなかったために、これらの植民地は、各地域の君主の私的な植民地に終わった。結局、継続して統治できる地域はなく、撤退、もしくは他のヨーロッパ諸国に奪われることになった。

フランス革命、続くナポレオン戦争の期間には海外活動は停滞するが、その後再び活発化し、1842年から1845年に至るテキサス移住計画も立案された。さらにプロイセンも、ドイツ統一に向け、主導権を握り、内外にそれを示すために、海外活動を開始した。1859年から1862年に至るフリードリヒ・アルブレヒト・ツー・オイレンブルク（Friedrich Albrecht zu Eulenburg）の使節団がアジアに向かった際には台湾領有の話もあがった。

さらにドイツ統一戦争の際には、交戦国の植民地の割譲が計画された。まず1864年のシュレースヴィヒ＝ホルシュタイン戦争（デンマーク戦争）後はデンマークの領有していたインド洋のニコバル諸島（Nicobar Islands）の領有も計画された。1870年の普仏戦争後はコーチシナ（Cochinchina、ベトナム南部）の割譲も考えられた。

1871年にドイツ帝国が成立すると、再度、植民地獲得運動が再燃し、各地で領有が宣言され、それはアフリカ分割を開始したベルリン会議（Berliner Kongress）の時期まで続いた。当時の帝国宰相ビスマルク（Otto von Bismarck）は、維持に多額の費用がかかる植民地問題に積極的に関わることを控えた。フランスの対独復讐心を逸らし、英仏での植民地獲得競争を煽り、ドイツはその調停役を担おうとした。

一方で後の太平洋植民地となる海域への進出は進み、1880年のサモアでのハンブルクの商社ヨハン・セザール・ゴドフロワ商会（Johann Cesar Godeffroy & Sohn）への支援の件が帝国議会で問題となると、ビスマルクは植民地

フリードリヒ・アルブレヒト・ツー・オイレンブルク

オットー・フォン・ビスマルク

ハインリヒ・クセロウ（Heinrich Kusserow）。ドイツの外交官・政治家で、ビスマルクの下で植民地政策を遂行。銀行家のハンゼマンとも姻戚関係にあった。

グスタフ・ナハティガル

アドルフ・リューデリッツ

フーゴ・ツェラー（Hugo Zöller）。ドイツの研究旅行家でジャーナリスト。マヒンランド領有に関わった。

領有に舵をとっていく。要因としては、特に、英仏の植民地拡張によってドイツの立ち位置が安定したこと、1882年のドイツ植民協会（Deutscher Kolonialverein）成立のような植民地獲得に対する国内の熱狂への対応、1873年からの大不況への対処、植民地への進出を支援した銀行ディスコント・ゲゼルシャフト（Disconto-Gesellschaft）を率いる銀行家ハンゼマン（Adolph von Hansemann）の要求があった。

領有を開始した後もドイツ帝国指導部は植民地の直接統治には距離を置いており、探検家や植民地会社に統治を委任し、それに対してドイツ本国が保護を与える体裁をとった。しかし植民地会社の統治能力の欠如から植民地経営が破たんする事態となり、結局、国家による統治に切り替えられていった。

この段階ではドイツ帝国指導部が承認を与えた領域、そうでない領域が混在しており、まずそれが整理されたのが1884年から1885年にかけて開催されたベルリン会議（Berliner Kongress、コンゴ会議 Kongokonferenz、西アフリカ会議 Westafrika-Konferenz とも言われる）である。ここで西南アフリカ、トーゴ、カメルーンの領有が認められ、その会議の直後に東アフリカも保有し、主要なドイツのアフリカ植民地が成立した。

一方で西アフリカのドイツ植民地領有に尽力した探検家グスタフ・ナハティガル（Gustav Nachtigal）が関与し、ドイツ本国から承認を得ていたナイジェリアのマヒンラント（Mahinland）もイギリスの保護領となり、ドイツ領セネガンビアのカピタイ（Kapitaï）、コバ（Koba）も、協議の結果、1885年にフランスの領土となった。

さらにドイツ本国からの承認がないまま整理される植民地もあり、ブレーメンの商人アドルフ・リューデリッツ（Adolf Lüderitz）が獲得を働きかけていたアフリカ南部のサンタルチアベイ（Santa Lucia Bay）やポンドラント（Pondoland）、さらにコンゴのノッキ（Nokki）、カタンガ（Katanga、ベルギーに配慮したビスマルクによって1886年に国家的な承認を取り消された）は、ベルリン会議前後で他の植民地列強の手に渡った。

マヒンラントが表記されている地図。ナイジェリアのベナン（Benin）の左にマヒン（Mahin）と記載されている。

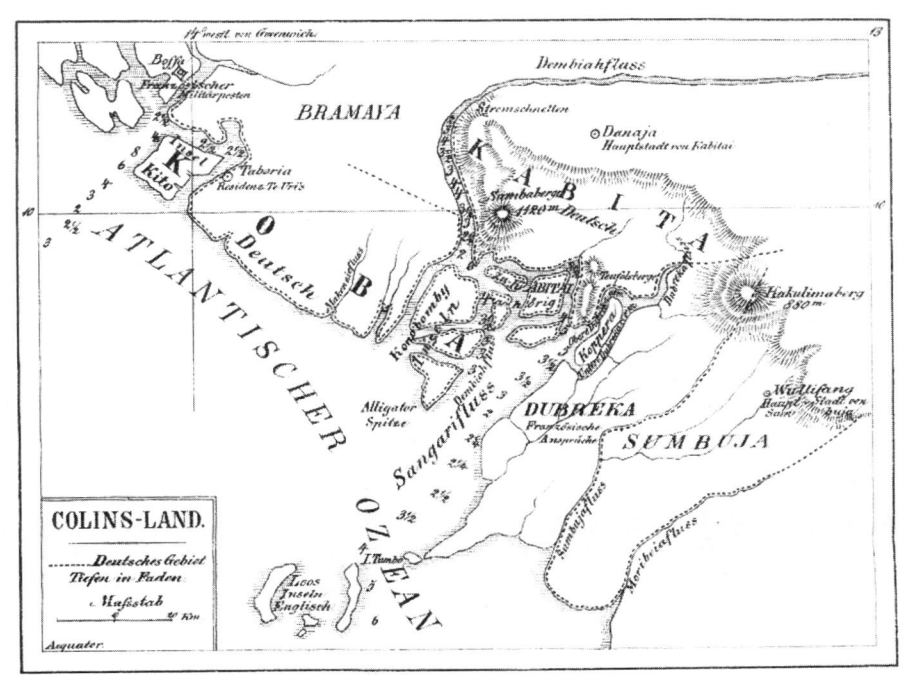

カピタイとコバ。ドイツが領有する際に関わった商人フリードリヒ・コリン（Friedrich Colin）にちなんで、コリンラント（Colinsland）とも呼ばれた。

1. Kapitel Überblick

レオ・フォン・カプリヴィ（Leo von Caprivi）。ビスマルクの後任の宰相。

ヴィルヘルム2世

参事官ハンス・ツァッヘ（Hans Zache）。植民地運動を指導した一人。ドイツ領東アフリカの統治経験もあり、ハンブルク世界経済文書保管所（ハンブルク植民地研究所の中心的研究機関として設立された）に所属。

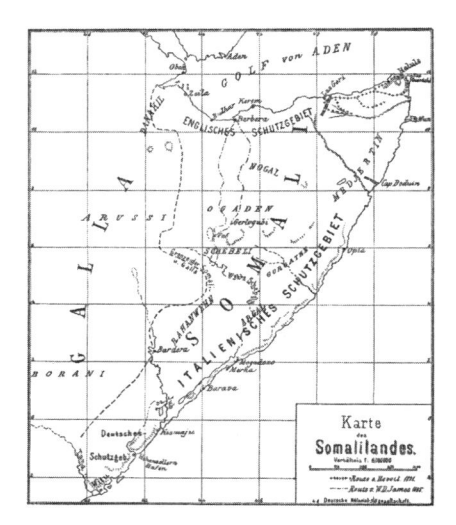

ドイツ領ソマリランドの地図。画像では下方に位置している。ドイツの探検家カール・ペータース（Karl Peters）の友人のカール・ルートヴィヒ・ユールケ（Karl Ludwig Jühlke）がヴィトウからホーエンツォレルンハーフェン（Hohenzollernhafen）まで勢力下におこうとした。

しかしこれらの植民地画定にはさらなる調整が必要であり、その最初の機会となったが英独間の外交交渉である。そこで1890年に結ばれたヘルゴラント＝ザンジバル協定（Helgoland-Sansibar-Vertrag）では、東アフリカのザンジバル諸島（Zanzibar、ドイツ語ではSansibar）と北海のヘルゴラント島（Helgoland）が交換されたのみならず、アフリカの各植民地の領土修正がなされた。この中で西南アフリカはカプリヴィ回廊（Caprivizipfel）を獲得した。

一方で、東アフリカに組み込む予定であったケニアのヴィトウ（Witu）、ドイツ帝国指導部に承認されていたドイツ領ソマリランド（Somaliküste、ドイツ東アフリカ会社 Deutsch-Ostafrikanische Gesellschaft が所有を主張）、影響下に置こうとしていたウガンダといった地域はイギリスに割譲された。コモロ諸島（Comoro Islands）にも1886年に拠点を作っていたが、上記の領域の取り決めを承認させる代償としてフランスに割譲された。この交渉結果に不満を持つ植民地主義者は抵抗の意味を込めて、1891年に汎ゲルマン主義を唱える全ドイツ連盟（Alldeutscher

Verband）を発足させていく。

　残ったのはアジア・太平洋方面であった。ドイツ皇帝
ヴィルヘルム2世の治世に実施された本格的な海軍増強の
もとで、「日の当たる場所（Platz an der Sonne）」を求めて、
植民地政策が推進された。その中で当時最大の市場である
中国において、膠州湾の占領が1897年に行われた。1898
年には同地が租借され、それを機として列強による中国分
割が進んだ。

　また太平洋でも分割が進み、1898年の米西戦争で敗北
したスペインからカロリン諸島、パラオ、北マリアナ諸島
（スペイン領ミクロネシア）を獲得した。しかしフィリピ
ンの領有はアメリカとの交渉の結果、失敗した。

　サモア領有も独米英の間で協議され、その領有が1900
年で決定すると、帝国主義国家による植民地分割は完了し
た。サモア条約では、再度、植民地の国境線調整が行われ、
太平洋植民地が成立する一方で、ドイツの領土とされてい
た南ソロモン諸島、そしてソロモン諸島最大の島ガダルカ
ナル島がイギリス領となった。またこの時に、1898年に
始められていたトーゴのサラガ（Salaga）の領域画定が正
式に決定した。

　この領域画定と同時に、植民地統治も進められたが、統
治初期の植民地官僚育成は整えられておらず、現地の状況
は十分に把握されていなかった。また内地への遠征、蜂起
の鎮圧が多かったため、武官の設置が優先され、武断政治
になり、さらなる抵抗運動を引き起こしていた。さらに
植民地経済委員会（Kolonialwirtschaftliches Komitee）の
指導に基づく大規模な経済政策は、土地・労働力の収奪
を招き、現地の住民に負担を強いるものであった。これ
らの要因から大規模な抵抗が1905年から東アフリカと西
南アフリカで開始された。それらの蜂起に対しては、過
酷な鎮圧が行われた。大規模な軍隊投入に伴い、植民地
に投入される補助金は増え続けた。この事態は帝国議
会で問題となり、1907年の選挙（「ホッテントット選挙
Hottentottenwahl」）の争点となった。

　その後、植民地政策の軌道修正が図られていく。1907
年には植民地省が設置され、初代植民地相ベルンハル

ベルンハルト・フォン・
ビューロー
（Bernhard von Bülow）。
ドイツの外交官、政治家で、
外相、さらにドイツ帝国の
宰相を務める。太平洋にお
ける植民地獲得に関わる。

ベルンハルト・デルンブルク

カール・マインホフ
（Carl Meinhof）。ドイツの言
語学者で、アフリカの言語を
研究した。ハンブルク植民地
研究所に所属。後にナチ党に
入党。

ハンブルク植民地研究所の外観

ハンブルク植民地研究所

ト・デルンブルク（Bernhard Dernburg）の下で植民地改革が提唱された。1908 年にはハンブルク植民地研究所（Hamburgisches Kolonialinstitut）が創設され、植民地経済振興や入植者増加を促進する政策が研究されていく。現地では税制改革や交通網の整備が進められ、本国からの補助金に頼らない植民地統治が目指されることになった。

1900 年代初頭は植民地再編が試みられた時代でもあり、世界政策（Weltpolitik）のもとで、ドイツに見合う植民地獲得が目指された。1905 年から 1911 年にかけて起こったモロッコ事件（Marokkokrise）では、帝国主義国家間で、植民地再分割が議論された。しかし 1898 年のファショダ事件（Fashoda Crisis）以降、英仏の協力関係は強固になっており、ドイツの要求は通らず、フランス領赤道アフリカからノイカメルーン（Neukamerun、「新しいカメルーン」の意味）を獲得するに留まった。しかしこの際に目指した中央アフリカ計画（Mittelafrika）は、引き続き画策され、英独間のポルトガル植民地分割交渉としても継続し、第一次世界大戦中、主要な戦争目的（Kriegsziel）になっていく。

第一次世界大戦中には、各植民地は東アフリカを除いて制圧され、大戦後は協商国の委任統治下に置かれた。ドイツの植民地は、主に B 式委任統治と C 式委任統治に分類

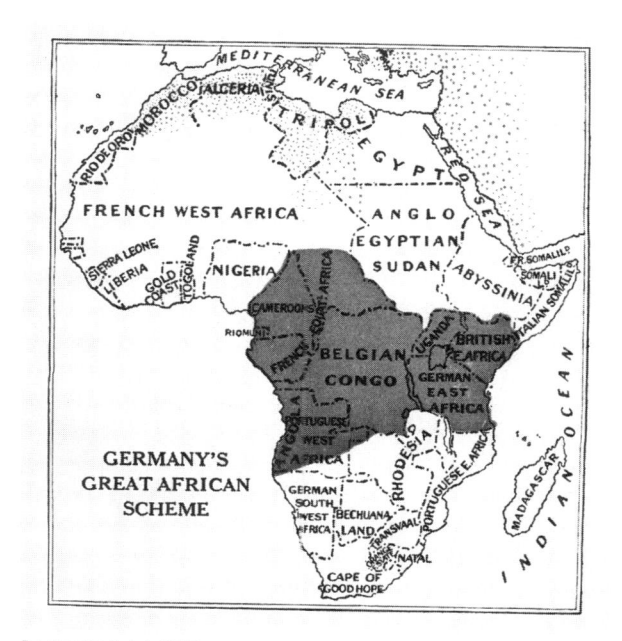

「中央アフリカ」計画

カール・ハインリヒ・
ベッカー
(Carl Heinrich Becker)。
ドイツの東洋学者・政治家。
ハンブルク植民地研究所に
所属。

第二次モロッコ事件における砲艦パ
ンター (Panther)

され、当初から独立の可能性は低く、協商国による実質
的な併合となった。西南アフリカを除いてドイツ系住民
も追放されたが、両大戦期には、ヴァイマル政府主導
で植民地返還運動が行われ、それは国民運動ともなった。
1925年のロカルノ条約（Locarno Treaties）締結とともに、
1927年から住民の植民地への帰還が認められたが、領有
は認められなかった。そのため返還運動は続き、ナチ党の
植民地再編にもつながっていく。ナチ党が政権の座に就い
た際には、中央アフリカ計画の実現が再燃したが、ヨーロッ
パ再編計画の実施が優先された。第二次世界大戦における
ドイツの敗北とともに、植民地領有の機会は絶たれること
になった。

　以上の植民地史の中で、ドイツ植民地の建設計画は、ア
メリカ大陸を始め、世界各地で実行されたが、公的に承認
されたのは、西南アフリカ、東アフリカ、トーゴ、カメルー
ン、太平洋植民地、膠州湾租借地の6つである。前者5つ
は主に熱帯に属し、膠州湾租借地は温帯に属していた。こ

ドイツの政治家ヨハネス・
ゼンラー
(Johannes Semler)。国民
自由党に属し、植民地の利
益を主張。

パウル・カイザー

ヴィルヘルム
・エヘルホイザー
（Wilhelm Oechelhäuser）。
ドイツの商人。植民地参事
会のメンバー。

エルンスト・フォーゼン
（Ernst Vohsen）。
ドイツの出版者。植民地参
事会のメンバー。

ベルリンのヴィルヘルム通りにおける植民地省

　れらは、入植植民地、プランテーション植民地、商業植民
地に分類され、機能分化が図られ、植民地統治改革が模索
されることになる。

　これらの植民地を管理していた公的な組織
は、外務省の植民地局であり、1907年から植民地省
（Reichskolonialamt）となった。この組織は3つの時代
を経て整備されていった。当初は、植民地統治を東アフリ
カのペータースといった現地の探検家や商人に委託してお
り、ドイツ本国でも外務省の一部局が対処していた。植民
地局は人的・物的な不足が深刻で、特に外務省の支援が無
かったために、予算確保が最優先となった。

　しかしビスマルク退任後、その直前に外務省植民地局
長に就任したパウル・カイザー（Paul Kayser）によって、
大幅な整備が行われることになる。彼はそれまでの統治に
手を加え、私企業との連携により、資本を獲得し、プラン
テーション経営や交通インフラの整備といった植民地開発

を行おうとした。ペータースをはじめとする多くの初期の委託者は、統治能力が欠如しており、蜂起を誘発していたからである。

また 1891 年には諮問機関として植民地参事会（Kolonialrate）を設置し、そこには、大銀行、海運業者、探検家、植民地主義団体が属し、歴代の植民地局長が会長となった。この組織は非公式ながら、所属メンバーの意見は、植民地統治へ大きな影響力を有した。

さらに各地の抵抗を鎮圧、そして円滑な統治を行う上で、軍事力の重要性も高まっており、植民地官僚より軍人の配備が優先された。1896 年から、植民地における軍隊である保護軍（Schutztruppe）の管轄も、海軍に代わって植民地局が担当することになった。保護軍司令部（Kommando der Schutztruppen）が 1897 年から設置された。

これに対して、入植者は、大企業優先の政策として反発した。ペータースを始めとする植民地主義者、特にドイツ植民地団体は、入植植民地の整備を求めていくことになる。またドイツ帝国指導部による植民地行政の改革を求める集団も私企業の植民地統治への批判を強めていく。

カイザーに続く局長は、上記の方針を維持したが、特許会社が承認されていた大規模な土地の独占利用の弊害が出てきていた。局長ゲアハルト・フォン・ブーフカ（Gerhard von Buchka）は、カメルーンの土地利権問題から辞任した。また予算の額が帝国議会で左右される状況は変わらず、1900 年代初頭の西南アフリカと東アフリカにおける大規模な蜂起鎮圧の際には、日に日に増加する予算が問題となった。局長オスカー・ヴィルヘルム・シュテューベル（Oscar Wilhelm Stübel）は、この抵抗への対処を困難として退任することになった。

この蜂起をうけ、ドイツ帝国指導部が直接植民地統治に乗り出すことになり、外務省から切り離す形で植民地省が新設された。当時の植民地局の長に抜擢されていたベルンハルト・デルンブルク（Bernhard Dernburg）は、植民地相となり、植民地統治機構を整えることになる。植民地官僚育成、現地の住民の労働力としての活用、熱帯における商品作物の栽培計画、入植促進政策に力を注いだ。彼の後

ゲオルク・アウグスト・シュヴァインフルト（Georg August Schweinfurth）。アフリカ探検家。植民地参事会のメンバー。

フランツ・ゲオルク・グラーゼナップ（Franz Georg von Glasenapp）。ドイツの植民地省における保護軍司令部の司令官。

オスヴァルト・フォン
・リヒトホーフェン
（Oswald von Richthofen）。
外務省植民地局長。のちに
外相となる。

エルンスト２世・ツー・
ホーエンローエ＝ラン
ゲンブルク（Ernst II. zu
Hohenlohe-Langenburg）。
外務省植民地局長。彼の父
ヘルマン・ツー・ホーエン
ローエ＝ランゲンブルク
は、ドイツ植民地協会の会
長。のちにナチ党に入党。

ゲアハルト・フォン
・ブーフカ

任フリードリヒ・フォン・リンデクヴィスト（Friedrich von Lindequist）は、その改革を継続しつつ、入植者保護の政策に傾いた。その後任ヴィルヘルム・ゾルフ（Wilhelm Solf）は、二人の前任者の方針を引き継ぎつつ、第一次世界大戦直前まで植民地改革を続けた。

　植民地においては、総督府が設置され、総督が現地での最高権力者として統治を行うことになる。総督府の下には、諮問機関である総督府参事会（Gouvernementsrat）が1903年から置かれ、植民地企業や入植者の意見を通す窓口となった。また総督府の下で、各行政地区が設置され、それらの地区には長が置かれることになった。マーシャル諸島では地方長官（Landeshauptmann）が総督の業務を行った。

　また植民地統治には、軍事力は必須であり、保護軍が組織された。派遣された軍隊は数が少なく、植民地の将校は、東アフリカのアスカリ（Askari）のように現地の住民から軍隊を編成した。補助的な軍事力として警察軍（トーゴでは保護軍がなく、警察軍が主要な軍隊）も創設された。

　植民地財政は、多くの場合、本国からの補助金で維持されたが、それは植民地政策批判の原因となった。そのため本国から独立した自立的な植民地経済を打ち立てることが主要な課題となっていく。

　当初は貴族・軍人が総督となり、住民の抵抗を鎮圧する目的で軍政が敷かれたが、次第に文官が統治する民政に移行していった。しかし保護軍の指揮、住民への対処をめぐり、文官と武官との対立は継続することになった。

　また入植者への支援は、当初から問題となっており、西南アフリカのように入植が成功した地域では次第に自治権が認められていった。入植者の数が増え、彼らの権利も拡大していったが、総督府が進める企業優先の経済政策と対立していくことになった。

　なお、膠州湾のみは海軍省の管轄であり、植民地省と同様の統治機構が作られ、現地でも総督府をはじめとする同様の機構が置かれた。外務省によって植民地統治が行われていた時代には、予算をめぐり、外務省と海軍省と争っていた。しかし外務省から植民地省が独立した後には、植民

アスカリ

オスカー・ヴィルヘルム
・シュテューベル

アスカリ

ヨハネス・ベル
(Johannes Bell)。最後の
植民地相。中央党の議員。

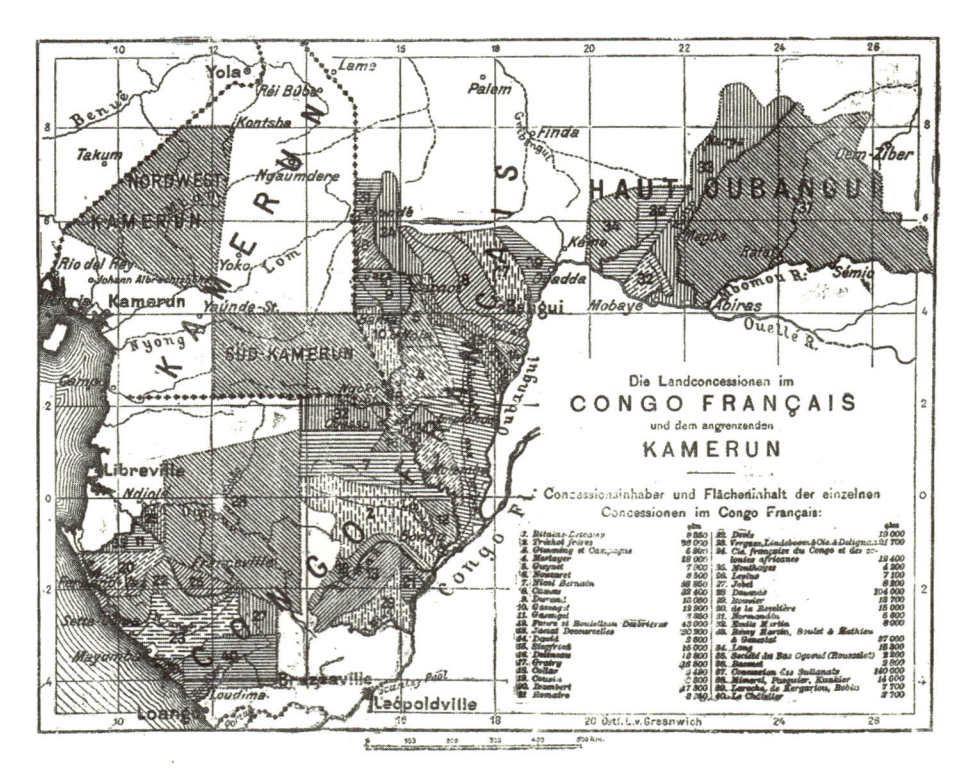

カメルーンにおけるコンセッションの配置図。地図の左上を参照。

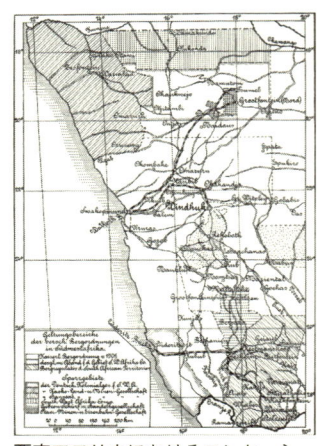

西南アフリカにおけるコンセッションの配置図

地省と海軍省は緊密に連携することになった。

　民間でも植民地統治を支えた組織が存在した。それは商社、キリスト教ミッション、植民地団体である。

　まず商社であるが、ハンブルクとブレーメンの商社が指導的な立ち位置にあった。これらは多くが1800年代に設立され、当初は西アフリカのヴェーアマン（Woermann）とヤンツェン・トルメーレン（Jantzen & Thormählen）、西南アフリカのリューデリッツ（Lüderitz）、東アフリカのオスヴァルト（O'Swald & Co）とハンジング（Hansing & Co）、太平洋のゴドフロワ（Godeffroy）が代表的な商社であり、その後、他の商社も定着していくことになる。

　さらに本国と植民地との連絡のための航路開拓では、ヴェーアマン会社、北ドイツ＝ロイド社（Norddeutsche

Lloyd、ブレーメンの海運会社）、ハンブルク＝アメリカ郵船会社（Hamburg Amerika Linie、ハンブルクの海運会社）が中心的な存在となっていく。

　これらの会社を支える資金は、企業家・銀行家ハンゼマンのディスコント・ゲゼルシャフトといった大銀行を介して与えられた。

　これらの商社、海運会社、銀行は、東アフリカ会社、ニューギニア会社（Neuguinea-Kompagnie）、アストロラーベ会社（Astrolabe-Compagnie）といった、植民地統治も担う植民地会社の設立にも関わった。さらには西北カメルーン会社（Gesellschaft Nordwest-Kamerun）、南カメルーン会社（Gesellschaft Süd-Kamerun）、西南アフリカ会社（South West Africa Company）のような植民地会社は、広大な土地利権（Konzession、コンセッション）を獲得し、独占的な開発を一任される場合もあった。

　これらの商社の活動は、統治の分野では次第に制限され、経済の分野に限定されていく。しかしその権限はなお巨大で、現地の経済活動全般を支配した。植民地省、総督府も商社の意向を考慮せざるをえず、彼らの要求は植民地統治に随時組み込まれることになったのである。

　次はキリスト教ミッションである。多くがプロテスタントであり、現地で、教育活動、医療行為を行った。ドイツ帝国が成立する以前は、東アフリカの英国教会伝道協会（Church Missionary Society、教会伝道協会）、西南アフリカのロンドン・ミッション（London Missionary Society）といった海外のキリスト教ミッションに属し、布教活動を行うドイツ系宣教師もいた。だが、ドイツ統一の前後から、急速にドイツ・ナショナリズムが強まり、ドイツのキリスト教ミッションが積極的に布教活動を行っていくことになる。ライン・ミッション（Rheinische Missicnsgesellschaft）のフリードリヒ・ファブリ（Friedrich Fabri）は、植民地獲得を主張する指導者となり、各ミッションに協力を求めた。以前は、ナショナリズムと距離をとっていたトーゴのブレーメン・ミッション（Bremer Mission）も、次第に国民主義的になり、初等教育を担い、ドイツ語教育を盛り込み、当局から支援を受け、支配の一翼を担った。また西南アフリカのライン・ミッション、中国のシュタイル・ミッション（Steyler Mission）は、それぞれ植民地を獲得する遠因を作り、その後の植民地統治にも密接にかかわっていく。

　植民地における企業の過酷な搾取に対しては、カメルーンのバーゼル・ミッション（Basler Mission）といったキリスト教ミッションが制限を求めた。また本国のカトリックの中央党（Zentrumspartei）も、資本主義の行き過ぎを批判した。

　しかし一方で、ドイツの植民地支配そのものへの疑問は提示されず、現地の住民を導く、文明化の使命は共有されていた。そのため、現地の住民がキリスト教ミッションの指導から離れることを拒絶し、ヨーロッパではなく、アフリカのキリスト教を広めようとするエチオピア運動にも警戒した。カメルーンにおけるドイツ支配から自立を目指す動きにも冷淡な態度をとった。プロレタリアートとして権利を主張することも認めず、初等教育以上の高等教育機関はほとんど設置しなかった。また東アフリカやカメルーンの北部のように、イスラム勢力の強い地域で、総督府によってイスラムが保護されていることへ批判を行った。

ブラジルにおけるドイツの学校と教会

ブラジルの入植地ブルメナウ（Blumenau）。この都市のあるサンタカタリーナ州にはドイツ系住民が多く入植した。

南米に向かう船。南米はドイツにとって最大の移住地の一つだった。

　最後に植民地主義団体である。探検家、その支援者が中心となって、植民地主義団体も結成されていく。アメリカ大陸への移住に関しては、1840年代からそれを後押しする組織が生まれていた。しかし1870年代からドイツ・ナショナリズムが高まるとともに、アングロサクソンが支配する領域とは異なる移住地として、ドイツ植民地が強調されるようになった。植民地主義者は、ドイツにとって最適な移住地を得るために、植民地再分割も主張し、国民を煽っていく。商業地理および在外ドイツ利益促進中央連盟（Central-Verein für Handelsgeographie und Förderung deutscher Interessen im Auslande）が設置され、その流れの中で最大の植民地主義団体ドイツ植民地協会（Deutsche Kolonialgesellschaft）が1887年に結成された。この団体は、ドイツ植民協会（Deutscher

アルゼンチンのサンタクルス州（Provincia de Santa Cruz）。ドイツの汽船が行き来し、今でもドイツ系住民がいる。

チリの都市バルディビア（Valdivia）。ドイツ系住民が多い。

チリの都市オソルノ（Osorno）

ブラジルの都市トゥバラン（Tubarão）における教会と学校

ブラジルの都市ジョインヴィレ（Joinville）
におけるドイツ人の邸宅▶

チリのオソルノにおけるドイツ系住民の学校祭　　ジョインヴィレ におけるドイツの学校

ジョインヴィレ駅

ブラジルの入植地における学校

チリの都市プエルトモント（Puerto Montt）。ドイツ系移民が街づくりに関わる。

チリの都市フルティジャール（Frutillar）。多くのドイツ系移民が来た。

チリで二番目に大きいジャンキウェ湖（Llanquihue）の岸に位置するフルティジャール

ドイツ植民地協会のアフリカハウス

ヨハン・アルブレヒト
・ツー・メクレンブルク
（Johann Albrecht
zu Mecklenburg）。
ドイツの政治家で、全ドイ
ツ連盟の設立者でもある。
ドイツ植民地協会の会長。

Kolonialverein）とドイツ植民化のための協会（Gesellschaft für Deutsche Kolonisation）が統合して結成されており、植民地経済の改良を目指す植民地経済委員会とともに、ドイツの植民地政策を先導することになる。ドイツ植民地協会は、人種主義的観点から入植者の利害を代表し、植民地指導部が行う大企業優先の経済政策の見直しを求めた。

　さらには 1890 年から行われた英独の植民地交渉の結果を不満として、1891 年、全ドイツ連盟が結成され、同じく植民地イデオロギーを広めていくことになる。

　これらの団体の加盟者、そしてその支持者は、ドイツ植民地協会でも数千人の規模であり、当時のドイツ帝国の人口からすれば勢力としては小規模だった。ドイツ本国の大多数の住民からすれば、植民地の利害は直接的に影響を与えるものではなかった。

　しかしその加盟者は政財界の要人を含み、各団体の発行

ヘルマン・ツー・ホーエンロー
エ＝ランゲンブルク
（Hermann zu Hohenlohe-
Langenburg）。
ドイツの政治家。ビスマルク
の重要な支援者で、ドイツ植
民協会の発起人。のちにドイ
ツ植民地協会の会長に就任。

テオドール・フォン
・ホレーベン
（Theodor von Holleben）。
ドイツ植民地協会の副会
長。

ヴィクトール・ヴァルワ
（Victor Valois）。
海軍将官で、ドイツ植民地
協会の副会長。植民地参事
会のメンバーでもあり、艦
隊協会とも関係。

アルベルト・フォン
・ポンマー・エシェ
（Albert von Pommer
Esche）。
ドイツ植民地協会の副会
長。

アドルフ・ザクセ
（Adolf Sachse）。
ドイツ植民地協会の副会
長。

オットー・アーレント
（Otto Arendt）。
ドイツのジャーナリスト。
ドイツ植民地協会と全ドイ
ツ連盟の設立に関わる。

カール・ペータース。全ド
イツ連盟にも所属。

フリードリヒ・ラッツェル
（Friedrich Ratzel）。
ドイツの地理学者。ドイツ
植民地協会と全ドイツ連盟
に参加。

カール・フォン・デア
・ハイト
（Karl von der Heydt）。
ドイツの銀行家。全ドイツ
連盟会長。

ベルリンにおける植民地ハウス

アルフレート・フーゲンベルク。ドイツの実業家、政治家。ドイツ国家人民党（Deutschnationale Volkspartei）の党首。

する雑誌も、大規模な植民地経済を展開できる資本家をも対象としていた。全ドイツ連盟の創始者でもある実業家アルフレート・フーゲンベルク（Alfred Hugenberg）は、当時のマスコミを左右する人物であり、彼らの言動は、影響力が大きかった。植民地主義団体の扇動は、1907年の国政選挙における社会民主党の大敗を引き起こしており、国政を左右する存在となっていた。

　これらの植民地に関わる集団を軸に6つの植民地を見ていくことにする。

　第2章では、最大の入植者数を記録した植民地西南アフリカを扱う。ここでは唯一入植者が定着し、本国の中間層の共感を呼ぶとともに、植民地を没収された後も、入植者が残り、その影響力を保持した点でドイツ植民地の代表とも言える。現地の住民を虐殺し、リザーヴ（居留地）に押し込め、入植者の生活を維持する政策は、生存圏構想の端

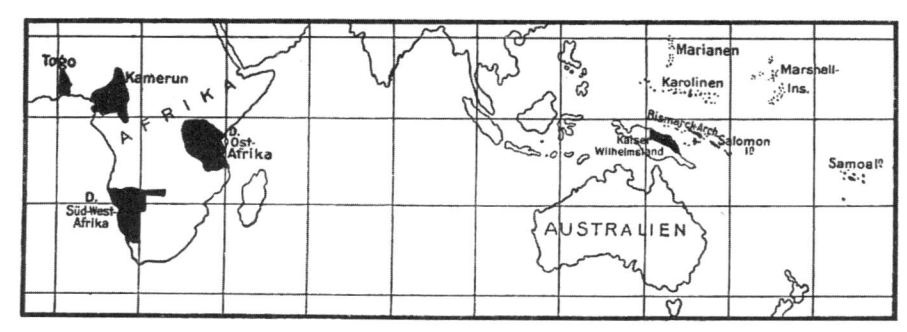

ドイツ植民地の地図（青島 Tsingtau を除く）

緒となり、ナチ党のジェノサイドの起源とも言われている。

第3章では、模範植民地（Musterkolonie）とされたトーゴを扱う。ここでは現地の住民の抵抗を抑え、現地のアブラヤシ生産の恩恵もあり、例外的に本国からの補助金に依拠しない植民地財政を実現した。キリスト教ミッションの協力もあり、就学率は高く、法の整備の点でも注目されることになる。

第4章では、プランテーション植民地の成功例とされたカメルーンを扱う。ここではアフリカの縮図とされた多様な気候を活かし、熱帯植物栽培が行われた。また大幅な領土の拡大を経験した唯一の植民地でもあり、ドイツが最終的に実現するべき、中央アフリカ（Mittelafrika）を実現する足掛かりともなった。

第5章では、最大の面積を誇る東アフリカを扱う。この植民地は、植民地改革期に最も注目されており、原住民栽培、多様な気候を生かした農業の研究、大規模なインフラ整備が進められた。一方でこの植民地はイギリスの勢力圏の渦中にあり、植民地再分割の際に常に焦点となった。またアフリカ最高峰キリマンジャロを擁し、植民地教育におけるドイツ植民地のイメージ形成にも寄与していた。

第6章では、海の世界分割の一端を担った太平洋植民地を扱う。陸地の面積だけであれば、後から二番目であるが、列強間で結ばれた海の境界線に囲まれた領域は最大であり、太平洋の「公海の自由」を左右した存在であった。後に太平洋植民地の委任統治を行った日本もドイツの植民地統治の記録を研究した。

第7章では、唯一の海軍省管轄の植民地である膠州湾租借地を扱う。ここでは他の植民地と異なり、商業植民地として形成され、広大な中国市場への窓口としての役割を期待された。この地域では、植民地としての割譲には至らず、租借という概念でとどまったため、国家主権のあり方を巡り、独立勢力としての中国当局との交渉が継続されることになる。一方で他の植民地と連動しつつ、アジア経済、ひいては世界経済の中に組み込まれていった。

これまでドイツ植民地の基本情報を把握するためには、ドイツ語や英語の概説書を読まなければならなかった。本書はその意味で日本における情報の提供元とすることを意図してい

る。その構成は、地域を横断した記述ではなく、各植民地においてどのような統治が行われたかを詳細を記述する形式をとっている。また植民地統治のドイツ本国への影響はここでは扱わない。

　なお本書で取り扱うテーマには偏りがあるが、それは以下の研究者から影響を受けている。ジェノサイドへの道を開いたとされる植民地戦争に関しては、永原陽子氏の研究、帝国主義時代における経済的自由主義に関しては浅田進史氏の研究に依拠している。また私自身の関心から、交通インフラの整備や原料供給を目指した戦争目的を扱っている。こうした一連の研究は、グローバルヒストリーにおける植民地支配の問題点を追究した流れを汲み、筆者もそういった過去の研究蓄積から多大な影響を受けている。

　言語的な制約もあり、これまで日本ではドイツ植民地が総括的に議論されることが無かった。本書を通して、植民地研究が活発化すれば幸甚である。

<外務省植民地局、植民地省>

| 植民地局長（Kolonialdirektor、1894 年以前は Kolonialdirigent） | | |
|---|---|---|
| 1890 – 1890 | フリードリヒ・リヒャルト・クラウエル | Friedrich Richard Krauel |
| 1890 – 1896 | パウル・カイザー | Paul Kayser |
| 1896 – 1898 | オスヴァルト・フライヘーア・フォン・リヒトホーフェン | Oswald Freiherr von Richthofen |
| 1898 – 1900 | ゲアハルト・フォン・ブーフカ | Gerhard von Buchka |
| 1900 – 1905 | オスカー・ヴィルヘルム・シュテューベル | Oscar Wilhelm Stübel |
| 1905 – 1906 | エルンスト２世・ツー・ホーエンローエ＝ランゲンブルク | Ernst II. zu Hohenlohe-Langenburg |
| 1906 – 1907 | ベルンハルト・デルンブルク | Bernhard Dernburg |

| 植民地相（Staatssekretäre des Reichskolonialamtes） | | |
|---|---|---|
| 1907 – 1910 | ベルンハルト・デルンブルク | Bernhard Dernburg |
| 1910 – 1911 | フリードリヒ・フォン・リンデクヴィスト | Friedrich von Lindequist |
| 1911 – 1918 | ヴィルヘルム・ゾルフ | Wilhelm Solf |
| 1919 – 1919 | ヨハネス・ベル | Johannes Bell |

# 第二章

Südwestafrika

# 西南アフリカ植民地

ナミブ砂漠

オレンジ川

　ドイツ領西南アフリカは最大の入植植民地であると同時に、その成立過程で、現地にいた住民が大量に殺された植民地であった。その領域は現在のナミビアにあたり、ドイツ領東アフリカに次ぐ大きさであり、中部・南部では牧畜が営まれていた。この地にドイツが介入した際には、住民間の対立を煽りつつ、土地・家畜を奪い、居留地に追い込んでいったために、東アフリカと並ぶ植民地最大の蜂起が起こり、その鎮圧には膨大な兵力と資金が投入された。ここでは絶滅政策がとられ、その後作られた強制収容所でも多くの人命が失われた。この虐殺で人口が激減し、労働力不足となったため、効果的に労働力を集めるリザーヴ（居留地）が設置されていく。この制度はアパルトヘイト体制におけるホームランド政策に引き継がれたとされている。この地域では、早くから南アフリカとの政治的・経済的関係が生まれており、その中でもアフリカーナー（ブール人）の動向は注目された。第一次世界大戦後、南アフリカは、早々に西南アフリカを占領するものの、白人支配を維持するためにドイツ系住民の多くを追放しなかった。そのためドイツ人はイギリス、アフリカーナーに次ぐ二級市民として残留した。帰化しなければ政治的な権利は得られなかった。そのため帰化を拒否したドイツ系住民は、南アフリカよりドイツへの帰属を意識し、文化・言語の維持に努め、その影響力は今日まで続くことになった。

Deutsch-Südwestafrika

西南アフリカの紋章

# 植民地化以前の西南アフリカ

カオコランドの水場

## 地理的特徴

　西南アフリカの地理的特徴は、左右を砂漠に挟まれ、中部の高原に牧草地が広がっている点にある。そのため、居住に適し、牧畜が行うことができるその高原をめぐり、現地の住民間の争いが起こってきた。海岸線沿いには、世界で最も古いといわれるナミブ砂漠（Namib）が広がり、それが自然の障壁となってヨーロッパが内地に進出するのはかなり後になることになる。その砂漠を越えると、高原となり、牧草地があり、牧畜・居住に適した地域が出現し、さらに東に向かうと、カラハリ砂漠（Kalahari）が広がっている。

ダマラランド

## 住民

　この領域に早くから居住し始めたのは、サン人（San、「ブッシュマン Bushmen」）、コイコイ人（Khoikhoi「ホッテントット Hottentot」、その中でも最大の民族集団がナマ Nama）であり、サン人は狩猟を行いつつ生活しており、コイコイ人は南部のオレンジ川（Orange River）付近に居住しており、羊や山羊の群れを飼っていた。しかしアフリカにおけるバントゥー系民族（Bantu）の拡大と南部におけるブール人、イギリス人というヨーロッパからの入植者との接触に伴い、その民族の配置図が変化していくことになる。

　まずバントゥー系民族の移動であるが、ナミビアに移動してきた同民族の中でも最大であったのがヘレロ（Herero）であった。彼らは 17 世紀に牛を飼って遊牧しつつ、西北からナミビアへ進出し、当初はカオコランド（Kaokoland）に住みついた。さらにいくつかの民族集団が南下し、ダマラランド（Damaraland）へ向かい、次第にナミビアの中部に進出することになる。

　北部には、バントゥー系民族に属するオヴァンボ（Ovambo）、カヴァンゴ（Kavango）が居住し、牛を飼い、漁業を行って生活していた。南に向かうことはほとんどな

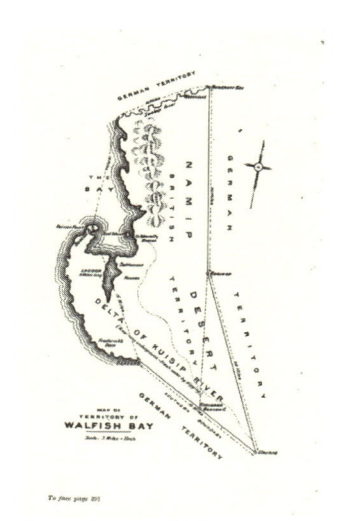

ウォルビスベイの地図

アングラペクェナ

オランダ人と現地のコイコイ人との貿易

かったが、農作物を手に入れるために交易は行っていた。

## ヨーロッパ支配の開始

　次にヨーロッパから来た入植者との接触であるが、それは、まず西南アフリカの海岸、特にウォルビスベイ（Walvis Bay、ドイツ語でヴァルフィッシュブフト Walfischbucht）から始まる。このドイツ領西南アフリカの地域に最初に訪れたヨーロッパ人は、ポルトガル人であった。1485 年にポルトガルの探検家ディオゴ・カン（Diogo Cão）が、西北部のスケルトン・コースト（Skeleton Coast、「骸骨海岸」）に到着した。さらに 1486 年にバルトロメウ・ディアス（Bartolomeu Dias）は、喜望峰をまわる際にウォルビスベイとリューデリッツ（Lüderitz、ディアスは アングラペクェナ Angra Pequena と名付けた）に着いている。しかしナミブ砂漠が広がり、生活環境は過酷であり、入植は断念した。

　次にオランダが、1793 年にケープ植民地への中継地として、ウォルビスベイを占領した。しかしフランス革命が始まり 1793 年には、ネーデルラント一帯はフランス革命軍によって占領された。そのままナポレオン戦争が終わる 1815 年まで、フランスの支配下にあり、この機に乗じてイギリスは世界に散らばるオランダの海上拠点を占領していった。その中で 1795 年にケープ植民地を占領し、同時に深水港ウォルビスベイも占領した。その後、両地域はイギリス領となり、ケープ植民地とウォルビスベイ一帯との間の往来の安全が模索され、1878 年にはウォルビスベイはケープ植民地に領有された。しかしオランダ、イギリスにしても海岸から内地への進出は十分行われなかった。ヨーロッパの入植者が西南アフリカの勢力図に影響を与えたのは、南部アフリカから陸路を介してであった。

## オルラムの北上

　南部アフリカでは、オランダ系移民のブール人（Boer）がケープタウン（Cape Town）を中心に植民地統治を開始していた。そのブール人農場ではコイコイ人が奴隷として働いており、彼らはオランダ語を話す「オルラム

Orlam」となっていく。彼らはブール人文化・慣習も受容し、銃も使用していた。彼らはケープ植民地の経済発展とともに北部に移動し、ケープ植民地がイギリスの手に渡り、1833年に奴隷解放の措置が取られたことで、その移動のテンポは速められた。彼らは銃に裏付けされた軍事力を活かし、まずオレンジ川付近のナマを支配下に置いていく。その中で父に継いで、首長となったのがヨンカー・アフリカーナー（Jonker Afrikaner）である。

ベタニー

　彼は、さらに北上を続け、ヘレロランドとの接点であるウィンドフック（Windhoek、ドイツ語でヴィントフーク Windhuk）に定着した。その間、ナマランドの支配を強め、オルラムとナマの融合が進んだ（オルラム＝ナマ）。またナミビアの中部をめぐるヘレロとの争いでも、優位に進め、ヘレロの諸集団の中にはヨンカーに従うものも現われた。この結果、1830年代から1840年代にかけてヨンカーはナマランドの広範囲を支配し、ヘレロに対しても影響力を及ぼす存在となった。1858年にはナマの首長オアセプ（Oaseb）とホアハナス平和条約（Hoachanas Peace Treaty of 1858、Friedensschluss von Hoachanas）が結ばれ、ナマランド、さらにはヘレロランドに跨る統一的な支配が確立した。

## キリスト教ミッションの介入

　西南アフリカで活動を行い、その勢力図に更なる影響を与えたのがキリスト教ミッションである。1805年にはケープから北上したロンドン・ミッション（London Missionary Society）が活動を開始し、1811年には南部のベタニー（Bethanie）に教会を建てていた。1816年にはウェズリアン・ミッション（Wesleyan Methodist Missionary Society、メソディスト Methodist）も続いたが、これらの組織にはイギリス人以外にも様々な国から宣教師を迎え入れており、西南アフリカに派遣されたのもオランダ人やドイツ人の宣教師であった。

　続いて1840年代となるとドイツのライン・ミッション（Rheinische Missionsgesellschaft）が活動を開始した。同協会は、1828年に中部ドイツの工業都市エルバーフェルト（Elberfeld）で設立され、ドイツのミッションとして、

ヴィントフークの教会

ヴィントフークの教会

グロース・バルメン

布教活動を展開していく。1829 年にはケープ植民地に拠点を置き、活動を開始し、次第に北上し、ロンドン・ミッションからナマランドの基地を引き継いだ。1842 年にはフランツ・ハインリヒ・クラインシュミット（Franz Heinrich Kleinschmidt、ナマの言語を研究した）やカール・フーゴ・ハーン（Carl Hugo Hahn、ヘレロの言語を研究した）が西南アフリカに到着し、ヨンカー・アフリカーナーも彼らの布教拠点をヴィントフークに作ることを許可した。宣教師はさらにヘレロランドにも進出しようとしたが、宣教師がもたらす技術、そして宗教的権威を独占するために、ヨンカーはそれに懸念を示した。ヨンカーはウェズリアン・ミッションをヴィントフークに移動させる計画を立てていた。それに伴う地位の低下に憤慨したライン・ミッションは 1844 年にオティカンゴ（Otjikango）に移動した。この地に「ノイ・バルメン（Neu-Barmen、グロース・バルメン Gross Barmen とも表記される）」を設け、ヘレロへの布教活動の拠点とした。

　オルラム＝ナマは、他の集団を襲撃しつつ、家畜を奪い、ケープ地方と交易を行っていたが、ヘレロは家畜を育て増

やしており、オルラム＝ナマを率いるヨンカーの狙われる
ところとなった。それに乗じて、ライン・ミッションは、
ヘレロに武器を与え、ヨンカーからの離反を煽り、オルラ
ム＝ナマの内部でも反ヨンカー派を形成していった。また
西南アフリカの鉱山利権を狙うスウェーデンの探検家・
商人チャールズ・ジョン・アンダーソン（Charles John
Andersson）もライン・ミッションを軍事的に支援してい
く。その中でヨンカーは死亡し、その後アンダーソンの一
団は、アフリカーナーの集団の排除に乗り出した。ライ
ン・ミッションは、その闘いをナマの圧政からヘレロを救
う戦争と定義し、ヘレロの側からマハレロ（Maharero）
を最高首長として担ぎ出した。彼はヘレロのみならず、オ
ルラム＝ナマも統合する存在として期待されていたが、ヘ
レロ自体は反アフリカーナーの争いから手を引いた。その
後はライン・ミッションがオルラム＝ナマとの戦いを継
続していき、1870 年にハーンの仲介でマハレロと当時の
ナマの首長ヤン・ヨンカー・アフリカーナー（Jan Jonker
Afrikaner、ヨンカー・アフリカーナーの次男）との間で
和議が結ばれた。

　この戦争によって、オルラム＝ナマの勢力は衰え、ヘレ
ロの最高首長が宣教師によって据えられた。「ナマ」、「ヘ
レロ」という枠組みが、ライン・ミッションによって当て
はめられ、その後のナミビアの歴史を左右することになる。
ヨンカーは宣教師を利用しつつ、ヨーロッパの技術・文化
を取り入れ、西南アフリカにおける覇権を握った。しかし
その宣教師が離反し、反アフリカーナーの策動を繰り返し
た結果、西南アフリカにおいて成立しようとしていた国家
は崩れ去ることになる。もはや宣教師と商人の行動は自由
になり、公式の植民地化前に、支配の礎が築かれていたの
である。

### 中部のレホボス

　なお中部のレホボス（Rehoboth）周辺には、ブール人
と現地の女性（多くはナマ出身）との間に生まれた混血の
子孫であるバスター（Baster）が定住していた。彼らはア
フリカーンス語を話し、オランダ統治下のケープ植民地に

マハレロ

ヤン・ヨンカー・アフリカー
ナー

レホボスの教会

バスターの下士官

レホボスのランブイエ羊

オマルル（Omaruru）。ヴィントフークの東北に位置する。

おいては、白人に近いということで支配者層に属していたが、次第にその地位は不安定になり、ブール人自体がイギリス勢力に圧迫されるに至り、バスターも移住を開始した。彼らは当時アフリカーナー支持派と抗争状態にあったライン・ミッションの誘導もあり、ナミビア中部に落ち着き、1872年にレホボス自由共和国を建設し、憲法を制定し、カプティーン（カピタン）の指導下で政治が行われることになった。

バスターの住居

レホボスのバスターの家族

2. Kapitel Südwestafrika

アドルフ・リューデリッツ

ハインリヒ・フォーゲルザング

オカヴァンゴ

カプリヴィ回廊

## 領域画定

　1883 年 4 月に、ドイツ帝国宰相ビスマルクからの依頼を受けた、ブレーメンの商人アドルフ・リューデリッツ（Adolf Lüderitz）は、同行していたリューデリッツの社員で、ブレーメンの商人ハインリヒ・フォーゲルザング（Heinrich Vogelsang）をこの地に派遣した。同年 5 月 1 日にフォーゲルザングは在地のベタニーの首長ヨーゼフ・フレデリックス二世（Josef Frederiks II）から大西洋に面したアングラペクェナ（Angra Pequena）の地を購入した。その後も多くの土地を獲得していき、これらの過程で結ばれていった契約書に書かれたマイルを、リューデリッツはイギリスマイル（約 1.6 キロメートル）ではなく、ドイツマイル（約 7.5 キロメートル）と主張し、首長をペテンにかけ、広大な土地を獲得した。これらの領有を根拠として、ドイツ本国の指導部は 1884 年 4 月 24 日、その地がドイツ帝国の保護下にあることを宣言した。軍艦も派遣され、視察が行われ、イギリスの黙認もあって、1884 年 8 月 7 日、西南アフリカの地にドイツ国旗が掲揚された。その後、トーゴとカメルーンの領有工作を行ってきたグスタフ・ナハティガル（Gustav Nachtigal）が、10 月に到着し、西南アフリカ弁務官（Kommissare）となった。さらに 1884 年 11 月 15 日から開催されたベルリン会議によって国際的な承認を受けた。

### イギリスとの外交交渉

　しかしケープ植民地と結び付けられたウォルビスベイだけはドイツ領にならず、ドイツにとって懸念材料となった。一方、イギリスもこのドイツの領有の動きを警戒し、外交交渉を行い、西南アフリカの東の国境線を東経 20 度線に設定した。さらに 1885 年 3 月 31 日には、西南アフリカに隣接する地域をベチュアナランド（Bechuanaland、現在のボツワナ）として保護国化し、当時ケープ植民地の北に移動しつつあったブール人とドイツ人が手を結ぶのを防ごうとした。さらに 1890 年には、英独の植民地の

国境線を調整するためにヘルゴラント＝ザンジバル協定（Helgoland-Sansibar-Vertrag）を結び、第三条にて、西南アフリカの東と南の国境線を正式に画定した。その際に、ドイツは、西南アフリカからアフリカの東海岸への通路としてベチュアナランドからカプリヴィ回廊（Caprivizipfel）を獲得した。このカプリヴィ回廊の先端はザンベジ川（Zambezi River）に接しており、その川を下ることでアフリカ東海岸に出ることが予定されていた。

## ポルトガルとの外交交渉

　ポルトガルとも 1886 年にポルトガル領アンゴラと西南アフリカの境界に関する協定を結んだ。これにより、北部はクネネ川（Cunene River、Kunene River）とオカヴァンゴ川（Okavango River）に沿いつつ、クワニャマ王国（Kwanyama）を南北に分断する境界線が設定された。これにより南部のオレンジ川を基準とした境界線と合わせて西南アフリカの領域が画定した。ヨーロッパ国家間の外交交渉はほぼ完了したが、これは沿岸部における支配と、西南アフリカにおけるドイツの優越権が承認されたにすぎなかった。実質的な現地での支配は、外交的・軍事的圧力を加えつつ、保護条約を受け入れさせねばならなかった。

アングラペクェナにおけるドイツの旗

カプリヴィ回廊におけるドイツの公使クルト・シュトライトヴォルフの家

カプリヴィ回廊を行進する軍人クルト・シュトライトヴォルフ（Kurt Streitwolf）

オティンビングェ

## 初期の植民地統治

### ゲーリングの統治

　ナハティガルが西南アフリカを去った後には、1885 年
5 月、外交官ハインリヒ・ゲーリング（Heinrich Göring、
ナチ党のヘルマン・ゲーリングの父）が臨時の弁務官に任
命され、オティンビングェ（Otjimbingwe）に行政府を置
き、彼の施政が始まった。主に外交的手段によって、現地
の住民とドイツ人との間の調整を行おうとし、一方で現地
の人間に対する法体系も整備した。当時、ヘレロとナマは
再び抗争状態にあった。1880 年に、ヘレロの領域でナマ
の住民が虐殺され、それ機にマハレロとヤン・ヨンカー・
アフリカーナーとの間で戦争が始まった。ヤンは劣勢とな
り、支持を失う中で、代わって指導力を発揮していったの
がヘンドリク・ヴィットボーイ（Hendrik Witbooi）であ
る。彼は、マハレロと一旦単独講和しつつ、ナマの陣営
を整え、再度ヘレロに対して、ゲリラ攻撃を繰り返して
いった。そのためマハレロはドイツの軍事的な支援に期待
してゲーリングと保護条約を 1885 年に結んだ。しかし西
南アフリカにはその要請に応えるだけの軍事力はまだ無
かった。結局、ヘレロはその保護条約を破棄し、さらに
は 1888 年にドイツの植民地統治機関の関係者をオカハン

ハインリヒ・ゲーリング

ヘンドリク・ヴィットボーイ（中央の人物）

オカハンジャ地区の官庁

ヘンドリク・ヴィットボーイとその
家族（後列中央）

オカハンジャ

オティンビングェの軍事基地

オティンビングェの軍事基地

グロース・バルメンの軍事基地

クルト・フォン・フランソワ

ヴィントフーク地区の裁判所

スワコプムントの灯台

ナウクルフト

ジャ（Okahandja）から追放した。その不穏な状態を考慮して 1888 年には、オティンビングェの基地を守るために、保護軍（Schutztruppe）の第一陣が到着した。

## フランソワの統治

　ゲーリングに次いで西南アフリカを統治したのが、ユグノー（Huguenot、フランスのカルヴァン派）の子孫の軍人クルト・フォン・フランソワ（Curt von François）である。彼は保護軍という軍事力を背景にした外交交渉を展開した。1888 年にドイツ植民地協会（Deutsche Kolonialgesellschaft）は、彼にヘレロの攻撃にさらされた植民地官僚の救出を命じ、1889 年にアフリカに到着した。彼はオティンビングェを拠点として陣取り、ドイツ植民地当局への反抗者に対峙した。1890 年には、1885 年にすでに締結されていた保護条約をマハレロと再び結び、1891 年からヴィントフークを拠点とすることになった。ヴィントフークは、ヘレロとナマの各勢力圏の間に位置し、双方の緩衝地帯として重視されており、その後のドイツ統治期間において首都として機能することになる。加えて、イギリス領であるウォルビスベイを利用せずに済むように、1892 年にスワコプ川（Swakop）の河口に、スワコプムント（Swakopmund）を建設した。また西南アフリカの地理的な調査を行い、地図を作製し、軍事拠点の配置を進めていった。

　1890 年にマハレロが死亡し、その後継者をめぐる争いが生じた際には、ドイツは第 4 夫人の子で、キリスト教徒であるサミュエル・マハレロ（Samuel Maharero）を推した。キリスト教ミッションもその人選を支持し、最終的にサミュエルがヘレロの最高首長に就任した。彼は当初、後継者とはみなされていなかったために後ろ盾が無く、立場は不安定であり、マハレロと同様に保護条約を結ぶことを強制されることになる。

　1891 年からフランソワは弁務官に任命され、植民地統治を開始していたが、ナマの指導的な地位にいたヴィットボーイはドイツとの保護条約締結に応じなかった。軍事行動を背景にした圧力を考慮し、ヴィットボーイは、ヘレロ

スワコプムント

スワコプムント

スワコプムント

ヴィントフークの散水車。後ろに新しい官庁が見える。

ヴィントフークの総督の住居

と 1892 年 11 月に和解しつつ、ドイツへの抵抗を開始した。フランソワは、1893 年、レホボスの西に位置するホールンクランス（Hoornkrans）におけるヴィットボーイの拠点を攻撃し、多くの非戦闘員を殺す残虐行為を行った。これは国際的に非難され、しかもヴィットボーイは中部の山脈であるナウクルフト（Naukluftberge）に立てこもり、引き続きゲリラ戦を繰り広げたため、フランソワへの信任が薄らいだ。そのため軍事的圧力に過度に依存した植民地統治の転換が図られることになった。

テオドール・フォン・ロイトヴァイン

## ロイトヴァインの統治

　フランソワの次に赴任したのが植民地行政官テオドール・フォン・ロイトヴァイン（Theodor von Leutwein）である。彼は、前任者二人の折衷的な政策をとることになる。ゲーリングの外交重視の政策、フランソワの軍事力重視の政策、これらを踏まえ、現地の住民を分割した上で統治し、各蜂起を軍事力で鎮圧する体制を築いた。これは「ロイトヴァインシステム」として整えられていくことになる。

ギベオンにおけるヴィットボーイの住居

## ナマへの対処

　1894 年 1 月 1 日にロイトヴァインが到着した時には、ヴィットボーイの抵抗は継続しており、その鎮圧が当初の課題であった。彼はナウクルフトに潜伏するヴィットボー

ナウクルフト

ヴィントフークのカイザー・ヴィルヘルム通り。ホテル「シュタット・ヴィントフーク」が見える。

ギベオン

サミュエル・マハレロ

サミュエル・マハレロの宮殿

フリードリヒ・マハレロ
（Friedrich Maharero）。
サミュエル・マハレロの
長男で、ベルリンに行き、
1896 年の植民地展示会の
視察をしている。彼はヘレ
ロの民族衣装を着ることを
拒否し、スーツを着ていた。
ヨーロッパ的な価値観を刷
り込まれる一方で、それを
利用してドイツ植民地統治
者との距離を縮め、統治の
仲介者の地位を確保した。

イを見つけ出し、1894 年に保護条約を結んだ。さらに彼らを本拠地ギベオン（Gibeon）に戻し、ドイツの監視下に置くことにした。これにより、ヴィットボーイはその後 10 年間、1904 年までドイツ植民地当局に従い、軍事的協力すら行った。

## ヘレロへの対処

　ヘレロとの保護条約も継続され、サミュエル・マハレロは自身の地位を強めるために積極的にドイツに協力した。彼はヘレロランドにおけるドイツの主権を承認し、多くの土地をドイツに譲り、ドイツの軍事的な後ろ盾を期待したのである。ロイトヴァインの北部の地理的調査にも同行し、ヴィットボーイと同様、蜂起の際には植民地当局に軍事的な援助も行った。ロイトヴァインは、ヘレロランドにおける境界設定を進め、サミュエルにその境界内部での秩序維持の責任を負わせた。

　しかしサミュエル・マハレロがヘレロ内部で十分な信頼を寄せられていない以上、ロイトヴァインはサミュエルに従わないヘレロの集団とも関係を結ぶ必要があった。彼は遊牧を行い、土地所有の概念を持たないヘレロの集団に、固有の領域を明確にさせるように指示した。その領域間の関係調整を行うことで、円滑な植民地統治を行おうとしたのである。これはアフリカの住民に定住を薦めてきたキリスト教ミッションからも支持され、これはアフリカの住民の居住地域、即ちリザーヴ（Reserve、居留地）の創出につながっていく。このようにサミュエルを支え、ヘレロの一体性を維持しつつも、ヘレロ内部を小さな単位に編成し、個別に支配する分割統治が完成した。

## 分割統治・搾取の進行

　ヴィットボーイとサミュニルというナマとヘレロの有力者を取り込み、さらにその集団を細かく分断したため、大規模な蜂起が起こりにくくなった。さらにナマとヘレロの長年の対立関係を利用し、両者の連携を切り離ししつつ、保護軍の増強に努め、住民の抵抗に備えた。その結果、ロイトヴァインの 11 年の統治期間において、ほぼ毎年抵抗が起きていたが、各自、早期に鎮圧され、抵抗した住民の土地・財産は接収され、ドイツの手に渡っていった。一方で 1890 年代後半、ドイツの入植者が増えるに従い、現地の住民に対する更なる搾取が開始された。特にヘレロは、居住・牧畜に適した土地を持ち、大量の家畜を所持していたため狙われることになる。

### 土地・鉄道敷設問題

　まず土地であるが、分割統治の一環として行われた固有の居住領域の設定は、土地の没収の口実として利用された。境界線が設定されればされるほど、広大な土地が接収され、住民の移動の自由が制限されていったのである。その中で北部のオヴァンボもヘレロランドと切り離されていった。また 1897 年にはヘレロランドで牛疫が発生し、サミュエルはそれに伴う財政的な損失を軽くするために、土地を処分し、売り始め、その機に乗じて植民地統治機関は土地を獲得していった。さらに防疫処置と称して、住民は特定の居住区に押し込められ、土地・家畜が奪われていった。この時にひかれた防疫線は、北部と中部・南部を区分し、人の移動を禁止するものになった。

　鉄道敷設も土地の接収を進める理由の 1 つになった。ロイトヴァインの統治下で、ヴィントフークとスワコプムントを結ぶ線が建設されていったのだが、それはヘレロランドの南部を横切るものであった。建設会社は、その線路を敷設する土地の割譲を要求し、サミュエルはその要求の大部分を呑まざるをえなかった。しかも交通インフラの整備で、最適な農地であるヘレロランドにさらにドイツ人居住者が殺到し、土地の没収が進むことになった。

### 家畜問題

　牛は、オルラム＝ナマの襲撃の対象となっていたように、現地における魅力的な商品であった。ヨーロッパの商人は、武器弾薬と交換し、これらの牛を手に入れていた。ドイツの統治下になると、住民の蜂起の後に、財産である家畜が没収されていった。また境界線の画定で、居住区域の外に迷い込んだ牛は押収の対象となった。住民に債務を負わせ、その支払いとして大量の牛を奪うことも多かった。

　さらに上記の 1897 年から 1898 年に至る牛疫の際には、大量の牛が死亡した。ドイツの入植者は、ワクチンを使って、自身の家畜は守り、植民地指導部に協力的な一部の首長に、そのワクチンを回した。これにより、家畜の持つものと持たざる者の格差は広がり、1902 年

ヘレロの牛

ダマラランドの牛

の段階でヘレロより遥かに少ないドイツ人入植者がヘレロとほぼ同数の牛（約 45000 頭）を所有するに至った。

　土地・牛を奪われ、無産者となった住民は賃金労働者となり、ヨーロッパの経営者によって進められていた鉱山労働や鉄道建設に携わることになった。既存の共同体は破壊され、リザーヴの設置も、ヘレロの保護よりドイツ人入植者の土地と安全を確保するために利用されていた。不当な搾取を行うドイツ人が罰されることはなく、人種的偏見に基づき裁判も行われており、この現状の打開のためにヘレロ・ナマの蜂起が開始されるのである。

保護軍の騎兵

# ヘレロ・ナマの蜂起

ヤコブ・マレンゴ

1904 年から 1908 年まで続いたこのヘレロ・ナマ戦争は、西南アフリカの住民に対し、現在まで影響の残る深刻な被害を与えた。蜂起の中で、各所属集団を越えた、その後のアフリカナショナリズムへの萌芽も見られた。ドイツ側も当初の予定をはるかに超える人的・物的消費、巨額の予算の要請から、国内の選挙（「ホッテントット選挙 Hottentottenwahl」）を左右する事態になった。この蜂起に対してドイツは大規模な軍隊を送り、普仏戦争以来の戦争を遂行し、イギリスの協力も得て、苛烈な弾圧を行っていく。この蜂起を契機としてドイツ植民地統治の見直しが行われることになった。

## ヘレロの抵抗

ヘレロに対する度重なる略奪は、反ドイツという面で、ヘレロ内部の団結を高めた。サミュエル・マハレロ自身も、ドイツに依存していても地位を維持できないことを理解し、ドイツと戦うことを決意した。当時は蜂起の時期としては、好都合な条件がそろっていた。すでに、1903 年には南部においてヤコブ・マレンゴ（Jacob Marengo、モレンガ Morenga という記述も多い）がドイツに対して戦闘を開始しており、その鎮圧のために保護軍は南部に向かっていた。またヴィットボーイを監視する必要もあり、植民地統治機関の注意は南部にあった。その間隙をぬって、北部・中部でドイツに向けた戦闘を開始しようとしたのである。その際には、オルラム＝ナマの指導者ヴィットボーイとの提携も行おうとした。サミュエルがヘレロを率い、ヴィットボーイがナマを率いることで、ドイツ帝国主義に対してナミビアの住民を団結させようとしたが、結局、この連合は実現しなかった。

ロタール・フォン・トロータ

1904 年 1 月 12 日にオカハンジャにて戦闘が開始され、戦争の初期段階においては、ヘレロは優勢で、要塞化した場所を除いてヘレロランド全土を掌握し、家畜も取り戻した。ドイツ側としては、この機会を利用し、ヘレロに無条

鎮圧部隊の輸送

ヴァータベルク

オマルルからの部隊の出発

件降伏を受諾させ、土地と財産を奪い尽くすつもりであった。しかし当初は数で圧倒され、かつ有効な作戦も打ち出せず、当面は、明確な優位をもたらす部隊がドイツから到着するまで待機することになった。この間にロイトヴァインの軍事的指揮への批判が高まり、その指揮権は支援部隊を率いる軍人ロタール・フォン・トロータ（Lothar von Trotha）に引き継がれた。

　トロータは6月11日に到着した後に、約1万5000人の大規模な軍隊をもって、戦争を遂行していくことになる。彼はすでに義和団戦争、東アフリカ植民地のへへ人の抵抗において、徹底した掃討戦を経験済みであり、西南アフリカでも絶滅政策も辞さなかったため、ロイトヴァインは懸念を示した。植民地統治を継続していく上で、人口の減少は労働力を減らすことであり、人的資源の確保も踏まえた交渉が必要だと考えていた。しかし度重なる戦略的失敗から彼の言葉は重きをなさなかった。

　戦線が膠着した段階で、ヘレロはオカハンジャの東北に位置するヴァータベルク（Waterberg）に撤退を行っていた。この地域は鉄道の路線からも距離があるために、ドイ

鎮圧部隊の輸送

ツが戦線を維持するための物資は牛車を使って運搬せざ
るを得なかった。そのためドイツ軍は十分な包囲はでき
なかったが、トロータは南から猛攻を加え、1904 年 8 月
11 日から激しい戦闘で行われた。大砲、機関銃といった
ドイツの武器を前にしてヘレロは敗退し、意図的に戦線を
薄くした、ヴァータベルクの東南方向に誘導されていっ
た。その先にはカラハリ砂漠の西端に位置するオマヘケ砂
漠（Omaheke）があり、追撃したドイツ軍は、8 月 20 日、
追いつめられたヘレロに対して、砂漠の奥に行くように強
制した。さらにトロータはオマヘケ砂漠の出口に 250 キロ
メートルにわたる哨兵線を引くように命じ、ヘレロの脱出
を不可能にした。この線は 1905 年中頃まで継続して維持
されたため、ヘレロの人々はカラハリ砂漠を通過するしか
なく、イギリス領ベチュアナランドに向かうまでに、ほと
んどの人々が渇きと飢えという苦痛を味わいつつ倒れて
行った。このヴァータベルクの戦いの後も「ヘレロ絶滅命
令」が出され、生き残ったヘレロも殺され、もしくはオマ
ヘケ砂漠に向かうことを強制された。

ヴァータベルク

中央鉄道の駅カリビブ（Karibib）。
鎮圧部隊の輸送の拠点となった。

ジーモン・コーパー（左から三番目）とヴィットボーイ（右から三番目）

## ナマの抵抗

ヘレロが敗北し、崩壊しつつある中で、南部のナマもドイツへの抵抗を開始した。ナマは監視下に置かれ、土地も略奪されていたが、ヴィットボーイの集団は武力衝突を避けるために植民地当局に対して協力的であり、マレンゴの蜂起、ヘレロの蜂起の際にも、ドイツ側につき、様子を窺っていた。しかしドイツの植民地支配の中で権利が削られていく事態へ危機を感じており、さらにヘレロの惨状を聞き、ヴィットボーイは蜂起を決意した。

ジーモン・コーパー（右から二番目）

ヴィットボーイは、ナマランドの他の首長にも動員をかけ、多くがその呼びかけに応じた。その中にはフランスマン・ナマ（Fransman-Nama）のジーモン・コーパー（Simon Kooper）、レッドネイション（Red Nation、Rote Nation）のマナセ・ノレセプ（Manasse !Noreseb、1881 年から1905 年まで首長。「!」は吸着音を示す）、ボンデルスヴァルト（Bondelswart）のヨハネス・クリスティアン（Johannes Christian、1903 年から 1910 年まで首長）がいた。一方で、

コルネリウス・フレーデリクス

キリスト教ミッションの影響下にあるベルセバ・オルラム（Berseba Orlam）、ベタニー・オルラム（Bethanie Orlam）といった集団は参加を拒否した。レホボスもこれまでと同様にドイツ側についた。しかしベタニー・オルラムの中でも首長パウル・フレーデリクス（Paul Frederiks）に対抗するコルネリウス・フレーデリクス（Cornelius Frederiks）は、ヴィットボーイ側につき、ナマの蜂起に参加していくことになる。

　1904 年 10 月にはナマが攻撃を開始した。ドイツは、この機にナマランドを占領するべく、ヘレロ掃討を行っている部隊を南部に向かわせようとした。当初はナマの部隊を破り、ヴィットボーイを本拠地のリートモーント（Rietmond）から撃退したが、これはナマを南部山地のカラスベルク（Karasberge）におけるゲリラ戦に導くことになった。特にマレンゴとフレーデリクスはゲリラ戦の名手であり、ドイツ側の被害は増えていった。早期の決着は見込めなくなる中で、ヘレロ掃討を並行して遂行するのは不可能だった。そのため植民地指導部はヘレロ絶滅政策を断念し、強制収容所を設置する政策に切り替えた。収容所には、抵抗する住民が連れ込まれ、蜂起の拡大を防ぐために、監視された。過酷な収容所環境に加え、植民地統治機関、軍、企業のために強制労働が課せられた。後にフレーデリクスのようなナマの指導者も収容され、その多くが命を落とし、遺体はオイゲン・フィッシャー（Eugen Fischer）といった人類学者によって優生学の研究材料とされた。

　ヴィットボーイが 1905 年に戦死すると、ナマ陣営の士気は挫かれ、多くのナマの人々は戦

線を離れ、降伏した。しかしヴィットボーイと行動をともにしていたコーパーは引き続き、戦闘を続行し、マレンゴ、アブラハム・モリス（Abraham Morris、マレンゴの副官、スコットランド人の父とボンデルスヴァルトの母を持つ）、ヤコブ・クリスティアン（Jakobus Christian、1920年からボンデルスヴァルトの首長）の部隊も健在だった。またフレーデリクス部隊のゲリラ戦も加わり、戦争は長期戦の様相を呈していく。ドイツ軍への信頼が失われ、かつ植民地経済は停滞し、ドイツ本国からの補助金は増える一方で、帝国議会でも問題となっていった。

　この蜂起の決着をつけたのはイギリスとの帝国主義国家間の連携であった。ゲリラ戦の際に重要だったのは、西南アフリカの背後にあり、ドイツ管轄外であるイギリス植民地の存在だった。このイギリス植民地とドイツ植民地の間を交互に移動することで、ゲリラ部隊は、追撃をかわしていた。しかしイギリスはこれ以上の反帝国主義の運動を放置することは、イギリス植民地支配への抵抗も助長する可能性を考慮し始め、次第にゲリラ部隊への締め付けを開始する。まずフレーデリクスの部隊が1906年にドイツ保護軍に降伏し、マレンゴは1907年にケープ植民地の警察部隊との戦闘中に撃たれ、死亡した。コーパーは、強制収容所に入れられても脱走を繰り返し、最後まで戦闘を継続したが、イギリス領内で1909年にようやくドイツへの攻撃を停止した。ドイツはイギリスの外交的・軍事的な支援を受け、この戦争が終結させることが可能になったのであった。

### 蜂起の結果

　この戦争の結果、ヘレロは人口の80%、ナマは人口の50%を失った。これはハイフィッシュ島（Haifischinsel）収容所のような劣悪な環境の強制収容所で亡くなった人の数も含まれる。ヘレロは絶滅に近い状態となり、ナマも多くの指導者を失い、不安定な状態となった。ドイツ植民地のカメルーンやトーゴに送られたナマの住民もいた。ヘレロランドとナマランドはドイツの国有地として組み込まれることになった。ドイツはこの蜂起の鎮圧に乗じ、蜂起に参加する可能性があるとみなした集団も襲撃し、略奪行為を行った。それを免れたのはレホボス、ベルセバといった蜂起に加わらず、総督府と関係が深い集団だけだった。戦争に参加した、もしくは戦争の影響で帰属集団を失った住民の土地と財産は、植民地統治機関に没収され、西南アフリカの主要な土地の大半がドイツ人の手に渡ることになったのである。

　またこの戦いの中でヘレロ・ナショナリズムの高揚が見られた[注1]。ヘレロにおいては、ドイツの傀儡と見なされていたサミュエルも、ドイツへの憎悪が高まる中で、ヘレロの指導者として結束を固める象徴的存在となっていった。ナマにおいても、複数の首長がおり、その中にはヴィットボーイを敵対視し、マハレロと協力していたマナセ（Manasse）のような首長もいたが、ドイツという共通の敵を前に連携することが可能になったのである。さらにこの戦争の中でヘレロ・ナマの双方から支持を集めていったマレンゴは、伝統的な首長とは距離を保ち、ドイツ植民地当局と連携しない新しいタイプの指導者であった。彼はドイツ打倒のために、ヘレロ、ナマの垣根を超えた部隊を編成し、抵抗を行ったが、最終的に帝国主義国の包囲網によって追い詰められていくことになった。

# 植民地改革期

### リンデクヴィストの統治

　ヘレロ・ナマ戦争後、ドイツ植民地統治機関はその戦争のもたらした結果への対処を迫られることになる。ヴィットボーイの死後、戦争の一つの区切りがつけられたとして、トロータの後任となったのがフリードリヒ・フォン・リンデクヴィスト（Friedrich von Lindequist）である。彼は、最初の文民総督であり、保護軍の指揮官を務めることはなく、彼の代から総督と保護軍指揮官は兼任ではなくなった。彼の下で、停戦交渉が行われ、離散したヘレロの帰還の手続きを、キリスト教ミッションの仲介を通して行っていった。彼らは、居留地や軍によって設置された強制収容所に入れられ、管理されることになった。南部ではナマがまだゲリラ戦を行い、抵抗を継続していたが、1907 年 3 月 31 日に戦争状態の終結が宣言された。彼は収容された住民を労働力として活用しようとした。また 1906 年には総督府議会が作られ、入植者の意見が強く反映されることになり、

フリードリヒ・フォン・リンデクヴィスト

ダイヤモンドで栄えた町　リューデリッツ

ベルトホルト・フォン
・ダイムリンク
(Berthold von Deimling)。
リンデクヴィストが総督在
任中の保護軍司令官。

ブルーノ・フォン・シュッ
クマン。法学者で、以前は
カメルーンの総督の代理も
務めた。

ツメブの銅鉱に移動するオヴァンボ
ランドの求職者

総督府は入植者の離反を食い止めるべく、彼らの要求である労働力の獲得を急いだ。

### シュックマンの統治

　労働力確保の課題を実際に担当することになったのは次の総督ブルーノ・フォン・シュックマン（Bruno von Schuckmann）であった。ヘレロとナマで生き残った人々は衰弱しており、植民地統治機関は別の労働力の供給地を求めることになる。当初、支配が及んでいなかった北部のオヴァンボの労働力に注目したが、彼らは季節労働者で散在しており、不足を補うには足りなかった。各会社は、海外からの労働者輸入を画策したが、アンゴラからの季節労働者の受け入れは、ポルトガル植民地当局から拒絶され、苦力（クーリー）の導入はドイツ植民地省から拒絶された。そのため、西南アフリカ内部の住民を効率よく労働力として徴発する政策に切り替えられることになる。

　1907年8月に総督命令が出され、アフリカの住民を賃労働者に追い込む措置がとられていく。3つの法令が出され、監視体制、アフリカの住民の身分証明、雇用・労働条件について細かく規定されていった。土地、牛の所有は禁止され、居留地への強制移住が進められた。さらに身分証明のためのパスを携帯することが義務付けられ、浮浪は罪とされ、処罰の対象となった。白人とアフリカの住民との雇用関係は、形式的には契約労働の形をとったが、契約期間中、雇用者は被雇用者を拘束でき、しかもその契約は引き延ばすことができた。この契約を結ぶことを強制されたために、アフリカの住民は、唯一の商品としての労働力も自由に売ることができなかった。この結果、既存の社会集団は解体され、強制労働に駆り出されることになったのである。

　以上の政策の軸であるリザーヴ（居留地）は、白人居住地域である警察管理地帯に設置され、ドイツ統治が終わるまでに最終的に20以上作られた。北部のオヴァンボランド（Ovamboland）、カヴァンゴランド（Kavangoland）は、警察管理地帯に属さず、自給自足の基盤となる土地の所有も許可されており、間接統治の形式がとられた。このリザー

ヴ政策は、南アフリカ統治下でも継承され、アパルトヘイト体制の根幹であるホームランド政策に集約していったとされている。

テオドール・ザイツ

## 過酷な労働環境と継続する抵抗運動

　アフリカの住民には過酷な労働環境が待っていた。所有者が労働者の働きに不満を覚えれば、届け出た警察で鞭打ちが行われ、その事例は増えて行った。届け出ず、所有者自ら折檻を与えていた事例はさらに多かった。それが住民を死に至らしめても、その所有者は軽い罰ですまされたのである。最後の総督テオドール・ザイツ（Theodor Seitz）は警告を発し、アフリカの住民の処遇改善、公正な裁判を求めたが、効果は無かった。

　この状況に対して、現地の住民も抵抗した。強制労働を避けるために居留地を離れ、放浪することは禁止され、狙撃の対象となっていたが、逃亡者は後を絶たなかった。1908 年には、ナマランドにおいて、居留地からの逃亡者を巻き込みつつ、マレンゴの副官であるアブラハム・ロルフ（Abraham Rolf）を指導者として、抵抗運動が開始された。しかしイギリスはドイツ植民地当局を支援する立場を強めており、優勢なドイツ軍を前にして抵抗の持続は困難になっていた。抵抗を鎮圧した後、再び蜂起が起こることを避けるために、まだ残存していたボンデルスヴァルトといった巨大な社会集団の解体、そして馴染んだ本拠地からの強制移住が進められていく。またダイヤモンドといった鉱山資源の発見に伴い、その付近の居留地が変更され、移動が命じられる事態も生じ、地域に根付いた共同体は解体され、抵抗する基盤が失われていった。武力的抵抗への限界から、統治後半はストライキといった手段も増加したが、要求が通ることは無かったのである。

ツメブにおけるオタヴィ会社の精錬所

鉄道建設の風景

オカハンジャ駅

ヴィントフーク駅

## 交通インフラ

　ドイツが土地を獲得していくにつれ、内地への入植の促進、部隊の輸送のために、鉄道網が張り巡らされていく。当初はスワコプムントから発する中央鉄道が中心であったが、後に南部鉄道が建設され、さらに南北をつなぐ鉄道が建設されていく。

### 中央鉄道

　まず中央鉄道であるが、ロイトヴァイン統治時代の1897年に、牛疫の伝染により、牛車の輸送システムが崩壊したことも踏まえ、海港のスワコプムントと首都ヴィントフークを結ぶ鉄道路線が1902年6月19日に完成した。オタヴィ鉱山・鉄道会社（Otavi Minen- und Eisenbahn-Gesellschaft）による路線拡大も開始された。同社は1900年4月6日にディスコント・ゲゼルシャフト（Disconto-Gesellschaft）と西南アフリカ会社（South West Africa Company）が主な出資者として、設立されており、1903年から1906年にかけて、スワコプムントからオタヴィを通してツメブ（Tsumeb）に至る線を建設した。これはツメブ銅山の採掘を意図したものであり、同様に銅山を発掘するために、1908年にオタヴィからグルートフォンテイン（Grootfontein）への支線も敷設された。1910年にこれらの鉄道は植民地統治機関が購入することになった。線路は軍事軽便鉄道用の600ミリという狭い軌間を採用しており、それは他の地域の線路と接続することを困難にしていた。そのためカリビブ（Karibib）－ヴィントフークの区間は、1911年に軌間が3フィート6インチ（1067ミリ、三六軌間、現在の日本でも採用されるケースが多い）に変更された。

ヴィントフーク

オタヴィ鉄道

オタヴィ鉄道

ツメブ銅山。オタヴィ鉄道の駅付近。

## 南部鉄道

　一方、ナマとの戦争の際に南部でも鉄道建設が始まった。1904 年にトロータがナマの蜂起鎮圧のためにその敷設を要請していた。南部には当時鉄道がなく、蜂起を起こした地域への人員物資の輸送手段が必要であったからである。1905 年の終わりにドイツ植民地鉄道建設会社（Deutsche Kolonial-Eisenbahn-Bau- und Betriebsgesellschaft）によって建設が開始され、1907 年にはリューデリッツからアウス（Aus）を経て、ケートマンスフープ（Keetmanshoop）に至る 366 キロメートールの南部鉄道が開通した。1908 年から 1909 年にはゼーハイム（Seeheim）－カルキフォンテイン（Kalkfontein、現在のカラスブルク Karasburg 付近）の支線ができ、それは東南のボンデルスヴァルト、後には南アフリカと接続する線となった。南部の軌間は 3 フィート 6 インチ幅を採用しており、接続は容易であった。1908 年、ダイヤモンドが発見され発展したコールマンスコッペ（Kolmannskuppe）には専用の線が敷かれ、その軌間は 600 ミリであった。その区間は 1911 年に電気で動くようになり、西南アフリカ唯一の電車であったが、後にダイヤモンド鉱山の中心が南に移るにつれ、ポモナ（Pomona）といった地域は見捨てられていった。

コールマンスコッペのダイヤモンド採掘地区。図の山は、ふるいにかけた砂の山。

リューデリッツ駅

ポモナのダイヤモンド採掘者

ポモナ

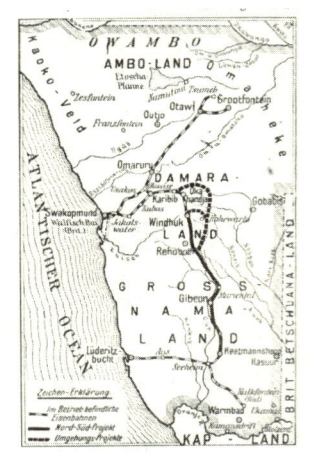
西南アフリカの路線図

### 南北の鉄道

　さらに1913年4月にヴィントフーク－ケートマンスフープ間の南北をつなぐ506キロメートルの鉄道が開通した。これはアフリカ南部からヴィントフークに向かうルートが確保できたことを示しており、南アフリカはその利用を考え始めた。第一次世界大戦中は、南アフリカは、デアール（De Aar）－プリースカ（Prieska）の区間を延長して、南部鉄道に接続し、自国の部隊への補給路を確保しようとした。1915年から1916年にかけて、デアールから国境線上のナコップ（Nakop）を経て、支線の端であるカルキフォンテインに至る区間が敷設された。第一次世界大戦勃発後、特に1915年8月からは、西南アフリカの鉄道は事実上、南アフリカ鉄道（South African Railways）によって管理されることになり、南アフリカからヴィントフークに向けた旅客輸送が始まった。このようにアフリカ南部の鉄道網に西南アフリカの鉄道は組み込まれることになったのである。

オマルル付近のエロンゴ山（Erongogebirge）でのハイキング

## 北部の鉄道

　また北部のオヴァンボへの交通インフラ（アンボラン
ド鉄道 Amboland Bahn）を整備し、ドイツ植民地支配を
強める計画も立てられた。その際にはオタヴィ鉄道のオ
チヴァロンゴ（Otjiwarongo）から西北に向かって線を延
長し、オウチョ（Outjo）を経て、最終的にエトシャ盆地
（Etosha-Pfanne）の西のオカハカナ（Okahakana）まで
到達する予定であった。1908 年以降、ダイヤモンド鉱山
における労働力需要は増大し、住民が集住していた北部で
の徴用は本格化しており、中部・南部に向けて労働者の輸
送を促進させる必要があったのである。600 ミリの軌間で、
1914 年に敷設が開始されたが、第一次世界大戦の勃発で
未完に終わることになった。

　これらの交通インフラの整備を進めた結果、1913 年の
終わりには、ドイツ植民地の中で、西南アフリカは、もっ
とも交通機関が発展した植民地となった（鉄道網の全長
約 2100 キロメートル）。特に生産性の高い中部・南部への
アクセスが可能になったことで、農家の入植が急速に進み、
その数は 1913 年まで 1300 世帯を超え、白人人口も約 1 万
4000 人となり、ドイツ植民地の中で唯一入植に成功した。
しかし農場を維持するには投資が必要であり、その負担に
耐えられないとして、入植者の数は徐々に減り始めた。最
終的には、中規模の土地を所有する中間層が数としては支
配的になった。大土地所有者は鉱山会社やキリスト教ミッ
ションに代表され、少数であったが、その影響力は大きかっ
た。

オウチョ

南北鉄道近くのギベオンの要塞

オウチョ

ハイキングの風景

スワコプムントの消防団

スワコプムントの在郷軍人会

ヴィントフークにおける歌唱協会

ギベオンにおける射撃協会

カリビブにおける射撃協会

ヴィントフークの靴工房

アウスにおける射撃コンクール

カオコランドの金鉱

リアンダー・スター
・ジェームソン
(Leander Starr Jameson)。
イギリスの政治家。

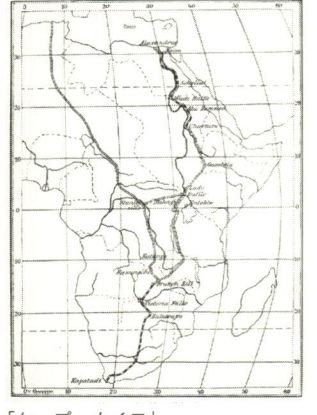

「ケープ・カイロ」

# 植民地経済

## 西南アフリカ会社

　西南アフリカにおける植民地経済であるが、当初、ドイツ人入植者は少なく、目下、植民地会社が経済開発を先導することになる。アドルフ・リューデリッツの植民地事業は、ドイツ領西南アフリカ植民地会社（Deutsche Kolonialgesellschaft für Südwest-Afrika）が引き継ぐことになった。同社は 1885 年 4 月に設立され、当初はホーエンローエ＝エーリンゲン家（Hohenlohe-Öhringen）といった大貴族、ゲルゾーン・フォン・ブライヒレーダー（Gerson von Bleichröder）といった銀行家、グイド・ヘンケル・フォン・ドナースマルク（Guido Henckel von Donnersmarck）といった産業家が管理していた。同社は西南アフリカを維持し、ドイツ帝国当局に代わり、南部アフリカにおける勢力圏を主張する存在であった。ドイツ植民地協会とともに当時の帝国宰相レオ・フォン・カプリヴィ（Leo von Caprivi）に圧力をかけ、保護軍の増強を実現させ、西南アフリカをドイツ領として、保持する点を認めさせている。しかし同社が管理する土地の広さに比べ、資本は小規模であり、経営は悪化する一方であった。ドイツの投資家も西南アフリカへの経済的期待は薄く、これ以上の投資は躊躇する状態であった。その中でイギリスの資本の導入が考えられ、鉱山の土地利権を売却する案もあった。

　ドイツ領西南アフリカ植民地会社が財政難であることをうけて、西南アフリカ会社（South West Africa Company、ドイツ語では Südwestafrikanische Gesellschaft）が 1892 年に設立された。主な株主はイギリスとドイツであり、同社の設立者の一人で、ハンブルクの商人であるユリウス・シャルラッハ（Julius Scharlach）は英独間の緊張緩和を意図していた。同社は、ダマラランドの土地利権（コンセッション）も獲得し、約 1 万 3000 平方キロメートルの土地と鉱山の独占という特権を所持していたが、引き換えにスワコプムントからオタヴィ鉱山に向けた鉄道敷設を請け負うことになった。

ケープ植民地首相セシル・ローズ（Cecil Rhodes）
は、イギリスが共同出資者になっている西南アフリカ
会社を介入の道具として、ドイツ領西南アフリカにお
いて、政治的・経済的な進出を行おうとした。カオコ
ランド鉱山会社（Kaokoland- und Minengesellschaft）、
ハンザ土地＝鉱山＝商業会社（Hanseatische Land-,
Minen- und Handelsgesellschaft）といった会社もイ
ギリスの経済的影響下におき、1890年代は西南アフ
リカにおいてはイギリス資本が独占的地位を築いた。
しかし1895年12月29日から翌年1月2日にかけて、
トランスヴァール共和国を征服しようとし、失敗し
たジェームソン侵入事件（Jameson Raid）が発生し、
その責任をとってローズは失脚した。またイギリスは
アフリカの東側を統合する攻策（ケープ・カイロ）に
重点を置くようになり、その際にはその中間に位置す
るドイツ領東アフリカが問題となった。その中でイギ
リスは西南アフリカへの介入を控え、ドイツの帝国主
義者を懐柔しようとした。当面、西南アフリカにおけ
るドイツの支配を容認し、経済的な進出に絞ることに
した。一方ドイツ側も西南アフリカにおけるイギリス
資本を徐々にドイツ銀行やディスコント・ゲゼルシャ
フトといったドイツ資本に置き換えていった。

イギリスの探検家ハリー・ジョンストン（前列右から二番目）
とセシル・ローズ（前列右から三番目）

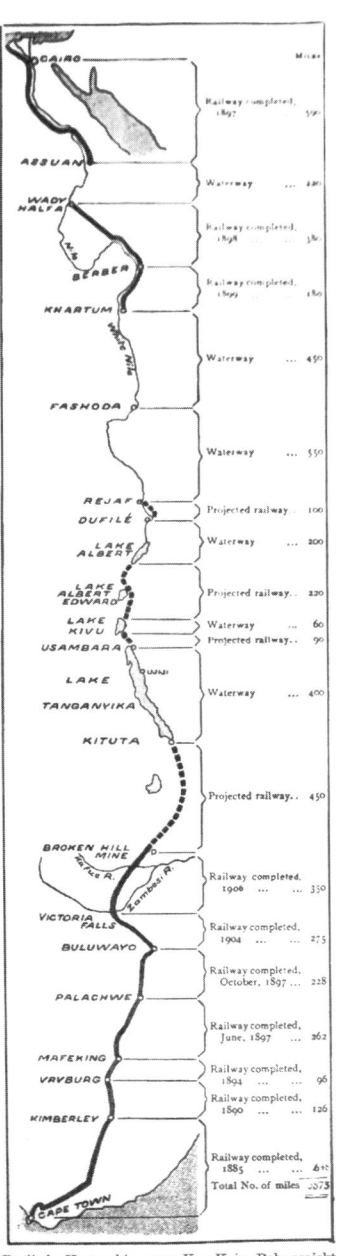

Englische Kartenskizze zum Kap-Kairo-Bahnprojekt.

「ケープ・カイロ」（拡大図）

ケートマンスフープにおける畜産展

アルゼンチンから輸入した牛

アンゴラヤギ

脂尾羊、脂臀羊

## 畜産業

　徐々に増えていった入植者が携わったのは畜産業（Viehwirtschaft）だった。武器・弾薬を輸出し、家畜、特に牛を手に入れる貿易が行っていた。さらにはアフリカの住民の抵抗鎮圧、負債返済に伴う家畜没収も始まり、畜産業が基本的な産業となっていった。ヘレロ・ナマの蜂起の際に、一時的に農場が荒廃するも、その後は現地の住民を牧畜関係の労働に従事させ、牛の没収も進んだことから、入植者の所有する牛の数は 1913 年には 20 万頭を超えていた。

　植民地改革期には、さらに本格的な経済振興策がとられるようになった。特に、カラクール（Karakul、Karakulschaf）の導入は一つの転機となった。カラクールは、中央アジア原産のヒツジの品種であり、その名前はウズベキスタン、ブハラ州の都市カラクル（Karakul）に由来している。大人のカラクールからは乳、肉、生皮、ウールがとれ、生後間もない子羊の毛皮はブロードテール（broadtail、ドイツ語では Breitschwanz）、またはアストラカン（astrakhan、ロシアでの名称）と呼ばれ、高級毛皮となっていた。

　1903 年の春には、ハレ（Halle）の畜産研究所のリーダーであるユリウス・キューン（Julius Kühn）がドイツの毛皮商人パウル・トーラー（Paul Thorer）とともに、中央アジアからドイツへカラクールを持ち込み、入植を試みた。その後ドイツでさまざまな種との交配が進められていく。その入植の成功を受け、当時の西南アフリカ総督リンデクヴィストは、植民地産業育成のためにカラクールを輸入することを要請した。メンヨウ（Wollschaf、綿羊、家畜の羊）の飼育はすでに開始されており、その飼育のために約 22 万ヘクタールという広大な土地を利用し、ドイツのウール需要を満たすことを目指していた。しかし予定された成果は出ておらず、その分、カラクールへの期待は大きかった。

　1907 年には純粋種の輸送が指令され、9 月 24 日、スワコプムントに最初の家畜が到着し、各農場で飼育が進められていった。さらにウズベキスタンから 820 頭のカラクールが西南アフリカに引き渡され、現地の種と交配しつつ、

現在のスワカラ（Swakara、South West Africa Karakul から命名された）が形成されていった。原産地と同様に、尾や臀部に脂肪を蓄える品種（脂尾羊、脂臀羊）との交配が進み、食肉としての重要性も高められた。最終的に、1914年までに、約1100匹の純粋種、約2万1000匹の混合種が飼育されており、これらのスワカラは、ブハラのカラクールと世界市場でシェアをめぐり競争していくことになった。

カラクール

カラクール

カラクール

脂尾羊、脂臀羊

カラクール

脂尾羊、脂臀羊

グアノ工場

### 鉱業

　さらなる転機となったが、鉱物の発見である。当初期待されていたのは銅で、調査によって、北部に位置するツメブ鉱山には、豊富な銅が埋蔵されていることが早くから明らかになっていた。しかし採掘が始まったのは 1906 年にツメブに至るオタヴィ鉄道が完成した後であった。安価なアフリカの労働者を採掘させ、1907 年から 1913 年にかけて採掘量は 5 倍になった。

最初のダイヤモンド発見者。ザッハリアス・レワラ（Zacharias Lewala）。以前、キンバリー（Kimberley）のダイヤモンド鉱山で働いていた。

　しかし植民地経済に最も大きな影響を与えたのはダイヤモンドである。1908 年の 6 月に、リューデリッツの東に位置するナミブにて、ダイヤモンドが発見され、その地域に人が殺到した。それはドイツ領西南アフリカ植民地会社の所有地にあたり、ダイヤモンドの採掘が進むにつれ、同社の評価も上がっていくことになる。その後、埋蔵量が予想より少ないとの見解から、バブルは過ぎ去るものの、ドイツ統治が終わるまで、ダイヤモンドは西南アフリカの主要な輸出品であり続けた。植民地相ベルンハルト・デルンブルク（Bernhard Dernburg）は、南緯 26 度からオレンジ川（南緯 28 度付近）に至るまでの 100 キロメートルの間を封鎖し、ダイヤモンドの採掘区域への進入を制限した。そしてドイツ領西南アフリカ植民地会社に、唯一の鉱業権を与えたのである。さらには 1909 年に 2 月 25 日に西南アフリカ保護領ダイヤモンド公営会社（Diamantenregie des südwestafrikanischen Schutzgebietes）を設立し、当時のダイヤモンド市場において、独占的な地位を築いていたデ・ビアス会社（De Beers）に挑戦し始めた。

ダイヤモンド採掘区域にて

　デルンブルクの政策は、大企業重視であり、彼自身もさまざまな役職を務め金融資本の利益代表者であったた

め、疎外された入植者からは不満が上がるようになった。ドイツ領西南アフリカ植民地会社、西南アフリカ保護領ダイヤモンド公営会社の主な出資者は大銀行、大企業であり、彼らの独占的な開発のために、入植者にはダイヤモンド採掘に伴う利益が分け与えられていなかったからである。結局、入植者、そしてそれを支援する汎ゲルマン主義（Pangermanismus）を掲げる政治集団の圧力により、デルンブルクは 1910 年に植民地相を辞任することになった。

1910 年からは事業はさらに大規模化し、大量の労働者が必要になり、オヴァンボの住民にも労働を強制しつつ、採掘が進められていく。最終的に 1908 年から 1913 年に至るまでに西南アフリカにおいては、1 億 5200 万マルクもの価値に相当する合計 460 万カラットのダイヤモンドが採掘された。それに伴う利益は高額の配当金として分配され、出資し

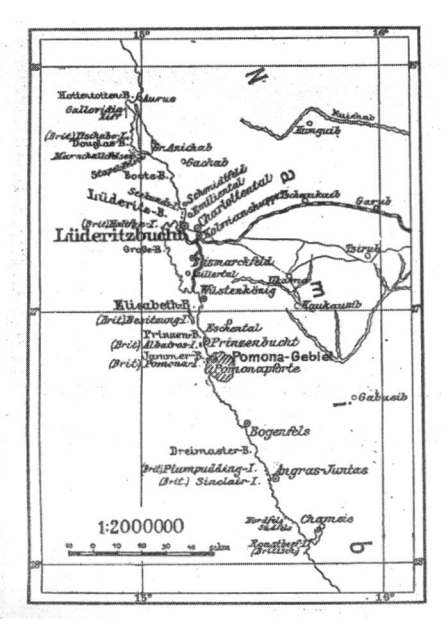

イギリス領であるハリファックス島（Halifax）、ポモナ島（Pomona）が記載された地図。これらの島からはグアノが獲得できた。さらにダイヤモンドが採集できるポモナ地域も示されている。

ポモナ島におけるグアノ獲得

2. Kapitel Südwestafrika

イギリス領であるポモナ島。中央にある建物はグアノを獲得するための施設。

ていたイギリス資本も高額の配当金を受けとることになった。1912 年からダイヤモンドの採掘には 6.6％の課税がなされるようになり、それによって植民地統治機関は、安定した収入を得ることが可能になった。

スワコプムントにおけるベルンハルト・デルンブルク。（前列の人物）

コールマンスコップのダイヤモンド鉱山のプラント

## 植民地経済の受益者

　西南アフリカの植民地経済は、植民地改革期に急速に発展することになるが、それを支えたのは、ヘレロ・ナマ戦争の後に没収した土地、そして人為的に生み出された安価な労働力であった。そこで生み出された収益を得たのは、植民地会社に出資した大銀行と大企業、特にディスコント・ゲゼルシャフトとベルリン商事会社（Berliner Handelsgesellschaft）であった。前者は、植民地に多額の投資をしてきた代表的な銀行であり、アドルフ・フォン・ハンゼマン（Adolph von Hansemann）の下で、西南アフリカ会社とともに、オタヴィ鉱山・鉄道会社の主な株主となっていた。後者は複数の民間銀行が共同で設立した銀行であり、工業への融資に大きな役割を果しており、西南アフリカでは鉱業に投資していた。成長する植民地経済の恩恵を受けられなかった入植者は、より一層アフリカの労働者搾取を進めることになり、総督府も入植者の離反を避けるために、安価な労働力供給に努めた。その結果、住民の無産化は促進され、徴発の対象地域は増加する一方となった。また南アフリカといった隣接地域からも労働力が導入されたが、これは周辺帝国主義国との関係悪化を招くことになった。

ヴィントフークのドイツ・アフリカ銀行

リューデリッツのドイツ・アフリカ銀行

スワコプムントのドイツ・アフリカ銀行

ヨアヒム・フォン
・ハイデブレック

# 第一次世界大戦中の西南アフリカ

　第一次世界大戦が開始されると、西南アフリカでは、それまで緊密な関係にあった南アフリカが最大の敵となると予想された。当時の総督ザイツは、ヨーロッパでの戦闘が終わるまで、植民地を防衛することを決意し、可能な限り植民地の戦闘を継続させ、協商国がヨーロッパに向けて人員物資を送ることを防ごうとした。西南アフリカには、アスカリ（Askari）のような現地の住民から編成される軍隊は存在しなかったものの、軍人ヨアヒム・フォン・ハイデブレック（Joachim von Heydebreck）の率いる保護軍がおり、さらに入植者の支援も加わり、合計約1万人の部隊で戦うことになった。

　南アフリカも、隣接する西南アフリカへの対処を求められることになり、南アフリカ連邦首相ルイス・ボータ（Louis Botha）の指導のもと、攻撃を開始することになった。1914年9月初旬には、司令官ヘンリー・ルーキン（Henry Lukin）とマニー・マリッツ（Manie Maritz）中佐指揮の下、国境沿いに、南アフリカ軍が動員されることになった。

ヘンリー・ルーキン

騎兵（馬だけではなくラクダなどに乗っている）

西南アフリカのラクダ部隊

オマルルの兵舎

砲兵隊

山岳砲兵隊

トランスヴァール共和国の首都プレトリア

### マリッツ蜂起

その間に起こったのがマリッツ蜂起（Maritz Rebellion）である。南アフリカにおいては、17世紀からオランダ系住民の入植が進んでいた。それは後に、フランスのユグノー（カルヴァン派）、ドイツ北部、スウェーデン、デンマークのルター派といった他のプロテスタント移民も加わりつつ、アフリカーナー（Afrikaner）を形成し、南アフリカの経済を支配することになる。入植した当時はブール人（Boer）と呼ばれたが、1806年のイギリスによるケープ植民地の占領以降、イギリスとの対立が激しくなる中で、自己意識が鮮明となり、このアフリカーナーという呼称が定着していった。アフリカーナーはバントゥー系民族の諸王国と戦いつつ、ナタール共和国（Natalia Republic）、トランスヴァール共和国（Transvaal）、オレンジ自由国（Orange Free State）を建国し、イギリスの手の及ばない地域を占領していった。しかしダイヤモンドや金が発見されると、イギリスの侵略が再び始まり、二度

トランスヴァールのブール人家族

オレンジ自由国の首都ブルームフォンテーン

ブール戦争におけるドイツ義勇軍

にわたるブール戦争を経て、これらの諸国家は南アフリカに併合された。イギリスは、アフリカーナーを懐柔し、現地の支配者階級としての権利を認めたため、彼らはケープ植民地において大きな発言権を持つことになる。それは 1910 年に南アフリカ連邦が成立した後も同様であったが、アフリカーナーの内部では、イギリスへの協調を重んじる勢力と、再度南アフリカにおける単独支配を志向する勢力に分かれていた。ブール戦争末期にイギリスの軍人ホレイショ・ハーバート・キッチナー（Horatio Herbert

ブルームフォンテーンの議事堂

前列左からクリスティアーン・デ・ヴェト、ルイス・ボータ、ホレイショ・ハーバート・キッチナー

クリスティアーン
・ベイヤース

Kitchener) がとった焦土作戦、そして強制収容所への収監によって多くの犠牲者を出したことは記憶に新しく、その報復を訴えるアフリカーナーも多かったのである。大戦の勃発は、その立場の違いを鮮明化させることになった。

　南アフリカにおけるアフリカーナーの支配を確立しようとする勢力は、大戦勃発とともに活動を開始した。彼らはブール戦争中と同様に、ドイツからの支援を期待していた。アフリカーナーの軍人であるクリスティアーン・ベイヤース (Christian Frederick Beyers)、クリスティアーン・デ・ヴェト (Christiaan de Wet) は南アフリカ当局の協商国側での参戦の方針に反対する構えをみせた。また西南アフリカを攻撃するため、国境に配置されていたマリッツも、イギリスの支配からアフリカーナーを解放する旨を発表した。彼らが指導層となり、総勢約1万2000名の部隊がかき集められた。

　これに対して、イギリスと協調しつつ地位向上を目指す、南アフリカ連邦指導部は、1914年10月14日、戒厳令を布告し、当局に忠誠を誓わせた。ボータ内閣の国防相であっ

捕らえられたブール人家族の強制収容所

たヤン・スマッツ（Jan Smuts）は蜂起の鎮圧を開始した[注2]。
10月24日、マリッツは敗北し、ドイツ領に逃亡し、多くの
首謀者の部隊は鎮圧され、蜂起は1915年2月4日には収束
した。生き残った首謀者には、禁固刑および罰金刑が課せら
れたが、その後、彼らの協力を求めた南アフリカ指導部によっ
て減刑され、釈放されることになった。

クリスティアーン・デ・ヴェト

ヤン・スマッツ

ヤン・スマッツ

ザントフォンテイン

オカハンジャの要塞

中央鉄道

ヴィクトル・フランケ

## 戦争の経緯

　マリッツ蜂起が鎮圧される一方で、西南アフリカ戦線も展開されていった。1914 年 9 月 15 日に戦闘が開始されて以降、ドイツ軍は国境線上、もしくはその外で、南アフリカ軍を食い止め、西南アフリカが戦場になることを防ごうとした。南から侵入しようとした南ア軍と衝突したザントフォンテイン（Sandfontein）の戦いでは、ドイツが勝利し、南アフリカ軍の生存者はイギリス領内に退却した。次は、ドイツ側が攻勢に出て、1915 年 2 月にオレンジ川の浅瀬にあるカカマス（Kakamas）で戦闘が行われ、これは南アフリカ軍が撃退し、一進一退が続いた。

　しかし 1915 年 2 月にマリッツ蜂起が鎮圧され、南アフリカ国内の混乱が収まると、西南アフリカへの本格的な侵攻が開始された。ボータは、軍を二手に分け、北部へ攻め入る部隊は自ら指揮し、南部へ攻め入る部隊はスマッツに任せることになった。

　ボータは、2 月 11 日に、スワコプムント、続いてドイツに占領されていたウォルビスベイも再度占領し、沿岸から北部侵略の指揮をとった。彼の部隊はオタヴィ鉄道の線路沿いに侵攻し、オティンビングェからオカハンジャに至る区間を次々に占領し、1915 年 5 月には首都ヴィントフークに入場した。ボータはドイツの降伏の提案を拒否し、戦争を継続し、部隊を編成し直し、ドイツ軍を北部のオタヴィ方面に追い詰めた。1915 年 7 月 1 日、オタヴィの戦いで敗北した保護軍指揮官ヴィクトル・フランケ（Victor Franke）は、7 月 9 日、中部のコラブ（Khorab）で降伏した。

　一方で、南のスマッツはリューデリッツブフト（Luderitzbucht）の海軍基地に上陸し、町を占領した後、ここでも南部鉄道の線路沿いに侵攻し、ケートマンスフープを占領した。ここでスマッツは、他の部隊と合流し、線路沿いに北に向かい、ベルセバ、続いてギベオンを占領した。南のドイツ軍は、ボータ軍が占領する北部に退却するしかなくなり、結局 2 週間以内に降伏した。

ケートマンスフープの要塞

## レホボス自治の動揺

　西南アフリカのドイツ軍が崩壊しつつある中で、植民地内部・隣接地域でもドイツの支配が動揺し、抵抗運動が引き起こされ、一方で植民地の再分割が進んでいく。レホボスのバスターは、大戦以前はドイツ植民地指導部に協力し、リザーヴの拡大を実現し、自治的な体制が維持されてきたが、大戦勃発後、ドイツ軍への戦争協力を強要されていく。その状況への不満から、ボータとの秘密の会合を経て、1915年4月15日に蜂起が開始され、ドイツとの友好条約も破棄された。しかしドイソとの戦闘で敗れ、大きな被害を受けることになり、南アフリカの進駐後はその自治的な体制すらも否定されていく。

南部鉄道のクイビス（Kuibis）駅

## 北部地域の再分割

　また北部のオヴァンボ地域でも帝国主義国家間の領土再分割が行われ、住民の抵抗を引き起こした。この地区には、ドイツ領西南アフリカとポルトガル領アンゴラに跨ってクワニャマ王国（Kwanyama）が存在し、マンドゥメ・ヤ・ンデムファヨ（Mandume Ya Ndemufayo）の下で、改革が行われ、自治が維持されていた。しかし大戦の勃発とともに、西南アフリカとアンゴラの国境線付近でも戦闘が開

ザイツとボータ間の降伏手続き

ザイツとボータ間の降伏手続き

南アフリカ連邦におけるドイツ人入植地「ポツダム」の教会。現在の東ケープ州のイースト・ロンドン付近に位置する。

始され、オヴァンボ地域もそれに巻き込まれていく。ポルトガルは、この機に乗じて、クワニャマ王国全体を支配下に置こうとしていた。マンドゥメはドイツと結んで対抗しようとしたが、ドイツ軍はアンゴラの南部のフムベ（Humbe）地域を占領するも、1915年には南アフリカ軍に降伏した。ポルトガルは、イギリスの従属的地位にあったため、これを好機と見なし、クワニャマへの攻撃を開始したが、マンドゥメは南アフリカ統治下の西南アフリカに避難した。南アフリカ当局は、マンドゥメを介して、住民を労働力として供給させるつもりだったが、管理するには手が余ると判断するや、除去に転じ、追いつめられたマンドゥメは自害した。これによりクワニャマ王国は崩壊することになり、北部はポルトガル、南部は南アフリカの支配をうけることになった。

## 南アフリカによる西南アフリカ支配の開始

　第一次世界大戦を経て、西南アフリカにおけるドイツ支配は終わり、代わって南アフリカの支配が開始された。ドイツの敗北とともにヘレロとナマの生き残りが西南アフリカに戻ることが可能になったものの、警察管理区域におけるリザーヴ制度は継続しており、制度的な締め付けは厳しくなっていく。ドイツ統治時代は対象となっていなかった北部地域も新しいリザーヴに組み込まれ、既存のリザーヴへの集住化が進められた。そこでは首長システムが労働力調達のために作り変えられ、リザーヴに属さない住民は、いずれかのリザーヴに属すように迫られることになったのである。これは後のホームランド政策に連なるものであり、この支配体制は以後70年間以上続くことになった。

　また他のドイツ植民地と異なり、西南アフリカではドイツ人は排除されず、残留した。南アフリカは蜂起を起こしたアフリカーナーと同様、アフリカに白人社会を実現させるために、ドイツ人を支配階級の仲間として迎え入れた。これは帝国主義国家間の対立が激化し、その間にアフリカの住民が離反することを避ける狙いがあった。ドイツ系住民は捕虜となったものの、軍人、警察、官僚以外の住民は、多くは誓約といった手続きで再び農場に戻り、滞在が認め

られた。大戦中のインフルエンザ（スペイン風邪）の流行
の際には、占領中の南アフリカにおいても人員が不足し、
その補充のためにドイツ人が西南アフリカ統治に参加して
いたのである。ドイツに追放された入植者も再び、西南ア
フリカに戻り、南アフリカの統治機構に参入していった。

南アフリカ連邦の国防相を
務めた政治家オスヴァル
ト・ピロウ
（Oswald Pirow）。
彼もドイツ入植者の子孫で
あり、東ケープ州のアバ
ディーン（Aberdeen）の
出身。

東ケープ州に位置する町スタッターハイム（Stutterheim）の将校を養
成する幼年学校。そこに在籍するドイツ農民の子どもが写っている。

南アフリカ連邦の東部に位置するドイツ人の農場

南アフリカ連邦におけるドイツ人入植地「ベルリン」付近の農場。ここも東ケープ州に位置する。

宣教修道女の監視下にある混血児。（オカハンジャにて）

# 第一次世界大戦後の西南アフリカにおけるドイツ系住民

ヴィントフークの学校

オカハンジャにおける混血児の学校

ギベオンの学校

　西南アフリカは、第一次世界大戦後、南アフリカの委任統治領となり、以前からイギリス領であったウォルビスベイも含めて管理されることになった。この西南アフリカには、約7000人のドイツ系住民が残存したが、その地位は急速に不安定になった。国家的な庇護が無くなり、国籍はドイツを選べるものの、南アフリカに帰化しなければ、政治的な優遇措置を受けることができなくなった。教育機関といった公的な場所からドイツ語が消え、英語に切り替えられていった。強制労働に従事していたアフリカの住民もドイツ系住民の農場から逃亡し始めた。そして現地では南アフリカからアフリカーナーが入植し始め、農場を持ち始めたため、現地のドイツ系住民との摩擦が生まれて行った。南アフリカでは、アフリカーナーは、ブール戦争、そして先のマリッツ蜂起で、不満分子となっており、その懐柔策として、西南アフリカへの移住が優先的に進められたのである。この結果、南アフリカに帰化するドイツ系住民も現われ、アフリカーナーの入植者も増加したことから、西南アフリカにおけるドイツ系住民は少数派となり、南アフリ

保護軍司令官も務めたルートヴィヒ・フォン・エシュトルフ（左から二番目）とエーリヒ・フォン・シャオロート（中央）

カに属する白人が多数派となった。

　ドイツ人であり続けようとすれば、西南アフリカにおいては、アフリカーナーの下にある二級市民扱いとなった。その現状に対しては帰属先のドイツを強調することで、南アフリカ人である以前に、ドイツ人であろうとした。ドイツの教育・文化を維持するための組織が相次いで立ち上げられていく。ドイツ系住民の敵意は、自身の生活を脅かすアフリカーナーに向けられ、さらにはその状況を生み出しているイギリスに向けられた。その中で政治的な権利を獲得していくために、西南アフリカ・ドイツ同盟（Deutscher Bund für Südwestafrika）が活動を開始した。同組織は、かつてのドイツ保護軍士官エーリッヒ・フォン・シャオロート（Erich von Schauroth）が中心となって、もともとドイツ文化保護の組織として設立されていた。当初は最も多

オカハンジャの学校

ケートマンスフープの学校

マニー・マリッツ。ナチ党が勢力拡大する中で、それに同調する発言を行った。

ダニエル・フランソワ・マラン

ジェームズ・バリー・ミューニック・ヘルツォーク（James Barry Munnik Hertzog）。
国民党の創設者。アフリカーナーの地位の向上を目指し、イギリスと妥協的なスマッツとたびたび対立した。

くの議席を獲得したものの、西南アフリカの議会においては、南アフリカの政党に有利な仕組みが作られており、過半数は獲得できなかった。しかも西南アフリカにおけるドイツ系住民の比率が小さくなるにつれ、この政党の力も衰えた。その中で、ドイツ系住民が期待したのが、植民地返還を訴えるナチ党であった。ドイツ系の各組織は、イギリスから距離をとる親独的アフリカーナーも交えながら、ナチ党の在外組織の基礎を作っていく。1930年代には、西南アフリカにおけるドイツ系住民の8割以上がナチ党員となり、ドイツ同盟も西南アフリカの独立を志向していくことになった。

　第二次世界大戦後、南アフリカはナミビアを併合した。国際連盟が委任統治を設定していたため、大戦後、国際連盟が解散したことで委任統治が終了したとみなしたのである。これは国際的に承認されず、新たに発足した国際連合から信託統治に移行させる命令も出された。しかし南アフリカはそれを拒否し、ナミビアを占領し続けた。

　ドイツ系住民は再び西南アフリカから追放されるが、南アフリカでは国内政策を重視するアフリカーナー・ナショナリズムが高まっており、1948年にスマッツに代わり、ダニエル・フランソワ・マラン（Daniel François Malan）の国民党（Nasionale Party）政権が成立すると、ドイツ系住民の帰還が許可された。アフリカに帰還したドイツ系住民の大部分は、かつて持っていた農場を再び手に入れることになった。そのため彼らは政治的・経済的な影響力を維持し続け、国民党が築いたアパルトヘイト体制においては、アフリカーナーに次ぐ支配者階級として、西南アフリカのホームランド政策を推進していたのである。ドイツ語人口も当時の白人住民のうち2割を占め、それはアフリカーンス語人口の7割に次ぐものだった[注3]。この体制に対して国際的な非難が集中したが、当時は冷戦下にあり、反共的な立場をとる南アフリカにはアメリカ合衆国の支持があった。そのために南アフリカの体制は維持され、それに伴いドイツ系住民も温存され、現在に至るまで強い影響力をナミビアに残すことになった。

# 結論

　西南アフリカにおいては、ドイツが現地の有力者と保護条約を結ぶ前に、ヨーロッパの影響が現地の勢力図を書き換えていた。南部アフリカにおけるブール人の存在は、ヨーロッパの銃をオルラムにもたらし、牧畜ではなく、牛を収奪し、ヨーロッパと交換するという生活様式の変化が起こった。さらにイギリスのケープ植民地占領、そして形式的な奴隷解放は、オルラムの北上をもたらし、この新興勢力の侵入は西南アフリカにおける政治変動をもたらす。ナマの勢力圏を制圧したオルラムは、ナマとの統合が進み、さらには、ヘレロにも影響力を行使し、ヨンカー・アフリカーナーの代に実質的な西南アフリカの統一を実現した。しかし彼の利用した銃、そしてキリスト教は、ヨーロッパ、特に宣教師の進出を兼ねており、それはナマに対抗する勢力としてのヘレロへの軍事的支援につながった。ヘレロはナマの支配体制から離脱し、中部のヘレロと南部のナマの拮抗状態が作り上げられた。

　列強間の協定で植民地の枠組みが作り上げられた後に、現地の首長と保護条約を結びつつ、軍事的に抵抗を鎮圧し、徐々にドイツの統治範囲を拡大していった。統治前半ではロイトヴァインがヘレロとナマの各指導者の協力を得ることに成功し、ドイツ側にとって安定的な時代が続いた。しかしその間には毎年のように蜂起がおき、それを鎮圧し、土地・財産を没収していった。さらにドイツ入植者の数が増え始めると、本格的にヘレロに対する搾取が開始され、定住の概念がない集団に、勢力範囲を設定し、そこに追い立てていった。これに対して、ヘレロ、続いてナマが蜂起するが、ドイツは軍隊を投入し、過酷な弾圧を行い、それは西南アフリカの住民構成を根底から変えることになった。

　ヘレロ・ナマの蜂起以降、ドイツは土地と家畜を獲得し、入植者も増えたが、住民を殺戮していったために、労働力の不足という課題にぶつかることになった。北部や国外からの労働力の導入では解決に至らず、結局、西南アフリカの内部の住民を効率よく賃労働者に追い込む策がとられた。

ブール人

家財道具を車に積み移動するブール人の家族

スワコプムントのプロテスタント教会と牧師館

井戸掘り

アバビス（Abbabis）における貯水
タンク

現地の住民用の病院

井戸掘り

それは自活できる土地・財産をもたず、常に監視され、雇用関係において権利を持たない住民の創出だった。彼らは居留地、即ちリザーヴに押し込められ、それは白人居住空間と隔絶している点でアパルトヘイトの先駆けと見なされている。これは異人種間の結婚を禁じ、法的地位に差をもうけた植民地法に加え、居住空間で人種的な差異を明確に可視化するものだった。純粋なドイツ系入植者が支配階級として定着したことは、入植植民地のモデルとしての地位を獲得し、生存圏（Lebensraum）構想に影響を与えていった。

　植民地喪失後もこの西南アフリカにおいては、例外的にドイツ系住民が残存し、南部アフリカにおけるヨーロッパの支配を維持するために尽力していく。一方で南アフリカへの帰化を拒否したことで、政治的には疎外された住民は、ドイツへの帰属を強調し、ドイツ文化の維持に努め、それは「血と土 Blut und Boden」というナチスのイデオロギーと結びついていく[注4]。第二次世界大戦後も、南アフリカ当局が、白人社会の維持のためにドイツ系住民の帰還を許可し、支配体制に含めた。西南アフリカでの人種隔離政策は強化されていき、ドイツ文化の再生産も継続されたのである。

　最後に二つ述べておきたい。まず両大戦間期のドイツ国内における西南アフリカの位置付けである。この期間にリンデクヴィスト、ザイツといった旧総督も交えて、ドイツ植民地の返還運動が展開されていくが、その中でも移住植民地として成功した西南アフリカには重点が置かれた。通常、ドイツ植民地では植民地企業が優遇され、植民地からあがる利益の恩恵を受けられない入植者は増えなかった。しかし例外的に西南アフリカは農民を中心とした最大の入植者を擁していた。そこではドイツ本国で資本主義に適応できず、財産を失い、賃労働者となった農民が再び土地を持ち、現地の住民に対して支配階級となる可能性が語られた。一部の大企業・大銀行のみならず、中規模な農民層にも利害関係があり、発言力を有した点で、西南アフリカでの植民地活動は、ドイツ本国においても幅広い共感を得る素地があったのである。ドイツの作家ハンス・グ

リム（Hans Grimm）のベストセラー『土地なき民（Volk ohne Raum）』も西南アフリカを舞台としており、土地を持ち、独立した農民のあり方が理想化されていった。

　その入植者の自由を脅かす存在は排除されねばならず、その行為は正当化されていった。抵抗を行うアフリカの住民には、過酷な弾圧が加えられていたが、それは入植者の自衛行為として受容された。ドイツの統治無能力を批判し、西南アフリカを支配していたイギリスへの敵視も浸透し、現地の住民を導く、適切な植民地統治を行うことができるドイツが宣伝されていく。他のドイツ植民地においてドイツ系住民が追放される中で、唯一それを免れた西南アフリカは、ドイツ植民地のシンボルとなり、植民地再編の出発点となった。このアフリカにおけるドイツ人の生存圏構想は、第一次世界大戦前のように植民地団体に限らず、幅広い社会階層に周知となり、中欧（Mitteleuropa）と並び、ドイツの政治を規定していく要素になった。

『土地なき民』表紙

　もう一つはアフリカ南部における帝国主義国家体制の問題である。特にイギリスとの関係は、連携・対立の双方で、第二次世界大戦まで続くことになる。すでに西南アフリカ植民地獲得の段階で、隣接する南アフリカ、アンゴラとの国境線の画定が必要であり、それはイギリス、ポルトガルといったヨーロッパの分割協議によって決定されていった。ブール戦争においても、最終的には中立という形でイギリスを支援し、代償を期待した。ヘレロ・ナマの蜂起も独英の軍事的・経済的な協力の下に鎮圧されたのである。西南アフリカの開発においても、イギリス資本の影響は強く、植民地統治に実質的に関わっていた。ドイツが植民地を喪失した後も、南部アフリカにおけるイギリス、アフリカーナー、ドイツという三重の支配は続き、それは現在も残存する強固な白人社会の基盤となった。

中欧計画

　また隣接するポルトガル植民地アンゴラが、帝国主義の世界体制を維持する上で果たした役割にも注意が必要である。ポルトガルは帝国主義国家としては、弱い立場にあり、イギリスの従属的地位にあった。しかしポルトガルがアフリカ大陸に所有する植民地（特にアンゴラ、モザンビーク）は英独の緩衝地帯として機能し、1898 年には英独の

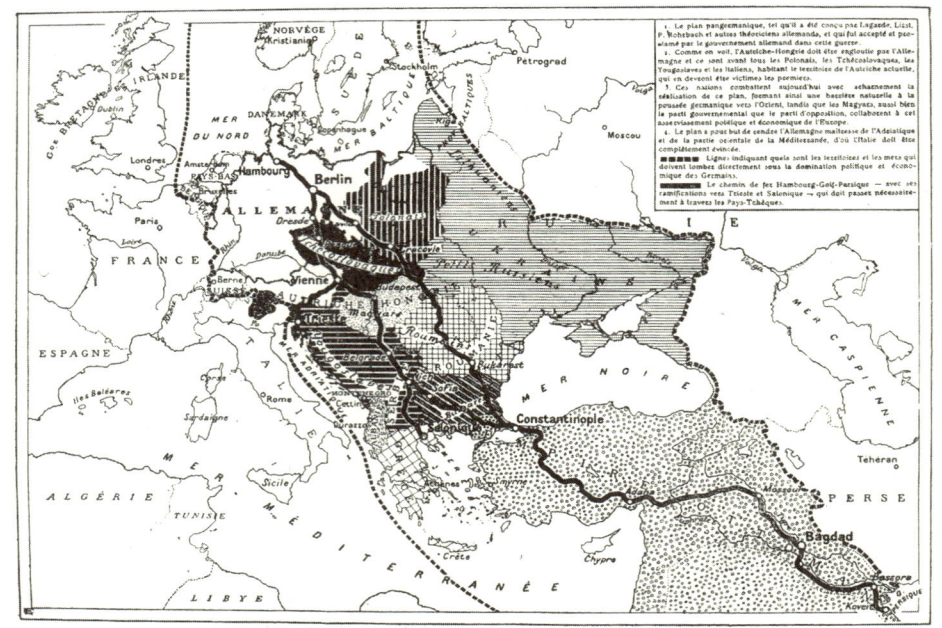

LA MITTELEUROPA

CLICHÉ DE *la Nation Tchèque*

中欧計画

外交交渉で分割の対象となった（アンゴラ協定 Angola-Vertrag）。その協定ではモザンビークはザンベジ川を境に、北部をドイツ、南部をイギリスが獲得し、アンゴラはドイツに支配される予定だった。ポルトガル領から来る出稼ぎ労働者は南部アフリカにおいて重要な労働力となっており、アンゴラも西南アフリカの労働力供給地として期待されていた。またリザーヴ、後のホームランドは北部に集中して形成されたため、隣接するアンゴラの政治動向が強く影響していく。それは最終的にナミビア独立問題を左右することになった。

アンゴラにおけるポルトガルの植民地部隊

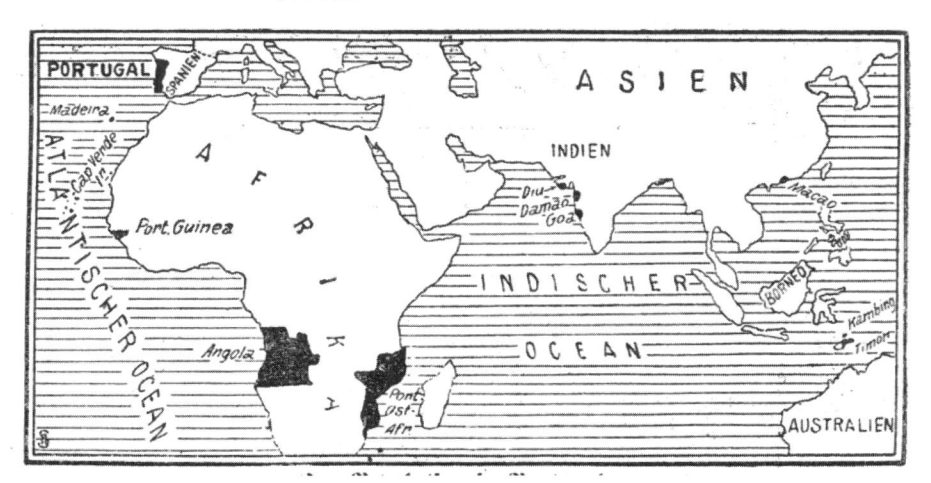

ポルトガル植民地帝国

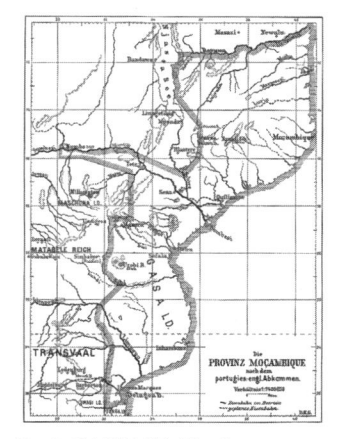

ポルトガル領モザンビーク

ポルトガル領アンゴラ

ロイド・ジョージ

ルイス・ボータ

台所の風景

### （注 1）旧ドイツ植民地におけるナショナリズム

　抵抗した指導者は、後のナミビアナショナリズムのシンボルとなっていく。ウィンドフックの記念碑ヒーローズエーカー（Heroes Acre、英雄記念公園）で飾られる人物の中で、特にヴィットボーイは、植民地体制期における長期にわたる抵抗、そして現在の民族間の衝突への配慮（与党オヴァンボでも野党ヘレロでもない）から、筆頭英雄として位置づけられ、近年まで紙幣にも肖像が使用されていた。東アフリカでもマジマジの抵抗は、タンザニア大統領ジュリウス・ニエレレ（Julius Nyerere）によって、ナショナリズムの萌芽と見なされた。帝国主義諸国への抵抗を扱うとはいえ、ヨーロッパ型のナショナリズム政策に依拠しつつ、国民統合を図ることになったのである。

### （注 2）スマッツとドイツ植民地

　スマッツは、国際連盟と国際連合の両方の設立に関わった唯一の人物で、親英派のアフリカーナーの政治家である。当初、ザンベジ川、ひいては赤道以南のアフリカ南部（ドイツ領南西アフリカを含む）を統合する「大南アフリカ（Greater South Africa）」を要求し、同じくアフリカ中部での植民地帝国建設を目指すドイツ、ポルトガルと対立した。ブール戦争後は、イギリス本国と協力しつつ、イギリス帝国の中で、アフリカーナーの地位向上を目指していく。第一次世界大戦中はアフリカ戦線でドイツと戦う一方で、ロイド・ジョージ（David Lloyd George）の戦時内閣の閣僚となり、イギリスの戦争目的を設定する一方で、イギリス帝国の維持のために、国際連盟の創設を主張した。南アフリカ連邦の初代首相ルイス・ボータ（Louis Botha）とともに各イギリス自治領の会議に参加し、南アフリカの発言権を強め、最終的にドイツ領南西アフリカを委任統治領として獲得した。アフリカの住民に対しては、白人が家父長的に指導し、発展させる思想を持ち、法的身分の差異を明確につけ、白人の管理の下に置いた。

### （注 3）クレオール言語

　植民地統治が進むにつれ、ドイツ語が浸透し、商用のピジン言語のみならず、生活に即したクレオール言語が生まれた。西南アフリカでは「台所ドイツ語（Küchendeutsch、Namibian Black German）」は、公的な教育機関の外部にて、意思疎通の言語として生まれた。ニューギニアのラバウルでもクレオール言語「下ドイツ語（Unserdeutsch、Rabaul Creole German、ドイツの経営する孤児院で生活したニューギニアの子供が話す言語）」が登場していた。それらを国際補助語と見なす動きもあったが、各ドイツ植民地の商業面で影響が強かった英語のクレオール言語ほど流通せず、現在ではほとんど話す住民はいなくなっている。

### （注 4）ドイツ植民地と東欧の生存圏構想

　東欧の生存圏構想において、この「血と土」思想は、主要な柱となった。この思想は、ヴィッツェンハウゼン（Witzenhausen）の植民地学校出身の政治家リヒャルト・ヴァルター・ダレ（Richard Walther

Darré）が展開していくことになり、家族で入植し、農業を基盤とした共同体を維持することを推進した。これはマリアナ諸島を統治していたゲオルク・フリッツ（Georg Fritz）も支持しており、彼をはじめとする植民地官僚は、第一次世界大戦後、母国に戻り、東方植民（Deutsche Ostsiedlung）のようなドイツの歴史的拡大を踏まえ、東欧のユダヤ人を問題視した。また植民地統治時代の人類学的研究成果は、ナチ党の優生学、人種主義を受け入れる土壌を作っていった。『社会主義者月報（Sozialistische Monatshefte）』を編集し、植民地政策を支持していた社会民主党右派も同様の思想を持ち、大陸経済の構築に参入していく。

リヒャルト・ヴァルター
・ダレ

| 帝国弁務官（Kaiserlicher Kommissare） | | |
|---|---|---|
| 1884 -1885 | グスタフ・ナハティガル | Gustav Nachtigal |
| 1885 -1889 | ハインリヒ・ゲーリング | Ernst Göring |
| 1890 -1981 | ルイス・ネルス | Louis Nels（臨時の地位） |
| 1891 -1893 | クルト・フォン・フランソワ | Curt von François |

| 地方長官（Landeshauptleute） | | |
|---|---|---|
| 1893 -1894 | クルト・フォン・フランソワ | Curt von François |
| 1894 -1898 | テオドール・フォン・ロイトヴァイン | Theodor von Leutwein（1895 年まで臨時の地位） |

| 総督（Gouverneur） | | |
|---|---|---|
| 1898 -1905 | テオドール・フォン・ロイトヴァイン | Theodor von Leutwein |
| 1905 | ロタール・フォン・トロータ | Lothar von Trotha（臨時の地位） |
| 1905-1907 | フリードリヒ・フォン・リンデクヴィスト | Friedrich von Lindequist |
| 1907-1910 | ブルーノ・フォン・シュックマン | Bruno von Schuckmann |
| 1910-1915 | テオドール・ザイツ | Theodor Seitz |

| 保護軍司令官（Kommandeure der Schutztruppe） | | |
|---|---|---|
| 1894 -1895 | クルト・フォン・フランソワ | Curt von François |
| 1897 -1904 | テオドール・フォン・ロイトヴァイン | Theodor von Leutwein |
| 1904 -1906 | ロタール・フォン・トロータ | Lothar von Trotha |
| 1906 -1907 | ベルトホルト・フォン・ダイムリンク | Berthold von Deimling |
| 1907 -1911 | ルートヴィヒ・フォン・エシュトルフ | Ludwig von Estorff |
| 1912 -1914 | ヨアヒム・フォン・ハイデブレック | Joachim von Heydebreck |
| 1914 -1915 | ヴィクトル・フランケ | Victor Franke |

##  コラム1　社会主義者と植民地

　社会主義者と植民地の関係は深く、当時最大の社会主義政党ドイツ社会民主党（Sozialdemokratische Partei Deutschlands、SPD）の方針に影響を与えていった。当初、植民地領有や資本家の利益を優先した植民地政策に反対していたが、次第に修正主義的立場が強まり、文明化の使命の下で、植民地行政への積極的関与、文化政策を肯定していった。

アウグスト・ベーベル。社会民主党指導者。

### 初期の社会主義者の植民地に対する姿勢

　第二帝政成立前から活動を開始していたアウグスト・ベーベル（August Bebel）、ヴィルヘルム・リープクネヒト（Wilhelm Liebknecht）といった同党の創始者は、ドイツの帝国主義政策、植民地獲得を資本主義の延命手段として非難した。彼らは、1890年に社会主義者鎮圧法が失効した後、それまでの社会主義労働者党を社会民主党と党名を変更し、植民地における搾取・弾圧といった人権侵害を取り上げていった。

　植民地は、統治初期から一部の大企業の利益追求のために搾取されており、それを逐一取り上げていくことになる。1889年には西アフリカ植民地における蒸留酒の輸入を問題視した。それらはヴェーアマンをはじめとする企業に大きな収益をもたらし、現地の住民を堕落させ、借金を負わせ、植民地当局に従属させている手段となっていたからである。さらに土地の接収、強制労働にも言及した。特にカメルーンのプランテーション経営における住民の過酷な労働条件を改善するように示唆した。独占的な植民地企業によるコンセッション（ドイツ・トーゴ会社）、貿易の独占（ドイツ東アフリカ会社）も解消が急務とした。これらの収奪には、住民の抵抗が伴い、カメルーンにおけるライスト、ヴェラン、中国におけるヴァルダーゼーによる過酷な弾圧が行われ、それを植民地スキャンダルとして弾劾した。

ヴィルヘルム・リープクネヒト。社会主義者カール・リープクネヒト（Karl Liebknecht）の父。

セシル・ローズ

エドゥアルト・ベルンシュタイン。社会民主党の理論家。

エドゥアルト・ダーフィト

ジョゼフ・チェンバレン。社会帝国主義者。イギリス首相ネヴィル・チェンバレン（Neville Chamberlain）の父。

　さらにこの植民地政策は、人口増加、過剰生産といった「社会問題の輸出」を行い、資本主義の破たんを避けるための安全弁と見なされていた。すでに 1884 年の太平洋における郵船補助金法案（Dampfersubventionsvorlage）をめぐる論争でも、それは造船業における雇用、販売市場の拡大としての側面もあったが、当時の社会民主党は植民地主義の促進として、批判的な立場をとった。しかし国内の矛盾を植民地へ転嫁する動きはすでにイギリスで展開されており、イギリスの政治家セシル・ローズ（Cecil Rhodes）、イギリス植民地相ジョゼフ・チェンバレン（Joseph Chamberlain）のように、帝国の拡大により間接的に労働者も利益を受けるという主張も強くなっていく。

### 修正主義の立場からの植民地政策

　植民地政策を批判する一方で、1890 年代から修正主義の立場から、その方針の変更を求める動きが党内で出てきた。特に党員エドゥアルト・ベルンシュタイン（Eduard Bernstein）は、1896 年から 1898 年にかけて修正主義論争を仕掛けており、植民地に関してもそれまでの党の姿勢の変更を迫った。植民地の住民はまだ自治能力が低く、経済的にも低い段階にある。経済発展において、資本主義の段階を経ることは不可避であり、社会主義者は積極的に植民地統治に関与し、資本主義経済を発展させるべきと主張した。これにより、一部の私企業の搾取といった資本主義で起こる弊害を防ぐことができ、それは結果的に植民地のプロレタリアートの保護につながるとされた。植民地が経済発展をする中で、プロレタリアートの目標は労働条件の改善となり、社会主義者はそれを援助する。これにより労働者の力が伸長し、本国の労働者と連携し、社会主義の段階に近づく、との見解を示した。党員エドゥアルト・ダーフィト（Eduard David）は、労働者階級の利益をドイツ帝国の発展と同一視するに至った。党員ルートヴィヒ・ケッセル（Ludwig Quessel）のように、白人プロレタリアートのために、現地の住民に対して犠牲を強いる党員までも登場した。

加えて、衛生環境の整備、開発事業の展開、そして自治を促進する上で、植民地支配は文明国の権利・義務という認識も広がった。この文化政策は、劣った住民を教化する意味で、家父長的態度を強化することになった。

　このような修正主義の台頭にもかかわらず、党の方針は原則的に植民地に否定的な立場をとってきた。その方針の転換点となったのが、1907 年初頭の予算をめぐる選挙（ホッテントット選挙）である。西南アフリカでのヘレロ・ナマの抵抗鎮圧にかかる費用を巡って争われ、社会民主党は、海外膨張という世界政策を非難する一方で、内政問題に重心を置き、労働者の利益を訴えたが、結果は惨敗であった。この選挙で、植民地問題は、労働者を含めて全国民から支持を得やすい問題であることが明らかになり、党内で修正主義的な立場の発言が強まった。これ以降、敗因となったドイツナショナリズムに配慮した方針をとっていくことになる。

ルートヴィヒ・ケッセル

### シュトゥットガルト大会における植民地保有議論

　党の方針変更が顕著に表れたのが、1907 年 9 月の第二インターナショナル（The Second International）のシュトゥットガルト大会であった。ドイツ代表の一人、ドイツ社会民主党員レーデブーア（Georg Ledebour）は、文明的な植民地政策は存在しない、として社会主義的植民地政策を否定したが、すでに大会では修正主義的立場は顕在化しつつあり、オランダ代表ファン・コル（H. H. van Kol）を筆頭に、ドイツ代表のベルンシュタイン、ダーフィトも植民地保有を肯定した。この際には党内中間派の中心人物カール・カウツキー（Karl Kautsky）が、植民地管理の義務、文化政策といった論拠は、そもそも征服と支配という植民地政策と関係なく、資本家の利益のために抑圧に手を貸すことを牽制した。議題となった社会主義的植民地政策論をめぐる決議では、ドイツといった大国、植民地保有国が賛同したが、支配を受けている地域の社会主義者は団結して反対し、廃案に持ち込んだ。しかしドイツ社会民主党内で、この修正主義の立場は黙認され、ベーベルでさえも従来のように植民地の存在自体に批判的な立場をとり

カール・カウツキー。社会民主党の理論家。第一次世界大戦中の戦争目的である中欧構想にも言及。

グスタフ・ノスケ。ヴァイマル共和国で国防大臣を務める。

フリードリヒ・エーベルト
(Friedrich Ebert)。ヴァイ
マル共和国初代大統領。

フィリップ・シャイデマ
ン。ヴァイマル共和国初代
首相。

続けるのではなく、植民地政策の方法にのみ注目して議論を行うようになった。

### 1907年選挙大敗後の社会主義者の対応

　その後も、社会主義的植民地政策をめぐる対立は続いた。その支持者は、党内の主流となったが、植民地の現状分析を進める中で、植民地保有は前提となり、改革の発想が失われていった。すでにホッテントット選挙の結果を受け、現状変革の動きは鈍くなっており、ドイツ社会民主党の内部ではゲーアハルト・ヒルデブラント（Gerhard Hildebrand）のように植民地所有を公然と肯定し、社会帝国主義を進める発言も登場した。彼は1912年に除名されたが、同党右派のグスタフ・ノスケ（Gustav Noske）も植民地政策の実施に理解を示しており、同党は1912年の東アフリカ鉄道の修復に賛同し、さらに1914年にはその鉄道建築のための公債にも条件付きで承認するに至った。

　原則的に植民地所有を認めない立場でも、当面は、これ以上の植民地拡張、植民地予算の拡大に反対し、土着民の自治権拡大を支持するにとどまり、住民の武力的抵抗への態度は、曖昧であった。そのような限界はあったが、被抑圧民族の主体を尊重しており、1908年以降、イラン立憲革命、青年トルコ人革命、辛亥革命が起こった際に、それらをアジアの民主主義の萌芽としてとらえることができた。しかしカウツキーが指摘したように、先進国から学ぶことで、資本主義の段階を経ずに、それを越えて社会主義に行きつく発展段階の跳躍に関しては、充分理解が進まず、具体的な施策がとられることもなかった。

### 第一次世界大戦中の社会主義者の戦争目的

　以上のように第一次世界大戦前には、党内で植民地を拒否する勢力はすでに力を失っており、大戦中には、党内右派が植民地再編構想に積極的に関与することになる。特にダーフィトは、1914年にドイツ中央指導部で立案されたダルエスサラームからドゥアラを経て、セネガンビアに至る中央アフリカ計画に賛同していた。各ドイツ植民地が協商国軍に占領された後は、その返還を訴え、他の植民地に

おいてもドイツが自由に経済活動できるように門戸開放を訴えていく。植民地を原料供給地、移住地として利用する主張も強く、交戦国フランスに勝利した際には、その植民地の引継ぎすら検討していた。1918 年後半に敗北が近づくと植民地構想は講和条件として検討されるようになり、ノスケ、エーベルト、フィリップ・シャイデマン（Philipp Scheidemann）をはじめとする党員は、植民地改革期における経済的な価値を強調しつつ、講和会議での植民地返還実現に尽力した。

マックス・シッペル

### 第一次世界大戦後の社会主義者の植民地修正主義

　ヴェルサイユ講和会議において、植民地は没収されるが、戦間期に、社会民主党は、ヴァイマル政府とドイツ植民地協会が主導した返還運動に密接に連携してくことになる。委任統治委員会に参加し、植民地統治を行うことを求めており、1925 年の植民地統治 40 周年記念の行事でも協力した。党の右派で、1919 年から 1921 年までプロイセン地区の文部大臣であったコンラート・ヘーニッシュ（Konrad Haenisch）は、地域教育委員会が、適切な植民地教育を組み込み、植民地を常に想起させる措置をとることを薦めた。特に『社会主義者月報（Sozialistische Monatshefte）』では、ノスケ、マックス・コーエン（Max Cohen）、ルートヴィヒ・ケッセル、マックス・シッペル（Max Schippel）といった執筆者が植民地返還・大陸経済形成を通して、ドイツ経済の立て直しを主張したが、その地政学的論理はナチ党による東方の生存圏（Lebensraum）構想とも連動していくことになった。

　結局、植民地に直接赴き、統治の実態を調査するヨーロッパの社会主義者は殆どおらず、現地の状況把握は困難であり、議論は理論的になりがちで、実践的な政策は打ち出せなかった。植民地統治の過程を工業化の一環として肯定的にみても、資本主義の支配の一環として批判的にみても、いずれにせよ即時植民地を放棄する措置は取られなかった。このような議論がヨーロッパでなされている最中、植民地の人間には、抑圧と搾取があるだけであった。

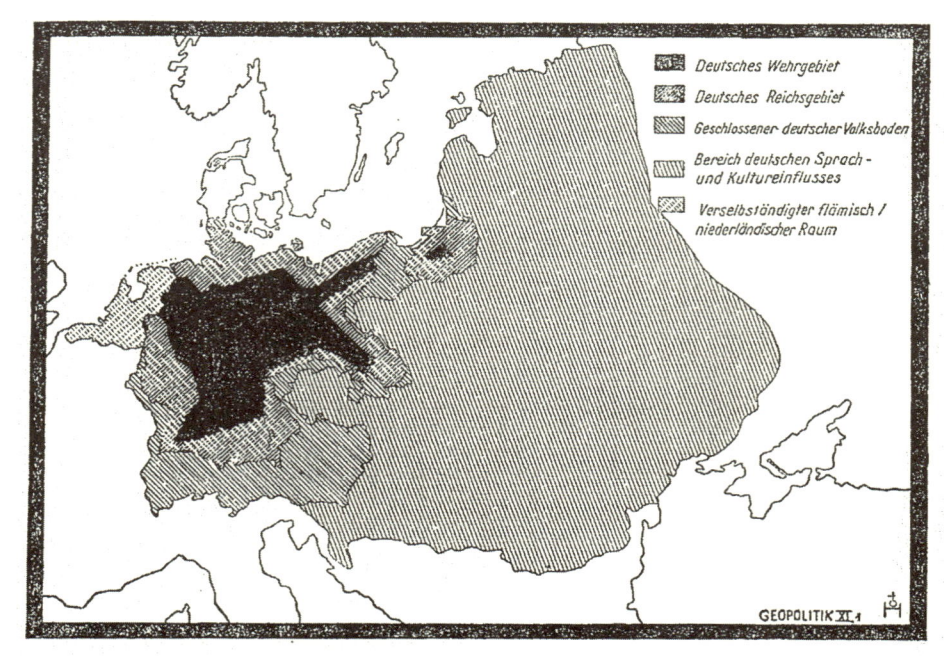

東欧に広がる「ドイツ語、ドイツ文化の影響下にある地域」

# 第三章

# トーゴ植民地

アグー山

ヴォルタ川の下流

フレデリック・ルガード。
当初、イギリス東アフリカ
会社に所属し、ウガンダを
イギリスの勢力圏に入れる
ことを画策。後に香港総督、
ナイジェリア総督に就任。

白ヴォルタ（White Volta）。ヴォル
タ川の源流。

　トーゴは、ドイツのアフリカ植民地の中で約8万7200平方キロメートルと、最も領域が小さく、その経済規模も極めて限定的で、ドイツ本国への影響力は低かった。しかし本国の財政的な支援無しで、植民地財政を維持し、鉄道・道路・港建設という交通インフラの整備を行い、農業の多角化を進め、熱帯産原料の世界市場に対応しようとした点は、宣伝目的で高く評価された。また早くから西アフリカで布教活動を行っていたキリスト教ミッションと連携しつつ、教育施設を設け、農業技術を教授し、無職状態の住民に対する再教育・就業支援を行い、社会的・経済的安定を目指した点は、植民地統治の成功としてドイツ本国で強調された。特にユリウス・フォン・ツェヒ・アウフ・ノイホーフェン（Julius von Zech auf Neuhofen）がイギリスの植民地行政官フレデリック・ルガード（Frederick Lugard）による「間接統治」を模範とした諸政策は、第一次世界大戦前のドイツ植民地統治改革の先駆けとなった。第一次世界大戦中、トーゴはアフリカにおける英仏軍によって分割占領され、大戦後、委任統治下におかれた。委任統治を正当化する上で、協商国側はドイツ統治時代の植民地政策を批判した。その反論としてドイツ側から「模範植民地（Musterkolonie）」の概念が再度持ち出され、その代表例としてのトーゴ植民地に関する議論が再燃していくことになった。

# 植民地化以前のトーゴ

エウェ人の村

### 地理的特徴

　ドイツ領トーゴの特徴は、沿岸のラグーン（潟）そして、北部にサバンナが広がっている点である。アグー山（Mount Agou、バウマン山 Mount Baumann）を最高峰とするアタコラ山脈（Atakora Mountains、トーゴ山脈 Togo Mountains）が、西南から東北に向かい、国土を二部している。気候は熱帯に属し、沿岸部は雨が多いが、北部は乾燥している。経済的に発展し、交通インフラが整備され、かつ直接的な植民地支配が及んだのは南部であった。ヴォルタ川（Volta）とモノ川（Mono）が流れ、それらは英仏の国境線の問題の際に、とりあげられることになった。第一次世界大戦後、ドイツ領トーゴは東西に分割され、後に西部は現在のガーナに併合されたため、ヴォルタ川は主にガーナの河川となった。

モノ川

### 住民

　南部にはエウェ人、北部には元々住んでいたカビエ人（Kabye もしくは Kabiye）、コンコンバ人（Konkomba）がおり、イスラム教徒（ダゴンバ Dagomba、チャコシ、Chakosi または Tyokossi）の勢力も根付いていた。当初ドイツのキリスト教ミッション、商社が接触し、経済的にも関係していくのはエウェ人であった。またブラジルから帰還した解放奴隷（アフリカ系ブラジル人）も西アフリカ海岸にネットワークを築いていた。彼らはヨーロッパの言語を解したため、交易の中心となった。かつ子どもに高い教育を施したため、ヨーロッパが現地を支配する際には、アフリカ系ブラジル人の協力は不可欠となった。北部はドイツ支配への抵抗が激しく、制圧後も間接統治という形式をとることになった。

トーゴの紋章

### ヨーロッパ支配の開始

　西アフリカへヨーロッパが足を踏み入れたのは、当初は、沿岸部に限られており、15 世紀のポルトガルによる

アシャンティ王国。首都クマシ

ブレーメン・ミッションが布教した
エウェ人の家族。（南部のホ Ho 付
近）

ケタのプロテスタントの教会

占領も内陸には及ばなかった。17世紀に、西インド諸島で、砂糖のプランテーションが開始されると、アフリカ西海岸周辺から多くの奴隷が運ばれた。トーゴ周辺は奴隷海岸と呼ばれた地域にあたり、奴隷貿易が盛んに行われた地域である[注1]。この大西洋における三角貿易は、西アフリカにおける労働力を奪う一方で、その奴隷確保に協力した地域の諸勢力への武器やアルコールが流れ込み、住民間の抗争が激化する要因が作られていった。奴隷貿易が批判され、廃止された後は、アフリカは市場として、再度注目を浴びることになる。特にイギリスは産業革命以後、製品を販売する市場を求めており、その市場をアフリカに求めた。さらにはアフリカの農民が生産していた熱帯原料、特に工場での使用されるパーム油の需要が高まっていた。綿花栽培も盛んであり、ヨーロッパの紡績業において、需要が高まることが期待された。それを踏まえてヨーロッパはプランテーション経営をアフリカに持ち込み、海岸のみならず、内地に至るまで占領していくことになった。奴隷貿易自体も停止されず、奴隷を集める場所が西海岸から、中部アフリカ・南部アフリカに移行し、継続されることになった。

## キリスト教ミッションの介入

　トーゴに、最初に到着したのはキリスト教ミッションである。この地域は、隣接するゴールド・コーストのアシャンティ王国（Ashanti Empire、Asante Empire）のように、まとまった政治勢力が存在せず、ダホメ、トーゴ、ゴールド・コーストにわたりエウェ（Ewe）と呼ばれる住民が首長といった階層構造を持たず生活していた。彼らに対して布教を行うべく、キリスト教ミッションが進出し、特に北ドイツ・ミッション（Norddeutsche Missionsgesellschaft、通称ブレーメン・ミッション Bremen Mission）の活動が顕著となった。北ドイツ・ミッションは、1838年にハンブルクに設立されたプロテスタント・ミッション組織で、アフリカ西海岸における、当時、黄金海岸、奴隷海岸と呼ばれた地域で布教・植民活動を行った。このミッションはフランツ・ミハエル・ツァーン（Franz Michael Zahn）の指導のもと、ドイツ

の商社、特にブレーメン商社フィートア（Vietor）と連携しつつ、1880年代から始まるアフリカ分割の地ならしを行った。その後、西海岸の領土画定が進むにつれ、その活動範囲は国境線で分断されることになったが、エウェ地域における、宣教師の数十間の経験は、植民地統治機関にとって、統治システムを構築する上で大いに役立つものだった。特にミッション学校で教える言語はナショナリズムに関わる中心的な課題となっていく。

ヨハネス・ベルンハルト・シュレーゲル

北ドイツ・ミッションは、英領ゴールド・コースト植民地のペキ（Peki）とケタ（Keta）から活動を開始し、ケタ付近のアンロ（Anlo）と呼ばれる集団の言葉をエウェ語として採用し、教育現場で使用した。エウェ語に関しては、ドイツのアフリカ学者ディートリヒ・ヴェスターマン（Diedrich Westermann）が、1857年に出版された、ヨハネス・ベルンハルト・シュレーゲル（Johannes Bernhard Schlegel）による『Schlussel zur Ewesprache（エウェ語の手引き）』をより完全なものに仕上げていた。さらにヴェスターマンは、1907年に文法書も出し、現地の言葉を文字化しただけなく、エウェの文化に対する記録をとっていった。これは後にエウェとしての民族意識を形成していく前提条件となっていく。しかしヴォルタ川周辺では他にアカン語（Akan）、チュイ語（Twi）も存在しており、その中でエウェ語を教育現場で教える現地語としたのは、人為的に共通語を作り、トーゴと他の地域を区別しようとする意図が働いていた[注2]。

キリスト教ミッションの活動内容としては、学校を作り、現地での布教の担い手を育成することが第一だった。他にはイギリスのウェズリアン・ミッション（Wesleyan Methodist Missionary Society、メソディスト Methodist）、ゴールド・コーストにおけるバーゼル・ミッション（Basler Missionsgesellschaft）が存在しており、長年の布教活動により、確固たる基盤を形成していた。トーゴにおけるドイツの保護権が宣言される時に、伝道地域においては、すでにアルファベットが使える中等教育学校の卒業生が多数存在していた。ドイツの植民地統治が開始されれば、これらのミッションの協力・対処が不可欠となり、学校

現在のガーナの南部に位置するアクパフ（Akpafu）のキリスト教ミッション拠点

フィートア会社のアフリカハウス

制度は基本的にミッション学校を軸に組み立てられることになる。

## 商社の介入

　次に経済的な進出であるが、トーゴの地域は、当初自由貿易体制をとっていたため、隣国のイギリス領ゴールド・コーストより関税が安く、トーゴ経由での酒、火薬、煙草の取引が増加していた。特に安酒の取引が盛んであった。その中でフィートアは、1850 年代半ばにアフリカ西海岸で事業を始め、1857 年にはトーゴ貿易を開始した。特にヨハン・カール・フィートア（Johann Karl Vietor）は、その組織拡大に寄与し、北ドイツ・ミッションの理事を務めるなど、トーゴにおけるキリスト教ミッションと関係が深かった。その父コルネリウス・ルドルフ・フィートア（Cornelius Rudolph Vietor、彼の兄はヨハン・カール・フィートア Johann Karl Vietor であり、甥と同姓同名）は、北ドイツ・ミッション設立の中心人物の一人だった。フィートア一族は熱心なキリスト信徒であり、ミッションとの情報共有を進め、財政支援の点で緊密な協力体制を築くだけではなく、自身の経営でも家父長的な経営を目指そうとする。ヨハン・カール・フィートアは、1884 年から 1896 年に至るまでトーゴに住み、高い利益が見込めるアルコール貿易に参入することはなかった。持ち込まれるアルコールが住民を堕落させると見なしたためである。西アフリカにおける彼の工場では、地域の住民は、比較的好条件で働くことができた。

ソコデ（Sokodé）。トーゴ中部の都市。

## 領域画定

### 沿岸部の領有交渉と地域調査

　トーゴが正式に、ドイツ植民地に組み込まれたのは、ビスマルクの時代である。彼の命令を受けていたアフリカの探検家グスタフ・ナハティガル（Gustav Nachtigal）は、エウェ人のマラパ３世（Mlapa III）と保護協定を結び、1884年7月5日にはトーゴにドイツの旗を立て、トーゴの領有を宣言した。またポルト・セグーロ（Porto Seguro、現在のアグボドラフォ Agbodrafo）の王と保護協約を結んだ。1884年から1885年にかけて、ビルマルクが主催したベルリン会議において、アフリカ分割が行われ、その際にドイツ植民地も正式に承認されたが、海岸の後背地、すなわち内陸における境界線はまだ曖昧であった。それはトーゴにおいても同様で、隣接するフランス領ダホメ（現ベナン）、イギリス領ゴールド・コーストとの境界線画定を続けつつ、沿岸の住民と協定を結び、空白地帯の北へ拡大す

ソコデの基地

ポルト・セグーロの在外支店

ケテ・クラチの基地

Häuptling aus dem Bezirk
Sokode, Togo.

ソコデの首長

ルートヴィヒ・ヴォルフ。
1883年からヘルマン・
フォン・ヴィスマン（のち
の東アフリカの総督）の指
揮の下で、クルト・フォン・
フランソワとともに、コン
ゴ川の支流であるカサイ川
（Kasai）の探検を行って
いる。

るаことになる。乾燥した西アフリカにおける貴重な水源で
あるニジェール川（Niger）に到達するのが、当面の目標
であった。

　当初、後背地の占領を進める上で、事前に科学的な調
査が行われた。調査拠点としての基地も作られ、ドイツ
の人類学者ルートヴィヒ・ヴォルフ（Ludwig Wolf）に
よる遠征では、フランス領ダホメにも向かい、トーゴの
中部ケテ・クラチ（Kete-Krache）付近に拠点ビスマル
クブルク（Bismarckburg）を築いた。沿岸から内陸に進
む上で、ケテ・クラチは、東北と西北の貿易路の交差点
であったため、遠征を行う際の要所であった。この地は、
トーゴ－ダホメ間の内陸貿易に関税をかける関所でもあ
り、トーゴ北部で最も強い勢力であったダゴンバとの継続
的な関係を持つ上でも重要だった。また後に西南アフリ
カの統治を行うクルト・フォン・フランソワ（Curt von
François）も、1888年から1889年にかけてトーゴの科学
調査という名目の遠征を行い、イギリス領ゴールド・コー
ストとの境界線にあるサラガ地区（Salaga-Gebiet）に到達
するが、この地域は英独が中立地帯とすることを協議し
ており、併合できなかった。後に北部に向けて軍事行動
を開始するイェスコ・フォン・プットカマー（Jesko von
Puttkamer）も、その前に調査拠点と主張し軍事基地ミサ
ヘーエ（Misahöhe）を1890年に建設している。

イェンディの基地

ビスマルクブルクの基地

ヴォルタ川におけるイギリスの税関

ケテ・クラチの基地

クルト・フォン・フランソワ

ガストン・ティエリ
（Gaston Thierry）。ドイツの士官で、トーゴとカメルーンの北部における領域画定の遠征に参加。サンサネ＝マンゴ地区とイェンディ地区も管理していた。

サンサネ＝マンゴ（ドイツ統治時代はサンサネ＝マング Sansane-Mangu と呼ばれた）のモスク

カビエ地区の村

## 後背地の遠征

　プットカマーは 1892 年からトーゴの統治を行うようになり、1894 年から後背地に向けた軍事行動を開始した。これは植民地主義団体である全ドイツ連盟（Alldeutscher Verband）とドイツ植民地協会（Deutsche Kolonialgesellschaft）の要請を受けた行動でもあった。北部は南部と異なり、イスラム教徒（ダゴンバ、チャコシ）が多く、彼らとの和平は難しかった。さらに武力衝突となると戦闘は激しく、遠征は遅々として進まなかった。また後背地の範囲を巡り、英仏との衝突が不可避となった。アフリカ探検家ハンス・グルーナー（Hans Gruner）が指揮する遠征隊は、ニジェール川に向けた進出を開始し、フルベ人の支配するグワンドゥ（Gwandu、または Gando、現在のナイジェリアの西北部）のスルタンと条約を結んだ。

　さらに 1895 年にダゴンバを支配していたイェンディ（Yendi、現在はガーナ北部に位置する）のスルタンに、ある殺人事件を解決するべく通過許可を要求したが、それは拒否された。その報復として、軍事遠征を行い、イェンディは征服され、1897 年には、コンコンバ（Konkomba）が平定された。さらに北部のサンサネ＝マンゴ（Sansanne-Mango）、さらにはグルマ（Gurma）とパマ（Pama）に基地を建設していった。しかし中部のケテ・クラチから北部の基地に向かう際の中間地点はイェンディのスルタンの支配下にあり、ダゴンバの軍隊の抵抗は継続していたために、北部の支配は危ういものだった。

　1896 年から 1897 年にかけて東北のスグ（Sugu）に向けて二度遠征が行われた。しかしながらドイツの軍隊は、小規模であり、占領地域を維持できる規模ではなかった。彼らはフランスより前に到着し、目的地を占領していたものの、後から来るフランス軍の方が強大で、しかもトーゴの住民からうけられる支援は無いと考えられたため、ケテ・クラチに引き返すことになった。

　また一度平定した地域でもカビエ人といった住民の抵抗が頻発し、特に 1897 年から 1900 年に間にその鎮圧活動が度重なった。植民地経営の成功は 1890 年代から宣伝されていたが、ドイツからの植民は一向に進まず、入植者数で

現地の住民を圧倒する見込みはなかった。そのため北部は当初から直接統治は困難と見なされ、間接統治の方針がとられることとなる。

## 英仏との外交交渉

　軍事力による領土拡大の望みが絶たれた後は、英仏との外交交渉と沿岸部の開発に専念することになる。フランス領ダホメとは 1887 年に国境線の調整を行っていたが、さらに 1897 年にドイツの後背地への遠征に伴う独仏交渉を行うことになる。この交渉で、ドイツはニジェール川に到達する植民地帝国の実現を断念することになり、北部のグルマとパマ、さらに東北部のスグの基地の放棄することになった。この地域はフランス領西アフリカに組み込まれることになった。また 1912 年にフランスとの第二次モロッコ事件の後に、独仏は外交交渉を続け、トーゴとフランス領西アフリカでの国境線の調整も行われた。

　イギリス領ゴールド・コーストとは 1886 年に境界線の調整を行い、さらには 1890 年にはヘルゴラント＝ザンジバル協定がイギリスとドイツの間で結ばれ、トーゴとゴールド・コーストのみならず、イギリスとドイツが所有する他のアフリカ植民地の領土変更が取り決められた。その後、サモアをめぐる米英独間の抗争、そしてサモア諸島の米独の分割において、ドイツはイギリスへの譲歩条件として、1899 年にヴォルタ川の河口のヴォルタ三角地帯（Volta Triangle）をイギリス領として認めた。またサラガ地域での国境線問題も扱われ、ダゴンバの大部分がイギリスの影響下に置かれる中で、イェンディはドイツに残された。以上の列強間の交渉において、ドイツはトーゴの領土を拡張させることに失敗し、国境線が画定される中で、残された内政の充実を図っていくことになる。

コンコンバの農家

現在のガーナ北部に位置するビンビラ（Bimbilla）

トーゴ北部のタンベルマ（Tamberma）の要塞。フランス領ダホメに近い場所にある。

ロメ

## 初期の植民地統治

### 統治形態の模索

　アフリカ分割後、ドイツ本国の外務省がトーゴの統治に
乗り出すことになる。分割直後は、ドイツ側に軍事力が少
なく、現地の首長に年金の支給と特権の保持を認めて、間
接的に支配する形式をとった。トーゴの方でも、植民地統
治時代に、ヨーロッパとの取引の中で、確固たる地位を築
く有力者が現れ始める。都市ロメ（Lome）の拡大の際に、
煉瓦積みの工事を経営し、利益を得たアフリカ系ブラジル
人オクタヴィアノ・オリンピオ（Octaviano Olympio、彼
の甥がトーゴ共和国の初代大統領シルバヌス・オリンピオ
Sylvanus Olympio）もその一人である。植民地官僚は市
場統制を進めたが、それは西アフリカにおける自由な商業
活動を防ぐとして、ドイツ系商社と対立することになった。
　トーゴは、カメルーンの行政に従属しており、独自の統
治形態はとっていなかったが、1891年には従属する立場
から脱した。1892年から当時、知事（Landeshauptmann）
であったイェスコ・フォン・プットカマー（Jesko von
Puttkamer）の代から、トーゴの植民地統治が模索されて

アウグスト・ケーラー

ロメ地区の官庁

総督の宮殿

いくことになる。二期（1887年から1888年、次は1892年から1895年）にわたる彼の統治時代は、頻繁な軍事行動を伴うトーゴの領土画定時期と重なり、植民地の「ゲルマン化」が議論となった。1888年、当時政府代表委員（Kommissar）であったプットカマーによって、ドイツ系キリスト教ミッションに向けて、定期的なドイツ語教育を行う場合に補助金を出す方針が示されていく。ドイツ系ミッションは、西アフリカ全体に散らばっており、トーゴに限ればまだ少なく、そこにドイツ系ミッションを誘導する意味があったのである。また当時、ミッション学校では、エウェ語と英語（沿岸部において使用されていた通商用語としてのピジン英語）が教えられていることが多く、その影響力の排除が必要だった。現地の住民も英語を習うことを目的として、ミッション学校に通っていた。そのためドイツ領内では英語教育の禁止も行いつつ、イギリス領植民地へ人口が流入することへのけん制も行うために、キリスト教ミッションの協力を求めたのである。

ロメの総督の宮殿

## 言語政策の強化

　プットカマーの後を引き継いだアウグスト・ケーラー（August Köhler）の時代には、トーゴは政治的・経済的

ロメの通り

アクラの市場用のホール

にも規模が拡大し、総督（Gouverneur）が置かれることとなり、1898 年からケーラーが初代トーゴ総督となった。彼の統治期間の 1897 年に総督府はアネホからロメに移り、ミッション学校におけるドイツ語教育義務化が実現した（1898 年）。これはドイツ植民地の中で一番早かった。さらに教育現場で教える現地語としてはエウェ語を選び、イギリス領ゴールド・コーストにおける現地語との差異化を図った。当時はトーゴのロメがまだ通商港としては、ゴールド・コーストのケタ、アクラ（Accra）に及ばず、鉄道も敷設されていない中で、トーゴ内陸の富が、イギリス側に流出する危険性が宣伝されていた。それに対して教育現場で現地語としてエウェ語を選択し、ゴールド・コーストでよく使用されていたチュイ語などと区別することで、商業的利益の流出を回避しようとした。しかし英語の需要の方は、西アフリカ沿岸においては 20 世紀に入ってもなお高く、行政の干渉だけでは使用禁止にすることは不可能だった。ドイツ商社ですら、英語を使用しており、英語を扱うことで、役人、商人、通訳となり、社会的上昇を図ることができる、という考えが西アフリカの住民間に広まっていた。西アフリカのミッション学校を出た層は、教師・事務職のような技術を要する職を求めていたが、トーゴでは需要にこたえるほど雇用がなかった。就業できない層は、国外に流出することになり、近隣地域のみならずコンゴに向かう場合もあった。季節労働者として、アクポソ地域のようなトーゴ中部からゴールド・コーストに移動する場合も多く、彼らがカカオ栽培を支えている場合が多かった。

アクラにおけるドイツの商社

アクラの海浜にて

## 植民地スキャンダル

ヴォルデマール・ホーン

1902年には法律家でトーゴ副総督であったヴァルデマール・ホーン（Waldemar Horn）がトーゴ総督に就任した。彼は、不服従の住民を鞭打ちにし、その傷が原因でその住民は死亡した。当時、物理的な暴力で、現地の住民を服従させることは珍しくなかったが、職権の乱用につながることも多く、類似の事例も多数あり、それがドイツ本国に報告されたことから大問題となった。これは植民地統治のモラルへの疑惑、植民地の非白人からの反発を招き、特に問題であったのが、ドイツ帝国指導部への攻撃材料をドイツ社会民主党に与えたことにあった。ヨーロッパからの財政的支援抜きで経営を行っていた植民地が少ない時代、帝国議会で承認される予算は、植民地統治機関にとっては重要な財源であり、その議会で勢力を維持している社会民主党の存在は大きかった。この時期は、東アフリカの鉄道を含む、資金を必要とする計画が進んでおり、予算可決のため、ドイツ社会民主党の協力は不可欠であった。予算審議の際に批判されるのが確実であったホーンは罷免され、総督に次ぐ地位にいたユリウス・フォン・ツェヒ・アウフ・ノイホーフェン（Julius von Zech auf Neuhofen）が臨時の総督として任命された。彼は、このスキャンダルを受け、現地の住民との円滑な関係を構築する重要性を認識し、植民地改革に乗り出すことになる。

ロメのハンブルク通り

## 初期の植民地経済

トーゴは、パーム油やコーラナッツの生産により、ドイツが来る1885年以前に国際市場において大きな役割を果たしていた。これらの輸出品を生産する農業体制は構築されており、収穫物を集め、沿岸まで運び、取引を行う貿易会社とのネットワークもできあがっていた。これらの生産物から生み出される利益は、トーゴの植民地行政改革を行う上で、最後まで貴重な財源となった。植民地指導部はさまざまな新しい産業を植え付けようとしたが、元々、存在していた地域経済以上の利益を上げることができず、輸出・輸入にかかる関税が唯一、歳入として利用できる規模になった。

### アブラヤシ

1890年代になると、ドイツ植民地協会（Deutsche Kolonialgesellschaft）と植民地経済委員会（Kolonialwirtschaftliches Komitee）によるドイツ本国でのロビー活動が活発化しており、それを受けて各植民地において経済振興策が推し進められることになった。当時、熱帯産原料の価格は安定・上昇傾向にあった。特に植物性油脂は、工業の潤滑油、そして日常生活で食品・石鹸として利用でき、需要が急速に高まっていた。その中でパーム油が得られるアブラヤシは、ココヤシに注ぐ重要性を帯び始め、トーゴの財政もアブラヤシの輸出によって潤った。アブラヤシ以外でも、トーゴ沿岸では、熱帯気候でのみ生育が可能であるコーヒーやココアのような嗜好用作物を栽培する計画も立てられた。

アブラヤシ

アブラヤシ

アブラヤシ

ロメにおけるパーム核と油の買い付け

綿花を輸送するキャラバン（ロメにて）

## 綿花

　また熱帯生産物のもう一つの柱は繊維であった。特に綿は、一般大衆の衣料の原料として、ヨーロッパの紡績産業において需要が急速に高まっていた。1895 年から綿の価格は上昇を続け、危機を感じた綿産業は、当局に綿の価格を安定させることを要求するに至った。植民地経済委員会は、綿生産者への助成を積極的に宣伝し、今後の綿産業の発展のために、熱帯のドイツ植民地での綿生産拡大を唱えることになる。委員会に寄れば、綿価格の上昇は、綿生産者、特にアメリカ合衆国の綿生産者が独占的な体制を敷いているために引き起こされていた。アメリカ合衆国南部での綿花生産は、イギリスやドイツの綿産業を支配している状態であり、イギリス領インドをもってしても、その生産量に対処できなかった。そのために外部からの輸入に依存せず、自国の植民地からの輸入で、国内の綿産業を維持するために、ドイツ植民地での綿生産を拡大、改良する必要があった。この方針にはドイツ帝国指導部も基本的に賛同しており、その実現に向けて、公的な資金の投入も進められることになる。

　同委員会の調査によれば、トーゴには、すでに長い綿花栽培の歴史があり、よく発達した商業ネットワーク、豊富

綿花（トーゴ中部）

綿花栽培を行う住民

圧縮梱包した綿花の輸送

123

3. Kapitel Togo

パリメにおける綿花の種子を取り除く施設

パーム核をはさみ割る子ども

な労働力が存在し、熱帯の気候であるため、綿栽培に最適な土地だった（アメリカ合衆国の綿花の州として有名なアラバマ Alabama を目指す）。すでにアメリカ合衆国における南北戦争中に南部の綿花生産が落ち込んだ際に、トーゴの綿花需要は高まっていた。他のドイツ植民地、特に気候条件も似ているカメルーンでのプランテーション経営を手本にして、大規模な栽培が実行された。広大な土地、現地の労働力を利用し、最新の栽培方法、機械の導入を行ったが、生産量は急激には上昇しなかった。しかもこの土地・労働力を搾取するプランテーションは、トーゴに存在する固有の生産と貿易のシステムを破壊し、社会変動を引き起こしたため定着しなかった。

またこの綿栽培拡張計画を引き合いに、植民地省とトーゴ植民地指導部は、帝国議会で港の改築予算を得ようと画策した。大きな埠頭をロメに造り、貨物船が、平底艀無しで、トーゴの道路と接続し、沿岸から内陸に向かう予定だったが、その実現もなかなか進まなかった。

ロメの上陸用桟橋

ロメの上陸用桟橋（1911 年に部分的に倒壊した）

ロメの上陸用桟橋

## ドイツ企業の活動

　この間に大企業の進出が開始され、入植者と現地の住民の間で摩擦を引き起こしていく。1902 年に、ドイツ・トーゴ会社（Deutsche Togogesellschaft）が、鉱山所有者・銀行家ヒューゴ・ショルト・ダグラス（Hugo Sholto Douglas）のアフリカでの代理人、フリードリヒ・フップフェルト（Friedrich Hupfeld）を通して設立された。ダグラスはすでにカメルーンでの経済的な搾取を行っており、トーゴにも進める上で、鉱山技師フップフェルトを派遣した。彼は鉱山調査として、トーゴの内陸に遠征し、鉱山は発見できなかったものの、代わりに広大な土地を確保した。この会社の資本は、ダグラスといった銀行家が握っており、トーゴにおける安い労働力を狙っていた。この大銀行と結合した特権的植民企業は、フィートア社に代わり、トーゴ進出を指導していくことになる。

　ドイツ・トーゴ会社は、さらなる土地の獲得に努め、地域の住民を労働者として、大規模なプランテーションを進めようとした。これは、それまで北ドイツ・ミッションとフィートア社が行ってきた自立した農民の共同体を温存しつつ、布教していく立場と相容れないものだった。ドイツ・トーゴ会社の目指したヨーロッパ的経営を進めれば、農民の生活は破壊され、住民のプロレタリアート化が進み、社会不安を助長すると考えられたのである。またドイツ系の入植者もこの土地の独占に警戒し、社会民主党や植民地主義団体もドイツ・トーゴ会社に認められていた広大な土地利権（コンセッション）に反対した。しかし大企業がアフリカの住民から土地を奪うことは総督府から黙認され、1904 年にはドイツ・トーゴ会社はトーゴにおける主要なプランテーションのほとんどを手中に収めることになった。

ロメの上陸用桟橋から船に送り出される綿花

ドイツ・トーゴ会社の包装した綿花
（パリメの展示会にて）

アネホの在外支社での視察

ユリウス・フォン・ツェヒ・
アウフ・ノイホーフェン

北部からソコデに来た綿花の販売者

バサッリ基地

## ツェヒの統治

その中でトーゴ植民地統治の転機となったのが、ユリウス・フォン・ツェヒ・アウフ・ノイホーフェンの統治期である。彼は 1903 年から 1905 年まで臨時のトーゴ総督であり、1905 年から 1910 年に至るまで、正式に総督として統治に関わった。彼は家父長的な統治を行い、植民地統治機関の官僚を指導しつつ、現地の住民を「正しく指導する」文明化の使命を確信していた。また当時のカトリックによる社会思想にも影響を受けており、既存の社会秩序を守り、経済的・社会的な変化に対応していくことを目指していた。特に産業革命後、ヨーロッパで問題化していた労働者の出現に敏感であり、アフリカにおいても近代化の過程でプロレタリアートが出現することを危惧していた。その出現を回避するため、キリスト教的社会政策を組み込んだ植民地統治を行っていくことになる。彼は社会的・経済的変化に対応できる小農を中心とする自立的な共同体を作ろうとしていた。

### 北部の間接統治

ツェヒが参考にしたのは、イギリスの植民地統治の方法であった。彼はドイツ最大の植民地ジャーナリストであるパウル・ローアバッハ（Paul Rohrbach）や他のドイツの植民地主義者、特にヴィルヘルム・ゾルフ（Wilhelm Solf）と同様に、イギリスの植民地統治を研究し、ドイツ植民地での実践を模索していた。ツェヒは総督在任中に、イギリスの西アフリカ植民地を視察しており、特に北ナイジェリアの植民地行政官フレデリック・ルガードの間接統治政策に注目し、ヨルバランド（Yorubaland、ナイジェリア西南部、ベナン中部、トーゴ中部に跨る地域）でのイギリスの統治方法を模範とすることになる[注3]。

トーゴにおいては、抵抗が激しかった北部は勿論、南部でもこの統治方法を導入した。地域のコミュニティは、現地の首長に統治させ、白人の地区官僚に報告させていた。地域を管理する際には、首長という現地の権威に当面は頼

ることになったが、次第にその役割は官僚的なものに切り替わっていく。植民地指導部の統治は、経済的・社会的な変化を引き起こし、当局が担当する仕事は急増した。各地区を統治する首長は、公務員としての役割を担い始め、要求される教育や経験の基準も高くなってきた。中央の行政府は、意図的に首長を任命し、地区間での交代を頻繁に行うようになった。ツェヒは、他のアフリカ植民地における間接統治の提唱者と同様に、能率の改善をめざし、その行きつく先は官僚制の構築となった。なお最終的な決定権は、子細なことでも、総督の手に握られていた。

北部のバサッリ（Bassari）の統治拠点

# 経済政策

### 鉄道敷設

　ツェヒがとった経済政策は、既存の商品作物の貿易を促進させる交通インフラの整備、そして植民地経済の多角化である。まず沿岸から内陸に向けた鉄道網の拡張、そしてその鉄道から派生する道路の建設を進められた。線路の建設と市場へのアクセスの増加は、それ自体の経済的な効果を産むと考えられた。この線路建設には、大量の労働者を調達しなければならなかった。これは強制労働そのものであったが、植民地当局が管理することで、私企業の搾取と区別しようとした。彼の統治期間に、沿岸部のロメとアネホを結ぶ線（Bahnstrecke Lomé–Aného、通称 Kokosnussbahn ココナッツ線、1905 年に開通）、ロメと内陸のパリメを結ぶ線（Bahnstrecke Lomé–Kpalimé、通称 Kakao-Bahn コーヒー・カカオ線、1907 年に開通）が完成した。その後 1911 年にロメと中部のアタクパメを結ぶ線（Bahnstrecke Lomé–Blitta、通称 Baumwoll-Bahn 綿花線）も完成し、沿岸部と内陸部が結ばれ、内地の経済開発も進んだ。これらの建設においては、1 日 9 時間労働で、75 ペニヒの賃金が支払われた。すでに 25 ペニヒ分は労働者の食事代として差し引かれていた。この強制労働を回避するために、相当数の労働者がイギリス領ゴールド・コーストに流入した。75 ペニヒという給料も、ゴールド・コーストやダホメにおける賃金水準に比べると、かなり低いものだった。

アネホ付近。ココナッツ線の鉄道。

ココナッツ線の機関車

アネホのナハティガル病院

アネホのナハティガル病院

鉄道建設における賃金の支払い

アクラ外観

パリメの市場

パリメ駅

綿花線

鉄道敷設工事（綿花線）

アタクパメ

アクラの金鉱会社の牽引自動車

カカオを乾燥させている労働者

ミサヘーエのリベリアコーヒー

## 商業農業の多角化

　さらなる経済の活性化をめざし、並行して商業農業の多角化も進められた。彼はドイツから林業者をリクルートし、木材資源の活用を検討し、農業においてはゴム、サイザル麻、ココア、コーヒー、綿の生産を奨励した。しかしその多くは失敗し、綿花の生産拡大計画も軌道に乗らなかった。トーゴの財政を支えているのは、ドイツ統治以前から続くパーム油生産であった。小農保護のために、大規模なプランテーションを進めることを渋り、妨害も行ったため、プランテーション経営が有効なゴム、サイザル麻における生産性は上がらなかった。またこれらの作物は、世界市場に左右されるため、値段が下がった場合は、間引きを行い、生産量を調整せねばならなかった。

ドイツの資本でつくられたタルクワの古い金鉱　　　　　タルクワ鉱山のタンク

タルクワ鉱山の施設

タルクワ鉱山での労働者に対する賃金支払いの点呼

ロメ地区を管理する官庁

アネホ地区の官庁

アタクパメの官庁

綿花線における橋の建設を行う現地
の住民

## 徴税問題

　また植民地財政の健全化の為に直接税が導入された。トーゴにおける歳入は、既存のトーゴの農業経済からあがる利益を除けば、ほとんどが関税に由来しており、作成される予算は小規模であり、大規模な事業を行うのは困難だった。そのため直接税の導入が図られ、それは他のドイツ植民地で課されていた税と大差なかった。ロメとアネホを除き、税は、労働奉仕によって支払われることになった。全ての成人男性は、毎年 12 日間、植民地統治機関の監督のもとで、公的な事業で働くことが求められた。もしくは代替として、当時のレートで、12 日間分の賃金を支払うことも可能だった。その肉体労働に従事する住民の労働環境は、植民地当局によって管理され、家から離れて働く住民には、食事も支給された。ツェヒは、公共の福祉に対する労働は、植民地統治機関が管理し、搾取を防ぐべきだと考えていた。しかしこの労働税が強制労働という形であるのは事実であり、乱用も多かった。住民は抵抗として近隣地域に逃亡した。特にゴールド・コーストでは、経済発展が進んでおり、カカオ・プランテーションや、金鉱での仕事といった多くの雇用があり、賃金・労働条件もよかったため、トーゴからの住民の流入が多かった。

## 就業問題

　また就業せず浮浪する人々に対しては、人足寄場のような自立支援施設に集め、公的な目的にその労働力を利用した。この政策は対処が難しい住民を収容所に抑留する上で役に立ち、治安維持のために植民地当局に重視されていた。ドイツ統治の間、失業問題は、繰り返し現れる問題であった。南部では、経済発展に伴い、現金経済への移行が起こったが、雇用の創出は遅れ、職に就けない住民は、徴税からの逃亡と同じく、ゴールド・コーストのような経済的に安定している隣接地域に流出していった。これは第一次世界大戦後、トーゴが英仏に分割されて、委任統治下に置かれて以降も続いた。

# 地域の共同体の維持

## 教育政策

　さらに小農経済を維持する上で必要と考えられたのは教育政策である。ツェヒはすでにキリスト教ミッションの学校のカリキュラムに介入し、教育制度を統括し始めていた。ツェヒはさらに職業訓練学校を作り、経済的な発展に重要な技術を現地の住民に教授した。ヌアチャ（Nuatja、現在のノツェ Notsé）に学校を建て、当面は綿栽培の先進技術を教えていたが、1908 年 11 月、学校のカリキュラムは変更された。これは技術を持った農家を育てる、というツェヒの本来の目的に沿う変更であった。選考基準に基づき、南部から 20 〜 23 歳の候補者が生徒として選ばれた。そして 3 年間、農業の研究を行われ、最新の農業技術を身に付けた農民として卒業した。最終年度には 1 ヘクタールの土地を割り当てられ、その地を耕し、そこから収穫物を得た。彼らは自己管理のみならず、他人に技術を教え、監督もできる農民であり、ツェヒの理想とする社会秩序を乱さず、社会的・経済的な変化を進める代理人と目されていた。ヌアチャの学校の卒業生は、彼らの生まれた村に近い開拓地に配属され、彼らの親類や隣人に、新しい技術を紹介していった[注4]。しかしアフリカの小農に基づく植民地支配は、ドイツ本国から懐疑的にとらえられ、この教育計画を長期間続けることは困難となった。

ヌアチャの土地を耕す

## アルコール貿易問題

　さらに地域の共同体を保護する政策も進めていく。アルコール貿易の問題は、トーゴにおいては社会問題の一つでもあった。蒸留酒貿易は、キリスト教ミッションが布教を開始し始めた頃から継続している問題だったが、安い蒸留酒は、現地の住民の健康に悪影響を与え、社会的な堕落を招くとして、その貿易に制限をかける運動が発生していく。一方で 1880 年頃から西アフリカ航路を開拓し、火酒を扱ったハンブルクのヴェーアマン会社（Woermann-Linie）、そして火酒を生産するエルベ以東のユンカー（Junker、地

ヌアチャの綿花学校

ヴェーアマン会社の港湾施設（写真はカメルーン）

ヴェーアマン会社の旗

ロメを目前としたヴェーアマンの汽船。後ろに上陸用の桟橋が見える。

主貴族で、プロイセンの官僚・軍人の職を独占し、ドイツ帝国においても影響力を保持した）などは、アルコールの需要の高さから、貿易を継続することを望んでいた。1904年段階で、火酒の輸入は、約1万6300ヘクトリットルに達し、トーゴ植民地の全輸入の25％を占めていたのである。この点に関して、北ドイツ・ミッションのツァーンと火酒の輸出業者の長で、西アフリカシンジケートの長であるアドルフ・ヴェーアマン（Adolph Woermann）は論戦を展開していた。また商社の中でもフィートア会社のような、北ドイツ・ミッションと協力し、キリスト教徒の立場を考慮する会社は、アルコールを輸出品目から外すように活動した。

　ツェヒも質の悪いアルコールは社会的に有害と見なし、総督着任前からトーゴにおけるアルコールの輸入と飲酒を減らす計画を立てていた。彼にとってアルコールは、労働者の労働意欲を無くし、トーゴにおける社会的秩序を脅かすものだった。飲酒の習慣は、ヨーロッパにおけるプロレタリアートとも結び付けられており、懸念材料となっていた。しかしアルコールが主要な貿易品であり、トーゴの沿岸と内陸で大きな需要がある以上、即座に禁止することは不可能だった。アルコール貿易を維持しようとするヴェーアマン会社のような大企業のロビー活動も健在であった。そのためツェヒは、総督権限で、徐々に酒に対する関税を引き揚げ、1909年には、トーゴ植民地の北部における、ライセンス抜きでの蒸留酒の販売を禁止した。

## 植民地法の整備

　さらに植民地における法整備を行い、住民の置かれた状況の改善を目指した。ツェヒはドイツの民法と刑法を、アフリカの慣習法と融和させようとした。彼は、前任者ホーンのようなスキャンダルを避ける必要を感じており、現在のヨーロッパの法体系を押しつける体制を疑問視していた。本来、植民地で適応されているはずのドイツの法ですら、各行政官の恣意的な判断で、適応されていない場合もあった。彼の目指す小農経済の発展には、その発展を保証する法体系が必要であり、その新しい法は、白人と黒人の両方

アタクパメにおけるビール販売

フリードリヒ・マルティン・フィートア。火酒貿易に反対した人物で、1880年代にヴェーアマンと論争を行う。

ヤシ酒

アドルフ・ヴェーアマン

ヤシ酒

レオンハルト・アダム

に理解できるものでなければならなかった。その法に基づく行政に対しては、各地区の首長が責任を持つことになっていた。

その実現のために当面必要だったのは、アフリカに存在している慣習法の成文化である。1906 年、ツェヒはアフリカの法に関する地区会議を開催し、参加者それぞれに、彼らの地区の法を編集するように命令した。1907 年1 月には、彼は新しいスタッフとして法学者ルドルフ・アスミス（Rudolf Asmis）を迎え、トーゴの慣習法の成文化を進めた。アスミスは最初、アフリカの法を社会科学的見地からも研究し始め、後にドイツ領カメルーンでも同様の研究を行った[注5]。彼の報告書は、人類学の一つの成果であり、エーリヒ・シュルツ・エーヴェアルト（Erich Schultz-Ewerth、ドイツ領サモアの最後の総督）とレオンハルト・アダム（Leonhard Adam）による『住民の権利 Eingeborenenrecht』の主な引用元となった。この本では、トーゴ、カメルーン、東アフリカでの自然法の体系的研究が提示されている。

1907 年にも、現地の法改革の一環として、ツェヒは、全ての地区官僚に向かって、司法のガイドラインを示した回状を送った。この回状は現地の慣習法に配慮して判断を下すことを示していたが、慣習法によって特に説明されない領域においては、ドイツ法が適応され、ドイツ法に沿った判断基準が合法化されることになった。結局、ドイツ法、特に刑法の影響は不可避であった。家族法といった民法に関しては、ツェヒは、あまり干渉せず、現場の行政官の運用に任せていた。

## 土地問題

しかし土地問題、とりわけ土地の所有権は複雑であった。それは経済的利益、土地の所有権に関するさまざまな概念と直面しなければならなかったからである。ツェヒは、最終的に、個々の農家に土地所有権が認められることを期待していた。これは個々人の土地の所有権を作りだし、それを防衛する手段を要求した。一方で、大規模な事業のためには、広大な土地の運用が必要であり、それを可能にする、

共有地の概念も残さなければならなかった。ツェヒは、この個人の所有権と共有の所有権との間の妥協を成立させようとしていた。またドイツ・トーゴ会社のようなヨーロッパの私会社に土地を分配し、かつアフリカの住民の必要以上の搾取を妨害するには、総督の強い権限を行使しなければならなかった。植民地指導部は、土地の所有権を整理するために、トーゴの海岸において、土地の所有に関する調査を開始した。その際に所有権の曖昧な土地は、植民地当局に没収され、住民は広大な土地を失うことになった。

　法の執行に関する限り、ツェヒは、司法権の大部分を、首長によって管理される法廷の法的権限の下に移行する予定であった。その首長の決定による請願は、地区官僚と総督に届けられた。犯罪の場合は、軽犯罪に関しては、首長によって、最初の訴訟が試みられた。通常の犯罪に関しては、最初の判決が地区官僚によって行われた。主要な刑罰、特に重犯罪の場合、刑の執行前に総督が確認した。これはホーンなどのスキャンダルをふまえた対応であった。

公判の様子

ベルンハルト・デルンブルク（左）
とフリードリヒ・フォン・リンデク
ヴィスト（右）

# 1910 年代のトーゴ植民地

### ツェヒ統治の評価

　ツェヒは、1910 年に健康上の理由から総督を辞職し、その後、植民地統治の職から離れて行く。だが彼の法的・行政的な改革の影響は、トーゴの植民地指導部に引き続き残った。綿栽培に失敗したが、1905 年から 1911 年の間に輸出は倍になった。銀行家ベルンハルト・デルンブルク（Bernhard Dernburg）が植民地相を務めた時代には、彼の想定する植民地統治改革のあり方と、ツェヒの統治は類似していることから、トーゴの統治は、改革のモデルとして賞賛された。しかしデルンブルクは、主に、東アフリカといった大きな植民地に着目していたので、正式に評価されたのは、その次の植民地相フリードリヒ・フォン・リンデクヴィスト（Friedrich von Lindequist）の代になってからであった。

　1910 年代のドイツ植民地における改革期には、ツェヒの改革は詳細に分析されることになる。特に現地の小農経済を経済発展の基礎に置く点、社会構造・所有権を保護する必要性、経済発展・文明化の使命を貫徹する上で手段となる教育の重要性、家父長的ヒューマニズムの強調、アフリカの黒人プロレタリアートの出現を防ぐための行政介入に対して言及された。ドイツの植民地統治改革はほとんど国外には影響なかったが、ツェヒに関しては、法研究や、彼のトーゴ経済発展の計画への後援者を通して、海外にも影響を与えることになった。ツェヒが方向づけた慣習法の研究は、人類学の分野で注目され、参照されることになった。

ココヤシ

エドムント・ブリュックナー（Edmund Brückner）。ツェヒの後任のトーゴ総督。

## 経済政策

　しかし植民地改革期にとられた経済政策は、結局、効果はほとんど無かった。貿易量の拡大を支えていたのは、現地の住民の栽培であり、植民地統治機関が指導した分野ではなかった。またアフリカ系ブラジル人もプランテーション経営を行っており、ココナッツを扱っていたオクタヴィアノ・オリンピオは、ドイツの３倍以上というコプラの生産量を誇っていた。交通インフラの整備も、南部に留まり、北部の経済振興は進まなかった。しかも輸送では川を使った安価な輸送が主に利用され、鉄道を利用することは少なかった。また鉄道はドイツの銀行家ゲルゾーン・フォン・ブライヒレーダー（Gerson von Bleichröder）も出資しているベルリン商事会社（Berliner Handels-Gesellschaft）の支援によって経営されており、銀行家の利益が追究されていた。作られた道路もツェツェバエが発生する地域では、動物を使った乗り物は使用できなかった。

ドイツの営業所

　1913 年の段階でも、植民地指導部によるヨーロッパ式の経済政策では利益は出ず、現地経済に即したやり方が一番効率的と判断されていた。現地の住民の収穫量は、ドイツ系入植者の収穫量と比べて大きかったが、その収穫物を取り扱うドイツ商社は、生産者以上の利益をあげた。特にドイツ・トーゴ会社は、制約を受けつつも、経済的影響力を維持し続けた。また安酒の貿易量も制限措置にも関わらず、再び貿易の 25% を占めており、トーゴに流入し続けた。

ロメのココヤシのプランテーション

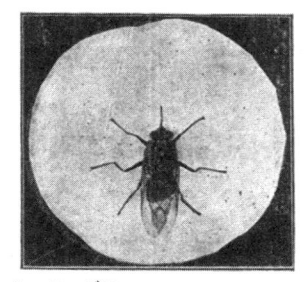

ツェツェバエ

アブラヤシの下にあるカカオの苗床。ドイツ・トーゴ会社のプランテーション。

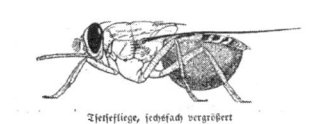

ツェツェバエ

ロメにおける女性の学校

### 教育政策、法整備

ロメにおける女性改宗者の裁縫学校

ロメのミッション施設。ここには黒人の子供を対象とした学校と学生寮があった。

　教育政策では、植民地指導部が設立した学校もあったが、主流はキリスト教ミッションが設立した学校だった。最終的にはトーゴでは、布教が進まなかった北部を除いては、高い教育水準を達成した。大戦前には342校のミッション学校が存在し、実践的な技能も教授され、1914年には就学率は1.4%であり、それは西アフリカにおいて突出していた。しかし大部分が初等教育止まりであり、高等教育をうけるためには国外に出る必要があった。特に西アフリカ貿易においては、英語が支配的であり、それを習うためにイギリス領ゴールド・コーストの学校への入学希望者は多かった。またトーゴ国内には、教育を受けた層に対する職は1910年代になっても少なく、事務職に対応できる人材は、ドイツの植民地統治期後半には、適切な職を求めて、トーゴの国外に出るようになった。この教育環境の中でも植民地自治を求める知識人層が形成されていったが、植民地指導部にそれを容認する状態はなかなか生まれなかった。しかも学校のカリキュラムには軍事教練が組み込まれ、保

トーゴの学校における体操の授業

護軍のないトーゴにおける軍事力形成にも寄与していた。

法整備も改革期に行われたが、身体刑は残り続け、デルンブルクがその制限を要求しても、刑の執行を管理する官僚がそれを拒否した。統治後半にはアフリカの住民の権利が認められていない状況の改善に向けて、トーゴからドイツ帝国議会に向けて請願も出されたが、承認されなかった。ドイツの権威的・家父長的社会構造の下で、アフリカの住民の法的地位は、従属的なものであり続けたのである。

ロメの学校

南部のホ（Ho）地域における学校の授業

ナウエン無線局

## ドイツ帝国のインフラとしての無線

ケーブルを埋める溝を掘っている状況（モンロビアーロメ間のケーブル）

ロメにおいて陸上ケーブルを敷設している状況

ロメにおいて陸上ケーブルを敷設している状況

　1910年代には、トーゴにおいては、巨大な無線基地の建設が計画された。当時の交通ではイギリス・アメリカ合衆国が、海底ケーブルを介した連絡、海運において、圧倒的な影響力を行使していた。ドイツ帝国はそれらに依存しない交通網の開拓に乗り出し、海底ケーブルに依存しない無線網の構築にも着手することになる。大西洋では、アメリカ合衆国に作られた無線基地とドイツのナウエン無線局（Grossfunkstelle Nauen）との連絡が整備されていった。アフリカ植民地の中で、その中心的無線基地の建設が予定されたのがトーゴである。大西洋に面し、カメルーン、西南アフリカ、東アフリカに向かう際の中継地点となるトーゴは、アフリカの玄関口としての地理的重要性が考えられた。

　1910年に建設が計画され、テレフンケン（Telefunken、1903年、ジーメンスとAEGの合弁会社としてベルリンで設立された無線会社）の協力を得つつ、トーゴでの建

設予定地、無線発信・受信の最適地に関する綿密な調査を経て、トーゴ中部のアタクパメ（Atakpame）付近のカミナ（Kamina）が無線基地の場所に選ばれた。この地はロメに向けた鉄道などの交通機関が整備されており、基地施設に必要な水も入手しやすく、ベルリンとの連絡の障害となる山脈も少なかった。建設の際には、薪として、周囲の森林が大量に伐採された。1913 年には試運転も行われ、植民地相ゾルフと当時のトーゴ総督アドルフ・フリードリヒ・ツー・メクレンブルク（Adolf Friedrich zu Mecklenburg）も視察に訪れ、ドイツの交通網の拡大へ期待した。しかしその存在は国外に向けては秘密とされており、第一次世界大戦までその存在が公になることはなかった。結局、操業を開始するのは、大戦勃発後の 8 月となった。

1913 年から 1914 年にかけて、ロメの後背地に位置するトグブレコーフェ（Togblekovhe）においても無線基地の建設が始まり、1914 年 3 月にテスト運転が開始され、トーゴにおける無線網が形成されていった。トーゴは、アングロサクソンによる交通の支配に依存しない交通網の要と見なされていたのである[注6]。

ロメにおけるドイツ南アメリカ電信会社の建物

アドルフ・フリードリヒ・ツー・メクレンブルク。アフリカ中部の探検を行い、そのメンバーにはドイツの士官で昆虫学者のアルノルト・シュルツェもいた。

調査中のアドルフ・フリードリヒ・ツー・メクレンブルク（右から 3 番目）と参加者

カミナの無線基地

トーゴの警察部隊

## 第一次世界大戦中のトーゴ

### 戦争の経緯

トーゴの警察部隊

　第一次世界大戦後、人口も少なく、軍隊も無く、警察部隊のみのトーゴは、開戦直後に征服されることになる。イギリス領に近いヴォルタ川付近の住民は、開戦間もなくドイツから離反した。協商国は、イギリス領ゴールド・コーストの王立西アフリカ辺境軍（Royal West African Frontier Force）およびフランスのセネガル住民部隊（Tirailleurs sénégalais）を投入し、戦闘は 1914 年 8 月 27 日までに終了した。

　1914 年 8 月にカミナ無線基地は操業を開始していたが、アフリカにおける英仏軍の侵入に遭い、操業停止に追い込まれた。英仏にとって、その無線基地の存在は、ヨーロッパ、アフリカ、南アメリカを無線で結び付け、情報共有を進める軍事施設と写り、早急に占領するべき対象と見なしていた。ドイツ帝国指導部は、トーゴが占領された際にも、その無線基地の維持を指示しており、トーゴ植民地当局

は、沿岸部からは早急に撤退し、カミナ周辺で英仏軍を迎え撃った。しかし維持が不可能と悟ると、施設を爆破した。そのため正式に操業できた期間は一ヶ月足らずだった。

大戦中の 1916 年に、トーゴは英仏によって東西に分割され、東側のイギリス領トーゴランドはイギリス領ゴールド・コーストと結び付けられ、西側のフランス領トーゴランドは、フランス領西アフリカの管轄に置かれることになった。

トーゴの警察部隊

## 「中央アフリカ」におけるトーゴ

一方で、大戦中には、ドイツ側では、植民地相ゾルフや外務省、海軍を中心として、アフリカ植民地の再編計画を練っており、トーゴやカメルーンという生産性の高い西アフリカ沿岸は、当初から補強の可能性が探られていた。トーゴは、大戦前からの課題であるニジェール川まで後背地を拡大させ、フランス領西アフリカにおける、現在のブルキナファソ、そしてマリの南部の領域を統合する予定であった。またフランス領ダホメの割譲も想定しており、拡張されたトーゴは、イギリス領ゴールド・コーストとイギリス領ナイジェリアと隣接するはずであった。

1916 年以降に、イギリスの降伏も視野に入ると、アブラヤシの生産が盛んなイギリス領ナイジェリアをも割譲させ、トーゴとカメルーンをつなぎ、西海岸一帯を中央アフリカ（Mittelafrika）に組み込む計画も練られた。それは熱帯の生産物（油脂作物、繊維、嗜好品）、労働力を備えた、世界経済・交通を左右する経済圏となり、ヨーロッパにおける中欧（Mitteleuropa）と接続することで、ドイツはアングロサクソンに対抗できるアウタルキーを形成するはずであった。

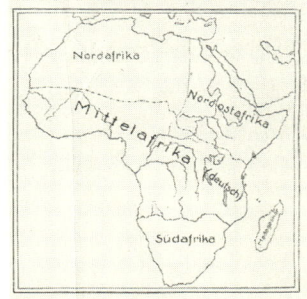

中央アフリカ計画

トーゴの警察部隊

両大戦間期における、かつてのドイツの総督の宮殿

## 両大戦間期における「模範植民地」の神話

アネホにおける現地の住民用の病院

ロメにおけるカトリックミッション
の看護師寮

　しかしドイツは敗北し、1922 年にトーゴは英仏による
委任統治下に置かれることになる。両大戦間期において
は、現在の委任統治を肯定する意味で、ドイツ統治時代の
政策への非難が、強制労働や税の徴発という搾取に注目し
て、協商国側で行われた。それに対する反論として、ドイ
ツ側で「模範植民地」としての議論が盛り上がることにな
る。この議論は、社会資本の整備、教育・医療制度の整備、
経済の活性化の面が注目され、1903 年から 1910 年に至る
ツェヒの統治改革が再検討されるきっかけとなった。これ
らの政策は、ドイツ植民地統治の成果として、ヴァイマル
期以降に行われたドイツ植民地返還運動の根拠ともなった。

ロメのカトリックの教会

## 結論

　トーゴの植民地統治は開始して数年で、成功と見なされ、ツェヒの改革以降は、植民地統治のモデルとして、ドイツ内外で宣伝がなされていくことになる。統治の主体となったのは、当初、キリスト教ミッションであり、その影響は最後まで続いた。特に植民地統治機関が成立する以前から建てられた数百のミッション学校は、ドイツ臣民を作り出すだけではなく、現地での農業技術の教授の場ともなり、ツェヒの理想とした小農の共同体を維持する上でも不可欠の要素だった。一方で、経済的・社会的変化を最小限に抑える政策をツェヒがとったために、ドイツ・トーゴ会社のような大規模な植民地会社の活動も、他の地域の特権的植民地会社に比べると、限定的なものとなった。

　これらのキリスト教ミッションと商社のバランスをとり

ホ（Ho）地域のクリスマス

ケタ地域のクリスマス

綿花の圧縮

ロメのプロテスタントの教会

トーゴ北部にて祝祭用の衣装を着たハウサ

トーゴ北部のフルベ

つつ、小農を基礎とする統治を目指したのがツェヒであったが、経済振興策と教育制度を持ち込み、自立的に判断し、農業技術をもった層を作り出そうとする一方で、彼らが自治を目指す可能性は全く視野に入れなかった。彼が必要としたのは、伝統的な社会を維持し、農業を行い、生活する従順な臣民であり、彼らが社会的上昇をめざし、官庁・商社に入り、ドイツ人の競争相手となることは望んでいなかった。その意味でツェヒの改革には限界があった。

「模範植民地」という評価を同時代にもらいつつも、その経済的な意味は、ドイツ本国においてはほとんどなかった。太平洋植民地より経済的な価値はあったものの、ドイツがドイツ植民地から輸入していた貿易量の中では、第一次世界大戦直前で 7.8％ を占めるにすぎず、アフリカ植民地の中で限定しても、8.9％ を占めるのみだった。「模範植民地」としての評価は、その経済規模というより、ドイツからの支援抜きで財政を維持できた点が大きかった。住民の抵抗の鎮圧は、補助金を要するものだったが、武力を用いた抵抗は、北部中心であり、統治後半は間接統治となり、その頻度は低くなった。南部では抵抗として逃亡が可能であり、大規模な蜂起にはならなかった。またツェヒの間接統治・小農政策は、経済発展をむしろ阻害するものだったが、一方で、急速な経済発展、社会変化も無く、その結果、社会不安を和らげる結果となったのである。

　最後に二点述べておきたい。まず西アフリカ海岸における人為的な境界線の画定がもたらした影響である。アフリカ分割によるトーゴ植民地の成立以降も、その境界線の画定をめぐり、首長と英仏との戦闘・交渉は続いた。その中でエウェの生活空間は、英独仏に分断され、以前のような共同体の再興は難しい状態が続いている。フランス領トーゴランド独立後、トーゴ共和国初代大統領となったシルバヌス・オリンピオ（Sylvanus Olympio）はエウェ人を基盤としており、エウェ統一を目指して、イギリス領トーゴランドを併合したガーナのクワメ・エンクルマ（Kwame Nkrumah）と対立した。またトーゴの領域内での北部と南部は、気候・文化・宗教が異なり、それを強引に一つの国家として包括したために、現在も南北の対立が継続して

トーゴ南部の村における説教

綿花の圧縮

ロメの貨物駅

いる。オリンピオに続く、ニコラ・グルニツキー（Nicolas Grunitzky）大統領もエウェ人を基盤としており、引き続き南部中心の政治が行われたため、北部人との対立が深まり、北部出身のニャシンベ・エヤデマ（Gnassingbé Eyadema）のクーデターを招くことになるのである。

　エウェとしての意識は、それまでに記録され、教育された言語・文化によって、再生産されている。しかし、現在、辞書・文法書に残るエウェ語も、それはエウェの全地域を代表する言葉ではなく、アンロ方言に過ぎない。ナショナリズムが拠り所とする文化に関する記述もドイツの恣意的な選択を経たものである。ヨーロッパというフィルターを経て造られたエウェ像が、地域的な統合を促し、一方で地域対立を煽っている点は、考慮せねばならないだろう。

綿花の圧縮

　もう一つは「模範植民地」を成立させた、植民地化以前のトーゴの社会構造を考える意味である。トーゴで行われた数々の社会政策にしても、それを実行する財源は、ドイツ統治以前から行われていたパーム油貿易からあがる利益が主であり、植民地統治機関は関税のような形でしか財源

パリメの郵便局

を付加することができなかった。直接税として行われた強制労働は、その目的が社会的安定であれ、住民には重い負担であり、近隣地域への逃亡という結果をもたらした。綿花の近代的なプランテーション経営は失敗し、導入を試みた、数々の熱帯産植物の栽培は軌道に乗らず、トーゴを経済的に支える確固たる基盤とはならなかった。その意味でドイツが統治する以前から、すでに存在していた農業技術・貿易網のような経済的・社会的な基盤があってこそ、「模範植民地」が成立したとも言える。

　しかしドイツにおいては、その成果への肯定的な評価は、ヴァイマル共和国、ナチス・ドイツ、西ドイツを通して変わらなかった。西ドイツは、それまでの模範植民地の議論を引き継ぎ、植民地への貢献を統計資料に基づき、主張した。一方、東ドイツは、マルクス主義の立場から、トーゴ植民地のみならず、アフリカ植民地の支配そのものを批判し、ベルリンに収蔵されていた植民地省の史料を駆使して、それを立証した。その他の国々では、これらの中間的な意見が多く、トーゴの人々から自由を奪い、ヨーロッパ経済に巻き込んだ点は批判されたが、社会資本の整備、教育・医療制度の充実という面では一定の評価が与えられた。だが「模範植民地」と見なされる諸政策を支え続けたのは、既存のトーゴ社会の経済であり、「模範植民地」という神話は再検討されなければならないだろう。

ロメの自動車修理工場

### （注1）植民地統治における協力者

ガーナに存在したアシャンティ王国（Ashanti Empire、Asante Empire）、ベナンに存在したダホメ王国（Dahomey）。これらのアフリカ西海岸の国家は、奴隷貿易にも関与していた。ヨーロッパはこれらの王国の協力を得て、奴隷を効率よく集め、その後は直接的征服に乗り出し、植民地化した。労働力としての奴隷は、東アフリカでもザンジバルのスワヒリ商人といった現地の勢力を介して集められた。これは現地の労働力の喪失を引き起こしていた。

アシャンティ王国の王の宮殿

### （注2）言語研究

言語研究は、植民地において、統治の一環として行われた。西南アフリカ（ヘレロ語、ナマ語）、カメルーン（ドゥアラ語、ハウサ語）、トーゴ（エウェ語）、太平洋（マリアナ語、カロリン語）、東アフリカ（スワヒリ語）が代表的な研究言語となった。各研究者によって、文法がまとめられ、辞書・文法書が刊行される一方で、統治に都合のよい言語選択・設定も行われ、それは現地の住民を区分することになった。

### （注3）イギリス植民地統治研究

イギリス植民地官僚の植民地統治は、ドイツ植民地統治のモデルとなっていった。植民地行政官ヒュー・クリフォード（Hugh Clifford、イギリス領マラヤをはじめ、各イギリス植民地で統治を行う）、ハリー・ジョンストン（Harry Johnston、ニヤサランド Nyasaland を統治し、植民地分割を誘発し、ドイツ植民地構想にも影響を与えた）の記録は参考にされ、特にルガードの間接統治の議論は取り上げられた（1922年には『イギリス領熱帯アフリカの二重統治論 The Dual Mandate in British Tropical Africa』として出版される）。各地の文化・自治を維持し、技術指導も行いつつ、円滑な植民地統治を進める点は、各植民地の特徴に応じて適用が検討された。

ヒュー・クリフォード。トーゴに隣接するゴールド・コースト総督も務めた。続いてルガードの後任としてナイジェリア総督も務めている。

ハリー・ジョンストン

ヴィッツェンハウゼン の植民地学校

タバコ畑における生徒

牡牛の車

フランツ・フォン・エップ。
画像はヘレロ・ナマ蜂起の
鎮圧に参加している時。

### （注4）植民地学校

ドイツ本国でも開拓のための学校は存在した。ヴィッツェンハウゼン（Witzenhausen）の植民地学校（Deutsche Kolonialschule、Tropenschule とも言われた）は、1898年に設立され、入植のための教育を行い、植民地への入植を進めた。カリキュラムとしては、農業、林業の技術教授があり、植民地で使用される言語教育も行われた。ヴァイマル期も引き続き、植民地への移住を進め、国内の植民地返還運動も援助した。同時に女性の入植教育にも力を入れていた。現在は一部がドイツ熱帯・亜熱帯農業研究所（Deutsches Institut für tropische und subtropische Landwirtschaft）となっており、学校が収集した植民地の産物は、現在、ヴィッツェンハウゼン民族学博物館（Völkerkundliches Museum Witzenhausen）に展示されている。

### （注5）アスミスと植民地法

ルドルフ・アスミス（Rudolf Asmis）の植民地法改革は、植民地統治を揺るがすものとして、中断された。なお、アスミスは、引き続き、ベルギー領コンゴ、第一次世界大戦後は、タイ、オーストラリアといった赴任地で外交官、領事を勤め、ナチ党政権においては、ドイツの人種的統合を喚起していく。オーストラリアでのドイツ人コミュニティにおけるナチ党の運動を促進し、第二次世界大戦が始まり、ドイツに引き上げて以降は、ナチ党の植民地政策局（Kolonialpolitisches Amt der NSDAP）にて、軍人フランツ・フォン・エップ（Franz von Epp）に代わり、植民地政策を指導した。その際には交戦国からの植民地獲得による中央アフリカ構想も主要な目標となっており、植民地行政機関の整備、植民地法の制定が準備され、植民地血統保護法（Kolonialblutschutzgesetz）に基づく人種隔離すら計画していた。

### （注6）電信

電信基地では、トーゴのカミナ（Kamina）が主要なものであり、太平洋におけるヤップ島にも大規模な施設が建設されていた。各植民地に基地はあり、代表的な箇所は、トーゴ（トグブレコーフェ Togblekovhe）、カメルーン（ドゥアラ）、西南アフリカ（ヴィントフーク、スワコプムント、リューデリッツブフト）、東アフリカ（ダルエスサラーム、ブコバ、ムワンザ、戦時にはタボラ）、太平洋（ヘルベルトヘーエ、ナウル島、ヤップ島、アピア）、中国にあった。これらの施設からドイツのナウエン（Nauen）につなげる電信網が作られていた。

牛舎での乳搾り

果物の圧縮

植民地学校の全景

乳製品の製造

ヴィッツェンハウゼンにおける女性の学校用の新しい
施設

東アフリカのブコバにおける無線基地

西南アフリカのアウスにおける無線局

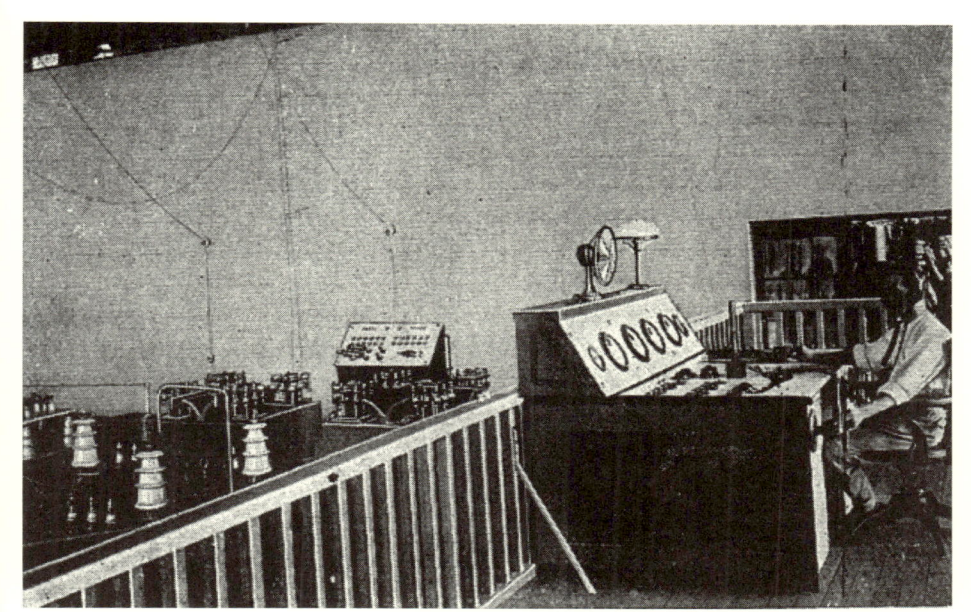

カミナの放送室

カミナのタービン室

戦時における臨時の無線局（東アフリカのタボラ）

東アフリカのキゴマにおける無線基地

サモアのアピア無線局

西南アフリカのヴィントフークにおける無線局

東アフリカのムワンザにおける無線局の放送室

| 国家弁務官（Kaiserlicher Kommissare) | | |
|---|---|---|
| 1884 | グスタフ・ナハティガル | Gustav Nachtigal |

| 高等弁務官（Oberkommissar) | | |
|---|---|---|
| 1884 -1885 | ユリウス・フライヘーア・フォン・ゾーデン | Julius Freiherr von Soden |

| 領事（Konsul) | | |
|---|---|---|
| 1884 -1885 | ハインリヒ・ランダート | Heinrich Randad |

| 政府代表委員（Kommissar) | | |
|---|---|---|
| 1885-1887 | エルンスト・ファルケンタール | Ernst Falkenthal |
| 1887-1888 | イェスコ・フォン・プットカマー | Jesko von Puttkamer |
| 1888-1891 | オイゲン・フォン・ツィンメラー | Eugen von Zimmerer |
| 1891-1892 | マルクス・グラーフ・フォン・プファイル | Markus Graf von Pfeil（臨時委員） |
| 1892-1893 | イェスコ・フォン・プットカマー | Jesko von Puttkamer |

| 知事（Landeshauptmann) | | |
|---|---|---|
| 1893-1895 | イェスコ・フォン・プットカマー | Jesko von Puttkamer |
| 1895-1898 | アウグスト・ケーラー | August Köhler |

| 総督（Gouverneur) | | |
|---|---|---|
| 1898-1902 | アウグスト・ケーラー | August Köhler |
| 1902-1903 | ヴァルデマール・ホーン | Woldemar Horn |
| 1903-1905 | （代理総督）ユリウス・フォン・ツェヒ・アウフ・ノイホーフェン | Julius von Zech auf Neuhofen |
| 1905-1910 | ユリウス・フォン・ツェヒ・アウフ・ノイホーフェン | Julius von Zech auf Neuhofen |
| 1910-1912 | エドムント・ブリュックナー | Edmund Brückner（1911 までは臨時の総督） |
| 1912-1914 | アドルフ・フリードリヒ・ツー・メクレンブルク | Adolf Friedrich zu Mecklenburg |

エドワード・グレイ
（Edward Grey）。イギリス
外相として最長の在任記録
を誇り、対独交渉の中心と
なった。

## 📑 コラム2　中央アフリカ計画

　中央アフリカ（Mittelafrika）は、ドイツの代表的な植民地構想である。その発端は、1884年から1885年に開催されたベルリン会議（コンゴ会議）であり、中部アフリカにおける自由経済圏構想とつながるものだった。それはトーゴの項で確認した西アフリカにおけるニジェール川まで至る植民地構想、また一方で、東アフリカの項で確認することになるソマリランドから、ケニア、タンザニア、ウガンダに跨るペータースの植民地構想が挫折した後に、再度、ドイツ植民地を再編しようとするものだった。

### 英独交渉を通した植民地帝国の実現

　その実現に向けては、英独交渉が前提とされていた。当初の植民地の境界線の調整も主にイギリスとの交渉が主であった。ドイツ植民地は、殆どがイギリス植民地と隣接しており、その境界線の設定は、イギリスの動向に左右された。この調整は、太平洋、アフリカで行われ、最も大きな領土的な変化は、1890年のヘルゴラント＝ザンジバル協定で行われた。この協定で、ドイツのアフリカ植民地全てで境界線が調整され、その中では西南アフリカからインド洋に渡る際に、ザンベジ川へ接続するためのカプリヴィ回廊のように中部アフリカへの進出を促進させる領土獲得もあった。

### ポルトガル植民地とベルギー植民地の分割交渉

　当初のドイツの植民地政策は、積極的に帝国主義国の植民地獲得競争を煽り、互いに敵対させ、その中でドイツの立場を維持するものだった。しかし植民地を獲得する中で衝突は避けられなくなり、かつ、英仏の対立もファショダ事件（Fashoda Incident）を境に後退し、共通の敵ドイツへの警戒を高めていく事になる。しかし外交的解決は大戦直前まで続けられ、中央アフリカを実現することで、帝国主義国家間の戦争を回避できるとのプロパガンダ（『Deutsche Weltpolitik und kein Krieg!（ドイツの世界

ヴィルヘルム・ゾルフ

政策と戦争を回避せよ！）』）も作られた。主にポルトガル植民地とベルギー植民地が当面分割対象となっており、外務省、植民地が中心となり、植民地相ヴィルヘルム・ゾルフ（Wilhelm Solf）が指導していた。

　前者は 1898 年にすでにポルトガル領アフリカの分割を秘密協定「アンゴラ協定（Angola-Vertrag）」で決めていた。特にモザンビークにおけるロウレンソ・マルケス（Lourenço Marques、現在のマプト Maputo）はドイツ植民地候補となったこともあった。その際はブール人と敵対していたイギリスへの牽制も含めて、ブール人国家トランスヴァール共和国（Transvaal）のプレトリア（Pretoria）への線路建設も計画されていた。しかし 1899 年から 1902 年にかけて起こった第二次ボーア戦争では、最終的にドイツはブール人を見捨て、中立を保ち、イギリスに見返りを求めた。しかし秘密協定は実行されず、放置され、1912 年から 1914 年にかけて協議がようやく再開した。ポルトガルが抱えていた負債を理由に、植民地統治能力の欠如を指摘し、アンゴラとモザンビークの北半分の併合が計画された。経済的に破綻したモザンビークにおけるニアッサ会社（Niassa Company）の経営を引き継ぐ案が出たが、結局大戦の勃発で頓挫した。

ポール・クリューガー（Paul Kruger）。トランスヴァール共和国の大統領。

## 「ドイツのインド」と他の帝国主義国家の植民地構想

　またコンゴは北半分がカメルーンから東アフリカに向かうルートとしての割譲が計画され、コンゴ南部に位置する、有数の銅鉱カタンガ（Katanga）も狙われることになった。鉱山から大西洋に面するアンゴラの港ロビト（Lobito）に出るベンゲラ鉄道（Benguela railway）の敷設は、ベルギー・イギリス合弁により設立されたユニオン・ミニエール（Union Minière du Haut Katanga）の出資で進められていたため、ドイツ銀行、ディスコント・ゲゼルシャフト、ドレスデン銀行らの圧力で、その経営参加をめぐり、イギリスと争う事になった。

トランスヴァール共和国の首都プレトリア

　実現した中央アフリカには東西を横断する鉄道が敷かれ、地域に住む住民を労働力・兵士として徴発し、農業・鉱業・工業を振興し、「ドイツのインド」を現出するはず

プレミア鉱山（Premier Mine、現在のカリナン鉱山）。プレトリアの東に位置するダイヤモンド鉱山。

カタンガ銅山

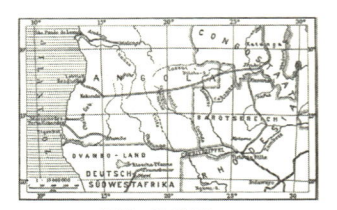

ベンゲラ鉄道の路線図

コンゴのカタンガ周辺のエトワール鉱山（Etoile Mine）におけるユニオン・ミリエールの建物

コンゴのエトワール鉱山における労働者の村

エトワール山脈（銅鉱）の外観

であった。この構想の実現は、ドイツ銀行、ディスコント・ゲゼルシャフトといったドイツの大銀行、ヴェーアマン（Adolph Woermann）、バリン（Albert Ballin）、シュティンネス（Hugo Stinnes）、ティッセン（August Thyssen）、ラーテナウ（Walther Rathenau）、フーゲンベルク（Alfred Hugenberg）、キルドルフ（Emil Kirdorf）、シュトレーゼマン（Gustav Stresemann）といった企業家が要請しており、ドイツ中央指導部との綿密な討議が行われていた。

　一方でイギリスも南アフリカからエジプトに至るアフリカの東半分を統合するケープ・カイロ鉄道（Cape to Cairo Railway）、もしくはザンベジ川（Zambezi）、ひいては赤道以南のアフリカ南部を統合する「大南アフリカ（Greater South Africa）」の実現を進めており、ドイツの中央アフリカ構想と衝突する事になる。フランス、ポルトガルもアフリカ中部をめぐり、各自植民地構想を実現させようとし（横断政策、バラ色計画）、ヨーロッパの植民地獲得競争は再び過熱することになった。

### モロッコ事件における中央アフリカ計画

　その中で植民地再編が討議される契機となったのが、1905年と1911年の二回にわたるモロッコ事件である。二度目の危機の際に、ドイツ外相アルフレート・フォン・キダーレン＝ヴェヒター（Alfred von Kiderlen-Waechter）は、中央アフリカの実現に向けて、フランス領赤道アフリカをはじめとする領土獲得に動いたが、イギリスはフランスを支持し、その獲得は最小限にとどめられた。ドイツの植民地主義団体はその際に獲得したノイカメルーン（Neukamerun）を軸に再度、コンゴ川を介して中部アフリカへの進出を企てていく。

### 第一次世界大戦中の戦争目的「中欧」と「中央アフリカ」

　第一次世界大戦中、中央アフリカは、大戦中にドイツ中央指導部の戦争目的（Kriegsziel）として編成された。これはヨーロッパにおける戦争目的「中欧構想（Mitteleuropa）」と密接に連携しており、アウタルキー（Autarkie）を現出するものだった。ベートマン＝ホル

ヴェーク首相（Theobald von Bethmann Hollweg）の下で、植民地相ゾルフの植民地構想が戦争目的に盛り込まれ、9月綱領（Septemberprogramm）が制定される。大戦前から交渉していたポルトガル、ベルギーの植民地の獲得に加え、フランスのダホメ（ベナン）、赤道アフリカ（ガボン、コンゴ共和国、チャド）、イギリスのアフリカ植民地の割譲も含まれていた。

エトワール山脈での日々の労働

　その後、イギリスの海上封鎖を経て、1915年から戦争目的議論が解禁され、テーマは「原料」と「公海の自由（Freiheit der Meere）」に絞られた。「原料」に関して、中心的に議論したのは、植民地経済委員会（Kolonialwirtschaftliches Komitee）であり、大戦前から指導してきた熱帯地域の農業の重要性を再確認するとともに、ドイツ植民地占領に伴う被害の補償、獲得するべき原料供給地を示唆していった。またドイツの植民地官僚オスカー・カールシュテット（Oskar Karstedt）、植民地主義者エミール・ツィンマーマン（Emil Zimmermann）らも植民地から獲得できる原料について宣伝していった。

ベルリンにおけるドレスデン銀行

　「公海の自由」は人的・物的資源の輸送路を保障するもので、地理学者、海軍省が中心となって議論した。そのメンバーには地理学者ハンス・マイアー（Hans Meyer）、アルフレート・ヘットナー（Alfred Hettner）、海洋学者ゲアハルト・ショット（Gerhard Schott）、テオドール・ロイトヴァインの息子でドイツ宣中尉のパウル・ロイトヴァイン（Paul Leutwein）、海軍提督マックス・フォン・グラポウ（Max von Grapow）、『ドイツ植民地雑誌（Koloniale Zeitschrift）』の編集者フランツ・コルベ（Franz Kolbe）がいた。その際には、アメリカ大陸とアフリカ大陸からヨーロッパへと接続する、大西洋における航路の確保に重点が置かれ、ポルトガル植民地の島々、アゾレス諸島、カーボベルデ、サントメ・プリンシペが対象になった。

### ロシア革命とアメリカ合衆国の参戦の影響

　原料供給地の議論としては、1917年のロシア革命後の東欧への拡大が大きく関わってくる。1918年3月3日に締結されたブレスト＝リトフスク条約（Brest-Litovsk）で

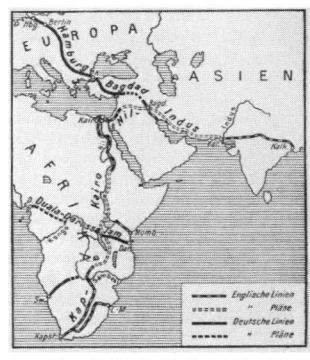

ケープ・カイロとドイツ中央アフリカ鉄道

アルフレート・フォン・キダーレン＝ヴェヒター

ベートマン＝ホルヴェーク

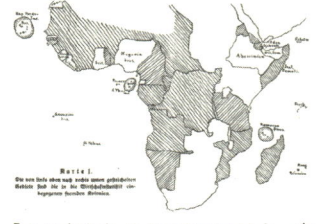

「より大きなドイツのアフリカ、中央アフリカにおける植民地帝国」

広大な領土を手に入れ、その中にはウクライナといった肥沃な穀物地帯も含まれていた。すでに石炭・鉄の産地も含まれ、さらに東に向かい、バクー油田（バクー Baku は、アゼルバイジャン共和国の首都で、ロシアの南、イランの北に位置する。1813 年にロシアに割譲され、第一次世界大戦時はロシア領）の獲得も視野に入ると、ヨーロッパでの中欧の完成（「ベルリン－ヘラート Berlin-Herat」、ヘラートはアフガニスタンの都市。イランとアフガニスタンに位置する王朝は、同地の領有をめぐって争い、最終的にイギリスの介入で、アフガニスタンの領有と決まった）により原料需要を補完可能とする主張も強まった。一方でそれでも獲得できない熱帯の生産物（特にリン）を取り上げ、植民地主義団体の活動は継続することになった。

　公海の自由の実現を左右したのは、アメリカ合衆国であった。主要な海軍拠点を確保し、一方で、国際法の遵守を訴え、同じく海上封鎖に批判的なアメリカ合衆国との連携を図り、大西洋での航路を保証しようとした。しかしインド洋はすでにイギリスの勢力下に置かれており（「イギリス海（Englische Meere)」）、さらに 1917 年にアメリカ合衆国が協商国側で参戦すると、アングロサクソンによる海上封鎖として宣伝された。そのため、大洋の海軍拠点、さらにはそれを補強する中央アフリカを作る必要性が地政学的に強調されることになった。

### 中央アフリカから熱帯アフリカへ

　割譲の交渉において、根拠となったのは、ヨーロッパ戦線における、ドイツの占領地である。ベルギー、北フランスの占領地域の価値に相当する植民地分割を要求した。ドイツ優勢の時期には、それにイギリスの植民地も加え、最終的にはナイジェリア、北ローデシア（ザンビア）、南ローデシア（ジンバブエ）、東アフリカ（ケニア）といった地域も中央アフリカに統合する計画さえ立てられた。それは中央アフリカをより西に拡張した、豊富な原料を擁する経済的に価値の高い「熱帯アフリカ」になる予定であった。海軍拠点もさらに拡張し、その後背地も含めて、モロッコ、ダカール（セネガンビア）、ザンジバル、コモロ、マダガ

スカル、レユニオン、セーシェルも対象となった。これは中央アフリカとヨーロッパとの接続をより確実なものにしようとする試みであった。1918 年の 8 月以降、ヨーロッパ戦線での敗北が明らかとなり、ドイツがヨーロッパにおける戦争目的を諦めた場合も、講和を実現させる妥協、即ち平和目的（Friedensziel）として植民地の戦争目的が要求されたのである。

## 第一次世界大戦後の植民地構想

　しかしその実現は敗戦によって潰え、各ドイツ植民地は、協商国の委任統治下に置かれ、西南アフリカを除く植民地においては、ドイツ系住民の追放処置も行われた。戦間期においては、疲弊したドイツ経済を補強するものとしてドイツ植民地返還が叫ばれ、ドイツの委任統治への参加という形で植民地への関与が模索されることになる。シュトレーゼマン、シャハト（Hjalmar Schacht）といった政治家が、ドイツ財界の要請を受けて、積極的に返還運動に従事した。またドイツ植民地協会といった植民地団体では、前東アフリカ総督シュネーが中心となり、大衆運動に広げていき、その運動を支援した。ナチ党が政権につくと、植民地返還は一つの主要な目的と見なされ、フランスの敗北後、マダガスカル計画にも連動して、中央アフリカ計画が再度練られた。植民地政策局は、エップ、アスミスに率いられ、中央アフリカ計画を立案し、民間の植民地団体は、植民地同盟（Reichskolonialbund）に再編され、それを後押しした。しかし植民地再編よりヨーロッパでの拡大が優先され、ドイツの敗北により、計画ごと潰えることになった。

パウル・ロイトヴァイン。第一次世界大戦後も植民地回復運動に関与。

ハンス・マイアー

マックス・フォン・グラボウ

ハインリヒ・シュネー（写真中央）

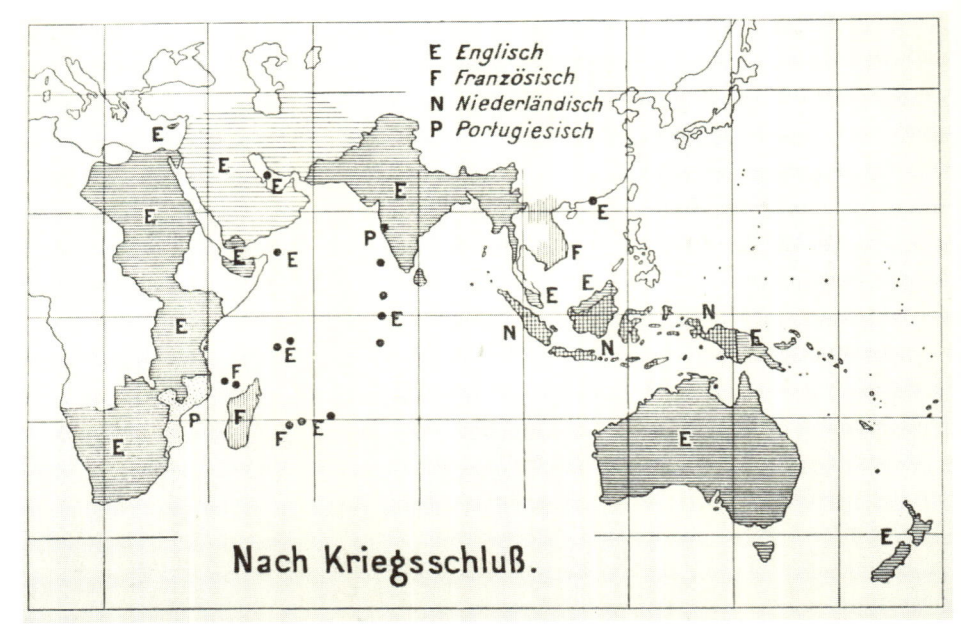

イギリス海（第一次世界大戦後のインド洋の状況）

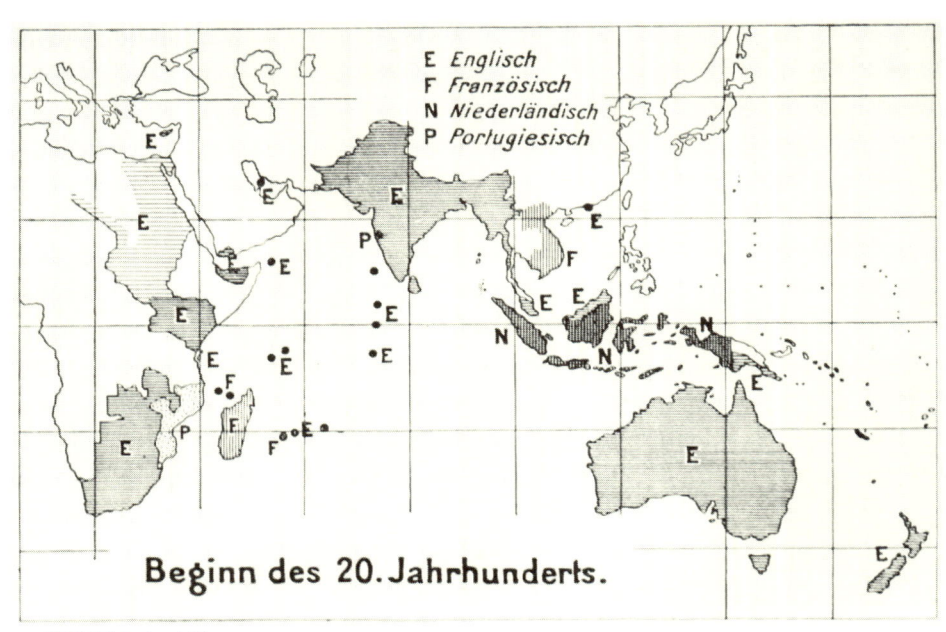

20世紀初頭のインド洋

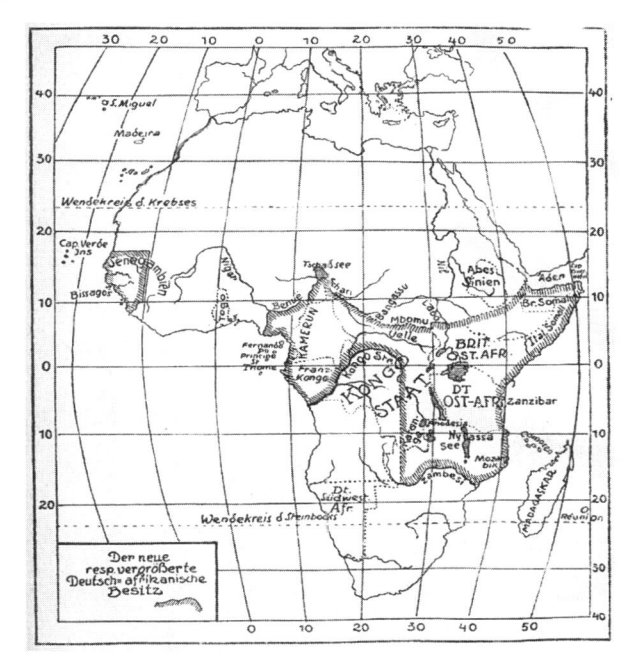

「ドイツ・アフリカ大帝国」

1916年時のイギリスの譲歩による
ドイツ植民地帝国の実現

1917年段階のイギリスのアフリカ
における戦争目的（ドイツ植民地の
協商国による分割）

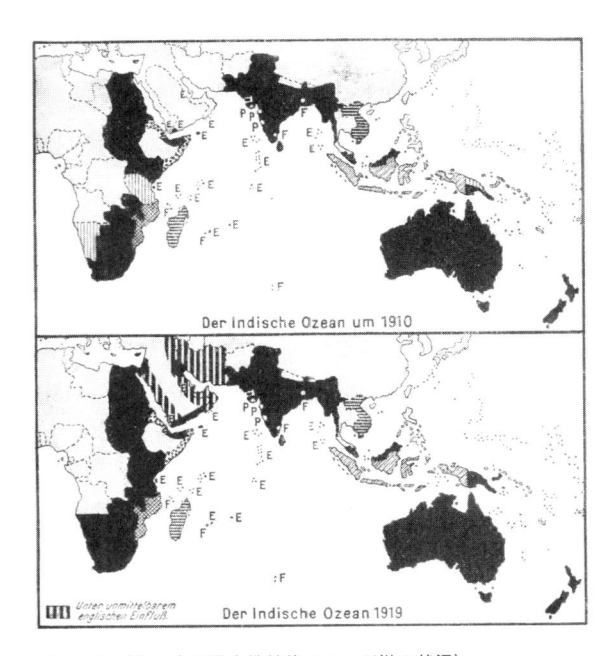

イギリス海（第一次世界大戦前後のインド洋の状況）

中央アフリカの地図

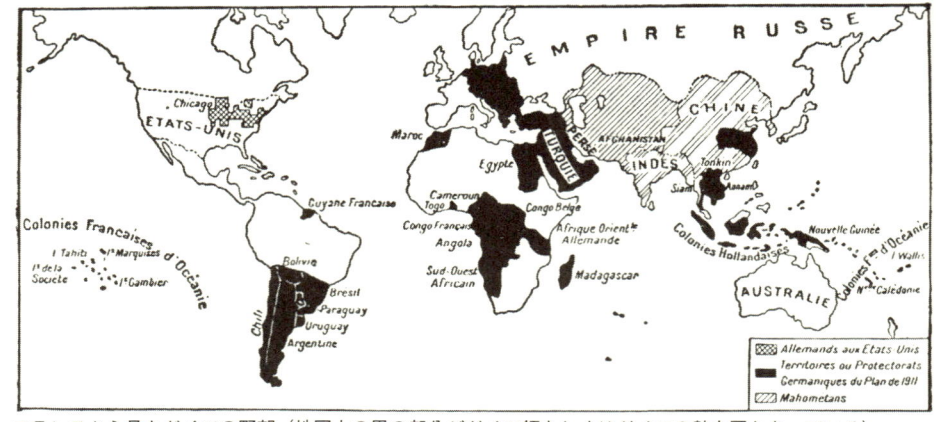

フランスから見たドイツの野望（地図上の黒の部分がドイツ領もしくはドイツの勢力圏となっている）

ヒャルマル・シャハト（Hjalmar Schacht）。ドイツの経済学者で、政治家。

ドイツの歴史家ハンス・デルブリュック（Hans Delbrück）。『プロイセン年報』の編集を担当。彼も第一次世界大戦中に中央アフリカの実現を主張した。ヴェルサイユ講和会議のドイツ代表団の一員でもあった。

パン・ゲルマン主義者が要求するアフリカ植民地

# 第四章

Kamerun

## カメルーン植民地

カメルーン山の噴火

カメルーン山の噴火

カメルーンの紋章

　ドイツ領カメルーンは、多彩な気候を兼ね、人口も多く、様々なプランテーションが行われた土地であり、トーゴと異なり、経済的な利益に重きが置かれた熱帯植民地であった。その面積は約 49 万 5000 平方キロメートル、1911 年にはフランスのアフリカ植民地を割譲させ、最終的には約 79 万平方キロメートルとなり、ドイツの植民地の中で、唯一大規模な増加を経験することになった。この際に獲得した植民地はノイカメルーン（Neukamerun）となり、カメルーンはコンゴ川に接し、ベルギー領コンゴへの進出を期待させることになった。これは中央アフリカ（Mittelafrika）構想の根拠となり、カメルーンはドイツ領東アフリカと並び、ドイツ植民地再編の要となっていく。この領土画定過程においては軍事遠征が繰り返され、植民地支配に対する抵抗も頻発しており、保護軍やその補助的役割を果たす警察軍はカメルーンの統治に不可欠なものだった。プランテーション、鉄道・道路建設における労働環境は劣悪であり、死亡率も高く、近隣地域への逃亡も相次いだ。これらの状況は、当時の総督であるイェスコ・フォン・プットカマー（Jesco von Puttkamer）にちなみ、カメルーンの不都合な真実（プットカマーシステム Puttkamerun）として、本国で度々問題とされ、帝国議会でも植民地統治の改善が訴えられた。この際には、キリスト教ミッション、社会主義者、全ドイツ主義者をはじめとする超党派的連携が実現し、植民地改革が試みられることになる。またトーゴと同じく、南部と北部では文化圏が異なり、早くから独自の勢力を維持していた北部のイスラム諸国家への対応は、間接統治に留まり、イスラムへの対応が一層討議されることになった。

# 植民地化以前のカメルーン

## 地理的特徴

　カメルーンの地理的特徴は、アフリカで見られる全ての気候を擁している点にある。南部は熱帯雨林で覆われるが、中部のアダマワ高地（Adamawa）はサバナ地帯であり、さらに北部はステップが広がっている。さらにカメルーン火山列（Cameroon line）が、国土を東西に横断する形で連なっている。また河川も南部のサナガ川（Sanaga River）と北部のベヌエ川（Benue River）が流れており、前者はカメルーンを東西に横断する形で流れ、後者は、ナイジェリアに連なり、本流のニジェール川（Niger River）に合流し、流域の交通路として重要である。これらの要素はカメルーンに様々な気候を作り出すことになり、それに応じて住む人間も多様な集団を形成することになった。

サナガ川

## 住民

　カメルーンには現在でも多くの民族集団が存在するが、特に北部と南部に分けられる。北部には西から移動してきたハウサ人（Hausa）が居住しており、次第にカネム・ボルヌ帝国（Kanem-Bornu）の影響下に置かれていく。9世紀に成立した帝国の版図は、最終的にチャド湖西南の岸を中心とした領域を占めており、中部・北部カメルーンに影響を与え、イスラム教も伝わった。ハウサ人も都市国家群であるハウサ諸王国（Hausastaaten）を建て、サハラ交易に従事した。しかし19世紀にその都市国家の中から、フルベ人（Fulbe、その他フラニ人 Fulani、フラベ人 Fulbhe、フラ人 Foulah とも表記される）のソコト帝国（Kalifat von Sokoto、またはフラニ帝国）が台頭すると、ハウサ人は征服され、カネム・ボルヌ帝国も大打撃を受け、衰退することになった。

　一方で、カメルーンの西部と南部にはバントゥー系（Bantu）の諸民族が居住していたが国家成立は遅れた。西北部にはバミレケ人（Bamileke）、南部にはドゥアラ人

サナガ川と中央鉄道（Mittellandbahn）の橋

カメルーン南部におけるハウサ商人とドイツ商人

フルベの騎兵

エボロワにおけるミッションの建物

ドゥアラの病院

サナトリウム

（Duala）、ファン人（Fang）、エウォンド人（Ewondo）が村を形成していたが、大規模な勢力とはならなかった。この地域においてもヨーロッパの進出は、当初、この南部の海岸線の支配から始まり、のちに後背地への遠征が開始されることになる。

## ヨーロッパ支配の開始

　この地域に最初にきたヨーロッパはポルトガルであり、カメルーンという国名も、ポルトガル語由来（「エビ」という意味）である。ギニア湾沿岸は奴隷貿易の拠点であり、ドイツ領トーゴ周辺のコートジボワール（象牙海岸）やガーナ（黄金海岸）は、その中心地であった。1530年代になると、組織的な奴隷貿易が始まり、大西洋三角貿易が形成され、その中でカメルーンも大量の奴隷を送り出すことになる。奴隷は西インド諸島におけるサトウキビのプランテーションに従事し、そこで生産された砂糖から糖蜜を発酵させ、さらに蒸留したラム酒はギニア湾に再び輸出され、カメルーンにおいても蒸留酒は主要な輸入品となった。

　イギリスは、1833年、奴隷制度を廃止し、象牙とパーム油を取引する市場としてアフリカに介入していくことになる。ナイジェリアを抑え、さらには中部・北部カメルーンに勢力を拡大していった。他のヨーロッパ諸国も19世紀の後半、アフリカ大陸中部に向けて、植民地化を進めた。ベルギーは現在のコンゴ民主共和国にあたる地域の領有を宣言し、フランスは西アフリカのセネガルに連なる植民地を中部アフリカにも広げようとしていた。特に現在のコンゴ共和国、ガボン、中央アフリカ、チャドの地域が狙われ、これらはフランス領赤道アフリカを構成し、チャド湖周辺のカメルーンへの進出も図られた。

## キリスト教ミッションの介入

　その中でドイツはカメルーンに橋頭堡を築いていった。当初、入植を開始した集団の一つは、ここでもキリスト教ミッションだった。しかし西海岸の気候は過酷であり、マラリアによる死亡率は高く、「白人の墓場」となっていたため、植民地としてなかなか定着しなかった。修道士の

ドゥアラのバーゼル・ミッション

ドゥアラにおけるパロッティ・ミッションの教会

バーゼル・ミッションの教会

バーゼル・ミッションの工場

30％以上がマラリアで死亡しており、しかも内陸部の地域勢力に阻まれて一向に成果があがらなかった。マラリアの特効薬であるキニーネ（Chinin）が普及し、ようやくドゥアラ（Duala）を中心に、順次、クリビ（Kribi）、ブエア（Buea）のような海岸地域にヨーロッパの住民が入植し始めた。パロッティ・ミッション（Pallottine Mission）、バプティスト・ミッション（Baptist Mission）が布教を開始し、ドイツ系ミッションとしては、バーゼル・ミッション（Basler Mission）が、バプティスト・ミッションを引き継ぎ、1886年から活動を開始した。

ドゥアラのバーゼル・ミッションの住居

ヴェーアマン会社によるコーヒー栽培のための住居（ガボン付近）

## 商社の介入

　1860 年代からハンブルクの商社ヴェーアマン会社（C. Woermann）といったドイツ系民間商社も活動していたが、同様に内陸への進出はできず、当面は、海岸付近の商社の拠点に留まった [注1]。1862 年にはカメルーンの南のガボンにドイツの商社ができており、その中でヴェーアマン会社の代理人エミール・シュルツェ（Emil Schulz）はカメルーン河口湾（Kamerunästuar、フォリ河口 Wouri estuary、Cameroon estuary）における領事としての役割も果たしていた。同社は、1868 年にドゥアラにおいて在外支店の営業を開始した。1874 年には、ヴェーアマン会社の西アフリカでの代理人が独立した商社ヤンツェン・トルメーレン（Jantzen & Thormählen）が設立され、西アフリカ海岸の貿易に参加し、カメルーンにも拠点を作っていく。この二つを中心とする商社が西アフリカの貿易を独占していくことになる。彼らは主に銃と蒸留酒を扱い、現地の商人を介してアブラヤシから作られる製品、生ゴム、象牙と交換していた。しかし次第に直接内地との取引を望むようになり、さらにすでに作った貿易拠点やプランテーションを保護することをドイツ本国指導部に要請し始めた。

ヨハネス・トルメーレン
（Johannes Thormählen）。
商社ヤンツェン・トルメーレンの創設者の一人。

ヴィルヘルム・ヤンツェン
（Wilhelm Jantzen）。
商社ヤンツェン・トルメーレンの創設者の一人。

カメルーン川における在外支社

Priffo Bell mit zwei Frauen.
(Aus der Gartenlaube.)

「ベル王」

カメルーンにて揚げられたドイツの旗

# 領域画定

### 沿岸部の領有交渉

　ナイジェリアの東部海岸とカメルーンは長い間、空白地帯であったが、列強の進出が激しくなり、これらの商社の要請を受け、公式な植民地化が検討された。1884 年 3 月19 日には、ビスマルクが、ドイツの商社代表、探検家兼地理学者グスタフ・ナハティガル（Gustav Nachtigal）を、西アフリカの帝国委員に任命した。彼は、カメルーン西南部に広がるドゥアラの住民との保護条約の調印に成功した。つまりドイツの代表団とドゥアラ人の重要な指導者であるンドゥブ・ア・ロベ（Ndumb 'a Lobe、通称「ベル王」）とンガンド・ア・カワ（Ngand 'a Kwa）との間で、1884 年 7 月 11 日、12 日に調印した。続いて 7 月 14 日にはドゥアラにドイツの旗があげられて、保護支配の宣言がなされ

グスタフ・ナハティガル

König Aequa mit zwei Frauen.
(Aus der Gartenlaube.)

ンガンド・ア・カワ

た。これによって、ヴェーアマン会社のエミール・シュル
ツェ、ヤンツェン・トルメーレンのヨハン・フォス（Johann
Voss）に代表される、現地の商社の法的な地位は安定し
たが、一方で、ドゥアラ人と結んだ協定は残され、彼らの
地位も保障され、貿易に際し、ドイツ側は関税を支払い続
けることになった。一方、ナハティガルに5日遅れて、イ
ギリス領事エドワード・ヒューエット（Edward Hewett、
「あまりに遅すぎた領事」と呼ばれた）がカメルーンに到
着した。カメルーン領有の先を越されたため、イギリスは
ドイツへの抗議を行い、その後カメルーン内部の争いに乗
じて介入する機会を窺うことになった。

　ナハティガルの後任として、医師・探検家マックス・
ブーフナー（Max Buchner、マクシミリアン・ブーフ
ナー Maximilian Buchner とも表記される）が帝国委員
（Reichskommissar）となるが、ドゥアラにおいては、ナ
ハティガルが条約を締結した住民と、それ以外の住民との
勢力争いがあった。1884年12月に海軍少将エドゥアルト・
フォン・クノル（Eduard von Knorr）は、西アフリカ艦
隊の指揮官として、ドゥアラの一族の争いに介入し、カメ
ルーン河口におけるドイツの主権を認めさせた。コルベッ
ト艦を介した弾圧は、軍事力による植民地平定の第一歩と
なった。1885年4月1日から7月4日の間に、クノルは、ブー
フナーに続いてカメルーンの帝国委員を務めることになっ
た。

エドゥアルト・フォン・ク
ノル。のちに艦隊を率いて
ザンジバルに向かい、スル
タンとアフリカ東岸の領有
交渉を行う。

## 内陸の境界線の画定

　しかしながら、内陸の境界線はまだ未画定であり、さしあたりの境界線は、1884 年のベルリン会議のコンゴ文書（Kongo-Akte）で定められた。内陸に活動範囲を拡大するにつれ、同じく中部アフリカに進出していたイギリス、フランスとの境界をめぐる交渉が 1910 年代まで続けられた。カメルーン西側に接していたイギリスとは 1893 年 11 月 15 日に、イギリス領ナイジェリアとドイツ領カメルーンの境界線を、ヨラ（Yola）から、チャド湖まで引き延ばした。これでベヌエ（Benue）地区の境界が画定した。また 1894 年にはフランスとはカメルーン東側の境界線を決める協定を結んだ。さらに 1901 年と 1902 年にはチャド湖の南部を勢力下に置き、フランスの進出を牽制したため、フランスはカメルーンを避ける形で赤道アフリカ植民地を形成した。しかし境界線の内部における支配は、住民の抵抗もあり、カメルーン北部に居住するフルベ人の諸国を制圧したのは 1902 年、カメルーン全土を平定するには 1911 年までかかることになった。

「新カメルーン」

## 「新カメルーン」

　1911 年には重要な拡大があった。同年に勃発した第二次モロッコ事件の解決に際して、モロッコ・コンゴ協定において、フランスによるモロッコの支配権を認めるかわりに、フランス領赤道アフリカの一部であるフランス領コンゴの一部を割譲させ、ノイカメルーン（Neukamerun）として獲得したのである [注2]。一方で、東北カメルーンの地域、すなわち、「鴨の嘴（Entenschnabel、Entenkopf）」をフランスに割譲した。この領土獲得により、ドイツ領カメルーンは主に

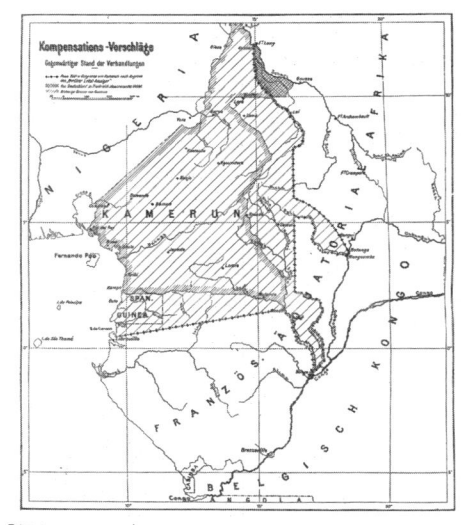

「新カメルーン」

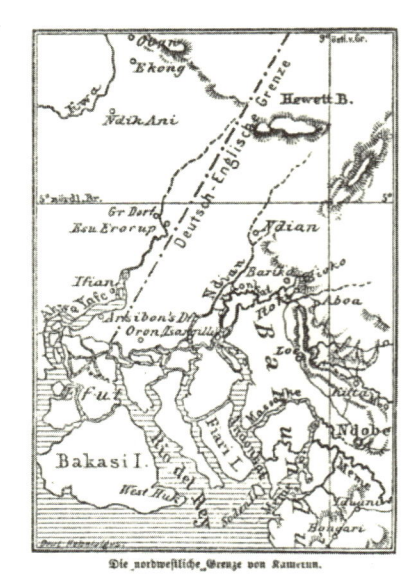

バカシ半島（地図の左下）

ヴィクトリア女王

東方、南方に広がり、その境界はベルギー領コンゴに達していた[注3]。そしてドイツの植民地の以前の領域はアルトカメルーン（Altkamerun）と呼ばれることになった。最終的にドイツ領カメルーンは現在のカメルーンの2倍の面積を持ち、現在のナイジェリア、チャド、中央アフリカ共和国、ガボン、コンゴ共和国に跨る領域を支配していた。しかしながらノイカメルーンを地区に分け、実効支配を行う前に第一次世界大戦が起こり、ドイツ領カメルーンは分割支配されることになる。

## バカシ半島

　また1913年には、ドイツ・イギリスの協定で、カメルーン＝ナイジェリア国境最南部に位置するバカシ半島がカメルーンの従属下に正式に置かれた。1884年9月10日にカラバル（Calabar）における地域勢力がヴィクトリア女王と保護領化の協定を結んだ際に、バカシの王国もその範囲に含まれていたため、バカシ半島は事実上のイギリス領ナイジェリアの保護下にあったのである。この地域では石油が産出するために領有関係を巡って現在でも問題となっている。

バリにおける兵士とともに立つドイツの士官フランツ・カール・フッター（Franz Karl Hutter）

## カメルーン植民地における軍事遠征

　後背地での領域的な拡大では、交渉だけではなく、実効支配のために武力的な遠征が繰り返されることになった。抵抗した諸民族から土地を奪い、多くの場合、地域の首長層を通して統治を行うことになった。南部にいたのはバントゥー系民族であり、北部にいたのはイスラム諸国であった。特に北部では、フルベ人によるソコト帝国が1804年から1808年にかけてのフラニ戦争をへて、ハウサ諸王国を征服し、その支配領域でイスラム教が浸透する中で、カメルーンにおいてもイスラムの影響力が強まっていた。

バリの家

### 初期の軍事遠征

　カメルーンの実質的な支配を強めるために、ギニア湾沿いの都市の制圧、そしてその後背地の支配がまず開始されていた。西部のバリ（Bali）、東部のブル（Bulu）の制圧が進められ、内陸への通路が確保されていった。その中で

象牙のキャラバン

象牙を量る

象牙工場

オイゲン・ツィントグラフ

ユリウス・フォン・ゾーデン。のちに東アフリカ総督も務める。

もヤウンデ（Jaunde）に作られた基地は、第一次世界大戦前まで、カメルーンの中部と南部における支配の拠点となった。この基地は、カメルーンの後背地を研究し、象牙貿易の要所として建設されていた。

初代総督ユリウス・フォン・ゾーデン（Julius von Soden）の統治下で、カメルーンの大西洋岸のバタンガ沿岸の後背地において、1888年から1891年にかけてドイツの影響力が強まった。ドゥアラとその周囲の湾岸都市をつなぐ領域が画定されていく。さらにアフリカ研究者オイゲン・ツィントグラフ（Eugen Zintgraff）は、西部のバリ地域（Bali）に進み、イギリス領ナイジェリアとの境界線を画定しつつ、中部カメルーンのアダマワ（Adamaua）高地への進入路を形成していった。一方で、バリの首長と敵対していたバフット（Bafut）の首長アブンビ1世（Abumbi I）とは、交渉がうまくいかず、その後、バフット戦争が勃発し、長期にわたり、西部に向けた遠征が繰り返されることになる。

続く総督オイゲン・ツィンメラー（Eugen von Zimmerer）の統治下では、1892年から1893年に、植民地士官エルンスト・ヴェーラン（Ernst Wehlan）が、警

カルダモンとパウル・プロイス（ヴィクトリア）

カール・フォン・グラヴェンロイト。当初は東アフリカに行き、沿岸部で勃発したアラブ人の抵抗の鎮圧に参加した。

ハンス・ドミニク。彼の記念碑は多く作られ、ヴァイマル期、ナチ党の時代になっても植民地支配のシンボルとして碑の制作は続いた。

察軍をもって、東部のバココ人（Bakoko）とマベア人（Mabea）を征服した。このようにしてドイツは支配領域をドゥアラの周辺、そして海岸に沿って、西と東に進め、さらに内陸に侵入し始めた。

　その一方で、首都ドゥアラに近いカメルーン山の平定も進み、士官で探検家のカール・フォン・グラヴェンロイト（Karl von Gravenreuth、ドイツ東アフリカ会社に属し、ドイツ領東アフリカ領有の先駆者の１人でもある。アブシリの抵抗に始まる沿岸部の蜂起の際に、ヴィスマンの部隊に属して、鎮圧に参加した）は、1891年、ブエア（Buea）のカウェ人（Kwe）の征服を委託された。しかしカウェ人の急襲で彼は死亡し、カメルーン山の地域の平定は一時中断した。その後プロイセンの歩兵将校で探検家のクルト・モルゲン（Curt Morgen）と保護軍の士官ハンス・ドミニク（Hans Dominik）が、1894年にドイツの支配に対するカウェ人の抵抗を打ち破った。この遠征には、後に植民地経済委員会役員となるパウル・プロイス（Paul Preuß）博士も同行し、カメルーン山の調査を行い、それは後のプランテーション経営に利用されることになった。

クルト・モルゲン

イェスコ・フォン・プット
カマー

ブエア。中央付近にプットカマーの
城が見えている。

ルドルフ・プレーン（Rudolf
Plehn）。ドイツの林学者。
カメルーン東南部をドイツ
の管轄下に置いていった。
彼の兄弟には熱帯病医療に
関わった医師のフリードリ
ヒ・プレーン（Friedrich
Plehn）がいる。

## プットカマーの遠征

　大規模な軍事遠征を行われたのは、イェスコ・フォ
ン・プットカマー（Jesco von Puttkamer）の統治下であ
る。彼が総督であった 1895 年から 1907 年の間に、カ
メルーンの領土を内陸に大きく拡大するため、大規模な軍事
遠征が繰り返された。それに伴い、バココ（Bakoko）、ヤ
ウンデ（Jaunde）、バネ（Bane）、ブル（Bulu）といった
地域では抵抗が頻発するが、それぞれ設置された保護軍
（Schutztruppe）、警察軍（Polizeitruppe）が鎮圧していった。

　当初、カメルーンの首都はドゥアラに置かれていたが、
ドゥアラの住民には、1884 年の保護条約締結時に、内陸
貿易の独占を認めていたので、内陸との直接的な貿易がで
きない状態であった。またドゥアラの住民がドイツの支配
に従属的ではなかったため、植民地統治の拠点の移動が画
策されることになる。その後 1901 年に、高地で過ごしや
すい気候のカメルーン山麓に位置するブエア（Buea）に
首都を移した。

　プットカマーの時代には、1894 年に創設された保護軍
が、ドイツ本国での外務省、植民地団体の要請を受け、内
地における軍事的支配を強めていくことになる。保護
軍の指揮官マックス・フォン・シュテッテン（Max von
Stetten）は、1895 年、サナガ川（Sanaga River）下流の
バココ人（Bakoko）への軍事遠征を行った。1896 年に起こっ
たヤウンデ基地に対するエウォンド人（Ewondo）とバネ
人（Bane）の蜂起に向けては、保護軍の指揮官オルトヴィ
ヒ・フォン・カンプツ（Oltwig von Kamptz）が鎮圧に向
かい、ギニア湾から、ヤウンデに至るまでの交通が妨害さ
れない状態を作った。1898 年には中部のアダマウア占領
を目指し、さらには 1900 年から南部遠征の拠点であるク
リビから、ゴムや象牙が豊富な東南に向けて、軍事行動を
開始した。

ブエアにおけるプットカマーの城

ヤウンデ基地

ヨコの基地

### 北部の遠征

ゲアハルト・ロールフス

ハインリヒ・バルト

　以上のように南部の支配が進む一方で、カメルーンの北部の支配は遅れた。この地域は、ドイツが植民地分割に参入する以前から、ハインリヒ・バルト（Heinrich Barth）、エドゥアルト・フォーゲル（Eduard Vogel）、ゲアハルト・ロールフス（Gerhard Rohlfs）、ナハティガルといったドイツの探検家によって調査が行われていた。特にエドゥアルト・ロベルト・フレーゲル（Eduard Robert Flegel）は、1882年9月にアダマワ高地の南部に位置するヌガウンデレが、ベヌエ川の水源であることを発見し、1883年にもベヌエ水系に関する調査を進めていた。これらの調査結果は、ドイツがカメルーン東北部を制圧する際に参考にされることになる。さらにはビスマルクの指示を受け、現地の首長と条約を結び、ベヌエ地域を開放し、経済的に進出する予定であった。しかしニジェール川とベヌエ川におけるイギリス系商社とイギリス政府の抗議を受け、ビスマルクは、ヨラ付近をイギリスの勢力圏として認めた。

　北部の平定は、カンプツが開始した。彼は1899年1月14日にはンドゥムバ（Ndumba）、3月11日には、チバチ（Tibati）を襲撃して攻略した。チバチにはフルベ人国家が形成されており、中部カメルーンへの進出は、イスラム国家との対決という側面を強めていく。さらにチバチ遠征の際にも通過したヨコ（Joko）には、ヤウンデから北に向かう際の中継基地を作り、更なる遠征が続けられ

ガルアの基地

た。1901年10月にはドミニクが派遣され、そこでは、ア
ダマワ首長国に代表されるイスラム国家と接触をもつこと
が期待された。アダマワ首長国は、ナイジェリアのイスラ
ム国家とも関係しており、ソコト帝国の一部をなしてい
た。ドミニクが、カメルーン北部のフルベ人の国家に到
達するより前に、ヨコ基地の司令官であるドイツの士官
ルドルフ・クラマー・フォン・クラウスブルッフ（Rudolf
Cramer von Clausbruch）は、プットカマー総督の指令を
うけて、ヌガウンデレとガルア（Garoua、カメルーン北
部の都市）の中心を1901年に占領した。さらに1901年
11月19日、ドイツの植民地軍が、ヨラ（Yola）のエミー
ルであるジュバリュー（Djubayru）の騎兵と槍兵からな
る軍隊にガルアにて勝利した。ジュバリューは北部のマル
ア（Maroua）に逃れ、抵抗を続けたが、1902年、ドミニ
クは、ミスキン・マルア（Miskin-Maroua）の戦いにおい
て勝利し、これによりチャド湖への道が開かれた。戦いの
後、マルアの町は略奪されることになった。チャド湖国
家（Tschadseeländer）、つまりマンダラ（Mandara）、ド
イツ・ボルヌ（Deutsch-Bornu）、コトコ・スルタン国家

エドゥアルト・フォーゲル

エドゥアルト・ロベルト・
フレーゲル

チャド湖周辺の騎兵

（Kotoko-Sultanate）のドイツ領カメルーンへの編入は、プロイセンの大佐、保護軍の指揮官クルト・パヴェル（Kurt Pavel）の手によって 1902 年に実施された。これによって、同じくチャド湖へ進出しようとしていたフランスの試みは失敗することになった。この中部・北部の平定の際に、イギリス領ナイジェリアにも跨るイスラム勢力を組み入れたことで、カメルーンとナイジェリアの国境線の画定が再度、必要になった。1903 年から 1904 年にかけて行われた、国境線会議において、フルベ人の拠点であったヨラからチャド湖に至る境界線が定められ、ヨラはイギリス領に留まった。この会議にはドイツの陸軍中尉、地理学者、昆虫学者であるアルノルト・シュルツェ（Arnold Schultze）が出席し、交渉した。

ヨコの基地

アルノルト・シュルツェ。彼の収集した昆虫はフンボルト博物館に収蔵されている。

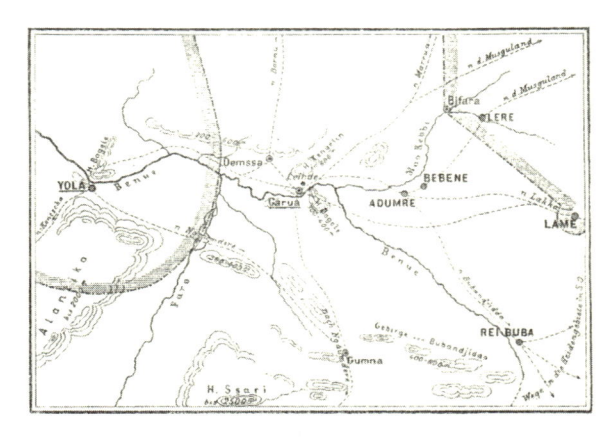
ヨラ、ガルアの地図

## 植民地スキャンダル

　なおこれらの遠征の過程で、ドイツ植民地統治の中で長く語られるスキャンダルが起こった。それは1890年代初頭のカメルーンにおける残忍な弾圧のシンボルであった植民地官僚ハインリヒ・ライスト（Heinrich Leist）の裁判である。1891年に、カール・フォン・グラヴェンロイト（Karl von Gravenreuth）の調査団は、ダホメの王ベハンツィン（Behanzin）の管轄領域に入った際、女性と男性を「奴隷」として購入した。これは当時、奴隷貿易が禁止されていた下で行われており、グラヴェンロイトの管理の下で、1891年に、男は警察軍に編入し、女は役所で働かせることになった。この警察軍をもって、植民地指揮官エルンスト・ヴェランは、内地への遠征を行い、バココやマベアの住民を征服していった。しかし当時、カメルーン総督であったオイゲン・ツィンメラー（Eugen von Zimmerer）の代理であったライストの下では、男性に対して賃金が支払われることはなく、食事も十分ではなかった。女性も無給で働くことが求められ、逃亡が相次いだ。さらには、夫の前で、鞭打ちという残酷な仕打ちが行われた。この状況に耐えかねて、1893年12月にダホメの支援の下で蜂起を行った。この抵抗に対してドイツは砲艦から砲撃により鎮圧し、ライストは蜂起を指導した中心人物に肉体的な処罰を与え、それは女性も例外ではなかった。その残忍な措置に対しては、ドイツ本国でも問題となり、社会民主党のアウグスト・ベーベル（August Bebel）は植民地統治の汚点として非難した。ポツダムの裁判で、ライストは、バココ人への弾圧で非難されていたヴェランとともに裁かれ、ヴェランは他のポストに移転、そして罰金を支払うことを命じられ、ライストは罷免された。

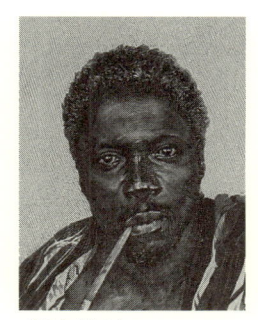

ベハンツィン

アウグスト・ベーベル

ヤバッシ近くの川付近の在外支店

建設中の新しいドゥメ（Dume）基地。カメルーン南部に位置する。

## 管理地区

　これらの軍事遠征によって組み入れられた領域は、以下の地区（Bezirke）に分けられ統治されていた。最終的にリオ・デル・レイ（Rio del Rey）、ヴィクトリア（Victoria）、ドゥアラ（Duala）、ヤバッシ（Jabassi）、ヨハン・アルブレヒツ・ヘーエ（Johann-Albrechts-Höh）、バレ（Bare）、オスジィディンゲ（Ossidinge）、バメンダ（Bamenda）、クリビ（Kribi）、エデア（Edea）、エボロワ（Ebolowa）、ロミエ（Lomië）、モルンドゥー（Molundu、1912年以降はユカドゥマ Jukaduma）、ドゥメ（Dume）、ヤウンデ（Jaunde）、バンジョー（Banjo）、アダマワ（Adamaua）、ドイツチャド湖国家群（Deutsche Tschadseeländer）、ヌガウンデレ（Ngaundere）、バムン（Bamun）という20の地区に分けられた。1911年のノイカメルーンの併合後は、その獲得された領域も地区に分けられたが、十分行政機能が整う前に、第一次世界大戦が起こることになる。

バムン

# プットカマーの統治

カメルーンにおける管理のための建物

　次にドイツの初期の統治・経済政策を見ていく。それは、主に大企業にプランテーション経営を委託し、大規模な開発を進めるものであり、そのためにはアフリカの住民から広域の土地を取得し、開拓、作付け、収穫に使役する労働力を大量に調達する必要あった。当初は大企業、特許会社の独占的状態であったが、その体制が地域の住民からの搾取を助長させ、ドイツ人の植民を妨げるという批判が高まった。そのため次第にその独占状態は緩められ、中規模のプランナーの参入も進んだ。植民地統治機関はゴム、カカオ、コーヒー、綿花、アブラヤシ、バナナのプランテーション経営を推し進め、統治後半には、その生産物を運搬する手段として、鉄道・道路・橋梁といった社会資本の整備にも力を入れた。プランテーションの中心地となったのは、カメルーン山と南部の地域であり、プットカマー総督が統治していた、1896 年から 1905 年の間は、カメルーンは、その熱帯植民地の生産物の輸出で突出していた。1913 年には、約 2900 万マルクの輸出があった。第一次世界大戦まで、カメルーンはその高い利益を本国に送還していた。しかしながらカメルーンへの輸入額も輸出額以上に増加し（1906 年には輸入額 1330 万マルク、輸出額 990 万マルク）、プランテーション計画に対する投資も少ないままだった。

ドゥアラの管理のための建物

　カメルーンの初期の統治を方向づけたのは、1895 年から 1907 年まで総督を務めたイェスコ・フォン・プットカマー（Jesco von Puttkamer）である。彼はプランテーションを中心とする経済政策を推し進めていった。カメルーン山付近の占領は、植民地当局に、火山性の優良な土壌を提供した。その地域は、沿岸部から離れておらず、運搬の面からも都合がよく、1895 年以降、体系的な土壌管理が行われた。同地域では、大資本会社を通して、1914 年に戦争が始まるまで、広大なプランテーション地域が形成され、多くの住民が賃労働で働かされることになった。

ヴィクトリア試験場のコーヒー

ヴィクトリア試験場のバナナ

西アフリカ・ヴィクトリア・プラン
テーション会社

ヴィクトリアにおけるカカオの収穫

### カメルーン山の開発

　1897 年には、プットカマーも株主となり、西アフリカ・
ヴィクトリア・プランテーション会社（Westafrikanische
Pflanzungsgesellschaft Victoria）が創設され、カメルー
ン山の開発を大規模に進めることになる。同社の資本金
は 250 万マルクで、1904 年段階で、2 万ヘクタールの土地
利権（コンセッション、Konzession）を持ち、それはバ
クヴィリ人（Bakwiri）が居住する土地を含んでいた。こ
の資本会社は、主にカカオ栽培に特化しており、そこで
は、1913 年には、20 人のヨーロッパの住民と、2000 人の
アフリカの住民が労働力として働いていた。この時点で、
資本金は、300 万マルクに上り、20% の配当があり、他
の会社と比べて高い収益を達成していた。しかし同社が
1913 年時に所有する約 11 万 5000 ヘクタールの土地のう
ち、実際にプランテーションに利用されたのは、その約
4 分の 1（約 2 万 8000 ヘクタール）であった。その主な
内訳は、カカオに約 1 万 3000 ヘクタール、ゴムに約 7000
ヘクタール、アブラヤシに約 2000 ヘクタールとなってい
た。なおカメルーン山の土地の 3 分の 2（9 万ヘクタール
以上）は、西アフリカ・ヴィクトリア・プランテーション
会社の他、西アフリカ・ビブンジ・プランテーション会社

西アフリカ・ビブンジ・プランテーション会社

（Westafrikanische Pflanzungsgesellschaft Bibundi）、カメルーン土地プランテーション会社（Kamerun Land und Plantagen Gesellschaft、1885 年にヴェーアマンによって設立され、さらに同社は 1899 年に指導的株主として Molive-Pflanzungsgesellschaft を設立した）という 3 つの大企業に占有されていた。西アフリカ・ビブンジ・プランテーション会社は、1897 年に設立され、資本金は 150 万マルク、しかも 6000 ヘクタールのプランテーションの土地を所有していた。カメルーン土地プランテーション会社は、100 万マルクの資本金と 1 万 4000 ヘクタールの土地を自由にできており、カメルーン山にも広大な土地を所有していた。このカメルーン山の南斜面に位置するヴィクトリア（現在のリンベ。イギリスの宣教師によって建設された都市。ベルリン会議以降、英独間でアフリカ植民地の領土調整交渉を行い、その中でヴィクトリアはドイツ領となった）にはこれらの会社の資本の半分近くが投入されており、経済的な基盤となっていた。同地域は、大戦後、イギリスの委任統治下に入ったが、1924 年に植民地への経済進出の許可がおりた後は、再びドイツ系企業の影響力が増すことになった。

西アフリカ・ビブンジ・プランテーション会社のカカオ

ヴィクトリアの管理を行う人々の住居と台所

ヴィクトリア概観

管理を行う人々の住居（ヴィクトリア）

西北カメルーン会社の支店

西北カメルーン会社の支店

# 特許会社

### 西北カメルーン会社

　また占領地が拡大するにつれ、その地域の開発を任せる特許会社が作られていく。その一つが、中部・西部の開発を任された、西北カメルーン会社（Gesellschaft Nordwest-Kamerun）である。1899 年から営業を開始しており、公共施設を任意に使うことができ、貿易の自由も保証されており、10 年間で 300 万マルクの投資を行った。さらに無償でサナガ川の北方地域に 450 万ヘクタールの土地を使用する権限を与えられていた。ナイジェリアとの国境線を維持する役割もあり、パーム油といった生産物を扱っていた。しかし同社は、経済的に成功せず、さらに義務となっていた通りや道の建設は重い負担となった。そのため 50 年に制限されていた土地の使用権は、1910 年にはリンデクヴィスト植民地相のもとで、早くも削減され、結局 1913 年にいたって、その権利自体を打ち切られた。広大な土地の管理は、植民地統治機関に引き継がれたが、カメルーン西部における経済的な影響力は、その後も保持し続けることになる。

総督の住居

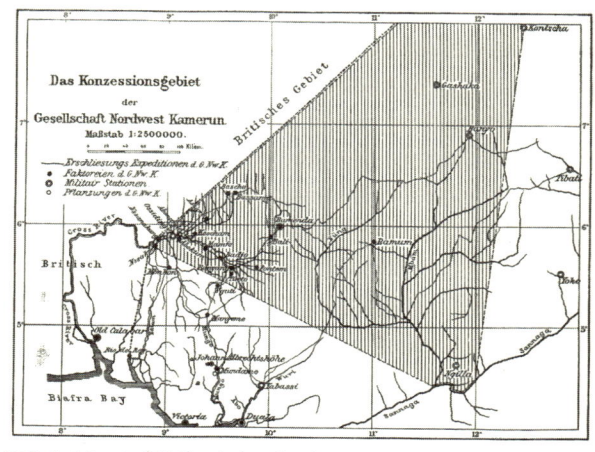
西北カメルーン会社のコンセッション

エボロワの基地

## 南カメルーン会社

　もう一つの代表的な植民地会社が南カメルーン会社（Gesellschaft Süd-Kamerun）である。1898 年に、ヴェーアマンをはじめとする企業家、銀行家を中心として、ドイツとベルギーの資本をもとに設立された。同年、ヤウンデ、エボロワ、ロミエの各地区を含む 720 万ヘクタールの広大な土地の営業権を与えられた。1905 年には、150 万ヘクタールの土地に削減されたものの、その収益は安定していた。カメルーン東南部で生ゴム栽培を行い、しかも豊かな生ゴムの原生林を発見していたからである。世界市場における高まる生ゴム価格を通して、1910 年まで莫大な利益を上げた。塩にも、高額の値をつけ、住民に販売し、利潤を得ており、また西北カメルーン会社と異なり、国家的な事業への負担義務もなく、安定した経営が維持された。し

エボロワの基地

かし資本金 200 万マルクの半分はベルギー資本であり、一方のドイツ側はディスコント・ゲゼルシャフトの 75 万マルクが最大で、ドイツ経済界の影響力は制限されていた。しかも新たな開発を行う際に必要なドイツからの投資は伸び悩み、一方でベルギー資本の占める割合が増したことから、ベルギー領コンゴとの結びつきが強まった。これは中央アフリカ構想実現を主張する根拠となっていった。

エデア付近のゴムのプランテーション

エデア付近のゴムプランテーションの管理人の家

ゴムの採集

エデア付近のゴムのプランテーション

生ゴムのキャラバン

## プランテーションでの生産物

### 生ゴム

　プランテーションで栽培された、最も重要な生産物は生ゴムであった。1903 年以降、輸出品目の中で支配的であり、1910 年の段階では半分以上を占めていた。生ゴムは、電気の部門で絶縁体として需要が高まっており、乗り物、自動車の部門でも同様であった。しかし生ゴムの輸出ですでに優位にあった東南アジア、南アメリカといった地域と国際競争を行うのは不可能であった。生産地から岸まで運搬するのは重い負担であったが、それを差し引いても利益は大きかった。植民地統治前半は、近代的な運搬技術は導入されてなかったため、主に人が背負って運んでおり、鉄道・道路の整備が早急の課題となった。49 会社の 280 人の会社員、現地の数千人の商人、そして約 2 万から 3 万人にのぼる運搬人がこの「黒い金」の商売に参画していた。特にカメルーン生ゴム株式会社（Kamerun-Kautschuk-Compagnie AG.）、ドイツ生ゴム会社（Deutsche Kautschuk AG、1923 年にはエコナ株式会社 Ekona AG と改称した）は、最も大きいプランテーション会社であった。前者は約 300 万の資本金をもって 1906 年に設立され、後者は西アフリカ・ヴィクトリア・プランテーション会社の子会社であり、1907 年に設立され、主要な株主にはマックス・エッサー（Max Esser）がいた。しかし第一次世界大戦前には、生ゴムは世界市場で供給過剰となっており、南カメルーンの生ゴム貿易も停滞状態となった。

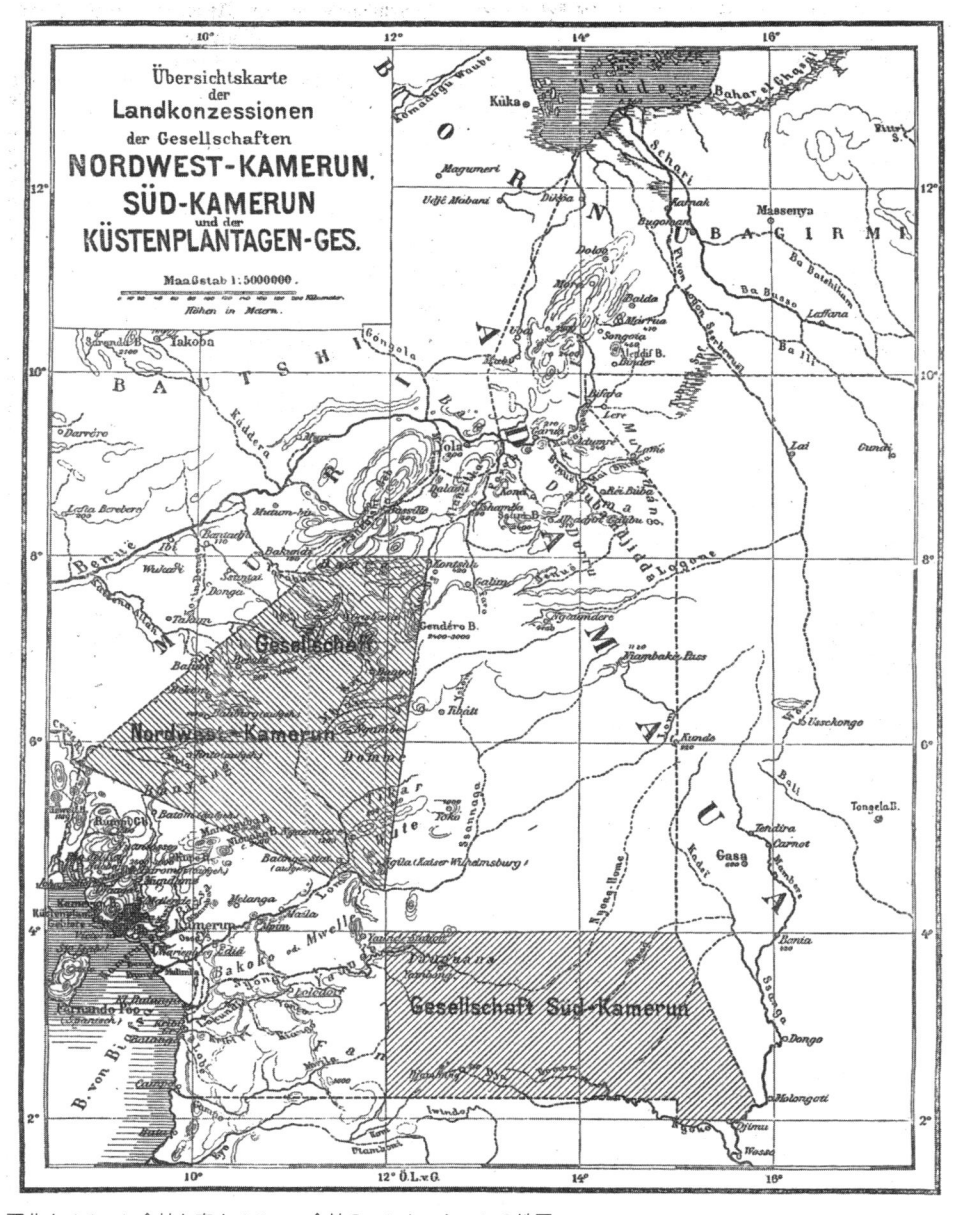

西北カメルーン会社と南カメルーン会社のコンセッションの地図

ビブンジのカカオを乾燥させる装置

ヴィクトリア会社のカカオを乾燥させるための機械

ヴィクトリア会社のカカオを乾燥させるためのホール

パーム油を得るための機械

## カカオ、アブラヤシ

　カカオも主要な商品作物であり、継続的に生産量が上昇し、カメルーンでの栽培面積は、他のドイツ植民地であるサモア、ニューギニア、トーゴ、東アフリカを合わせた面積より大きかった。第一次世界大戦前まで、市場におけるアフリカ産カカオの占める割合は微小ながら、増大していった。

　生ゴム、カカオに並ぶ、重要な生産物がアブラヤシである。石鹸、ろうそく、植物性マーガリンへ加工でき、家畜の濃厚飼料としても重要であった。しかし1890年代始めは輸出品目のなかで指導的だったパーム油は、1913年には6.8%を占めるだけとなり、その比重を下げたが、パーム核は、輸出は1891年から1913年の間に6倍になった。これは全体の輸出の中で5分の1を占めた。また隣接するベルギー領コンゴとイギリス領ナイジェリアには広大なアブラヤシの原生林が存在し、その開発を始めており、ドイツ企業も注目していた。

　他にはコーラナッツ、タバコ、バナナといった生産物があったが、輸出において限定的な役割しか果たさなかった。第二次世界大戦後、航空事業を主導することになるドイツの経営者クルト・ヴァイゲルト（Kurt Weigelt）は、カメルーンでバナナのプランテーション経営を行っていた。またアフリカ果物有限会社（Afrikanische Frucht-Compagnie GmbH）は、ハンブルクのライス航行会社（F. Laeisz）の子会社として1910年に設立され、バナナ栽培に関わった。戦間期もカメルーンにて活動していたが、第二次世界大戦を経て、それらの農園を失うことになり、南アメリカに拠点を移しつつ、現在まで存続することになった。

## 労働力徴発・土地没収

　これらの事業においては、大量の住民が徴発された。プランテーション会社の権力範囲においては、合理的な労働徴発という名の下で、住民を強制的に集めて、広大な栽培地で働かせた。多くのプランテーションが存在していたカメルーン山には 1899 年に、4000 人の労働者がいた。プットカマーは、中小のプランナーを事業から遠ざけつつ、大きな資本を持つプランテーション会社を保護し、援助を惜しまなかった。その結果、住民の労働条件は悪化の一途をたどったため、1901 年から 1902 年にかけて、プランテーション所有者の義務に関して、ドイツ帝国議会で問題となり、労働者委員会も設置された。しかしプットカマーは、その委員会の勧告を十分に受け入れず、アフリカの農民を働かせたカカオプランテーションによって、カメルーンの農村社会は破壊されることになった。

バナナの木

カメルーン山

　プランテーションのために必要な土地を確保する際にも問題が起こった。プットカマーは 1896 年 6 月 15 日には、所有者のいない土地を国の土地として没収しようとした。現地の農家には 2 ヘクタールの土地も残らないことになった。西アフリカ・ヴィクトリア・プランテーション会社で強い権限をもった管理者マックス・エッサーは、住民を、森林、沼地、水のない地域に移動させ、多くの土地を没収した。1903 年 10 月 4 日には、キリスト教ミッションの働きかけで、農家の持つ土地を増加させる命令が出されていたが、それも無視された。

ヴィクトリア会社のプランテーションの貨物列車

カメルーンの公判

## プットカマーシステムへの批判

　このプットカマーの強権的な方針、即ち「プットカマーシステム（Puttkamerun）」に対しては、各方面から批判が上がった。代表的なのが、キリスト教ミッション、社会主義者、国民主義者である。彼らは全ドイツ連盟を支持する中間層に支援され、批判勢力の原動力となっていく。

　すでに、保守党のフリードリヒ・シュレンプフ（Friedrich Schrempf）は、1901 年 3 月 11 日に、帝国議会において「カメルーンにおける不都合」すなわち「プットカマーシステム」への注意を喚起した。報告は 12 の項目からなり、さらに南ドイツ保守党の刊行物『ドイチェライヒスポスト（Deutsche Reichspost）』に記事を掲載し、それはドイツの世論で幅広い反応があった。

　批判の先頭に立ったのが、バーゼル・ミッション（Basler Mission）である。キリスト教ミッションと中小の商社の利害は合致しており、それは結果として、カメルーンの事業を独占している会社、そしてそれを擁護する総督への批判につながった。また住民が居住地から移動させられ、その土地が国の土地として没収される点を非難した。自由な農民による経済に基づく社会こそが、キリスト教徒にとって、よりよい社会であり、現在、カメルーンで行われているプランテーション政策では、土地を持たない、急進的なプロレタリアートを生む可能性があった。その意味でトーゴにおけるフィートア（Vietor）のような商社が活動できる体制を作らねばならないと主張した。しかしプットカマーは、それらの批判を軽く扱い、プランテーション会社は、カメルーン山において、すでにかなり浸透していたバーゼル・ミッションをその地域から遠ざけようとした。プットカマーの退任を求めていたキリスト教ミッションは、1902 年に設立されていた土地委員会からも 1905 年 5 月に排除されることが確定した。

マティアス・エルツベルガー

　全ドイツ連盟の立場からも批判がなされた。少数のプランテーション会社による独占的な状態では、全ドイツ連盟が望むドイツ系住民の植民が阻害されるため、独占状態に一定のブレーキをかけることを主張した。特に全ドイツ連盟に属し、植民地政治家であるエミール・テオドール・フェ

ボルヌのスルタン親衛隊の騎兵

ルスター（Emil Theodor Förster）、反ユダヤ主義の保守
政治家ヴィルヘルム・ラットマン（Wilhelm Lattmann）
が、カメルーンにおける行政改革を目指して活動した。フェ
スターとラットマンの提案をうけて、議会における保守党、
社会民主党、中央党、農業経営者同盟、改革党、キリスト
教社会党、さらにキリスト教ミッションの代表者からなる
会議が開催された。そこでは植民地企業の独占体制の打破
と、住民の経済力の保持が議題となった。

ガルアのフルベの首長

　その後もプットカマーの個人的なスキャンダルと専制的
な植民地統治に対して、中央党と社会民主党（特にゲオル
ク・レーデブーア Georg Ledebour）から鋭く批判がなされ、
それは1905年6月における帝国議会での中央党議員マティ
アス・エルツベルガー（Matthias Erzberger）の演説につ
ながった。1906年2月10日には、社会民主党の新聞にて、
ドゥアラのアクワ人（Akwa）の請願が掲載され、家を取
り払われ、補償なき強制労働が行われ、共同責任のような
厳しい罰が課され、恣意的な司法が敷かれているカメルー
ンの現状が明るみに出た。これは1884年に保護条約で保
証された権利に違反するものであり、この論争の最中、プッ
トカマーは総督を辞任することになった[注4]。

高貴な身分のハウサ（トーゴ北部に
て）

　一方で、北部においては、南部と異なり、間接統治の方
針がとられた。フルベ人のような現地のイスラム勢力と協
力し、藩王・スルタン、村の首長といった地域の有力者と
統治を分担した。土地の管理と、裁判を監督するのは現地
の勢力であり、ナイジェリア北部のような間接統治が採用

ヌガウンデレのスルタン

されたのである。これは直接統治より費用がかからない統治であった。一方で、スルタンに依存するだけではなく、フルベ人に従属していたハウサのような勢力との連携も行った。彼らは第一次世界大戦まで、ドイツの支配に確固たる支持を与えることになる。

　北部は、自治的な区域になったため、経済的な介入も難しく、アダマワとカメルーン北部の経済的な重要性は低かった。同地域ではプランテーションを行う余地もなく、鉱山資源も発見できていなかったためであるが、一方で市場として次第に注目を浴びることになる。この地域の経済を牛耳っていたのはハウサの商人であった。彼らは、フルベ人の支配の下で交易活動を続け、北アフリカのスーダンに至る貿易網の一角を形成していた。しかしながら取り扱う交易品の分量は少ないだけではなく、1人1人の移動距離も限定されており、その意味でヨーロッパが介入する余地があった。ハウサの商人は、早くから西アフリカ沿岸におけるヨーロッパの在外商社で、生ゴムと象牙を取引していた。彼らは、他のアフリカ人から、生ゴムを買い占める一方で、像を狩り、牧畜も行った。これはハウサにとっては、利益の上がる三角貿易に発展していたが、ヨーロッパの商人は、彼らを「アフリカのユダヤ人」として警戒し、直接内陸で貿易を行おうとしていた。

カメルーンのハウサの商人

ボルヌの商人

## 植民地改革期

プットカマー辞任以降のカメルーンでは、合理的な植民地統治が目指されることになる。続く、テオドール・ザイツ（Theodor Seitz、1907 年から 1910 年の間総督）、オットー・グライム（Otto Gleim、1910 年から 1912 年の間総督）、カール・エーバーマイヤー（Karl Ebermaier、1912 年から 1916 年の間総督）はそれぞれ、植民地相ベルンハルト・デルンブルク（Bernhard Dernburg）の影響を受け、植民地改革に取り組むことになる。この時代に、特許会社の独占体制は部分的に崩され、土地を自由に利用する権限も廃止・制限され、中小のプランナーの参入の機会が設けられた。その結果 1913 年におけるプランテーション部門でのドイツ人の入植者は 200 人、その下で働く黒人は 1 万 8000 人を数えた。

オットー・グライム

ヴィクトリア会社

北鉄道における土木工事

マネングバ鉄道（北鉄道）のドゥアラ駅

## 鉄道敷設

　プランナーにとっては、労働力の確保だけではなく、増大する労働者が使用する道路と鉄道を建設する必要も出てきていた。1900 年から計画されていた二つの鉄道、即ち北鉄道、中央鉄道が建設された。北鉄道（Nordbahn、マネングバ鉄道 Manenguba-Bahn）は最終的に全長約 160 キロメートルにも至った。それはドゥアラ港と約 100 キロメートル北に位置する、熱帯産物の集散地であったンコングサンバ（Nkongsamba）を結び、マネングバ山脈への交通網となった。一方、中央鉄道（Mittellandbahn）は、ドゥアラからエデア（Edea）、ビジョカ（Bidjoka）をへて、ニョング（Nyong）に向かうものであり、1916 年には全長約 130 キロメートルに至った。また西アフリカ・ヴィクトリア・プランテーション会社によって、1910 年に線路が 60 センチ幅の小規模な鉄道が作られた。これは岸のヴィクトリア（Victoria）と、ソッポ（Soppo）近くの主要な施設との間を結ぶものだった。

　それらはカメルーン山のような主要なプランテーション地域と岸との間をつなぐもので、他のドイツ植民地の東アフリカや西南アフリカにおける鉄道と比べると距離は短いものだった。他の地域の鉄道が、全長 2000 キロメートルの規模であるのに対して、カメルーンでは全長 500 キロメートルの規模に過ぎなかった。しかしその建設には大量の住民が強制労働として動員された。しかもこれらの鉄道だけでは、生産物の運搬には不十分で、人力による運搬が大戦直前まで継続されたのである。

北鉄道における賃金の支払い

北鉄道の土木工事

中央鉄道の橋

中央鉄道の建設風景

「アフリカで最も長い鉄道の橋」

中央鉄道の橋の建設工事を視察中のグライム総督

ドゥアラ駅（中央鉄道）

中央鉄道の橋の組み立て労働

ソッポ

ドゥアラの無線基地

電信施設を建設する際の土地の整理

電信設備工事に関わる黒人の労働者

電信設備の建設資材の加工

## 航路・電信の整備

　この植民地改革期は、植民地とドイツ、ひいては世界との連絡が重視された時代でもあった。すでにヴェーアマン会社が西アフリカとドイツをつなぐ航路を開拓しており、ハンブルク＝アメリカ郵船会社（Hamburg-Amerika-Linie）、ハンブルク＝ブレーメン＝アフリカ会社（Hamburg-Bremer Afrika-Linie）も定期便を出していた。また通信設備も整い、1912年にリベリアのモンロビア（Monrovia）からトーゴとカメルーンに向かう際に海底ケーブルが引き伸ばされた。これは当時、世界の交通を支配していたイギリスの管理から独立したケーブルであった。西アフリカの電信の拠点は、トーゴのカミナ（Kamina）に譲ったものの、カメルーン内部に11の電信施設が建設され、ドイツ電信網が構築されていった。

## 過酷な労働環境

　アフリカの住民が置かれた労働環境は過酷であったため、ドイツの帝国議会では、労働者の保護法案が、1902年、1909年、1913年に、中央党のエルツベルガーのようなキリスト教勢力を中心に議論されていった。1902年には、キリスト教ミッションの圧力の下で、日曜と祝日には労働休日を設けることが決定された。1909年には、労働時間は1日につき10時間に制限され、賃金は、月に8～10マルクとなり、労働規律を固く遵守することが定められた。そして500人につき1人の医者、100人につき1人の看護人を割り当てることが求められた。さらには1913年の議論の後、専任の労働監督官を通した、労働者の居住環境における衛生状態の報告が1914年に義務付けられた。これらの処置は、他のアフリカの植民地と比べれば先進的であったが十分ではなく、カメルーンの労働者の置かれた状態は、改善せず、現場での死亡率も高かった。バーゼル・ミッションにとって、植民地指導部とプランナーの労働者への対応は、奴隷制の新しい形態もしくは国家的奴隷制に他ならなかった。そのため、徴用を避けるために、近隣のイギリス、フランスの植民地への逃亡が相次いだ。
　またザイツ総督は、過度な搾取を抑制し、居留地を割り

当て、住民の保全を試みた。しかし植民地統治に黒人を参加させようとする試みは、ヨーロッパ入植者の反対によって挫折した。彼らは商工会議所や植民地議会において、強い権限を有し、現地の住民の権利を必要以上に拡大させることには不満を表明した。

プランテーションにおける労働者の点呼

## ドゥアラでの土地徴用問題

　土地問題も継続して存在していた。特にドゥアラでの土地没収は、帝国議会で議論となり、植民地改革の限界を示した。この計画はザイツ総督が 1910 年に提出し、リンデクヴィスト植民地相も承認していた。これは 40 ペニヒから 2.10 マルクという最小限の補償で、カメルーンの沿岸部分の居住区から黒人を一掃し、市外に移住させるというものだった。1913 年段階で、その地域には白人約 380 人、アフリカ人約 2 万人が居住していたが、その居住空間は分断されることになっていた。これは効率的に白人のみを衛生的に保護する人種的な政策であり、かつ、ドゥアラに以前から住み、1884 年の保護条約以来、内陸との貿易を独占していた黒人の利権を奪うものだった。当時すでにカンポ（Kampo）、クリビ（Kribi）、リオ・デル・レイ（Rio

ザイツ総督

ドゥアラ

ドゥアラのビジネスオフィス

ドゥアラにおけるアフリカ会社の
ヨーロッパ人用の店舗

ドゥアラにおける有色人種用の病院

クリビにおけるヴェーアマン会社の
支店

ドゥアラにおけるヴェーアマン会社の建物

del Rey）、ヴィクトリア（Victoria）といった波止場が発展し、ヴェーアマン会社（Woermann-Linie）を始めとする海運も充実しており、本格的にカメルーン経済に参入する際には、沿岸部を白人で占領し、非白人は、内陸に追いやる必要があったのである。

　不十分な補償での土地没収計画とその命令に対して、ドゥアラの首長は、帝国議会に向け請願を行った。その中でも、ンドゥブ・ア・ロベ（ベル王）の孫にあたり、ドイツでも教育をうけた首長ルドルフ・ドゥアラ・マンガ・ベル（Rudolf Duala Manga Bell）は指導的な立場にあった。彼は自由主義左派のジャーナリストであるヘルムート・フォン・ゲルラッハ（Hellmut von Gerlach）[注5] とも連絡を取りつつ、1884 年の保護条約の遵守を積極的にドイツ帝国議会に働きかけたが、黙殺された。当時の植民地相ゾルフは、中央党といった、植民地当局の処置に対する態度が不明瞭であったブルジョワ政党の懐柔に努め、マンガ・ベルの支持者を孤立させた。マンガ・ベルは役職を解かれ、財産を没収されたため、彼はイギリスやフランスにも協力を求めた。またドゥアラの他の首長との連携を進めようとしたが、それはカメルーンの民族意識の高揚と見なされ、大逆罪の容疑で 1914 年に逮捕された。1912 年から 1914 年にかけて、社会民主党、中央党、キリスト教社会党も、ドゥアラでの土地没収という措置、マンガ・ベルへの処置に対して批判を行ったが、それが受け入れられるこ

ドゥアラにおけるマンガ・ベルの宮殿

とはなかった。彼の死刑が確定した後、バーゼル・ミッショ
ン、パロッティ・ミッション（Pallottine Mission)、バプティ
スト・ミッション（Baptist Mission）のようなカメルーン
のキリスト教ミッションは、助命を嘆願したが、却下され、
第一次世界大戦勃発直後の 1914 年 8 月 8 日に刑が執行さ
れた。

ルドルフ・ドゥアラ・マン
ガ・ベル

クリビ

ドゥアラ近くの地域の学校

### 教育制度

　教育は主に、キリスト教ミッションが担っていた。ドゥアラ、ヴィクトリア、ヤウンデといった場所に植民地当局の学校が建てられたが、キリスト教ミッションは、すでに約 630 の学校を設立していた。人口密度が低い地域においても学校に子どもを向かわせる住民は多く、改革期には、生徒数は約3倍になった。しかし学校を維持する上で人的・経済的な不足が存在し、最終的に総督の法令で、子どもの習熟度別に支援が与えられることになった。

ドゥアラ付近の校舎

### ドイツ経済におけるカメルーンの位置づけ

　カメルーンにおいてはプランテーション経営に力点が置かれ、さまざまな政策がとられることになったが、熱帯の産物の輸出による利益は、大規模な消費財、投資財の輸入によって消えることになった。ドイツ帝国からの助成金も、東アフリカと西南アフリカより少ないものの、毎年受け取っていた。そのため経済面では、カメルーンは、1914年まで、販売市場としても、原料供給地としても価値がない状態であった。

ヴィクトリアの学校

保護軍（ヤウンデ要塞にて）

## 軍事力の拡大、住民の抵抗

　植民地改革期においても、軍事力は統治を支える支柱であり続けた。1891年に警察軍（Polizeitruppe）、1894年に保護軍（Schutztruppe）が設立されて以来、これら軍事組織は、拡大の一途をたどった。1900年には、40人の士官（Offizieren）、53人の下士官（Unteroffizieren）、900人のアスカリ（Askari）しか存在していなかった。1905年には、60人の士官、70人の下士官、1150人のアスカリに拡大した。最終的にドイツ人の士官は185人となり、アスカリは1550人となった。また準軍事的な組織である警察軍は、30人の士官の下で、1200人の兵を包括していた。部隊はリベリア、トーゴ、ダホメというカメルーンの外からも徴兵されており、フルベ人の支配を受けていた住民からも徴兵が行われた。

　北部を組み入れ、植民地の国境線が画定した後も住民の抵抗は続いていた。1904年にはクロスリバー（Kreuzfluss、Cross River）の上流とその支流の西北カメルーンにおいて小規模な戦闘があり、それはアヤン戦争（Anyangkrieg）と呼ばれた。貿易活動を行う地区を拡大しようとしていた

保護軍

警察軍

新カメルーンにおける保護軍

演奏する現地の住民

ソッポの保護軍

西北カメルーン会社に後押しされた軍事基地が攻撃され、その基地にいた職員が殺されたため、その報復として、保護軍が投入され、抵抗は鎮圧された。1891年にマンコン（Mankon）の戦いを行い、対立状態にあったバフットに対しては、1901年から1907年にかけて遠征が行われ、バフットの首長アブンビ1世（Abumbi I）は追放されることになった。1911年にはバフットはドイツの管理下に置かれるものの、適任者がいなかったため、アブンビ1世が復位することになった。彼はドイツの傀儡になることを拒否し、従属への強制に抵抗していくことになる。1906年から1910年にかけては、ニョング（Nyong）川の上流地域において、南カメルーンの多雨林の地域に住むマカ人（Maka）による蜂起が起こり、弾圧された。

　また保護軍の役割は、列強間の国境線画定を有利に進めようとする外務省や、プランテーション、入植地の拡大を望む商社、植民地団体に後押しを受け、拡大を続けていたため、総督の管理下から逸脱する事態も起こった。特に北部への遠征は、ドイツ本国からの意向が働いており、保護

軍の管理を民政とするか、軍政とするかを巡って、当時の保護軍指揮官パヴェルと総督プットカマーは激しく対立した。パヴェルの後任指揮官ヴィルヘルム・ミューラー（Wilhelm Mueller）は、民政を重視したものの、次の指揮官ハリー・プーダー（Harry Puder）は、行政から軍事を切り離すことを主張し、当時の総督エーバーマイヤーと対立し、解任されることになった。

クロスリバー

ニョング川の上流

ニョング川の上流

ハリー・プーダー。1904年から1905年にかけて、西南アフリカにおけるヘレロの抵抗の鎮圧に参加している。

クッセリ基地の門の前にて

カール・エーバーマイヤー

カール・ツィンマーマン

## 第一次世界大戦中のカメルーン

### 戦争の経緯

　1914 年に第一次世界大戦が始まると、イギリス軍はナイジェリアから、フランス軍はフランス領赤道アフリカからカメルーンに攻撃をしかけた。当時の総督エーバーマイヤーと保護軍指揮官カール・ツィンマーマン（Carl Zimmermann）は、守りを固める方針を立てていた。ドイツ領カメルーンには約 3000 名のアフリカ人兵士がおり、武器弾薬の不足があったものの、トーゴと異なり、領土の広さもあって、短期間のうちに占領されることはなかった。イギリス軍はカメルーン東部に侵攻したが、撃退された。しかしフランス軍はチャドからカメルーンへ侵攻し、北部の都市クッセリ（Kusseri）を占領し、9 月初旬、ベルギー＝フランス合同軍は沿岸のヴィクトリア（リンベ）、さらに 1914 年 9 月 27 日にドゥアラを占領した。ヤウンデでは抵抗が継続されたものの、11 月には占領され、生き残ったドイツ兵のほとんどは中立地帯であるスペイン領ギニアのリオ・ムニ（Rio Muni）へ脱出した。カメルーン北部

クッセリの保護軍

にあった最後のドイツ軍要塞モラ（Mora）は武器弾薬を
使い果たし、1916 年 2 月 20 日に降伏した。

　イギリス・フランス両軍政府は、1915 年 9 月に協定を
結んで、カメルーンを共同統治のもとに置くことを取り決
めていた。さらに 1916 年 3 月の協定によって、暫定的に
カメルーンを分割し、その後、フランスは大戦の終結を待
たずに、カメルーンの占領地域に対する本格的な統治に乗
り出した。1916 年 9 月には、カメルーンに対する軍政を
廃止し、代わりに同地域を文民知事の統治下に置き、カメ
ルーンを仏領赤道アフリカに編入しようとしていた。

クッセリにおける兵士の住居

　1918 年 11 月 11 日に第一次世界大戦が終結し、その
後、カメルーンには委任統治制度が適用されることになり、
1922 年 7 月に旧ドイツ保護領カメルーンは B 式委任統治
領としてイギリス領とフランス領に分割された。フランス
は、1911 年の第二次モロッコ事件の際にドイツに割譲し
た領域をフランス領赤道アフリカに再併合することは認め
られたが、それ以外の併合は認められなかった。

クッセリにおける住居

# 委任統治期のカメルーン

## イギリス委任統治区域

　イギリスは、獲得した領土こそ小さかったが、その中にはドイツの開発したカメルーン山のプランテーション地域やヴィクトリア港、さらには旧首都ブエアも含まれていた。経済開発は、ドイツ統治時代から港、道路網、鉄道が整備されていた南部カメルーンにその力点が置かれた。しかしイギリスの植民地政策は、イギリス領インド帝国を起点にしたものであり、インドに至るエンパイアルートの維持にあった。アフリカにおいては、スエズ運河の確保が最重要課題であり、その他はインド洋の沿岸の掌握が問題となった。そのため、カメルーンに向けて十分な投資、開発をする余裕がなく、大戦中に没収したカメルーン山麓周辺のプランテーション開発も停滞していた。そのため 1924 年以降ドイツ移民によるその買戻しが認められることになった。また、イギリスはイギリス領カメルーンを分割してその北部をイギリス領ナイジェリア植民地に併合した。北部は、ソコト帝国の影響もあり、ナイジェリアとも関係が深く、ボルヌ州およびヨラ州に編入されることになった。このことが遠因となり、カメルーン独立時にも、北部の諸州はナイジェリアへ帰属することになる[注6]。

## フランス委任統治区域

　フランスは、ドゥアラ港とそこを起点とする二つの鉄道といった重要施設を含む広大な領土を手に入れ、フランス領赤道アフリカにおける海への出口を確保するという、戦略上の大きな成果を得た。フランスにとってアフリカ植民地は、イギリスのインドと同様に重視していたため、ドイツ人以上に投資、開発を進め、両大戦間期におけるフランス領カメルーンの貿易は金額にして、それ以前の 5 倍に達した。カカオ、アブラヤシといった熱帯の商品作物の生産は急速に上昇したが、それはカメルーン人に課せられた重税と強制労働に依拠していた。強制労働は 1920 年代に盛んであり、これにより道路網、ドゥアラ港の拡張、プランテーションの拡大が実現したのであった。教育制度は不十分なままであったが、その中で数少ない現地の教養層は、フランスの植民地支配への間接的な抵抗として、ドイツとの協力を目指す勢力も存在していた。

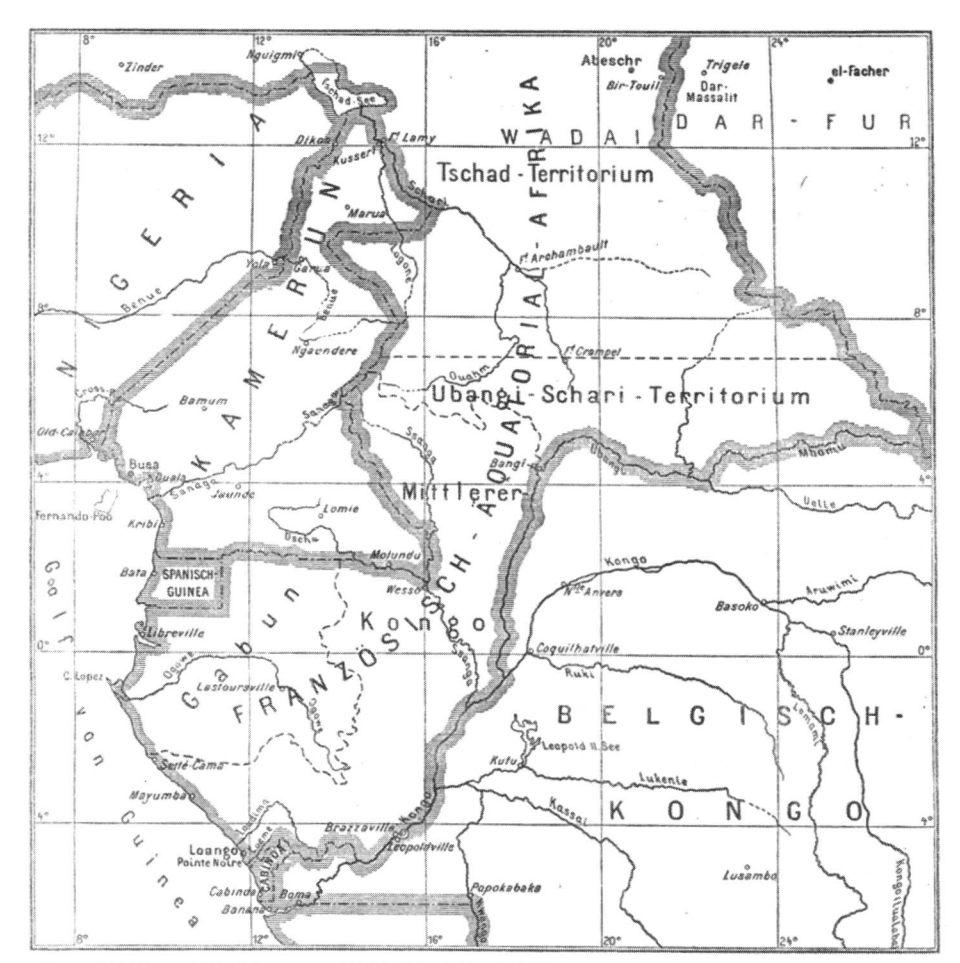

フランス領赤道アフリカ（カメルーン隣接部分）を示した地図

スエズ運河

ドゥアラにおける上陸用桟橋

ドゥアラにおける新たな埠頭設備の
建設

川を渡るキャラバン

## 結論

　カメルーンの支配は、その広大な地域の特徴に応じて、住民と資源を搾取しつつ、現地の産業を破壊するものだった。トーゴと異なり、地域の共同体の維持より、プランテーション経営が優先された結果、カメルーンの社会構造は大きく変貌することになった。植民地統治前半は、プットカマー総督の下で住民の組織的な抵抗は鎮圧され、特許会社には広大な土地を自由に使用する権利が与えられた。土地整理の際に現われる所有者の不明な土地は植民地当局によって没収された。ギニア湾岸の後背地に作られたプランテーションに向けた交通網を建設する上で、労働力の徴発が進められ、抵抗した場合には、軍事的弾圧が待っていた。プランテーションにおいては、過酷な労働環境のために、3割を超える労働者が死亡した。

　これらのプットカマーの専制に対して、ドイツでは早くから批判の声が上がり、それらの非人道的行動に制限を加えようと試みるものの、植民地支配体制そのものを批判するまでには至らなかった。バーゼル・ミッションのようなキリスト教ミッションはプロレタリアートの出現を避けるために地域経済の維持を試み、社会民主党は現地での労働環境の改善を図り、全ドイツ連盟は大企業ではなく、中小のプランターの入植を進める体制を望み、相互に連携して植民地当局に圧力をかけた。その結果、植民地統治の改革が行われることになるが、それは合理的に土地の徴発を進め、現地の流通における中間団体を排除し、直接内地との交易を行う流れを助長した。もはやプットカマーのような大企業重視の専制的統治に対して行ったように、批判勢力を集合することはできず、その後の植民地改革期においては、各勢力は植民地統治機関の合理的な搾取を許す結果になったのである。またカメルーンの住民が自律的な政治行動を起こすことは全く想定されておらず、設立された学校においても最低限の教育のみが行われた。その中で生まれた数少ないカメルーンの教養層が、他の住民を巻き込み、植民地当局への抵抗を画策した際には警戒は一層深まった。

カメルーンにおいて当初から布教活動を行い、住民の待遇改善を訴えていたキリスト教ミッションですら冷淡な態度をとり、彼らはドイツの植民地支配の一翼を担うことになったのである。

　最後に以下の二点を指摘しておきたい。カメルーンの統治を進めるにあたって、イスラムの協力は重要だった。トーゴと同様、カメルーン北部には広域的なイスラム勢力が存在し、ドイツは間接統治の形式をとった。イスラム勢力であるフルベ人のソコト帝国に支配されていたハウサの諸勢力を支援し、ドイツ植民地当局の協力者としたが、北部を直接支配する上では不十分であった。このフルベ人勢力に対しては、隣接するイギリス領ナイジェリアでも植民地行政官フレデリック・ルガードによる介入が行われたが、ソコトの首長制自体は残す道を選び、ナイジェリア、カメルーンの北部には自立的イスラム勢力が温存されることになった。広大なサハラ砂漠を介して、イスラムの交易網が北アフリカに形成されていたのである。一方、アフリカ中部においてもイスラム勢力の影響力は強く、彼らとの連携は必須であり、イスラム研究はアフリカ植民地統治における重要な要素となった。また、このイスラム勢力が強い北部と、比較的その影響が薄い南部が、統合した場合、対立構造が生まれやすいのはトーゴと同様であり、それは現在も継続することになった。

　もう一つは、カメルーンが典型的なドイツ熱帯植民地として宣伝され、経済的に重要な植民地のモデルとなったということである。トーゴが、同じく西海岸の熱帯植民地でありながら、大規模なプランテーション経営を制限し、経済の量的拡大は起こらなかった一方で、カメルーンでは非難を受けつつ、大企業による積極的なプランテーション経営を強行した結果、生産性は向上した。カメルーンは地形・気候条件も多彩で、それに応じた、さまざまな商品作物の栽培が試みられた。さらにゴムやアブラヤシの原生林も存在し、今後需要が高まる熱帯の産物として、隣接するナイジェリア、コンゴの原生林も含めて確保が目指された。土地の没収、強制労働といった植民地当局の措置に対して、現地の住民は度重なる抵抗を行い、それは大戦直前まで続

アフリカにおけるイスラーム（イスラームが多数派となる地域は北部）

荷役人の募集

バナナ農園を通る鉄道のレールの枕木

いたが、東アフリカ、西南アフリカのように、大規模なものにならず、各自鎮圧されたため、土地・労働力の確保もカメルーン内部で恒常的に行うことができた。過酷な労働環境と引き換えに、その植民地からの生み出される収益は拡大していった。そのため、ドイツにおけるカメルーンの経済的な意味は少なかったにもかかわらず、カメルーンは熱帯アフリカ植民地の模範として、絶えず引用されることになった。カメルーンにおける統治は、アフリカの熱帯地域を包括する、未来の中央アフリカ帝国で実践されるべき、植民地統治の縮図とされたのであった。

農園に向かう鉄道橋

バナナを積み込み、船で送り出す状況

バナナの積み込み

油脂作物圧搾機を操作する黒人

ヴィクトリア会社の搾油機

両大戦間期のカメルーンにおけるバナナ

バナナのプランテーションにおけるポンプによる灌漑施設

両大戦間期のカメルーンにおける発電所

ヴェーアマン会社の汽船

## （注1）航路

　アフリカに向かう航路の大半を支配していたのは、アドルフ・ヴェーアマン（Adolph Woermann）に 1885 年によって設立されたハンブルクの海運会社ヴェーアマン会社（Woermann-Linie）である。ドイツ植民地をはじめ、各地に支店を設置しており、西南アフリカでは支配的であり、トーゴ、カメルーンでも主流であった。さらに東アフリカにおいても、同じくヴェーアマン会社が経営するドイツ東アフリカライン（Deutsche Ost-Afrika Linie）が 1890 年に設立され、交通を担っていた。しかしハンブルク＝アメリカ郵船会社（Hamburg-Amerika-Linie、Hamburg-Amerikanische Packetfahrt-Actien-Gesellschaft）のような海運会社も本格的に参入し、後に実業家アルベルト・バリン（Albert Ballin）の下で、ヴェーアマンとの連携も行った。またイギリスの航行をはじめとする競合も激しくなっていった。植民地獲得を要請するのみならず、ヴェーアマン会社は、ヘレロ・ナマの鎮圧の際に部隊を輸送し、植民地統治にも密接にかかわった。

**12. Deutsche Ostafrika-Linie. Grundfarbe: gelb; Feld in der Mitte: schwarz-weiss-rot.**

ドイツ東アフリカラインの旗

　太平洋（サモア、ニューギニア）、中国においては、北ドイツ＝ロイド会社が主な航路を経営した。すでにオーストラリアと日本間、ニューギニアとシンガポール間で航路が開拓されていた。中国貿易を拡大しつつあったハンブルクの商社ジームセン社（Siemssen & Co）の代表者アーガトン・フリードリヒ・ヴォルデマール・ニッセン（Agathon Friedrich Woldemar Nissen）といった企業家によって、1887 年に中国湾岸航行会社（Chinesische Küstenfahrt-Gesellschaft）設立された。同社は後に東アフリカでもハンブルク＝ブレーメン＝アフリカ会社（Hamburg-Bremer Afrika-Linie AG）として航行を開始している。後に北ドイツ＝ロイド社（Norddeutscher Lloyd）の影響下に置かれた。これらの地域でもハンブルク＝アメリカ郵船会社の参入もあった。インド洋、太平洋においてもイギリスの航路は、優勢であった。北ドイツ＝ロイド社は、義和団の鎮圧部隊を輸送した。

**6. Hamburg-Amerika-Linie. Fe der oben und unten: weiss; links und rechts blau; Wappen: schwarz und gelb.**

ハンブルク＝アメリカ郵船会社の旗

アルベルト・バリン。ハンブルク植民地研究所に所属。

ヴェーアマン会社による、ヘレロ・ナマの鎮圧部隊の輸送

北ドイツ＝ロイド社による、義和団の鎮圧部隊の輸送

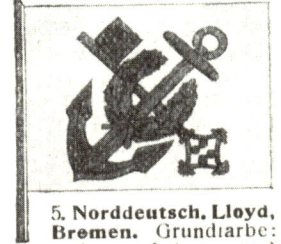

5. Norddeutsch. Lloyd, Bremen. Grundiarbe: weiss; Anker und Schlüssel: blau.

北ドイツ＝ロイド社の旗

北ドイツ＝ロイド社の汽船

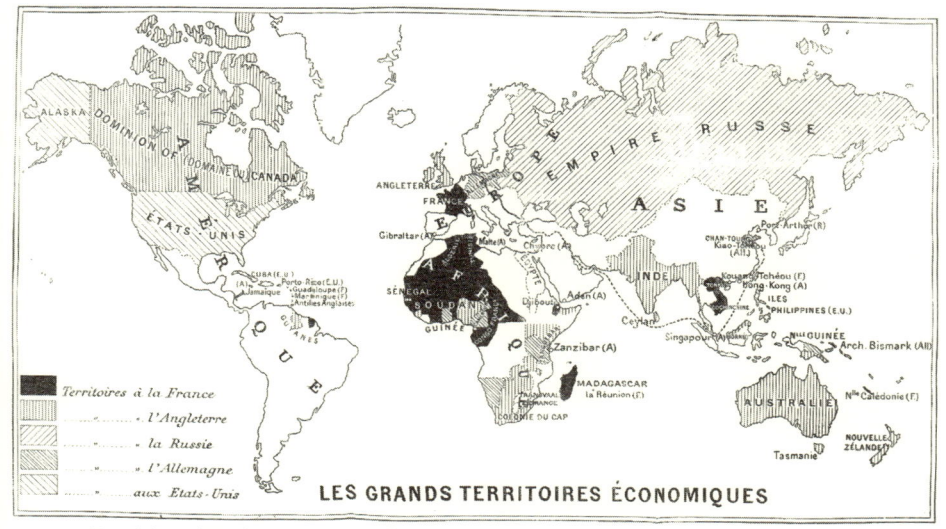

フランス植民地帝国（黒の部分がフランス領）

### （注2）対フランス交渉

　植民地分割交渉は、西アフリカをめぐり、フランスと綿密に行われた。フランスはアフリカ最大の植民地帝国を建設しており、ニジェール川、チャド湖をめぐり、軍事的衝突も含め、境界線画定を行っていた。対立のみならず、アフリカ西海岸のフランス植民地における農業・産業、住民徴用の研究も進み、セネガンビア（Senegambia）で生産されていた落花生は、頻繁に熱帯の商品作物のモデルとして取り上げられた。二度にわたるモロッコ事件で、ノイカメルーンを獲得した際には、フランスの地理的・民族学的調査の結果も踏まえつつ、ドイツ領に組み込むための調査が行われた。

　熱帯地域のフランス植民地（セネガル、ギニア、コートジボワール、ダホメ、オートボルタ、ガボン、チャド、コンゴ）の割譲は、中央アフリカを実現する上で、不可欠であり、モロッコ事件以降も交渉が行われた。またモロッコ、コモロ諸島、マダガスカルは、ヨーロッパからアフリカに至る中継地点として獲得が目指されたのである。一方、フランスでもヨーロッパとアフリカを接続するユーラフリカ（ユーラフリック）が構想されており、それは第二次世界大戦後、フランスの主要な植民地政策となっていく。

ジョゼフ・ガリエニ
(Joseph Gallieni)。
フランスの軍人。フランス
領スーダンやマダガスカル
といった各フランスの植民
地で勤務した。

ジュール・フェリー
(Jules Ferry)。フランスの
政治家。教育相、首相を歴
任。領土拡張論者としても
有名で、アフリカ・アジア
における植民地拡大を推進
した。

フランスのセネガル部隊の古参兵

マダガスカルの住民から編成したフランスの部隊

ルートヴィヒ・フライヘー
ア・フォン・シュタイン・
ツー・ラウスニッツ

### （注3）新カメルーンにおける地理的調査

　なお獲得されたノイカメルーンの大部分は熱帯雨林が生い茂る地域
であった。この地域の調査は、カメルーン西南部の軍事遠征に参加
し、南部の地区統治も経験済みであった保護軍の士官ルートヴィヒ・
フライヘーア・フォン・シュタイン・ツー・ラウスニッツ（Ludwig
Freiherr von Stein zu Lausnitz）が行った。1913 年にシュタインが
指揮をとる調査団が派遣され、コンゴ川の支流で、カメルーンにも流
れるサンガ川（Sangha）を沿って進み、周辺のテレ湖（Tele、現在
のコンゴ共和国北部に位置する）を探検した際に、竜脚下目（カミナ
リ竜）の一種とも言われる未確認生物モケーレ・ムベンベ（Mokele-
mbembe）に関する記述を残した。ハーゲンベック動物園を作ったド
イツの商人カール・ハーゲンベック（Carl Hagenbeck）もモケーレ・
ムベンベの情報を世界に広めた人物の一人だった。アフリカ各地を調
査させ、動物をとらえ、動物園で公開する一方で、野蛮・未開とみな
された人間の展示も行い、ドイツの植民地主義を促進することになっ
た。

ハーゲンベック動物園における恐竜の模型

ハーゲンベック動物園

コンゴのサンガ川の河口におけるドイツの税関

ハーゲンベック動物園における始祖鳥の模型

グスタフ・シュトレーゼマン

アルフレート・フォン・
ティルピッツ（Alfred von
Tirpitz）。艦隊協会の創立
者の一人。

オイゲン・リヒター

### （注4）政党と植民地

　議会で最大多数を形成した政党は、国民自由党、次第に中央党、後に社会民主党の順に推移した。後者二つは、植民地政策に批判的であり、支援組織も含めて、影響は大きかったが、それ以外の政党も、このカメルーンの事件の際以外にも、結集政策（Sammlungspolitik、社会民主党への対抗で、ユンカー層と資本家層を集合させる政策）や1907年選挙で、ドイツ帝国指導部を支持する形で、ドイツ議会の動向を左右した。

　自由主義を志向する政党は、基本的に自由貿易主義をとり、植民地獲得に批判的であったが、貿易拠点の設置は許容し、トーゴ、膠州湾の存在は容認した。そして、植民地問題と国内問題を結び付け、国内のユンカー層（Junker、エルベ川以東の地主貴族で、穀物生産、蒸留酒製造で利益を得て、プロイセンの官僚・軍人の職を独占）を抑える方針もとった。

　その中でも国民自由党（Nationalliberale Partei）は植民地政策に賛成した代表的な政党である。ドイツ進歩党（Deutsche Fortschrittspartei）の分裂から生まれた政党であり、政治家グスタフ・シュトレーゼマン（Gustav Stresemann）、銀行家デルンブルクも所属し、商社の代表として行動した。次第に勢力を縮小させたため、艦隊協会（Deutscher Flottenverein）とも連携しつつ、報道関係でも力をもった。

　他の政党は次第に縮小して消滅していった。自由思想家党（Deutsche Freisinnige Partei）は、自由主義の政治家オイゲン・リヒター（Eugen Richter）も属し、植民地主義に反対しつつも、文明化の使命は自認していた。自由思想家党から分離した自由思想家連合（Freisinnige Vereinigung）は、デルンブルクの植民地改革に大きな影響を与え、国内ではユンカー層に対抗した。この自由思想家連合、そして自由思想家人民党（Freisinnige Volkspartei、自由思想家党から生まれた政党）、さらにドイツ人民党（Deutsche Volkspartei）が統合して進歩人民党（Fortschrittliche Volkspartei）が結成されたが、影響力は後退していった。

　保守派は、基本的に植民地政策に賛同していたが、特許会社へは優遇は非難した。保守党（Konservative Partei）から分離した自由保守党（Freikonservative Partei）は、植民地政策に賛成した代表的な政党であった。次第に中間層を支持基盤として、植民地指導部の特許会社への優遇を批判し、大企業優先し、入植を阻害するデルンブルクの政策にも反発した。

　ドイツ保守党（Deutschkonservative Partei）は、植民地政策には関心が薄く、むしろ東方への入植に関心があった。しかし穀物をはじめとする輸入品に高関税を課す関税政策で懐柔され、ヨーロッパで飽和した市場に代わる海外市場を求めて、植民地進出を容認するようになる。カメルーンの火酒市場開拓もその進出の一つである。自由保守党と同じく、特許会社を批判し、また中間層の支持を得て関税を維持するために、人種主義を煽っていった。

（注5）国民社会協会

　彼はドイツの自由主義者フリードリヒ・ナウマン（Friedrich Naumann）らとともに社会改革を目指す国民社会協会（Nationalsozialer Verein）を立ち上げた。この協会には経済学者カール・ラートゲン（Karl Rathgen）、土地改革者アドルフ・ダマシュケ（Adolf Damaschke）、社会科学者マックス・ヴェーバー（Max Weber）、後に外務大臣となる政治家グスタフ・シュトレーゼマン（Gustav Stresemann）も属した。

（注6）国境線移動の変遷

　アフリカには植民地支配の際に恣意的な国境線がひかれたが、特にカメルーンでは国境線が二転三転した。すでに第一次世界大戦前に、英仏独間の協議で、国境線が引かれていたが、フランスから、短期間、ノイカメルーンが割譲され、東南に領土が拡大し、一方で英領ナイジェリアとの間で、バカシ半島の領有問題もすでに出現していた。

　第一次世界大戦後は、カメルーンは委任統治（mandate）下に置かれ、英仏に分割占領された。委任統治の地域は、隣接するそれぞれの宗主国の植民地との関係を強め、西カメルーンは、ナイジェリアと結びつきを強め、東カメルーンは、フランス領赤道アフリカとの接続が進んだ。

　東カメルーンは、その後、第二次世界大戦後、1946年には信託統治領（trusteeship）となり、1957年には自治が認められた。1960年に現在のカメルーン共和国として独立するが、西カメルーンの北部地域は、1960年にナイジェリアにナイジェリア領アダマワ州（Adamawa）とタラバ州（Taraba）として編入され、そして、南部のみが西北州（Northwest Region）と西南州（Southwest Region、ブエア、カメルーン山、バカシ半島を含む）として、カメルーンと再び結びつくことになった。人為的な国境線の画定も二転三転することになり、住民は翻弄されることになったのである。

フリードリヒ・ナウマン。第一次世界大戦中の戦争目的である中欧構想（Mitteleuropa）の提唱者として有名。

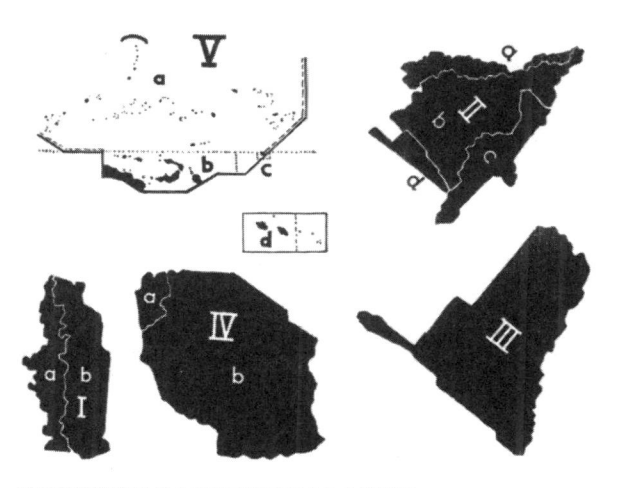

委任統治時代にドイツ植民地に引かれた境界線

カール・ラートゲン（Karl Rathgen）。ドイツの経済学者。ハンブルク植民地研究所に所属。

225

4. Kapitel Kamerun

| 政府代表委員 （Kommissar） | | |
|---|---|---|
| 1884 | グスタフ・ナハティガル | Gustav Nachtigal |
| 1884 -1885 | マックス・ブーフナー | Max Buchner |
| 1885 | エドゥアルト・フォン・クノル | Eduard von Knorr |

| 総督 （Gouverneur） | | |
|---|---|---|
| 1888-1891 | ユリウス・フライヘーア・フォン・ゾーデン | Julius Freiherr von Soden |
| ゾーデンの臨時代理 | | |
| 1887-1887 | イェスコ・フォン・プットカマー | Jesco von Puttkamer |
| 1887-1888 | オイゲン・フォン・ツィンメラー | Eugen von Zimmerer |
| 1889-1890 | オイゲン・フォン・ツィンメラー | Eugen von Zimmerer |
| 1890-1890 | マルクス・グラーフ・プファイル | Markus Graf von Pfeil und Klein-Ellguth |
| 1890-1890 | クルツ | Kurz |
| 1890-1890 | イェスコ・フォン・プットカマー | Jesco von Puttkamer |
| 1890-1891 | ハインリヒ・ライスト | Karl Theodor Heinrich Leist |
| 1891-1895 | オイゲン・フォン・ツィンメラー | Eugen von Zimmerer |
| ツィマーラーの臨時代理 | | |
| 1891-1892 | ブルーノ・フォン・シュックマン | Bruno von Schuckmann |
| 1893-1894 | ハインリヒ・ライスト | Karl Theodor Heinrich Leist |
| 1894-1895 | イェスコ・フォン・プットカマー | Jesco von Puttkamer |
| 1895-1895 | ルッケ | von Lucke |
| 1895-1907 | イェスコ・フォン・プットカマー | Jesko von Puttkamer |
| プットカマーの臨時代理 | | |
| 1895-1897 | テオドール・ザイツ | Theodor Seitz |
| 1898-1898 | テオドール・ザイツ | Theodor Seitz |
| 1900-1900 | アウグスト・ケーラー | August Köhler |
| 1900-1900 | エミール・ディール | Emil Diehl |
| 1900-1900 | オルトヴィヒ・フォン・カンプツ | Oltwig Wilhelm Adolf von Kamptz |
| 1902-1902 | アルベルト・プレーン | Albert Plehn |
| 1904-1904 | カール・エーバーマイヤー | Karl Ebermaier |
| 1904-1905 | オットー・グライム | Otto Gleim |
| 1906-1906 | ヴィルヘルム・ミュラー | Franz Ludwig Wilhelm Müller |
| 1906-1907 | オットー・グライム | Otto Gleim |
| 1907-1910 | テオドール・ザイツ | Theodor Seitz |
| ザイツの臨時代理 | | |
| 1909-1909 | ヴィルヘルム・ペーター・ハンゼン | Wilhelm Peter Hansen |
| 1910-1912 | オットー・グライム | Otto Gleim |
| グライムの臨時代理 | | |
| 1910-1910 | テオドール・シュタインハウゼン | Theodor Steinhausen |
| 1910-1910 | ヴィルヘルム・ペーター・ハンゼン | Wilhelm Peter Hansen |
| 1911-1912 | ヴィルヘルム・ペーター・ハンゼン | Wilhelm Peter Hansen |
| 1912-1916 | カール・エーバーマイヤー | Karl Ebermaier |
| エーバーマイヤーの臨時代理 | | |
| 1913 -1914 | アウグスト・フル | August Full |

| 保護軍司令官 （Kommandeure der Schutztruppe） | | |
|---|---|---|
| 1894-1896 | マックス・フォン・シュテテン | Max von Stetten |
| 1897-1901 | オルトヴィヒ・フォン・カンプツ | Oltwig von Kamptz |
| 1901-1903 | クルト・パヴェル | Kurt Pavel |
| 1903-1908 | ヴィルヘルム・ミュラー | Wilhelm Mueller |
| 1908-1913 | ハリー・プーダー | Harry Puder |
| 1914-1916 | カール・ツィンマーマン | Carl Zimmermann |

白い部分がコプラ

コンゴのアブラヤシ森林

シアーバターノキ

## コラム3 熱帯植物栽培

　植民地保有の大きな根拠となったのが、熱帯植物の獲得である。油脂作物、天然ゴムといった植物は、生育するには気候的な制約があり、ヨーロッパでは栽培不可能だった。栽培可能なドイツ植民地では、研究者をまじえて、各地域の特徴に応じた栽培計画が進められていく。ドイツでは熱帯研究所が複数設置され、東アフリカにおけるアマニ研究所のように、現地の研究機関も作られ、品種改良、栽培の指導も行われた。

### 油脂作物

　熱帯植物としては重視されたのは、油脂作物、天然ゴム、繊維の三つである。まず油脂作物が重視され、ココヤシ、アブラヤシがトーゴ、カメルーン、太平洋において、栽培が進められた。植物性油は、食料として食用油、マーガリンとなるだけではなく、石鹸、蝋燭の原料ともなった。油をとった後の油粕は、濃厚肥料としても利用でき、窒素、リン酸が不足していたドイツ農業には必須であった。また畜産業においても油粕は飼料作物となり、大量の食肉を必要とするドイツで利用価値が高かった。しかし油脂作物は、主にイギリスの勢力圏（ナイジェリア、太平洋）から輸入されていた。

　ココヤシは、当時の油脂作物の主流であり、果実ココナッツ（Kokospalme）の胚乳を乾燥したコプラ（Copra、Kopra）が取引されていたが、その詳細な活用方法も宣伝され、太平洋植民地の主な収入源であり続けた。西アフリカにおいては、アブラヤシ（Ölpalmen）の利用が進められ、世界の油脂作物の市場で、次の主力となること見込まれた（エミール・ツィンマーマン Emil Zimmermann によれば「油脂作物の女王」）。精製可能なパーム油（Palmöl）、パーム核油（Palmkernöl）、そして油粕（Ölkuchen）の有用性は宣伝され、栽培地域の拡大が進められた。コンゴ、ナイジェリアにおいて発見されたアブラヤシ原生林の確保も画策された。

さらにはその他の産物からの油の抽出にも目が向けられた。綿花の種（綿実油 Baumwollsamenöl）、シアーバターノキ（シアバター Sheabutter）、胡麻（ごま油 Sesamöl、アフリカにゴマの野生種が存在した）、アブラナ（菜種油 Rapsöl）、落花生（ピーナッツオイル Erdnussöl、セネガンビアの落花生油が目標として取り上げられた）、米（米油 Reisöl、米糠から抽出される植物油）、トウモロコシ（コーン油 Maiskeimöl）、カカオ豆（ココアバター、カカオバター Kakaobutter）、アマ（亜麻仁油 Leinöl）、大豆（大豆油 Sojaöl）、ヒマワリ（ひまわり油 Sonnenblumenöl）の利用が検討されるが、ココヤシ、アブラヤシに匹敵する利用価値は生まなかった。油を精製する過程の合理化も図られ、人力ではなく、機械の導入、改良も研究された。

## 天然ゴム

　また生ゴム（Kautschuk、グッタペルカ Guttapercha）も太平洋、カメルーンにおいて栽培・採集が進められた。ゴムは、自動車のタイヤに使用され、ケーブルを作る際にも、銅とともに需要が急増していた。それに伴い、天然ゴムの栽培に列強は奔走し、例外的にイギリスが東南アジア、特にマレー半島でのプランテーション経営を軌道に乗せたが、当初栽培は難しかったため、なお原生林からとれるゴムに依存していた。ブラジルのパラゴムノキ（Kautschukbaum）の原生林からとれるゴムの生産量は大きなシェアを占め続け、アフリカにおける原生林も注目が集まっていた。すでにコンゴにおけるゴムの原生林は、ベルギー王レオポルド2世の搾取から国際的に注目を浴びていた。ドイツはこれらのゴム経済に介入を図り、かつゴム・プランテーションも拡大し、世界ゴム市場に参入しようとした。

## 繊維

　繊維の分野においては綿花、麻が、特に東アフリカ植民地での主要産業となった。綿花のプランテーションを開始する際に行われた土地の接収、そしてその後の劣悪な労働環境は住民の反乱の一因ともなった。結局アメリカ合衆国

ココヤシ

コプラ乾燥施設（太平洋のヘルベルトヘーエにて）

落花生

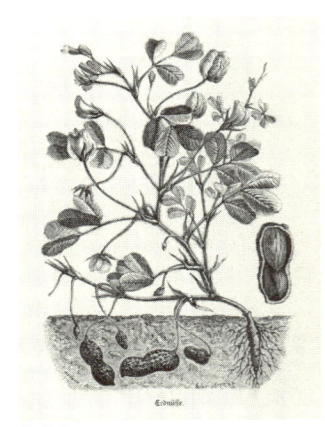

落花生

トーゴのケテ・クラチのシアーバ
ターノキ

トーゴのケテ・クラチのシアーバ
ターノキ

の南部、そしてインド、エジプトの生産量には対抗できな
かった。麻では、ジュート（Jute、コウマ、インド麻）、
サイザル麻（Sisal-Agave）、マニラアサ（Manilahanf）、
ケナフ（Kenaf、ボンベイ麻）の大規模な栽培が行われた
が、ドイツの繊維需要を満たすことはできなかった。ジュー
トの生産では、インドの生産が圧倒的であり、ケナフもイ
ンド、南アフリカでの生産が多く、イギリス経済への依存
は続いた。また植物性繊維だけではなく、動物性繊維の供
給も重視され、アフリカ、特に西南アフリカにおけるウー
ルの生産量拡大は、主要な課題だった。

コーヒー、カカオ、茶、煙草、胡椒、コーラ、バナナ、
サトウキビといった嗜好品、高級木材（特にマホガニー
Mahagoni）、染料（インディゴIndigo、1897年にBASF
によって工業的合成法が開発される）も熱帯の産物として
注目されていたが、いずれも経済的な比重は低かった。コー
ヒーでは東アフリカでのブコバ、キリマンジャロ、バナナ
はカメルーンが有名になった。

キャッサバ（Maniok、Kassave、Cassava）も飼料と
して利用された。

### 熱帯植物の研究機関の設立

特に植民地経済委員会（Kolonialwirtschaftliches
Komitee）は、企業家カール・ズプフ（Karl Supf）を中
心になって設立され、農学者フェルディナント・ボルツマ
ン（Ferdinand Wohltmann）と植物学者オットー・ヴァー
ブルク（Otto Warburg）を中心として、『熱帯プランナー
（Der Tropenpflanzer）』といった雑誌、刊行物を介して、
油脂作物、生ゴム、綿花といった熱帯作物栽培の指導を進
めた。原料を輸入していた地域は主に南米、太平洋と、イ
ギリス・アメリカ合衆国の勢力圏に属し、その依存体質か
らの脱却を目指した。主に合理化に伴う生産性の向上が目
指され、トーゴの大規模な綿花栽培、各地のプランテーショ
ン経営も指導した。最新の肥料理論を用いて、育種学（品
種改良）も進めた。入植を進める上での気候条件、住環境
も紹介し、ドイツ本国における熱帯植民地の宣伝にも余念
がなかった。

またベルリンには、植民地からの植物を集め、研究するドイツ植民地植物学研究本部（Botanische Zentralstelle für die deutschen Kolonien）が植物学者アドルフ・エングラー（Adolf Engler）の指導の下で、1891 年に設立された。これはカメルーン総督ゾーデンが、植民地におけるプランテーションを進める上で作った植物研究施設構想を引き継ぐものであった。そのゾーデンの示唆で、1891 年にカメルーンのヴィクトリアにすでに試験所が設立されており、動物学者フランツ・シュトゥールマン（Franz Stuhlmann）の提案で 1902 年、東アフリカのウサンバラ山脈にアマニ研究所も作られた。このような各実験所（特に東アフリカのルシュト、トーゴのミサヘーエ、ソコデ、太平洋のラバウル）とも連携しつつ、植民地における有用植物の栽培を促進しようとしたのである。それらの情報は、1908 年に開始されたハンブルク植民地研究所（Hamburgisches Kolonialinstitut）や 1898 年に設立されたヴィッツェンハウゼンのドイツ植民地学校に共有されつつ、熱帯における農業の拡大に寄与していくことになる。

レオポルド 2 世

## 第一次世界大戦と熱帯作物栽培の研究の影響

　第一次世界大戦中は、イギリスの海上封鎖により、原料輸入が不可能になり、熱帯作物の代用（Ersatz）が議論された。入手可能な作物からの油の抽出も紹介され、代用品の発明が進んだが、肥料の三要素のうち、リンの代替は難しく、結局熱帯地域の保持が議論されることになる。

インドのカルカッタ（現在のコルカタ）のジュート

　第一次世界大戦後、ドイツは植民地を失い、委任統治国の植民地会社と統合したドイツの植民地会社もあったが、経済活動が許可された地域では、熱帯作物栽培が継続していた。ドイツ本国により、植民地企業への補償が行われたため、引き続き事業拡大が可能であり、カメルーンにおけるバナナといった生産物は戦間期に入り生産量が拡大していった。カメルーン、東アフリカにおけるプランテーションの多くは没収されていたが、1924 年以降、ドイツ系住民に買い戻された部分も多く、委任統治下においても、ドイツ植民地経済は拡大していたのである。太平洋植民地からは撤退したが、フランス委任統治下のカメルーンに移動

ドイツの作物栽培学者マックス・フェスカ（Max Fesca）。『熱帯プランナー』に数多く寄稿している。ヴィッツェンハウゼン植民地学校やハンブルク植民地研究所で教鞭をとる。日本にも招かれ、ドイツ農学を普及させた。

茶とコーヒーのプランテーション（東アフリカ）

生ゴムの加工作業

コンゴにおけるゴムの採集

し、エデア（Edéa）でパーム油生産に携わり、経済活動を継続するヘルンスハイム商会（Hernsheim & Co）のような場合もあった。

　また宣伝も行い、植民地博覧会は継続して開催されていたが、ドイツ植民地の経済的な影響は最後まで低いままであり、プロパガンダの域を出なかった。ドイツにおける油脂作物、ゴムの需要をドイツ植民地からの輸出で補うことは不可能であったし、綿花の生産でのアメリカ合衆国の影響は最後まで続いた。

煙草の葉の分類

ビブンジのタバコを乾燥させる施設

ヴィクトリア試験場のコショウとバニラ

トーゴのミサヘーエにおけるコーラのプランテーション

トーゴのパリメの綿花

綿花の花の摘み取り機械

バニラの乾燥

綿花の花の摘み取り機械

綿花の花の摘み取り機械

高級木材（東アフリカ）

ベルリン植物園

植物園からサモアに到着した植物の箱

ヴィクトリア試験場の労働者

ゲオルク・フォルケンス
(Georg Volkens)。
ドイツの植物学者で、ベルリン植物園で、アドルフ・エングラーの助手として働く。その後、キリマンジャロや太平洋で植物の研究を行う。

ヴィクトリア試験場の職員の住居

ベルリン植物園

東アフリカのアマニにおける職員の住居

トーゴのミサヘーエ基地

東アフリカのアマニにおける苗床

# 第五章

# 東アフリカ植民地

インド人商人

タンガのアラブ人

インド人

　ドイツ領東アフリカは、現在のタンザニアとほぼ同じ領域であり、ドイツ植民地の中で最大の大きさを誇り、かつ、入植者の数も西南アフリカに次ぐもので、最重要植民地であることは疑いなかった。麻、コーヒー、チョウジに加え、綿の栽培も、植民地経済委員会（Kolonialwirtschaftliches Komitee）の指導のもとで開始され、その経済的重要性は高まっていた。また衛生対策も進み、鉄道といった社会資本の整備も充実していった。当初の東アフリカ植民地構想に基づき、ケニア、ウガンダ、スーダンへの経済的・政治的な進出も継続された。後にベルギー領コンゴ、ポルトガル領東アフリカへの進出も開始され、植民地再分割の流れの中で、イギリスと外交交渉を行うことになる。しかし東アフリカは植民地当局に対する最も激しい抵抗が起こった地域でもあった。統治初期には、プランテーション経営を進め、既得権益を奪う過程で、数々の抵抗が起こっており、周囲のヨーロッパ列強とも連携しつつ、鎮圧のための度重なる軍事遠征が行われた。その中でもマジマジ闘争（Maji Maji）は、ドイツの植民地統治のあり方を問い直させるきっかけとなった。その後も抵抗は継続され、それはゲオルク・アルブレヒト・フォン・レッヒェンベルク（Georg Albrecht von Rechenberg）総督以降の改革期でも植民地支配の矛盾は解消しなかったことを示している。統治形態は沿岸部や内陸部の主要な拠点は、直接統治するものの、それ以外は現地の支配層を介した間接統治になった。また「原住民栽培（Eingeborenenkultur）」や、教育を通して、住民を植民地経済に組み込み、指導していく試みも行われた。入植者は当初少なかったため、以前の支配階級アラブ人、インド人を統治機構に組み込むことも図られた。第一次世界大戦後、東アフリカはイギリス・ベルギーの委任統治下に入るが、ドイツ人の入植も後に許可され、第二次世界大戦が終わるまで、その経済的影響力を行使し続けたのである。

　なお東アフリカは、他の植民地と異なり、全体像や地名、地形が分かりやすい地図が、当時の新聞や雑誌などの刊行物から見当たらなかった為、詳しく知りたい場合、巻末の467ページの地図を参考にして頂きたい。

# 植民地化以前の東アフリカ

## 地理的特徴

　東アフリカの地理的な特徴は、アフリカ大地溝帯（グレート・リフト・バレー、Great Rift Valley）が形成する多様な地形である[注1]。この谷の周囲にはヴィクトリア湖、タンガニーカ湖、ニアサ湖、さらにアフリカ最高峰のキリマンジャロ山が連なり、東アフリカはそれらに囲まれている地域になる。中部には高原が広がっており、ここはステップ気候であるが、その他の大半の地域はサバナ気候に属し、降水量は少ない。しかしキリマンジャロ山、ヴィクトリア湖付近の高原部、そして東の沿岸部は降水量が多くなる。これらの湖・山脈の付近には、商品作物の栽培が盛んで、人口が密集している地域であり、ヨーロッパの有望な入植先ともなっていった。

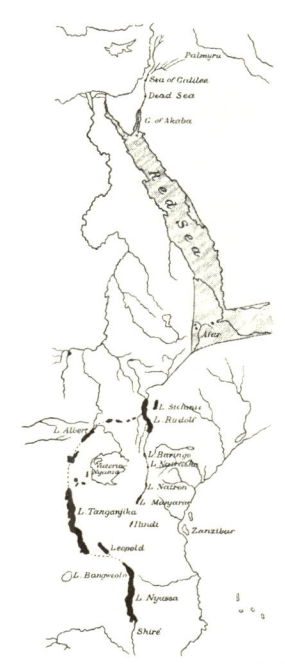

FIG. 1.—Map of East African Lake-Chain.　(After Suess.)

アフリカ東部において連続してつながる湖

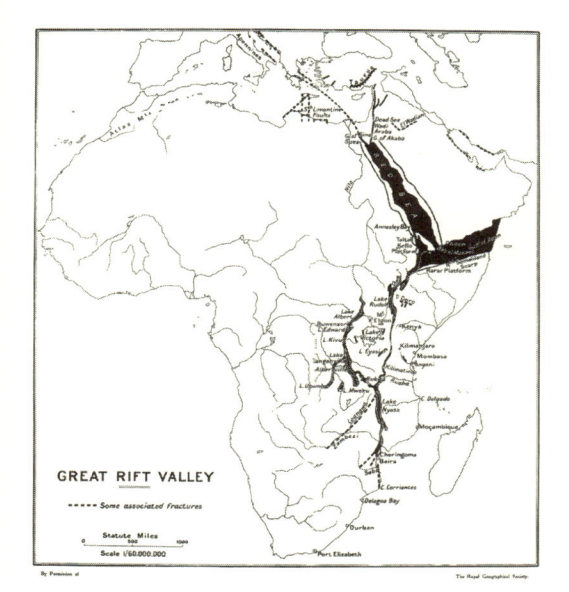

アフリカ大地溝帯

東アフリカの紋章

Wadschagga-Häuptling.
(Aus: Gutmann, Die Wadschagga.)

チャガ人

## 住民

　この地域には 10 世紀頃からバントゥー語族の移動に伴い、各地に集団が居住していく。北部ではヴィクトリア湖西岸に、スクマ人、ハヤ人、その南に、ニャムウェジ人が進出し、そしてキリマンジャロ山付近にチャガ人、ウサンバラ山脈にサンバー人が住み始める。中部にはヘヘ人、ゴゴ人、ムブンガ人、トゥル人が生活していた。さらにモザンビークの方面からヤオ人が移動し、沿岸部にはジグア人がいた。またキリマンジャロには、ナイロード語族のマサイ人も居住しており、沿岸部にはアラブ、ペルシア系商人が交易拠点を形成していた。19 世紀となると、人口の多い地域は統合され、行政組織が整えられつつあり、バントゥー系のンゴニ人が南から侵攻した際には、対抗するために軍事組織を備えていった。その結果、ンゴニ人、ヘヘ人、ニャムウェジ人は強大な軍事力を持つに至った。

## 住民構成の変化

　この状況は、海と陸の両方向から介入によって大きく変化していく。イスラム勢力は、すでに東アフリカ沿岸に進出していたが、特にオマーンの勢力が強大となり、東アフリカのインド洋沿岸地方からアラビア半島に連なる勢力圏を築いていた。ザンジバルを拠点にして東アフリカ内陸部に商業網を広げていった結果、バントゥー系の地域勢力は衰退していくことになる。またイギリス支配下のエジプトも、ナイルの源流付近へ勢力を伸張していく。19 世紀後半には、次第にヨーロッパ勢力が介入していった。

## 海からの浸透

　まず海からの介入であるが、東アフリカは、インド洋交易の一角を形成し、沿岸部ではそれが顕著であった。17 世紀以降は、アラビア半島東部のオマーンの勢力下に置かれることになる。オマーンの都市マスカット（Muscat）は一時的にポルトガルに占領されていたものの、1650 年にヤアーリバ朝がポルトガルからマスカットを奪回し、オマーン全土を回復した。18 世紀はエジプトの動揺に伴

ムハンマド・アリー

い、紅海ルートではなく、ペルシア湾を経由するルート
が使われたため、一時的にその沿岸地域がさかえたもの
の、19世紀になるとエジプト総督ムハンマド・アリー
（Muḥammad 'Alī）の下で、富国強兵策が実施され、ペ
ルシア湾ルートは再び岐路に立たされていた。

ザンジバル

　そのため1804年に即位し、ブーサイード朝（Bū
Saʻīd）のサイイド・サイード（Sayyid Saʻīd）は、影響力
が減退していた東アフリカへの勢力拡張に力を注いだ。ア
フリカ諸都市のオマーン人豪族が相次いで独立しており、
サイードの時代にはザンジバルだけがかろうじてオマーン
の支配下に残っている状態だった。1820年代に、オマー
ンの艦隊はモンバサ（Mombasa）のマズルイ家（Mazrui）
を攻撃して服属させ、アフリカ東部沿岸の諸都市を次々に
攻略した。さらに1832年には、東アフリカ沿岸の奴隷・
象牙・香辛料貿易の拠点でもあったザンジバルに王宮ス
トーン・タウンを作り移り住み、1840年に公式に遷都した。
この時点で、オマーンは、ソマリア、ケニア、タンザニア
の沿岸部からアラビア半島東部、さらにはパキスタンの一
部まで支配する海洋帝国に発展した。

ティップー・ティプ

　この東アフリカ沿岸は、交通における要所であった。当
時、紅海とペルシア湾を使い、陸路と海路を介して、イン
ド洋に出る以外は、喜望峰を介してインドに向かうより他
はなく、その場合、東アフリカ沿岸は主要な中継地となっ
たからである。オマーンはその状況を踏まえ、東アフリカ
の海港諸都市に税関を設定し、そこからあがる関税によっ
て巨万の富を手に入れた。

　またこの地域は、奴隷、象牙といった数々の商品があり、
その輸出で利益を上げていた。アラブ系奴隷商人は、イン
ド系商人の資本の後押しを受け、商品を求めて、キャラバ
ン隊を組み、アフリカ内陸部へ進み、大量の非ムスリムの
奴隷を捕え、沿岸部まで連れて行った。沿岸部、そしてタ
ボラ（Tabora）を起点としたキャラバンルートが整備され、
内地にイスラム教、そしてスワヒリ語（海岸でアラブ商人
と現地の住民が接触する過程でピジン言語として成立し、
10世紀にはスワヒリ文明が開化し、スワヒリ語の話者は
増加していた）が広がっていった。その中でもザンジバル

東アフリカのチョウジ（Nelken）

イスマーイール・パシャ。エジプトの近代化を進めるも、そのために多額の負債を作り、スエズ運河経営においてイギリスの介入を許した。

生まれのアラブ系奴隷商人のティップー・ティプ（Tippu Tip）は、内陸部に広大な商業網を築き、コンゴと東アフリカ沿岸を結びつけ、スワヒリ文化を普及させた。奴隷は、チョウジの栽培にも駆り出され、ザンジバル島とペンバ島にも大量の奴隷が働いていた。19世紀以降の奴隷の需要の増大に応じた、これらの貿易活動のために、アフリカ内地における労働力は、大幅に削がれる結果になった。

しかしながら1856年にサイードが亡くなって以降は、残された領土は二人の息子によってアラビア部分とアフリカ部分に分割された[注2]。18世紀後半から始まった産業革命に伴い、蒸気船の時代が始まり、インド洋におけるオマーンの帆船は駆逐され、インド交易におけるヨーロッパの優位が確立しつつあった。さらに1869年にスエズ運河が完成すると、喜望峰経由のルートが衰退し、それはオマーンの衰退につながっていった。その衰退した隙に乗じて、ヨーロッパによる東アフリカ分割が進むことになる。

### 陸からの浸透

一方、陸路で、東アフリカに浸透する勢力も存在し、その代表はエジプトである。当時のエジプトは、オスマン帝国の属領であったが、ムハンマド・アリーの下で、支配階級のマムルーク（mamlūk、イスラム世界における奴隷、もしくは奴隷軍人。オスマンの中央指導部の力が衰退するにつれ、エジプトに駐留していたオスマン帝国の常備軍の歩兵イェニチェリ Yeniçeri とエジプトの実権をめぐり、争った）は排除され、実質的な王朝が誕生した。彼の在位中にエジプトは、1820年代にナイル河の上流のスーダンへと勢力を拡大し、彼以降もその進出は継続し、現在のウガンダ共和国の北辺にまで迫りつつあった。1869年には、奴隷貿易禁圧を口実に、エジプト総督イスマーイール・パシャ（Ismā'il Pasha）の依頼を受け、イギリスの探検家で将校のサミュエル・ベイカー（Samuel Baker）率いる遠征隊は、現在の南スーダンの南部を征服した。その地域には1870年に「赤道州（Equatoria）」が設置され、1874年に知事としてイギリスの軍人チャールズ・ゴードン（Charles Gordon、太平天国との戦闘の際に常勝軍を率

サミュエル・ベイカー

い、鎮圧を指揮）が就任した。彼が、1877年から1879年にかけてスーダン総督となると、その間の赤道州の知事にはドイツ人医師エミン・パシャ（Emin Pasha、ドイツ名、エドゥアルト・シュニッツァー Eduard Schnitzer）が1878年に就任した（当時はイギリス国籍保有者ではなくとも、知事を務めることはあった）。

しかしこの南下政策には多額の費用がかかり、近代化政策に伴う借款も増え、主要な輸出作物である綿花の価格が下落したことにより、エジプトは破産状態に陥った。ヨーロッパ列強の経済支配を受け、民衆は生活にあえぎ、1881年にはアフマド・オラービー（Aḥmed ʿUrābī）が革命を起こした。しかし1882年にイギリス軍によって鎮圧され、エジプトの実質的な保護国化が進んだ。同時に1881年にスーダンにて、エジプトの支配に抵抗するマフディー運動が起こり、「赤道州」が孤立することになる。

以上の状況の下に、ドイツも介入を開始することになるが、それ以前に、ドイツ系商社、キリスト教ミッションと探検家が東アフリカで活動していた。

チャールズ・ゴードン

エミン・パシャ

スエズ運河

アフマド・オラービー

ウィリアム・ヘンリー
・オスヴァルト
（William Henry O'Swald）。
ハンブルク植民地研究所に
も所属する。

ヨハン・ルートヴィヒ
・クラプフ

ハンス・マイアー。植民地
参事会のメンバー。

## 商社の介入

　まず商社であるが、1840 年代に、ハンブルクの商社オスヴァルト会社（O'Swald & Co）のウィリアム・オスヴァルト（William O'Swald）は、東アフリカ交易において、貝が通貨として使われている点に注目し、インド洋でその貝を入手し、ザンジバルで取引を開始した。その収益を西アフリカのパーム油といった製品に替え、ヨーロッパに持ち込み、利益を出した。　次第にハンブルクの商社ハンジング会社（Hansing & Co）との競争が激しくなったが、しばらくドイツ系商社が東アフリカ貿易を牛耳ることになる。しかし次第にイギリスの進出が始まり、特に 1869 年にスエズ運河が開通した後は、ザンジバルへの圧力を強め、オマーンのスルタンに代わり、実質的な支配を行っていくことになる。貝を通貨とした貿易も衰退したが、ドイツ系商社は、貿易品を東アフリカの製品に替えつつ、生き残りを図り、オスヴァルト会社は、ヨーロッパからザンジバルに向けた汽船を運航していくことになる。

## キリスト教ミッションの介入

　次に東アフリカで活動を開始したのはキリスト教ミッションである。19 世紀中頃、英国教会伝道協会（Church Missionary Society）に属しつつ、ケニアの東海岸で布教をしていたヨハン・ルートヴィヒ・クラプフ（Johann Ludwig Krapf）、ヨハン・ヤーコプ・エアハルト（Johann Jakob Erhardt）、ヨハネス・レープマン（Johannes Rebmann）は、チャガ人（Chagga）に伝わっていたキリマンジャロの話を聞き、1848 年 5 月 11 日にレープマンが、ヨーロッパ人として初めてキリマンジャロを発見した。その後、1889 年には、ドイツの地理学者ハンス・マイアー（Hans Meyer）とオーストリアの登山家ルートヴィヒ・プルトシェラー（Ludwig Purtscheller）がキリマンジャロ登頂に成功した。

## 探検家の活動

　また探検家の活動もあり、クレメンス・デンハルト（Clemens Andreas Denhardt）とグスタフ・デンハルト

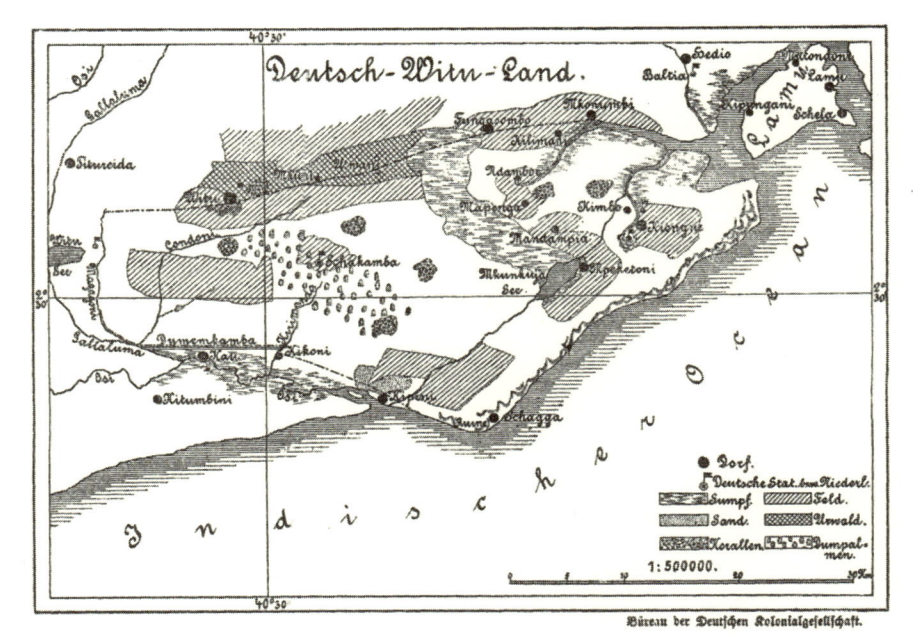

Deutsch-Wituland. (Gez. von Leutnant Schmid.)

ヴィトウ（Witu）の地図（拡大区）

（Gustav Denhardt）の兄弟は、グスタフ・フィッシャー
（Gustav Fischer）医師とともに、ドイツの商業網を拡大
するために、1878 年にケニアのタナ川（Tana）地方を探
検し、二度目の探検では、ケニア北部のヴィトウ（Witu）
を前回より広範囲に探検した。そこでは現地の有力者が、
ドイツと保護条約を結ぼうと期待していたが、ドイツ帝国
宰相ビスマルクはこれを支援はしなかった。デンハルト
兄弟によって獲得された土地は、ドイツ・ヴィトウ会社
（Deutsche Witugesellschaft）によって管理されることに
なった。

　また東アフリカ植民地を築く上で、中心となったのが、
探検家カール・ペータース（Karl Peters）である。彼
はロンドンにおいて、イギリスの植民地政策に影響を受
け、帰国後、1884 年 3 月 28 日にドイツ植民地化のための
協会（Gesellschaft für Deutsche Kolonisation、1887 年に

ルートヴィヒ・プルトシェ
ラー

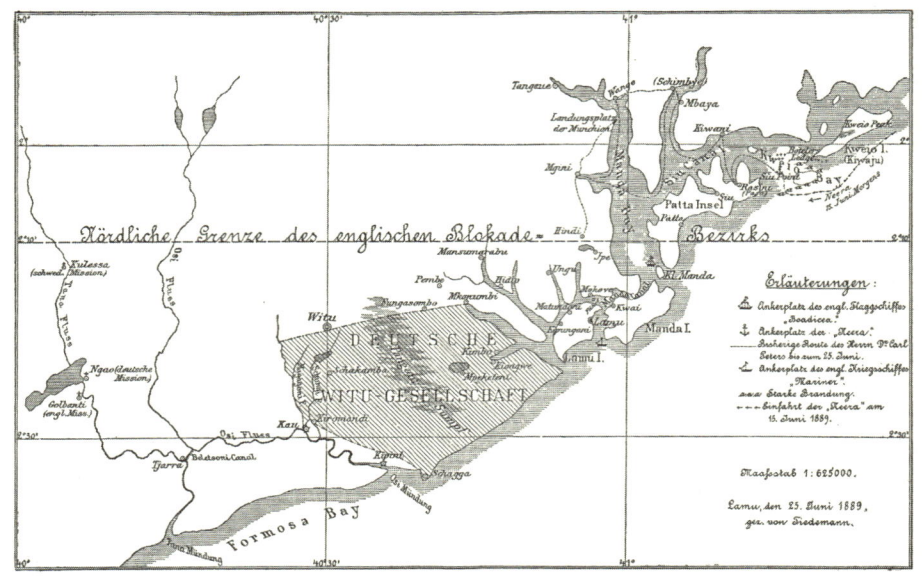

Die Landung der Deutschen Emin Pascha-Expedition.

ヴィトウ（Witu）の地図

東アフリカにおけるドイツの最初の拠点

ドイツ植民協会 Deutscher Kolonialverein と合体してドイツ植民地協会 Deutsche Kolonialgesellschaft となる）を設立した。1884年秋には、ペータースはザンジバルを経由して、東アフリカ本土へ上陸した。目的地のウサガラ（Usagara）、そしてウセグア（Useguha）、ングル（Nguru）、ウカミ（Ukami）の住民と保護条約を結び、ドイツの植民地とするための既成事実を作っていった。

カール・ペータース

カール・ルートヴィヒ・ユールケ（Karl Ludwig Jühlke）。ドイツのアフリカ探検家。ペータースとともにアフリカに向かい、東アフリカの領有・統治に関与。

アフリカ東部におけるドイツ・イギリスの国境線

## 領域画定

　これらの状況を踏まえつつ、ビスマルクは、植民地獲得に乗り出すことになる。アフリカの植民地獲得競争の中で、イギリス・フランスの対立を煽りつつ、ドイツとの関係を強化するために、1884 年 11 月、ベルリン会議が開かれ、調停が行われた。当面は 1882 年にエジプトを勢力下に置いたイギリスに不満を持つフランスを支援しつつ、コンゴを中心とする中央アフリカにおける市場を確保することになった。ドイツ植民地の獲得で、英仏を刺激することを避ける必要があったが、すでに現地を探検していたドイツ人から領有を求められている地域は、ケニア、ソマリア、ウガンダ、南スーダンに跨り、同地域を勢力圏に組み込もうとしていたイギリスと対立する可能性が高かった。

リンディにおけるドイツ東アフリカ会社

ユストゥス・シュトランデス
（Justus Strandes）。
ハンブルクの商人で、ハン
ジング会社に所属。後にハ
ンブルク植民地研究所に所
属。ドイツ領東アフリカ設
立に関与。

ドイツ東アフリカ会社の印

ヴィクトリア湖

バガモヨ地区の官庁

## 沿岸部の領有交渉

　ベルリン会議終了後翌日、1885年3月3日に、ドイツ帝国指導部はドイツ保護領東アフリカの設立を宣言した。そして2月17日にペータースのドイツ植民地化のための協会に統治を委託する勅許を与えたことを公表した。ペータースは、統治に際し、1885年4月2日にドイツ東アフリカ会社（Deutsch-Ostafrikanische Gesellschaft）を設立し、最初の首都はバガモヨ（Bagamoyo）に定められた。ペータースは、さらにドイツ領東アフリカを拡大するために、東北のケニアへの調査を継続し、1888年、倒産したドイツ・ヴィトウ会社を買収し、北方沿岸部近くのヴィトウを組み込もうとした。

　これらの地域は、ザンジバルのスルタンの勢力下であり、ドイツの進出に対して抗議した。それに対して、ビスマルクは軍艦を派遣し、威圧した。ザンジバルから支援を求められたイギリスも分割の方針に賛成であり、アフリカ東岸の分割が進んだ。結局フランスも含めて、1886年に大陸部を分割し、後のイギリス領東アフリカ、ドイツ領東アフリカの原型ができあがった。フランスはこれらの分割を承認する代わりに、インド洋交通の要所であるコモロ諸島領有を認められた。ザンジバルには、まだ内陸の支配は部分的に認められていたものの、後に英独に租借されたため、実質的な大陸の支配を失った。ただしこの境界線設定では、さらに奥地のヴィクトリア湖以西については触れておらず、その設定を急ぐ必要があった。

## 「赤道州」問題

　ヴィクトリア湖以西の国境線の際に、問題となったのが「赤道州」である。同地域の知事のエミン・パシャは、当時、エジプトの支配に抵抗するマフディー戦争の最中、エジプト副王であるヘディーヴ（Khidīw）に従ったため、孤立しており、その処遇が議論されていた。イギリスとドイツではその救助を口実に、その周辺地域への勢力圏の拡大を狙ったのである。

　イギリス隊のヘンリー・モートン・スタンリー（Henry Morton Stanley、コンゴを探検し、ベルギー国王が支配するコンゴ自由国の足掛かりを作った）は、スコットランド人の企業家ウィリアム・マッキノン（William Mackinnon）をスポンサーとして救助隊を組織し、1887年2月22日にはザンジバルに到着した。その後、陸路はとらず、海路で喜望峰を回航して、コンゴ川河口から北上することになり、1888年4月27日にエミンに会うことになった。このイギリスのエミンとの接触は、ヘディーヴ側に忠誠を誓うエミンの部下の反目や、ヨーロッパの介入を警戒するブニョロ王国（Bunyoro）との対立を招くことになった。エミンの赤道州知事解任、加えて、1889年4月にエミンがスタンリーとともに赤道州を出発したことで、赤道州の維持は困難になっていった。イギリスの軍人ホレイショ・ハーバート・キッチナー（Horatio Herbert Kitchener、その後、1898年にアフリカ分割を進めるフランスと衝突するファショダ事件が起こった際に、イギリスのスーダン支配を認めさせた）の下で、マフディーの抵抗が鎮圧されると、1898年以降は、赤道州はイギリスの管理下に置かれることになった。

　一方ドイツ隊の方は、ペータースを中心として、1888年にアフリカ東岸より内陸に向かったものの、その途上で、スタンリーのエミン救出の連絡を受けたため、1890年初頭に、現在のウガンダにあったブガンダ王国（Buganda）へ到達し、国王ムワンガ2世（Mwanga II）と条約を結んだ。この地域にはナイルの源流とされていたヴィクトリア湖があり、エジプトへの影響力も行使でき、さらには東アフリカにいたエミンを擁して、再度、赤道州周辺へのドイ

ヘンリー・モートン・スタンリー

ホレイショ・ハーバート・キッチナー

ムワンガ2世（ブガンダ国王）

ソールズベリー

フランツ・シュトゥールマン

ツの影響力を確保しようと試みた。

## ヘルゴラント＝ザンジバル協定

　しかし国境線を最終的に画定したのは英独の外交交渉であった。ソールズベリー首相（第3代ソールズベリー侯爵、ロバート・ガスコイン＝セシル、Robert Gascoyne-Cecil, 3rd Marquess of Salisbury）は、ウガンダからケニア、さらに海を越えてザンジバルに至るドイツの領有工作を否定し、ブガンダ王国との条約の破棄、ヴィトウの権益の譲渡、ザンジバルにおけるイギリスの優位の承認を要求した。その引き換えに、ドイツに対して、名目上はザンジバルの支配下にあった東アフリカ沿岸地帯を買収する際の助力、北海のヘルゴラント島の譲渡を提案した。ドイツもその条件を呑み、1890年7月1日にヘルゴラント＝ザンジバル協定（Helgoland-Sansibar-Vertrag）が結ばれた。この交渉では、カプリヴィ回廊（Caprivizipfel）の獲得や、トーゴ、カメルーンの国境画定も行われた。これは西南アフリカと東アフリカをつなぎ、北海における海の出口を確保する点で、ドイツの経済的な進出の足掛かりを作るものだった。しかしペータースに代表される探検家が構想していた、アフリカ東部における広大なドイツ植民地帝国の実現は挫かれた。そのためその政治的判断を不服として、ペータースやドイツの実業家アルフレート・フーゲンベルク（Alfred Hugenberg）は、全ドイツ連盟（Alldeutscher Verband）を1891年に設立した。エミンは、赤道州へ戻ろうとして、ドイツの探検家フランツ・シュトゥールマン（Franz Stuhlmann）とともに、1890年4月にバガモヨを出発していたが、途上で、英独協定の報を聞き、政治的な影響力を失い、その旅の途上で現地の住民に殺害されることになった。

リンディ付近

## 住民の抵抗運動に対する軍事的鎮圧

　1890 年にバガモヨ、キルワ、リンディと
いったスワヒリ都市を含む沿岸部の支配を固
めた後は、内陸への遠征が開始された。キャ
ラバンルートで通過する交通の要所を確保す
ることが目指され、その地域を支配している
勢力の排除に向かった。タボラを含めた周
辺の交通路を支配するシキ（Sikki、イシケ
Isike とも言われる）との戦闘はその代表的
なものである。特に大きな抵抗は、植民地統
治の改良を迫るものになった。

キルワ・キシワニ。現在はユネスコの世界遺産とし
て登録されている。

キャラバンの休憩

象牙のキャラバン

アブシリ

## アブシリの抵抗

　初期の抵抗で代表的なのが、1888 年から 1889 年にかけて東アフリカ沿岸部で発生したアラブ系交易商人アブシリ（Abushiri、本名アブー＝シリー・イブン＝サーリム・アル＝ハルシー Al Bashir ibn Salim al-Harthi）の抵抗である。ドイツ東アフリカ会社の進出は、アラブ商人や現地の首長が独占していた通商路を奪い、通商税の減収をもたらしていた。さらに土地の登録に伴い、土地の没収も視野に入り、不満が高まっていた。

　1888 年 8 月、ドイツ東アフリカ会社はパンガニ（Pangani）を初めとして沿岸部の各地にある税関に進出し、会社の旗を掲揚した。税関は主にアラブ人が取り仕切っていたために、アブシリは付近の住民を率いて武力による反抗を開始した。9 月にはタンガ港（Tanga）を襲撃してこれを陥落し、続いて南方のミキンダニ港（Mikindani）

アブシリ（写真中央）

サーダニの基地

オスカー・バウマン。
1885年から1887年にか
けてのオーストリアのコン
ゴ探検に参加。のちにザン
ジバルにおけるオーストリ
ア＝ハンガリーの領事も
務める。

パンガニの税関

ヘルマン・フォン・ヴィス
マン

バガモヨにおけるドイツ東アフリカ会社による税関の建物

バガモヨの税関

ミキンダニの税関

ズールー人による部隊

リンディの要塞

を襲った。反抗運動は沿岸部の北はタンガから南はリンディ（Lindi）、ミキンダニまで、ひいては内陸へ広がっていった。その中でドイツの地理学者ハンス・マイアーやオーストリアの探検家オスカー・バウマン（Oscar Baumann）も人質となった。残ったダルエスサラーム（Daressalam）とバガモヨも包囲され、ドイツ東アフリカ会社単独では対処できなくなった。

以上の連絡を受けたドイツ帝国指導部は、探検家ヘルマン・フォン・ヴィスマン（Hermann von Wissmann）をドイツ領東アフリカの帝国委員（Reichskommissar）に任命し、現地に派遣することになった。ヴィスマンは途上で、イギリスのエジプト軍からスーダン人の傭兵を得て、さらに南アフリカのズールー人（Zulu）を加えて、1000名を越える軍勢でバガモヨに上陸した。また海上からの武器・物資の補給を阻止するために、帝国主義列強が連携して海上封鎖を実施することになる。この封鎖にはドイツ、イギリス、イタリアが参加し、ポルトガルもポルトガル領東アフリカ沿岸での武器弾薬の通産を禁止して協力していた。

ミキンダニの要塞

1888年の末には、アブシリと現地の住民との同盟は崩壊し、彼はバガモヨ近くにあるヤハジ（Jahazi）を守備するために、アラブ人傭兵を雇わざるを得ない状態となった。ヴィスマンに率いられた部隊は1889年5月8日にヤハジを攻撃し、106名のアラブ人が死亡した。アブシリは脱出して内陸部に逃れ、ヤオ人（Yao）およびムブンガ

ブワナ＝ヘリ

サーダニの基地

ミキンダニ

人（Mbunga）の人々を説得しつつ、反抗を継続した。約6000人の兵を集め、ダルエスサラームとバガモヨを攻撃したが、ドイツの部隊はそれらの攻撃を撃退し、そのためアブシリは、現地の民族集団から見捨てられることになる。アブシリは、イギリス東アフリカ会社（Imperial British East Africa Company[注3]）に助けを求め、モンバサに逃亡を図るが、同行していた現地の住民によってドイツ軍に引き渡された。1889年12月15日、アブシリは死刑を宣告され、パンガニで絞首刑に処された。

アブシリの蜂起後、南部のジグア人（Zigula もしくは Zigua）も蜂起し、特にヘリ（Heri、通称ブワナ＝ヘリ Bwana Heri、ドイツ側では Bana Heri、Banaheri とも書かれた）は、沿岸部のサーダニ（Saadani）の戦闘で敗れたものの、後背地の住民の援助を受け、内陸部へ撤退し、1890年4月まで抵抗を続けた。しかしザンジバル指導部の仲介で、最終的にヴィスマンに降伏し、サーダニは再びドイツ領東アフリカに組み込まれた。

## ムクワワの蜂起

　アブシリの蜂起に続く大規模な抵抗がムクワワ（Mkwawa）の蜂起である。ヴィスマンは、海軍の支援を受けつつ、南部の沿岸地域で占領地を広げ、1891年に抵抗の鎮圧完了を報告していた。しかし抵抗は継続しており、特にへへ人（Hehe）の抵抗は苛烈であった。そのへへ人首長ムクワワは、ドイツ側のキャラバン隊を襲い、交易路を遮断した。1891年7月、保護軍（Schutztruppe）の指揮官であるエミール・フォン・ツェレウスキ（Emil von Zelewski）は、320人のアスカリ（Askari）、170人のポーターを率いて、鎮圧に向かった。8月17日、ルガオ（Lugalo）にて、戦闘が開始され、へへ人側は、槍と数丁の銃しか装備していなかったが、約3000名からなる軍でもって圧倒し、ツェレウスキは殺された。

　ムクワワは、再度のドイツの部隊の来襲に備え、イリンガ（Iringa）付近の本拠地カレンガ（Kalenga）を防壁で囲み、要塞とした。1894年10月28日、大佐で、1893年から総督兼保護軍の指揮官であったフリードリヒ・フォン・シェーレ（Friedrich von Schele）がカレンガの要塞を攻撃した。要塞は陥落したものの、ムクワワは脱出し、4年間に渡りゲリラ戦を展開した。しかし1898年7月19日、彼は追い詰められ、銃で自殺した。彼の死後、ムクワワの首は切断され、頭蓋骨がベルリンへ送られた。第一次世界大戦が終結した後、イギリスは、ドイツに対して、ムクワワの頭蓋骨をへへ人に返還するよう求めた。それは大戦中にイギリスに協力したへへ人を報い、ドイツの支配の終了の証とするためであった。しかしドイツ側はその引き渡しに抵抗し、彼と想定される頭蓋骨の返還が実現したのは第二次世界大戦後だった。

へへ人

イリンガの基地

イリンガの軍事基地

フリードリヒ・フォン・シェーレ

グスタフ・アドルフ
・フォン・ゲッツェン

ジュンベ

駅に税を持ってくるジュンベ

## マジマジ蜂起

　これらの蜂起を鎮圧する一方で、ドイツは東アフリカの本格的な経済政策に着手した。1896年に設立された植民地経済委員会（ドイツ植民地協会の一部でもあった）の指導の下で、現地の気候に合った栽培計画が練られ、特に換金作物として綿花の栽培が開始されることになる。そこで行われた強制労働は、最大の抵抗を呼び起こすことになった。それが1905年に発生したマジマジ蜂起である。

　1901年、探検家グスタフ・アドルフ・フォン・ゲッツェン（Gustav Adolf von Götzen）が植民地総督に就任し、伸び悩んでいた植民地経済の振興策に着手した。北部では、労働力が不足していたため、南部で共同栽培を行うことにし、特に綿花の栽培に重点を置いた。その栽培には村の成人男性が徴用され、年間28日、少ない賃金で働かされた。しかもその作業日数はしばしば延長された。また税が支払えない場合も賦役が課せられ、プランテーションにおける労働を課された。これは強い反発を招き、それは支配者のドイツ人のみならず、強制労働を管理し、支配の一翼を担っていたアラブ人の郡長（アキダ、Akide、Akida）やアフリカの住民の村長（ジュンベ、Jumbe）にも向けられた。この男性の徴用により、女性は、伝統的に男の仕事とされたものを担わされ、現地の社会構造は変化を強制された。そのためマジマジ蜂起では、家父長制の復権という側面も持つことになった。

　植民地当局への反感は募っていく中で、ルフィジ川（Rufiji）南岸のマトゥンビ高地（Matumbi-Berge）に、霊媒師キンジキティレ・ングワレ（Kinjikitile Ngwale）が現れ、ドイツ人の弾丸を液体に変えるという聖なる水（マジ、Maji）を与えた。キンジキティレの元にはドイツ領東アフリカ東南部の多くの人々が巡礼に訪れ、彼らに秘薬とキンジキティレの教えが伝えられ、マトゥンビ周辺を中心とした、ボケロ崇拝（Bokero-Kult）を介したネットワークが構築されていった。

　1905年7月、マトゥンビ高地ナンデテ村のマトゥンビ人（Matumbi）が反発し、農園の綿花の木を引き抜いたことにより蜂起は始まった。瞬く間に抵抗運動は広がり、

6週間後にはダルエスサラームおよびキロサ（Kilosa）以南の全域が蜂起地域となっていた。ルフィジ川とルクレディ川（Lukuledi）の間にあるリワレ（Liwale）の県庁は占領された。さらに蜂起軍は、ルクレディ、ニャンガオ（Nyangao）に向かい、入植者は海岸沿いのリンディ（Lindi）、ミキンダニ（Mikindani）に避難することになった。

　抵抗をさらに続けるには、強大な軍隊を持っていたヘヘ人とンゴニ人（Ngoni）を蜂起軍に引き込むことが必要であったが、前者は、ドイツに鎮圧された記憶も新しく、その火器の脅威も身に染みていたために、参加しなかった。大尉エルンスト・ニグマン（Ernst Nigmann）はヘヘ人の協力を得て、その後、ドイツ軍にとって最重要な軍事拠点であるイリンガ（Iringa）に向かい、その防衛に成功した。もう一つの拠点マヘンゲ（Mahenge）に対しては、数千の軍勢が攻撃をしかけていたが、テオドール・フォン・ハッセル（Theodor von Hassel）大尉は撃退を続け、ニグマンの増援もあり、結局、攻め落とすことはできなかった。

　一方で、ンゴニ人（Ngoni）は、蜂起に参加することを表明したが、この段階では、当初の民族集団間の連携はすでに緩み始めていた。秘薬の効果がないのは明らかであり、信仰の面で協力は無くなり、民族単位の抵抗となっていった。ンゴニ人らは、1892年に役所が設置され、部隊が駐留していたソンゲア（Songea）への攻撃を行うもの、それはニグマンに退けられた。

ルフィジ川

ルフィジ川の汽船

キロサの官庁

リワレ

クルト・ヨハネス

ゲッツェンは兵力不足を踏まえ、ドイツ本国へ増援を要請した。ニューギニアといった他の植民地からも編成された増援部隊が送られた。1905 年 10 月末にドイツから 1000 名の正規軍が到着し、攻勢に出た。その際には、蜂起軍の駆逐とともに抵抗した地域の村の家屋や畑を破壊し、穀物を焼き払い、飢餓を引き起こさせる焦土作戦を指示した。蜂起軍も各地で食糧を押収し、耕作するための安全な根拠地を探し、1906 年になると、ゲリラ戦が主流となった。しかし各抵抗は、内紛もあり、ドイツ側についた民族もおり、次第に勢力を弱め、鎮圧された。ンゴニ人の拠点であるソンゲアも少佐クルト・ヨハネス（Kurt Johannes）の下で制圧され、飢餓作戦が実行された。その中でンジェル・ンゴニ人の長ムプタ（Mputa）をはじめとする数十人が絞首刑となり、続いて軍事的指導者ソンゲア・ルワフ・ムバノ（Songea Luwafu Mbano）も降伏し、絞首刑に処された。その後、1908 年 7 月になってようやく、最後の抵抗が潰されることになった。

この蜂起の影響はその後も長く続くことになった。戦争やそれに伴う飢饉のため、南部の住民の多くが死亡した。その数は数十万に上ると推測されている。この人口減少もあって、経済的にも戦前の水準に回復するまでに長い時間を要した。この殲滅戦の恐怖は、植民地当局への抵抗心を削ぎ、これ以降の大規模な抵抗活動は無くなった。後にこの抵抗は、タンザニアの民族主義者によって、神格化されていくことになる。

一方でドイツ側では、これらの抵抗鎮圧に伴う残虐行為がクローズアップされ、同時期の西南アフリカにおけるヘレロ・ナマの蜂起に対する鎮圧とともに、ドイツ国内外で非難されることになった。それは植民地政策の再検討、ひいては植民地相ベルンハルト・デルンブルク（Bernhard Dernburg）の植民地統治改革を現出させることになる。

ベルンハルト・デルンブルク

## 初期の植民地統治

統治方針は、当時の情勢に合わせて順次変化した。ドイツ植民地全般にも当てはまるが、当初は抵抗運動が激しく、軍政を敷く場合が多かった。統治者もペータース以降は、軍事組織を備えるようになり、ヴィスマンの組織した部隊は、のちに保護軍（Schutztruppe）の基礎となった。ヴィスマンの後に、総督になった前カメルーン総督ユリウス・フォン・ゾーデン（Julius von Soden）は、彼が西アフリカで実践していた、経済政策、教育政策を行い、東アフリカ統治初期としては例外的に文化的な介入を試みた。彼は東アフリカにおけるスワヒリ語の広がり、そしてアラブ人のネットワークに注目し、若い行政官に統治言語としてスワヒリ語を学ばせ、沿岸部の行政を補助させ、そして内陸との交易を達成する上での仲介者とするつもりだった。だがドイツ本国は彼の統治を適当と見なさず、圧力を加えたために、ゾーデンの統治は長くは続かなかった。続く、シェーレ、リーベルト、ゲッツェンの代に至っては、頻発する蜂起を迅速に鎮圧する必要もあって、保護軍の指揮官と総督を兼ねており、統治と軍事が切り離せない状態にあった。しかしマジマジ蜂起後、大きな軍事行動は少なくなり、次第に、住民政策、経済政策に重点を置いた統治となっていく。

ロタール・フォン・トロータ。東アフリカの保護軍司令官も務めている。東アフリカにおける抵抗鎮圧を主導し、ヘヘ人の抵抗も鎮圧した。

ノイランゲンブルクの要塞。警察部隊が出陣している。

## 管理区域

　管理区域は、岸から内陸に向けて整備されていき、当初、岸においては地区（Bezirke）、内陸においては軍事基地として創設された。

　1888 年には、ドイツ東アフリカ会社によって、バガモヨ（Bagamojo）、ダルエスサラーム（Daressalam）、キルワ（Kilwa）、リンディ（Lindi）、ミキンダニ（Mikindani）、パンガニ（Pangani）、タンガ（Tanga）という地区が作られた。

　1893 年には、より内陸にも地区が作られ、以下の 7 つが存在した。バガモヨ（Bagamojo）、ダルエスサラーム（Daressalam)、キルワ（Kilwa）、リンディ（Lindi）、パンガニ（Pangani）、タボラ（Tabora）、ランゲンブルク（Langenburg）に分けられていた。

　1905 年の段階で、植民地は以下の行政地区に区分されていた。管区庁（Bezirksämter）としては、ヴィルヘルムシュタール（Wilhelmstal、現在のルショト Lushoto）、タンガ（Tanga）、パンガニ（Pangani）、バガモヨ（Bagamojo）、ダルエスサラーム（Daressalam）、ルフィジ（Rufiji）、モロゴロ（Morogoro）、キルワ（Kilwa）、リンディ（Lindi）、ランゲンブルク（Langenburg）があった。

　一方軍事地区（Militärbezirke）としては、ウスンブラ（Usumbura、現在のブジュンブラBujumbura）、ブコバ（Bukoba）、ムワンザ（Muansa）、ウジジ（Udjidji）、タボラ（Tabora）、キリマティンデ（Kilimatinde）、モシ（Moschi）、ムパプア（Mpapua）、ビスマルクブルク（Bismarckburg、現在のカサンガ Kasanga）、イリンガ（Iringa）、マヘンゲ（Mahenge）、ソンゲア（Ssongea）があった。

　1914 年には、軍事地区は整理され、地区に切り替えられた所も多く、19 つの地区（Bezirke）と 2 つの軍事基地（Militärstationen）が存在した。西北においては、駐在外交官（Residentur）が監督する 3 つの王国があり、これらの地域では、王（Sultanaten）が実務を行った。

　地区としては、バガモヨ（Bagamojo）、ダルエスサラーム（Daressalam）、キルワ（Kilwa）、ランゲンブルク（Langenburg）、リンディ（Lindi）、モロゴロ（Morogoro）、ルフィジ（Rufiji）、

ビスマルクブルクの軍事基地

ソンゲア（Ssongea）タンガ（Tanga）、ヴィルヘルムシュタール（Wilhelmstal）、パンガニ（Pangani）、ムワンザ（Muansa）、ドドマ（Dodoma）、タボラ（Tabora）、ウジジ（Udjidji）、ビスマルクブルク（Bismarckburg）、モシ（Moschi）、アルーシャ（Aruscha）、コンドア（Kondoa-Irangi）があった。

軍事基地としては、イリンガ（Iringa）、マヘンデ（Mahenge）があり、駐在外交官の赴任する地区としては、ブコバ（Bukoba）、ルワンダ（Ruanda、中心地キガリ Kigali）、ブルンジ（Urundi、中心地ギテガ Gitega）があった。

ニアサ湖（マラウイ湖）沿岸のビスマルクブルクの基地

### 沿岸部の統治

植民地統治初期は、多くの地域でそれまでザンジバルのスルタンが敷いていた統治

ヴィルヘルムシュタール

ゴゴ人

スクマ人

スクマ人

制度を受け継ぐことになった。ザンジバルの支配は、主に沿岸部と内陸で開拓した商業路上にあり、各村にジュンベを置き、いくつかの村を治めるアキダとよばれる中間統治者を植民地統治機関が任命するというものだった。アキダには読み書きの出来る主にアラブ人が選ばれており、商業の面で影響の強いインド人との協力も見られた。スワヒリ語が統治言語として使用されていたが、読み書きができる教養層は、ドイツの統治にも引き続き利用されることになる。後に教育を受けたその他のアフリカ人も採用されていった。初期のアキダは現地の住民の習慣に精通しているわけではなく、衝突もあったため、ドイツの植民地統治改革期には現地調査が行われることになった。

### 内陸部の統治

　ただし、内陸部の大規模な民族集団に対しては、間接統治の形式がとられ、その首長を統治構造に組み込む形になっていく。その首長として、ヴィクトリア湖とルクワ湖（Rukwa、Rukwasee、以前は Rikwasee とも表記）

との間に居住するバントゥー系で、タンザニアにおける二番目に大きな民族ニャムウェジ（Nyamwezi）、ヴィトクリア湖の南岸に住み、ニャムウェジと血縁関係にあり、非常に文化的結びつきが深いスクマ人（Sukuma）、シンギダ（Singida）地域に居住するバントゥー系のトゥル人（Turu、ニャトゥル人 Nyaturu ともいわれる）、イリンガ地域に住むヘヘ人、ルヴマ（Ruvuma）地域のソンゲアに居住するンゴニ人、キリマンジャロ山麓に居住し、ドイツ統治下でコーヒー栽培を行わされていたバントゥー系のチャガ人（Chagga）、タンザニア中央のドドマ州に住み、ニャムウェジ人、ヘヘ人の影響があり、バントゥー系のゴゴ人（Gogo）がいた。

ニャムウェジ人の家屋

　その際には民族間対立も考慮に入れ、分断工作が行われた。ヘヘ人とンゴニ人は戦争状態にあったため、ヘヘ人の抵抗の際にンゴニ人は同調せず、またマジマジ蜂起の際に、ンゴニ人が蜂起軍に参加する時には、ヘヘ人は距離をとった。

　ヤオ人（Wayao もしくは Yao）も、ンゴニ人と敵対関係にあり、マジマジ蜂起が勃発すると、域内のヤオ人は蜂起側の民族との敵対を理由にドイツ側に協力した。ルヴマ川流域からマラウィ（Malawi）にかけての一帯は内陸部と沿岸部を結ぶ交易ルートであり、この地域を支配していたヤオ人は、アラブ商人との取引により力をつけていた。しかし、19世紀の中頃、南アフリカから組織的な軍隊を持つンゴニ人が北上してくると、現マラウィ、ルヴマ州の両地域で、それぞれヤオ人の利権がンゴニ人に侵害され、衝突を繰り返すようになっていた。1885年にドイツ領東アフリカ植民地が成立すると、ドイツ人による支配が始まり、ヤオ人はこれに反発するも鎮圧され、1899年にその長がモザンビーク側へ逃亡したことで抵抗は終結し、その後、ヤオ人はドイツの統治に従った。一方で、ポルトガル領東アフリカ（モザンビーク）に逃亡したヤオ人の長は、マジマジ蜂起に失敗して亡命したンゴニ人の長を匿っていた。

ニャムウェジ人

モシのチャガ人

エドゥアルト・フォン・リーベルト。全ドイツ連盟、ドイツ植民地協会に所属。後にナチ党に入党。

## 首長の委任業務

　このような民族集団の首長が担ったのは主に徴税に関わる業務だった。彼らの伝統的な徴税の権限を拡大させ、植民地統治の末端として取り込んだのである。特に重要なのは賦役であり、道路や橋といった社会資本整備への労働、広大な植民地での物資の運送業務、プランテーションでの栽培が割り当てられた。

　さらにエドゥアルト・フォン・リーベルト（Eduard von Liebert）総督の下で、家屋税（Hüttensteuer）の徴収も1897 年から部分的に開始された。1898 年段階で、都心部で 6 〜 12 ルピー、村で 3 ルピーという額だった。この家屋税は、金納が原則であり、それを用意できない場合は、賦役が課された。沿岸に近い地域では換金作物栽培が始まっていたため、対応できたが、内陸部では多くが強制労働に従事させられた。賦役に応じない住民に対しては、家屋が焼き払われ、家畜が没収された。1905 年には、賦役に代わり、賃金労働（Lohnarbeit）が導入され、その収入の中から納税するようになった。また人頭税（Kopfsteuer）が導入され、その植民地税収の中で比重を増し、1912 年には税の中心となった。

　首長は家屋税の徴収を請け負う代わりに、徴税額の 5% を受け取ることができたが、植民地行政の末端を担ったため、彼らに対しても、住民の不満が蓄積されることになった。マジマジ蜂起の際には、彼らも攻撃の対象となっていった。

## 間接統治地区

　西北部にある3つの地域に対しては、より慎重に間接統治体制が敷かれた。

　まずブコバ地域（現在のカゲラ州 Kagera 周辺）であるが、ここにはハヤ人（Haya）が住んでいた。この地域はウガンダに近く、人口も多く、集権的な制度があり、1890年には、エミン・パシャも、この地域に拠点を築く任務に就いていた。ドイツは駐在外交官（Residentur、公使よりも下の地位の外交官）を置き、間接統治することになる[注4]。駐在外交官は、その地域の出入国を監視したため、出稼ぎに出るためにも許可が必要になり、人の移動が制限されることになった。

### ルワンダ・ブルンジ

　またルワンダ（ドイツ統治期はルアンダ Ruanda）、ブルンジ（ドイツ統治期はウルンディ Urundi）においては、ヨーロッパの探検隊が19世紀に乗り込む以前に、すでにミュアジ湖（Muhazi）周辺から徐々に支配領域を広げていた王国が長い間存在していた。ルワンダの国王はムワミ（Mwami）と呼ばれ、1853年から1895年の間に統治した、ツチ人出身のキゲリ4世ルワブギリ（Kigeli IV Rwabugiri、ルワンダのキゲリ4世）の代には、火器を持つ軍隊を組織し、封建的な体制がつくられた。彼はヨーロッパと初めて接触したルワンダの国王となり、ヨーロッパにおいてもその支配体制が記録されることになる。彼の下で拡張政策が行われ、最盛期にはキブ湖（Kiwusee もしくは Kivusee）の対岸にある、コンゴのキブ地方東部に至るまで勢力を及ぼした。公式には1885年にドイツの支配に組み込まれた。ユヒ5世ムシンガ（Yuhi V Musinga）の代に、内地への実効支配を目指したドイツと連携し、王権を強化することになった。

　ブルンジにおいても国王はムワミ（Mwami）と呼ばれ、同様の伝統的な君主号を持っており、1890年にドイツの支配下に置かれた。ムウェジ4世（Mwezi IV. Gisabo）の

ブコバ

ブコバにおける駐在外交官の建物

エミン・パシャ

キブ湖

ユヒ5世ムシンガ

ルワンダの牛

代に、ドイツと接触し、当初は抵抗するものの、最終的には、ドイツの遠征部隊によって支配された。しかし植民地統治機関は国王を存続させ、支援を与えて、その権威の下で、周囲の地域を統率するのに利用していくことになる。

　ヨーロッパが接触した段階では、ツチ人もフツ人も、人種的な区別ではなかった。ムワミは、ツチ（Tutsi）と主従関係を持ち、フツ（Hutu）に対して強制労働を課す支配体制を敷いたとされたが、その区別は従属関係によるもので、ともに同じ言語を話し、共通点も多かった。ただし支配層が遊牧民で、被支配層が農耕民という区別はあり、住民の統合はなかった。また隣国のブガンダ王国（Buganda）のように官僚機構の発達もなかったものの、ドイツ植民地統治機関は、これらの地域を、中央集権的制度を持つ民族集団が支配する地域と見なした。ルワンダの都市キガリ、ブルンジの都市ギテガにも、ブコバと同様に駐在外交官を配置し、間接統治方式を採用し、国王には内政に関する権限を与え、その支配体制を温存した。ドイツの敗戦後、統治者がベルギーに代わっても、その体制が維持されたため、第二次世界大戦後まで国王が存在することになった。

　これらの地域は人口過密地域であったため、経済開発、税収増加が見込まれたが、駐在外交官の指導下での近代化は進まず、それは中央鉄道（Ostafrikanische Zentralbahn）が開通し、タンガニーカ湖東岸に位置する内陸交易の要所キゴマ（Kigoma）への交通が改善した後も変化がなかった。ルワンダへの支線の建設も計画されたが、完成する前に戦争が起き、徴税の開始も1910年代であり、植民地財政に経済的な改善を引き起こすことはなかった。

ツチ人

## 植民地改革期

　次に経済政策・住民政策を具体的に見ていく。当初、東アフリカでは大規模なプランテーション経営が試みられ、沿岸部に近い高原地帯において商品作物が栽培されていく。特に重要だったのはサイザル麻とゴムであった。また綿とコーヒーはプランテーションのみならず、現地の個人農業で生産され、地域の経済構造を大きく変化させた。原地の住民は労働力の対象としか見なされていなかったが、ゲッツェン総督の後任のレッヒェンベルク総督は、植民地改革に乗り出し、中小の農家を基盤とした経済を理想とし、「原住民栽培」の下で植民地経済を育成しようとした。

フツ人の荷役人

ゲオルク・アルブレヒト・フォン・レッヒェンベルク

サイザル麻の製品

サイザル麻の工場における洗浄施設

サイザル麻を加工する機械

サイザル麻の繊維を除く施設（パンガニにて）

## 商品作物

### サイザル麻

　サイザル麻の栽培には、大規模な投資がなされ、最も大きな収入源となっていた。この麻は、中南米から移植されており、暑く乾燥した気候が栽培に適しており、1893 年にドイツ東アフリカ会社によってタンガ地域に導入されていた。この作物は個人農業で生産されるものではなく、大規模なプランテーションで生産されることが前提とされ、高価な機械、運搬用の鉄道が整備された。約 50 万マルクかけて作られたプランテーションには、ドイツ東アフリカ会社をはじめとして多くの会社が関わり、かなりの利益をあげた。例えばサイザル麻会社（Sisal Agaven-Gesellschaft）、ドイツ麻会社（Deutsche Agaven-Gesellschaft）、東アフリカ会社（Ostafrikanische Kompagnie）は高い配当金を支払っていた。しかし小規模の会社は 1913 年から 1914 年にようやく配当金を出せる程度だった。1905 年から 1913 年にかけて、サイザル麻の耕地面積は、約 1390 ヘクタールから約 2 万 5000 ヘクタールを超すまでになった。その生産額は約 110 万マルクから約 1030 万マルクに上がった。1909 年から 1912 年にかけては、輸出品目としては、ゴムに次ぐ地位であったが、1913 年では首位にたち、輸出の 3 割を占めていた。第一次世界大戦後、これらのドイツ人所有のプランテーションは没収されて、売りに出されることになった（一方でドイツ人は 1925 年から 1931 年までの間に、18 万 5000 ヘクタール分買い戻している）。

### ゴム

　またゴムに関しては、1900 年代にプランテーションの拡大が見られた。当初は野生のゴムの木からの採取するケースが多かったが、1907 年からプランテーションによる栽培が増え、1909 年以降は野生の木からの収穫量を圧倒することになった。1913 年においては、輸出の 94% がプランテーション栽培によって収穫されたゴムであった。

しかしながら、ゴムは191C年代から世界市場において、価格の下落が始まり、1913年には輸出額首位の座を降りることになった。ゴム価格の急落の衝撃に耐えられたのは大企業であり、小規模なプランナーは経営を維持できなくなっていく。最終的には8万ヘクタールに渡り、ゴムの木が植えられていた。

ゴム・プランテーションでの労働

## 綿花

　綿は、ドイツ領東アフリカを代表し、現地の住民の産業となった商品作物である。すでに植民地経済委員会の下で、東アフリカにおける綿の栽培に関して研究が進んでおり、ゲッツェンの下で、1902年から国家的事業として綿の栽培が推進された。将来的にアメリカ合衆国南部の綿に依存しないために、その東アフリカの綿栽培の拡大が期待されていたのであるが、そのプランテーションでの強制労働は、マジマジの抵抗の一因となっており、栽培システムの再考が求められることになった。

生ゴムのプランテーション関係者の住居

　ライプツィヒ綿花紡績工場（Leipziger Baumwollspinnerei）で使用する綿花を栽培するために、東アフリカで大規模なプランテーションを展開し、1907年、沿岸部のサーダニ近くには、3万ヘクタールのプランテーションがあった[注5]。そして次の3年で、150万マルクの投資をおこなった。シュトゥットガルトの産業家のハインリヒ・オットー（Heinrich Otto）は、同年、沿岸部から内陸に入ったキロサ（Kilosa）付近で4000～5000ヘクタールのプランテーション経営を始め、1910年に事業をやめるまでに約160万マルクを投資した。南ドイツとザクセンの紡績マニファクチュアも彼らの例に続いた。しかしながら経営者の多くは、現地の気候になじめず、しかも作物に害虫が流行ったために、早々に撤退した。行政や植民地経済委員会からの補助はあったものの利益はほとんど出なかったのである。

東アフリカの綿花の種を精製する機械

　代わって、この綿産業を支えたのは、現地の農家であった。1911年からの綿の輸出額200万マルクは、農家が自分の土地で栽培した綿から生み出された利益だった。マジマジ蜂起後、植民地指導部は、ルフィジ、キルワ、バガモ

綿花の収穫

綿花プランテーションの蒸気機関に
よるプラウ耕

スクマ人の荷役人

スクマ人の荷役人

ムワンザ

ヨ、ムワンザ地区の住民による商品作物栽培を進めた。植民地統治機関や植民地経済委員会の要望で、実験場の設立と、綿栽培の小作農の指導も進められた。種が配られ、綿繰り工場が作られ、「原住民栽培」の体制が整えられていった。

　数千のアフリカの農家がこの綿花栽培に参入したものの、経営が安定するには多くの障害があった。まず1908年から、干ばつと害虫に苦しむことになった。しかし最も問題だったのは穀物を持ち込む先のドイツ東アフリカ会社の対応であった。ドイツ東アフリカ会社は綿花を、インド人を介して独占的に購入しているので、その価格も支配していた。彼らが買値を下げることで、農家は苦しむことになった。

　以上のようなドイツ東アフリカ会社、そして同社と連携していたハンジング会社（Hansing & Co）、オスヴァルト会社（O'Swald & Co）の搾取にもかかわらず、アフリカの住民による綿花栽培地は1万5600ヘクタールに拡大し、ヨーロッパ人の栽培地1万2900ヘクタールを超えた。ヴィクトリア湖の南においては、スクマ人（Sukuma）によって、1908年から1913年の間に約2万1500キロから約67万6000キロの生産量をあげた。ムワンザは最も重要な綿栽培地区になった。

　以上のような栽培拡大にもかかわらず、その生産量はウガンダのような、イギリスの東アフリカの植民地に比べると微々たるものだった。第一次世界大戦後、委任統治国イギリスがタンガニーカの綿花産業育成に乗り出しても、その生産量は低いものだった。しかし綿花栽培は、アフリカの小規模な農家にとって、税の支払いや、輸入物資購入のために重要な要素として定着していった。

キルワにおけるインド人通り

ムワンザ

ムワンザの港

梱包され輸送される綿花（タンザニア中央鉄道）

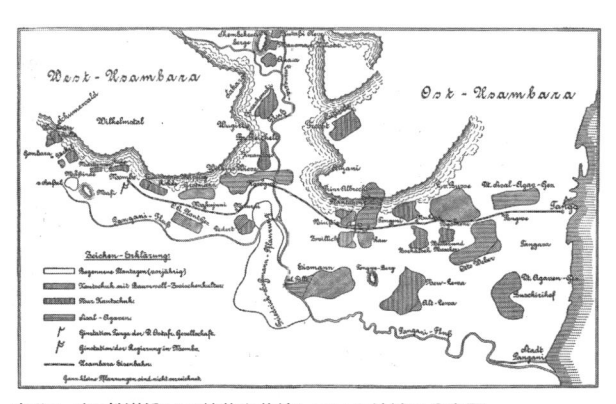

ウサンバラ鉄道沿いで綿花を栽培している地域の分布図

綿花を運ぶ人々

コーヒー・プランテーション地域に
ある工場

モシ

コーヒー・プランテーション

ブコバ

## コーヒー

　コーヒー栽培も綿花栽培と似たような経緯をたどった。コーヒーは、東アフリカが原産地であるが、飲む習慣がなかったため、商品作物としては、植民地統治期以後に栽培が開始された。当初、栽培が計画されたのは、タンガの後背地に位置するウサンバラ山脈であり、この地にはバントゥー系民族（Bantu）、サンバー人（サンバー語もしくはシャンバラ語、シャンバー語 Shambaa を話す人々）、マサイ人（Maasai）が住んでおり、すでに王国もできていた。ドイツ統治期には、茶、キナノキといった商品作物を持ち込まれ、その中にコーヒーが存在していた。労働力不足が響き、ウサンバラ山脈でのプランテーション経営自体は、目覚ましい成功は収めなかった。しかしキリマンジャロの麓のモシ（Moshi）とそのスロープでは、1906年から跳躍的にコーヒーの生産量が増え始めた。高級種で育つ条件が限定されているアラビカコーヒーノキの栽培が開始され、1914年までに100もの農園で、280万のコーヒーノキがあり、そのうち88万は元々自生していた木だった。第一次世界大戦後、チャガ人による栽培が本格化したが、ヨーロッパ人入植者による圧力も加えられたため、アフリカの生産者は、対抗してキリマンジャロ住民共同組合連合会（Kilimanjaro Native Cooperative Union）を組織していくことになる。これは独立後、タンザニアにおける共同組合運動のモデルとなっていく。

　しかし主要なコーヒー栽培地域になったのは、ブコバ地区だった。この地域やウガンダには、高温多湿に対応でき、成長も早いロブスタコーヒーノキが自生しており、それを改良し、1910年代になって商品作物として本格的に栽培されるようになった。植民地当局は、この地域に住むハヤ人（Haya）を間接統治しつつ、栽培地を拡大し、それに伴いドイツ人入植者も増えた。さらにウガンダ近くに鉄道が通ったことで、イギリスに向けて商品を売ることが可能になった。この地方ではインド人商人が、ヨーロッパ系商社のエージェントとして盛んに集荷活動を行い、コーヒー販売にも関与した。コーヒーの生産額は、1905年から1912年の間に、約5万1600マルクから約71万9000マ

ルクに上がった。さらに 1935 年には輸出量は 1 万トンを
超えた。その中でブコバの生産だけで、コーヒーの輸出量
の 39% を占めていた。

## 「原住民栽培」

　レッヒェンベルク総督は、「原住民栽培」を支持しており、
それは小規模な農家の生産に支えられていた。それは大規
模なプランテーション経営する大企業、入植者から見れば、
競争相手を育成することであり、労働力も奪われるために、
懸念材料だった。植民地当局による経営環境のより一層の
整備を求めるプランテーション経営者と、中小の農家の育
成を志向する総督との対立は続いた。総督は、隣接するイ
ギリス領ウガンダにおける綿生産の発展を模範とし、農家
の商品作物栽培を奨励することが、ドイツ植民地の資本主
義にとって重要と考えていた。しかし第一次世界大戦前の
段階では、イギリスの植民地における生産量に追いつくこ
とは到底できなかった。

東ウサンバラにおけるコーヒー・プ
ランテーション

## 大企業支配

　この植民地改革期において、大企業、特にドイツ東アフ
リカ会社の支配は強まることになる。アブシリの蜂起の後、
同社の活動は通商のみに限定されており、さらに 1891 年、
同社はドイツ帝国指導部に売却された。植民地の主な企業、
小規模なプランナーが困難な時期でもドイツ東アフリカ会
社といった大会社は利益を上げ続けた。特にドイツ東アフ
リカ銀行（Deutsch-Ostafrikanische Bank）と東アフリカ
貿易銀行（Handelsbank für Ostafrika）、ドイツ東アフリ
カ航行会社（Deutsche Ostafrika Line）とドイツニャンザ
航行会社（Deutsche Nyanza Schiffahrts-Gesellschaft）は
経済的に成功していた。

タボラのドイツ東アフリカ会社

　ドイツ植民地統治が終了する段階では、ドイツ東アフリ
カ会社は経済的に支配的な立場を占めるに至った。大銀行
から支援された資本金は 800 万マルク、1913 年には 1000
万マルクに達し、安定した経営を行った。特に経済学者カー
ル・ヘルフェリヒ（Karl Helfferich）の下でのドイツ銀行、
銀行家フランツ・アービック（Franz Urbig）の下でのディ

ドイツ東アフリカ会社によるパンガ
ニにおける砂糖工場

木材会社

ドイツ東アフリカ銀行発行の紙幣

ドイツ東アフリカ銀行発行の紙幣

ドイツ東アフリカ銀行発行の紙幣

カール・ヘルフェリヒ。外務省植民地局にも所属していた。

コントゲゼルシャフトによる補助は大きかった。彼らは緊密に連絡し、東アフリカの経済的な軸となる部分を独占していた。貿易会社は連携し、アフリカの小自作農とヨーロッパのプランテーション経営者に渡る商品を管理した。そのために東アフリカの住民、入植者はドイツ東アフリカ会社に依存することになったのである。

　さらにドイツ東アフリカ会社は、植民地で使う紙幣を発行できる特権を持っていた。また多くの関連会社を支配し、1905年から1913年までに同社は701万マルクの利益を得た。同社の所有する9つのプランテーションの合計は3万5000ヘクタールにもなり、そこには15万のココヤシ、700万のサイザル麻、50万のゴムの木、40万のコーヒーの木が栽培されており、120人のヨーロッパ人、4400人のアフリカ人が働いていたのである。

## 貿易量拡大とイギリスへの貿易依存

　この植民地改革期に、貿易規模は拡大し、輸出額は1913年に、3555万マルクに達し、それは1907年時の3倍となっていた。一方で輸入額も1907年の2381万マルクから、5336万マルクになり、大幅な入超となった。輸出の内訳はサイザル麻1030万マルク、ゴム660万マルク、皮革550万マルク、綿花240万マルク、コプラ230万マルク、ピーナッツ190万マルク、コーヒー90万マルクとなっていた。輸入の内訳は、綿の布地1300万マルク、米370万マルク、その他と続いており、衣料品・食料の割合が大きくなっていた。

　この貿易において、イギリス領インドとイギリスが、ドイツ領東アフリカにとって重要な貿易相手となっており、その依存度の高まりは、ドイツ帝国指導部の懸念材料となっていた。特に綿の布地の輸入では、イギリスからの輸入が80%を占めていた。米は、インドから主に輸入し、ゴムの3分の1はイギリスに輸出されていた。保護関税でその貿易を統制することは、他の植民地列強の対抗措置を招きかねず、かつドイツ植民地より重視されていたイギリス・フランスの植民地との貿易を阻害しかねなかった。そのため、イギリス帝国への経済的依存からの脱却は、ドイ

ココヤシ、バナナ

ココヤシ

ツ領東アフリカの大きな課題となった。

## 生産増加の要因

　植民地改革期に輸出品の生産が増加した原因としては、貿易によってもたらされる商品の需要の増加が挙げられる。小売業の貿易によって、布、ドレス、鉄器類、蒸留酒、他の輸入品が持ち込まれ、村の住民は、それらを購入するために商品作物を育て、販売し、現金を得たわけである。

　しかし生産増加の最大の理由は、植民地統治の最後の7年で、税金が上がったことである。特に1897年に導入された家屋税（Hüttensteuer）は、年間3ルピー（約4マルクに相当）であり、その現金を工面するために、綿を約14キロ（30ポンド）か、米を約23キロ（50ポンド）か、もしくはピーナッツ約18キロ（40ポンド）を売る必要があった。足りない場合は、プランテーションや鉄道敷設の労働に従事しなければならなかった。1912年には、家屋税と人頭税（Kopfsteuer）を合わせて、510万マルクに達したが、一方で、住民は税金を納めるために、商品作物の生産をより一層推し進めねばならなかったのである。これらの税制度の整備に伴い、コーヒー栽培のブコバ、綿花栽培のムワンザのような地域の首長は、輸出作物の生育状態を確認するのも主な仕事となった。

ココヤシを開く作業

ダルエスサラームにおけるプロテスタント教会

東アフリカ総督の邸宅

ダルエスサラーム

## 輸出促進に伴う国内の影響

　この輸出推進政策に伴う経済的・社会的結果は広範囲にわたり、特に東アフリカの既存の産業が破壊された。商品作物栽培に重点が置かれ、プランテーションに労働力が集中した結果、自給自足的生活をおくっていた農家は急激に衰退した。結果として、食糧をどんどん輸入することになり、その額は 1913 年には、504 万 9000 マルクになっていた。この海外依存の状態は現在も継続している。そしてヨーロッパやインドからの鉄器や布地の輸入は、村や沿岸の熟練工を廃業に追い込んだ。レッヒェンベルク総督も、指定の港に関税を設けることで、海外貿易の制限を考えていた。また貿易拠点で、植民地統治機関の集中するダルエスサラームへの人口集中が進み、奴隷貿易で栄えたパンガニ、サーダニ、バガモヨのような都市はその重要性を失っていった。

　一方で労働力需要は増加の一途をたどった。ドイツのプランテーションで働く労働者は増え続け、アフリカの賃労働者は、1913 年の段階で 17 万 2000 人であり、そのうち 9 万 1892 人は 1 年中、プランテーションで雇われていた。多くの白人入植者は、今後起こる労働力問題を解決するために、公的な斡旋で、アフリカの男性を農場に投入するべきだと主張した。しかしプランテーション労働では、極端に安い賃金しか払われず、些細な理由で暴力がふるわれたので、アフリカの住民から憎悪の対象となっていた。植民地指導部は、労働力徴用を許可していたわけではなかったが、強制はいくつかの地域で行われており、大人の成人男性のみならず、子どもも対象となっている場合もあった。

## 人口減少と衛生環境

　この植民地支配の結果、劇的な人口減少が引き起こされ、植民地主義者の中でも問題となった。働き盛りの男性・若者を徴用したことにより、それまでアフリカの家族形態が破壊された。また農園、工事現場での劣悪な労働環境では、天然痘、赤痢、梅毒、結核が蔓延し、高い死亡率を記録し、プランテーションでの死亡率は年間 7 〜 10% であった。これに対して、ホワイト・ファーザーズ（White

Fathers) のようなキリスト教ミッションからの批判も出ていた。契約労働から解放されても、病気の状態のまま、帰宅した場合、家族に感染する場合も多かった。これらの疾病に対して、1909年に植民地指導部から衛生対策を指示されたものの、プランテーション経営者はなんら対策を講じなかった。

　一方で、白人入植者の居住環境を整える衛生研究は進んだ。1896年にはウサンバラ西部にクヴァイ試験場（Teststation Kwai）ができ、衛生・農業研究が進められ、ドイツの細菌学者ロベルト・コッホ（Robert Koch）もここで黒水熱（Blackwater fever、Schwarzwasserfieber、マラリアの合併症）に関する論文を書いていた。続いてウサンバラ山脈山麓に1902年、フランツ・シュトゥールマンの指導の下でアマニ生物・農業研究所（Biologisch-Landwirtschaftliches Institut Amani）が設立された。ここでも熱帯病に関する研究が進められ、コッホも同僚と「眠り病（Schlafkrankheit）」の研究を行い、ドイツ植民地植物学研究本部（Botanische Zentralstelle für die deutschen Kolonien）といった、ドイツの各植物研究所とも緊密な協力体制を築いた。研究所の設備は最先端の物で成果も大きく、国際的な名声を得ており、商品作物のサイザル麻やコーヒーの栽培研究も行っていた。

東アフリカ総督の邸宅

## 居住植民地政策

　ハインリヒ・シュネー（Heinrich Schnee）総督の時代に、再度、植民地統治の方針が変更されることになる。レッヒェンベルク総督の方針の下では、白人入植者が増えなかったため、シュネーは、入植者に有利な環境を整備していく。特にプランテーションへ送る労働力の確保は急務の課題だった。シュネーは、1913年2月5日に、労働力の徴発に関しては、当局からのライセンスを得なければならず、全ての労働契約は地区委員によって承認される必要性を示した。その条件では、女性と子供と老人を雇うのは禁止され、労働時間は最大で10時間であり、労働者に向けて医療行為を行うことも必要となった。奴隷貿易同然の労働力の徴発は無くなったものの、プランテーションでの

ダルエスサラーム

ダルエスサラームの病院

ホワイト・ファーザーズの拠点

クヴァイ栽培基地

タンガの病院

クヴァイの飼料用ビートとライムギ

フランツ・シュトゥールマン

ホワイト・ファーザーズの拠点

クヴァイのえんどう豆

ダルエスサラームの病院

ロベルト・コッホ。右から5番目の人物。

タンガの灯台とサナトリウム

ハインリヒ・シュネー

タンガのドイツクラブ

労働条件は改善しなかった。プランテーション経営者が、1913年の労働環境改善の指示も無視したためである。また1912年8月23日に、シュネーは家屋税（Hüttensteuer）を廃止して、3〜5ルピーの人頭税（Kopfsteuer）に切り替えた。それはより重い負担になり、アフリカの住民は、以前にも増して、税金を納める代わりに労働を行う状況に追い込まれたのである。

　シュネーの入植者優遇策に呼応し、ドイツからの移民は1914年にかけて急速に増え始めた。1913年にドイツ領東アフリカにいたヨーロッパ人約5300人のうち、5分の4は、ドイツ出身であった。その中でも、プランテーション経営者と農業従事者が一番多かった。彼らはさらなる支援を植民地当局に求め、シュネーはそれに応じた。彼はヨーロッパの入植者によって選ばれた議員が多数派になるように、議会を再編しつつ、プランテーションの拡大を望むドイツ人のために、土地の値段を下げるように命令した。しかもインド人が移住し、都市部における土地を獲得することを制限する、という人種主義的要求にも賛同した。これらの譲歩により、ドイツ植民地政策の人種主義的特徴が明らかになっていった。

「ザクセンヴァルト」における祭り
（ダルエスサラーム）

ダルエスサラームのドイツクラブ

Die bayrische katholische Missionsstation zu Pugu bei Dar-es-Salaam.

ダルエスサラーム付近のバイエルン・カトリックミッションの拠点

## 教育制度

　キリスト教ミッションの影響力も、植民地改革期に拡大
した。1913 年には、465 の布教拠点があり、10 万 8000 人
の生徒がミッションスクールにて教育を受けていた。1911
年から、出稼ぎ労働や季節労働の過酷な生活を避けようと
して、若者が学校に殺到した。しかしながら、彼らの内、
ごくわずかの若者しか、学校で身に付けた知識を用いる職
に就くことができなかった。植民地指導部とキリスト教
ミッションは連携していたので、従順で、運命に辛抱強く
耐える臣民となるように教育がなされた。

キリマンジャロの西南の斜面におけ
る教会

　植民地当局自体も 10 の学校と 89 の補助的な学校を設立
し、一年で 6100 人の生徒を輩出した。彼らは行政、保護軍、
ドイツの会社における下級役人、補助的なスタッフとして
組み込まれていった。

　一方、ドイツでも、植民地の重要性を紹介するべく、『植
民地と故郷（Kolonie und Heimat)』という雑誌が刊行さ
れ、教育現場でも、郷土誌（Heimatkunde）が教えられて

ミッションスクール

いくことになる。気候、地形、産物、風俗習慣といった植
民地に関する情報を伝えていく際に、ドイツ領東アフリカ
は、アフリカ最高峰キリマンジャロを始め、アフリカ最大
の湖で、ナイルの源流の一つでもあるヴィクトリア湖、ア
フリカ最深の湖タンガニーカ湖もあることから、ドイツに
おけるアフリカ植民地像を形成する上で大きな役割を果た
した。特に他国に隣接せず、完全に東アフリカ領内にあっ
たキリマンジャロは「ドイツ最高峰」として強調された。

カトリックのミッションスクール

学生の楽団

授業の風景

バガモヨにおける学生の楽団

タンガの学校

タンガの学校における体育の授業

バガモヨの学校

タンガの学校

タボラにおける現地の住民を対象とした学校

## 統治手段としての暴力と住民の抵抗

　この改革期にも住民に対する暴力は存在した。デルンブルクによって紹介されていた人道的な政策は神話に過ぎなかった。その証拠に肉体的な罰の事例は年々増えた。1912年までに、鞭打ちは、全ての罰のうち、48%の8057人に行われていた。隣のイギリス領東アフリカ植民地では、4.2%の380人であった。この屈辱的な罰を用いることで、住民を脅していたわけである。

ユヒ5世ムシンガとドイツ人将校

　また住民蜂起に対する軍事的鎮圧も継続していた。マジマジ蜂起後、大きな抵抗は1907年から1914年にかけてなかったものの、小規模な抵抗は多くの場所で継続していた。1908年には「トゥル蜂起（Turu Rebellion）」が起こるが、迅速に鎮圧された。アルーシャ、タボラといった主要な箇所には、部隊を派遣し、軍事的な圧力を加え続けていた。また沿岸部のイスラム勢力も植民地当局に対する抵抗運動を繰り広げた。

　間接統治が行われていたブルンジ・ルワンダにおいても、蜂起が起こった。1911年の夏の中で、ブルンジの南で、農民と牛飼いによる抵抗があったが、ドイツ人の駐在外交官は戦争状態を宣言し、その蜂起を鎮圧した。並行して1910年から1912年にルワンダの北部でビレゲヤ（Bilegeya）の指導による農民蜂起が起こり、その弟ンドゥングツェ（Ndungutse）は国王ユヒ5世ムシンガ（Yuhi V Musinga）に対して蜂起をおこした。一時的に北部地域は、蜂起勢力の支配下に置かれたが、ドイツが本格的に介入し、1912年に蜂起軍は敗北した。

線路

鉄道に乗る客に食品を売っている現地の住民（ウサンバラ鉄道）

モンボ（Mombo）における駅

タンガにおける管理部署（ウサンバラ鉄道）

東アフリカのロープウェー。ムクンバラ（Mkumbara）からノイ・ホルノウ（Neu-hornow）まで運行していた。

鉄道

## 鉄道敷設

　植民地統治改革期の大規模な経済政策としては鉄道建設が挙げられる。すでに白人入植者の多い、ウサンバラ山脈方面には鉄道が敷設されていたが、さらにレッヒェンベルク総督の時代、内陸部での換金作物栽培を進めるために、大規模な鉄道建設が着手された。

### ウサンバラ鉄道

　ウサンバラ鉄道（Usambarabahn）は、ドイツが東アフリカで建設した最初の大規模な鉄道で、1891 年に、インド洋のタンガと、ヴィクトリア湖を、ウサンバラ山脈を介して接続するために、鉄道会社が設立された。キリマンジャロとウサンバラは、90 年代初頭から経済的な発展が進んでおり、白人入植者も多く、湾岸からの交通が期待されたのである。レールは 1000 ミリメートル軌間が採用され、1893 年 6 月から、タンガから、内陸に向けて建設が進められた。しかし鉄道会社は十分に資金が出せない状態となり、建設は東アフリカ鉄道会社によって引き継れることになった。1911 年 9 月 26 日に、線路は、ウサンバラ山脈のルショト（Lushoto、ドイツ統治期はヴィルヘルムシュタール Wilhelmstal）を経て、キリマンジャロのモシ（Moshi）に達し、全長約 351 キロメートルとなった。

1911 年 10 月 4 日に全線開通し、所要時間は 14 時間 40 分であった。さらにはタンガ付近のテンゲニ（Tengeni）駅からシギ（Sigi）の町に至るまで、約 23 キロメートルの支線が作られた。アルーシャへの延長も計画され、資金も与えられたが、大戦の開始によって中止を余儀なくされた。大戦後、イギリスの委任統治下において、ウサンバラ鉄道は、ウガンダ鉄道と結びつけられ、モシと現在のケニアのボイ（Voi）が接続された。そして 1929 年には路線がアルーシャまで引き伸ばされた。

アルーシャ

## タンザニア中央鉄道

　タンザニア中央鉄道（Ostafrikanische Zentralbahn）は、ウサンバラ鉄道に続く、ドイツ領東アフリカの 2 番目の大型プロジェクトであり、この鉄道敷設計画のために東アフリカ鉄道会社（Ostafrikanische Eisenbahngesellschaft）

ウガンダ鉄道

が起ち上げられ、1904 年にディスコント・ゲゼルシャフトから 2100 万マルクの支援をうけ、ダルエスサラームから建設工事がはじまった。建設議会の委員フランツ・アルマラス（Franz Allmaras）といった計画推進者は、熱帯の気候、周期的な激しい雨、適当な建築資材の不足という困難に苦しめられたが、一方で途中から建設を引き継いだ

タンザニア中央鉄道

ウサンバラ鉄道での経験が生かされた。ここでも 1000 ミリメートル軌間が採用され、この鉄道のルートは、タボラに向かう古いキャラバンのルートに沿っていた。1907 年にはモロゴロの町の周辺において、200 キロメートルに達し、1909 年にはキロサに届いた。1912 年にタボラに到達すると、ドイツ住民はすぐさまプランテーション経営を始め、タボラは巨大な農業センターになった。タンガニーカ湖のウジジの隣のキゴマには大戦がはじまる直前に届いた。路線は全長 1252 キロメートルとなっており、区間全体の所要時間は 58 時間であった。

タンザニア中央鉄道の工事列車

　イリンガに伸ばし、マラウィ湖に至るルートの建設計画もあったが、戦争でその計画は頓挫した。またタボラから西北のルワンダに引き延ばすルワンダ鉄道（Ruandabahn）建設計画もあった。戦間期には委任統治国イギリスによって、路線が拡張された。この時期には、

ダルエスサラーム駅

ダルエスサラームの駅

タボラの要塞

ウジジ

ドドマの駅の施設

ルワンダはベルギーの委任統治下に置かれていたため、西北に路線を延長するより、むしろイギリス領東アフリカとの連絡を重視し、タボラからムワンザに向けた支線が建設されることになった。

　ウサンバラ鉄道は、北部の高地に居住している白人入植者に支えられていたが、一方で中央鉄道は、貿易拡大を志向する社会集団に人気があるプロジェクトだった。彼らは、この建築で、タンガニーカ湖とインド洋沿岸との間の貿易が広がり、終着駅での港の発展に拍車がかかると推測していた。ただし、いずれの線も莫大な借款によって建設が行われていたため、1914 年においては、植民地統治機関の歳入の約 3 割が借款返済に充てられていた。

ウジジの軍事基地

タンガニーカ湖におけるベルギーの水上機

## 第一次世界大戦中の東アフリカ

　第一次世界大戦中、東アフリカは唯一、大戦終了まで戦闘が継続されたドイツ植民地であった。この広大な戦場では、主にドイツ保護軍と、イギリス・ベルギーの植民地軍が戦うことになる。戦争初期からドイツは、基本的に防衛に徹しつつ、戦闘を引き延ばそうとしたが、イギリスによる海上封鎖、そして物量に押される形で、北部の戦場を放棄し、南部に移動した。その後、ポルトガル領東アフリカを侵攻しつつ、その後、東アフリカに戻り、さらにローデシアに侵入し、その地で休戦の報を聞き、戦闘を停止した。

　当初、シュネー総督は、アフリカ植民地における戦争回避を期待し、その旨を、保護軍指揮官パウル・フォン・レットウ＝フォアベック（Paul von Lettow-Vorbeck）にも伝えていた。しかしレットウ＝フォアベックは、戦争は不可避として、戦闘に向けて軍を召集した。開戦以降、次第に保護軍は増強され、大部分がアスカリ（Askari）からなる約1万5000人の軍隊となった。

アスカリ

パウル・フォン・レットウ＝フォアベック。中国における義和団戦争と西南アフリカにおけるヘレロ・ナマ戦争に参加している。第一次世界大戦後は義勇軍を指揮し、ヴァイマル共和国転覆をめざすカップ一揆にも参加。

シマウマ部隊

アスカリ

ブコバの軍事基地

軽巡洋艦ケーニヒスベルク

## 戦争初期

　1914年は、インド洋、キリマンジャロのような東アフリカを取り囲む地域で、戦闘が行われ、ドイツは協商国軍を迎撃するものの、損害の大きさから戦線の維持は困難になっていく。まずザンジバル、ルフィジ川においては、1914年から1915年にかけてインド洋の制海権をめぐる争いが行われた。ドイツ領東アフリカに配備されていた軽巡洋艦ケーニヒスベルク（Königsberg）は、イギリスの軍艦によって、ダルエスサラームに封じ込められるのを避けるため出港した。アデン湾、ザンジバルでイギリス船舶を沈めたが、石炭の不足、エンジンの検査のために、ルフィジ川の河口に潜伏することになる。イギリスはこの戦艦への攻撃には手を焼き、長く膠着状態が続いたが、河口内に進入可能なモニター艦マージー（Mersey）とセヴァーン（Severn）が到着し、1915年7月11日の2隻による2度目の攻撃でケーニヒスベルクは撃沈された。艦が撃沈された後、乗員はドイツ領東アフリカで協商国側と交戦していたレットウ＝フォアベックの指揮下に陸戦隊として吸収された。無事だった艦載砲は陸揚げされ、砲兵戦力を増強することとなった。

『アフリカの女王』の着想の元にもなった汽船ヘートヴィヒ・フォン・ヴィスマン
（Hedwig von Wissmann）

　タンガは、キリマンジャロに向けてウサンバラ鉄道が通っており、イギリスの占領目標となっていた。その情報を掴むと、レットウ＝フォアベックは増援して待ち伏せし、イギリスの現地の状況把握が曖昧な点も利用しつつ、撃退

貨物船グラーフ・フォン・ゲッツェンに搭載された武装

し、銃、弾薬といった物資を確保した。

　1915年は、前年と引き続き、保護軍による防衛が継続されるものの、国境線における迎撃は不可能になり、内陸部に後退していく。この年にインド洋における制海権は握られ、ヴィクトリア湖の交通も困難になり、タンガニーカ湖からも撤退していくことになり、東アフリカの内地が戦場となっていく。タンガの北部のヤシン（Jassin）は、イギリスの占領下にあり、ドイツは攻撃をしかけ、イギリス人とインド兵からなるイギリス軍を降伏させたものの、その損害は大きかった。ヴィクトリア湖のブコバにおいては、イギリス軍が人員物資で圧倒し、ドイツ軍の砦と無線基地は破壊された。

　また物資の水上輸送路としてタンガニーカ湖をめぐり、ドイツ、ベルギー、イギリス間で、1915年から1916年にかけて戦闘が行われた。イギリス海軍は、南アフリカに送り込まれていたモーターランチ（Motor Launch）であるミィミィ（Mimi）、トゥトゥ（Toutou）をタンガニーカ湖に持ち込み、1915年12月にドイツ海軍の砲艦キンガニ（Kingani）を撃破して鹵獲し、続いての戦闘では武装商船ヘートヴィヒ・フォン・ヴィスマン（Hedwig von Wissmann）を撃沈した。このため、ドイツ海軍は貨物船グラーフ・フォン・ゲッツェン（Graf von Götzen）を徴発して特設砲艦として改装させた。その際には大破した巡洋艦ケーニヒスベルクの武装の一部を本艦に搭載した。しかし、協商国軍の攻勢により、ドイツ海軍はキゴマ港からの撤退を余儀なくされ、イギリス海軍による鹵獲を防ぐために1916年7月26日に自沈した[注6]。間もなく、陸上での戦いでもドイツは敗退し、タンガニーカ湖はベルギーとイギリスの支配下に置かれることになる。

タンガニーカ湖のキゴマの港に待機する汽船ゲッツェン

### 戦争中期、スマッツの介入

　1916年は、ドイツ領東アフリカの内陸部が主戦場となり、南アフリカの政治家・軍人であるヤン・スマッツ（Jan Smuts）の指揮下のイギリス軍、そしてコンゴからベルギー軍が侵攻を開始した。ドイツ軍は大部隊に対しては極力交戦を避け、南部に撤退したので、中央鉄道より北部はほぼ

中央付近にクラウトとシュネー

占領されることになった。キリマンジャロ付近で、イギリス領ケニアのサライータ丘陵（Salaita Hill）では最初の大規模な戦闘が行われ、スマッツは、イギリス、インド、ローデシア、南アフリカの連合部隊を送り込んだ。しかしドイツのゲオルク・クラウト〔Georg Kraut〕が丘の上に敷いた防衛陣地を打ち破ることはできず、協商国軍の内部においても、南アフリカの歩兵部隊とインド人部隊の間で人種的対立があり、ドイツ側の勝利に終わった。だが長期にわたり防衛し続けるには限界があり、ドイツ軍は順次内地に撤退していった。その結果、1916年9月までにはダルエスサラームの海岸からウジジに至る鉄道はすべてイギリスの支配下にはいった。ベルギー軍も、ルワンダ・ブルンジを占領し、内地に侵攻し、中部の拠点タボラを占領した。そのため、これ以降ドイツ軍は、南部で戦闘を継続するより選択肢が無くなった（戦争勃発後東アフリカに戻っていたハンス・レックも1916年に協商国軍の西からの侵入を受け、従軍している）。

ヤン・スマッツ

5. Kapitel Ostafrika

ゲオルク・クラウト

ポルトガル領アフリカでのドイツ軍
の前進

ポルトガル領アフリカにおけるドイ
ツ陣営

中央にレットウ＝フォアベック、左
にクラウト、右にシュネー

## 戦争後期

　1917年から1918年にかけては、1916年までに他のドイツ植民地が降伏し、占領されていたため、なお戦闘を継続している東アフリカの保護軍への注目が一層高まっていた。南部に進撃する協商国軍と正面から戦うのは不可能であり、ドイツ軍はゲリラ戦を繰り広げ、マヒワ（Mahiwa）の戦いでは勝利を収めていた。戦えば戦うほどドイツ側の損傷も大きくなり、物資も枯渇していたため、1917年11月、レットウ＝フォアベックは、南のポルトガル領東アフリカ領内に入り、ネゴマノ（Negomano）の戦いに勝利し、物資を得た。しかし長期的に戦える兵員・物資を補充するには至らず、数ヶ月、転戦し、その後再びドイツ領東アフリカに戻り、そのまま北ローデシアに侵入した。この地でも保護軍は、戦闘と撤退を繰り返していたが、ヨーロッパでの休戦の報を聞き、軍事行動を停止した。

## 第一次世界大戦後の東アフリカ

　第一次世界大戦後は、ドイツ領東アフリカは、イギリス（タンガニーカ Tanganyika）とベルギー（ルアンダ＝ウルンディ Ruanda-Urundi）の委任統治下に置かれ、没収されたドイツ人所有の農園は競売にかけられ、ギリシア・インドの入植者が購入することになった。しかしドイツ人の入植も1927年に正式に許可され、その影響力を維持することになる。またウサンバラのアマニ研究所も存続を許可され、熱帯の衛生・農業研究を進めていくことになった。

　最後の東アフリカ総督シュネーは、両大戦間期の植民地返還運動の旗手となり、ドイツ植民地協会、他の植民地改革期の総督とともに、政治活動を繰り広げることになる。『植民地責任の嘘（Die Koloniale Schuldlüge）』『ドイツ植民地事典（Deutsches Kolonial-Lexikon）』といった、シュネーの単著・編著は、国際的にも普及し、ドイツ植民地統治を否定的に評価する協商国に対して反論した。そして大戦中の東アフリカでの戦闘は、その植民地統治による成果の一つとして強調された。アマニ研究所においては科学的な研究に基づき大量の戦争物資を供給した。それはキニーネのような医療品、チョコレート、ココアを含む食品、ウィ

敗戦後にベルリンで凱旋パレード。

ダルエスサラームの港

ダルエスサラームの港

ダルエスサラームのビール工場

道路建設

スキーといったアルコール、その他、歯磨き粉、石鹸、ゴム製品と多岐にわたっていた。また人員・物資を輸送する交通機関の整備、そして住民から組織した保護軍、支援部隊の忠誠は、海上封鎖の下、外部との連絡が途絶え、支援物資も受け取ることができない中で、長期にわたる抵抗を可能にしていた。これらの植民地統治の実績を強調しつつ、植民地返還に向けた政治運動は、ナチスドイツが政権に就いた後も継続されることになった。

ダルエスサラームの港

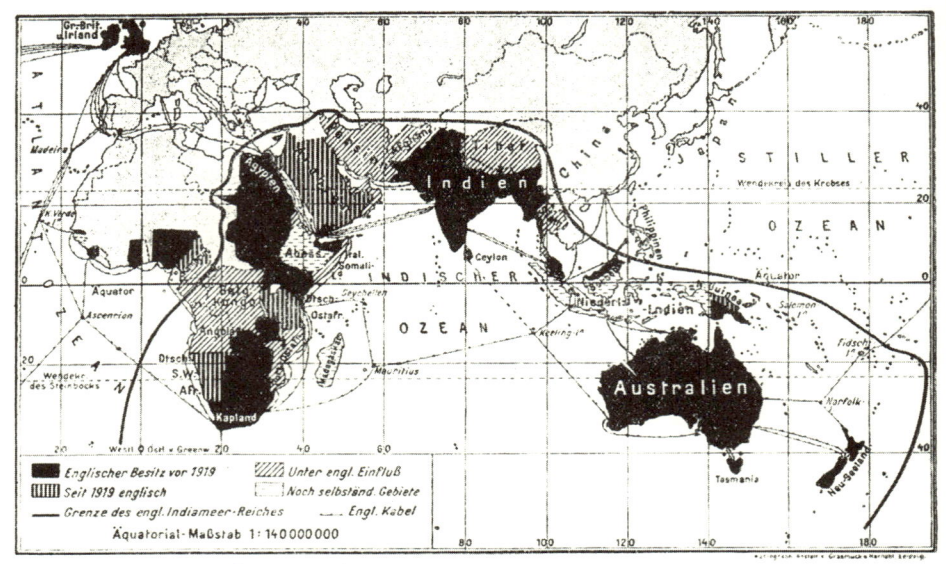

イギリスのインド洋帝国「イギリス海」。ドイツ領東アフリカの委任統治を担うことで、インド洋に対するイギリスの影響力は強まった。

## 結論

　ドイツ領東アフリカは、ドイツ植民地の代表となり、それは第一次世界大戦後、植民地を失ってからもその重要性は変わらなかった。熱帯植物の栽培、そしてその研究において重要な拠点であり、自生していたコーヒー、サイザル麻のみならず、綿花の栽培も次第に軌道に乗った。また住民の統治に関しても、マジマジ蜂起以降は文化的統治も進み、アスカリから編成された保護軍も機能していった。一方で、その植民地が果たしていた経済的な役割は、ドイツ本国にとって大きいものではなく、鉄道建設といった社会資本の整備は、多額の借款を作っていった。また民族蜂起鎮圧に伴う住民移動、プランテーション経営に伴う働き手の喪失、金納のための季節労働・出稼ぎ労働は、既存の社会構造を崩壊していった。ヴィスマンからゲッツェンに至るまでの武断政治では、焦土作戦の結果、村ごと住むことが不可能になる地域も出現し、地域的な住民の勢力図は大きく変化した。植民地改革期においては、経済的介入が進

み、金納が普及する中で、それまでの自給自足的な社会が解体し、貨幣経済に飲み込まれていくことになったのである。また間接統治がとられていた西北地域では、逆にその地域に存在する社会構造をヨーロッパ的視点から固定して、支配するツチ人、支配されるフツ人という構造を作り上げ、現在のルワンダ内戦の遠因を作ったのであった。

フランスの植民地兵。アフリカだけではなく、ベトナムの住民からも編成されている。

　最後に二つ述べておきたい。第一次世界大戦直前には、ドイツ領東アフリカの存在は、地政学的に強調されることになった。当初、ペータース達が想定した東アフリカが南スーダン、ケニア、コンゴを含む領域であったように、東アフリカの位置づけは、隣接するイギリス領東アフリカ、イギリス領ウガンダ、ベルギー領コンゴと密接にかかわるものだった。再度、東アフリカ植民地を拡張しようとする動きは、第二次モロッコ事件の後に植民地再分割が叫ばれる中で盛んになった。特にアフリカの東側は、縦断政策の下、イギリスの植民地で占められており、イギリス領インド、イギリス領マラッカ海峡植民地、オーストラリア、ニュージーランドも加えると、インド洋は、イギリスの支配する閉鎖的な海域となっていた。この「イギリス海（Englische Meere）」に対する「閂（Riegel）」として、東アフリカの維持・補強が要求されたのである。これを主張したのは、フランツ・シュトゥールマン、アルフレート・ツィングラフ（カメルーンで活動した探検家オイゲン・ツィングラフ Eugen Zintgraff の息子、『ドイツ東アフリカ新聞 Deutsch-Ostafrikanische Zeitung』の編集者）や、アルトゥール・ディクス（Arthur Dix）といった地政学者だった。彼らにとって、大戦中の海上封鎖のような事態に直面した際に、その東アフリカを支えるのは、その背後にあり、豊富な資源・人員を擁したベルギー領コンゴであり、ひいては熱帯地域を統合した中央アフリカ（Mittelafrika）なのであった。

　また、第一次世界大戦中のドイツ領東アフリカでの戦闘の経験は、その後の植民地における住民政策を大きく変化させた。それまで、ドイツでは、非ヨーロッパ人の利用は単純作業に限定させ、植民地列強間の連携を重視する人種主義的傾向があった。東アフリカの植民地改革期において

参戦していたインド人兵士

も、植民地省は、住民に技術を教え、工業の発達を促すことはしなかった。ダルエスサラームにいくつかの工場がある程度で、植民地は基本的に原料を供給する地域と見なされていたのである。大戦前の植民地再編構想も、ポルトガル植民地、ベルギー植民地の分割をめぐる英独間の外交交渉といったように、ヨーロッパ間の問題として解決しようとしていた。しかし大戦中にはその連携が崩れ、白人同士が戦うことになり、植民地の住民の前で、ヨーロッパ人が捕虜として連行される光景も多くみられるようになった。また長引く戦争の中で、人員物資の不足から、イギリス・フランスが、欧州戦線に、インドやセネガルといった植民地の住民を投入し始めると、ドイツでは神聖なヨーロッパの戦争を穢すものとして批判が高まった。この中で、人種主義的な区別を科学的に検証する動きが促進される一方で、ヨーロッパ間の国際協調ではなく、自国と植民地間の連携を強め、植民地の住民を一層活用していくことが同盟国で主張されるようになった。その際に東アフリカの住民から組織された戦闘部隊・支援部隊の活躍は、大々的に宣伝され、そのような有用な住民を育成し、指導していく植民地統治が求められていったのである。

（注1）ドイツ植民地における化石発掘

タンザニア南部にあるジュラ紀後期のテンダグル層（Tendaguru）
では、恐竜の化石の発掘が盛んであった。ドイツの古生物学者エーバー
ハルト・フラース（Eberhard Fraas）が当初、1907年に調査を行い、
後に大規模な調査団がフンボルト博物館（Museum für Naturkunde
自然博物館）によって編成された。古生物学者・地質学者ヴェルナー・
ヤーネンシュ（Werner Janensch）の参加した、この調査団は、ブ
ラキオサウルス（Brachiosaurus）のほぼ完全な骨格の化石を発見
し、彼はエラフロサウルス（Elaphrosaurus）といった恐竜の名付け
を行った。ヤーネンシュとともに1909年から1912年にかけて調査を
行った古生物学者エドヴィン・ヘニッヒ（Edwin Hennig、交通学者
リヒャルト・ヘニッヒ Richard Hennig の弟）は、ケントロサウルス
（Kentrosaurus）の化石を発見しており、1915年に名付けを行った。
後に、人の化石を発見するドイツの古生物学者ハンス・レック（Hans
Reck）も、テンダグルでの恐竜の化石収集に参加していた。これら
の調査に基づく化石の多くは、フンボルト博物館に収蔵されている。
第一次世界大戦後、委任統治期にイギリスも調査隊を派遣し、引き続
き発掘が行われた。

テンダグル層における化石

この調査中に、人類の誕生にかかわる化石の発見も相次いでいた。
特にドイツ領東アフリカ北部で、セレンゲティ国立公園（Serengeti
National Park）の東、そしてケニアのナイロビの西南に位置するオ
ルドヴァイ（Olduvai）渓谷においては、ナチ党の時代に、古生物学
者によって、猿人の化石が発掘された。オルドヴァイのラエトリ
（Laetoli）において、1938年から1939年にかけて、アウストラロピ
テクス・アファレンシス（Australopithecus afarensis、アファール猿
人）の化石が、医師で、古生物学者のルートヴィヒ・コール・ラーゼ
ン（Ludwig Kohl-Larsen、植民地修正主義運動に参加していた）によっ
て発見されたのである。その化石の価値は、オーストリアの人種主義
者ヴォルフガング・アーベル（Wolfgang Abel、彼の父は古生物学者
オテニオ・アーベル Othenio Abel）によって指摘され、さらにエドヴィ
ン・ヘニッヒといった古生物学者によって、第二次世界大戦後、宣伝
されていった。

テンダグル層における化石

テンダグルにて骨を運ぶキャラバン

また1959年、イギリスの古人類学者ルイス・リーキー（Louis
Leakey）とメリー・リーキー（Mary Leakey）夫妻がアウストラロ
ピテクス・ボイセイ（Australopithecus boisei、ジンジャントロプス・
ボイセイ Zinjanthropus boisei として有名）の化石人骨（完全な頭骨）
と原始的な石器を発見した。ルイスは、1913年にオルドヴァイで化
石人骨を発見していたハンス・レックと面識があり、後に共同でタン
ザニアにおいて調査を行っていた。その後、ルイスは猿人と原人の中
間的な存在であるホモ・ハビリス（Homo habilis）の化石も発見した。
発掘された骨の一部は、現在、ダルエスサラームのタンザニア国立博
物館（National Museum of Tanzania）にあり、リーキー夫妻が1959
年に発見したボイセイの頭蓋骨もここに展示されている。

テンダグル層における化石

ドイツ領東アフリカは、恐竜、人類進化の研究にとって最重要
の場所となったが、古生物学研究における定向進化（Orthogenese、

ベルリンの自然史博物館にて展示さ
れる、東アフリカから発掘された化石

ザンジバル（破壊される前のスルタンの屋敷が写っている）

Orthogenesis）への信奉は、ナチ党の優生学を補強するものとして、歪曲して利用されることになった。

ザンジバル

ザンジバルのスルタンの宮殿と停泊地

ザンジバル

**（注2）ザンジバル**

　1856年にサイードが没した後、彼の後継者争いが起こり、結果、マージド・ビン・サイード（Majid bin Said）がザンジバル・スルターン国（Sultanate of Zanzibar）の最初のスルタンとなった。彼は東アフリカにおける奴隷貿易を強化したが、イギリスの圧力は強まり、奴隷の商取引が禁止されていく。

　次のバルガッシュ・ビン・サイード（Barghash bin Said）の代に、ペータースやドイツ帝国指導部と交渉が始まり、ハリーファ・ビン・サイード（Khalifah bin Said）の代に、ドイツ東アフリカ会社にザンジバルの対岸地域を割譲することになる。さらにアリー・ビン・サイード（Ali ibn Said）の代に、ヘルゴラント＝ザンジバル協定（Helgoland-Sansibar-Vertrag）が結ばれ、東アフリカ大陸部分の領土を独英に手放すことになり、さらにザンジバル諸島もイギリスの保護国とされた。

　しかしイギリスの保護領となった後も、引き続きザンジバルは、通商・海軍拠点として大きな役割をもっており、ドイツは影響力の行使の機会を窺っていた。1896年にザンジバルとイギリスの間でイギリス・ザンジバル戦争（終了までの時間が最短の戦争として知られる）が勃発し、敗北し、亡命したハーリド・ビン・バルガッシュ（Khalid

ザンジバル戦争で破壊されたスルタンの屋敷

bin Barghash）をドイツは引き入れた。アブシリの反乱の際に示され
たスルタンの影響力を考慮しての処置でもあり、彼は協商国軍に占領
される第一次世界大戦までドイツ領東アフリカにおいて生活すること
になった。

### （注3）イギリス会社と資本の影響

　イギリス東アフリカ会社（Imperial British East Africa Company、
IBEA）は、イギリス領東アフリカを統治した会社であり、ベルリン

アリー・ビン・サイード

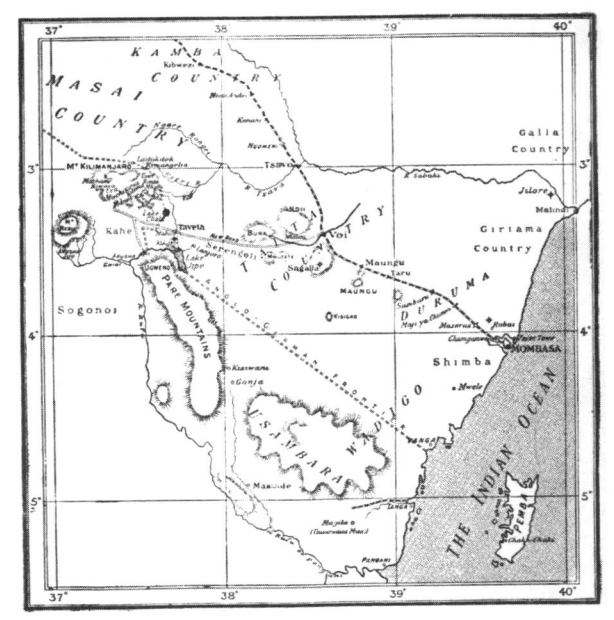

ウガンダ鉄道の路線図

ハリード・ビン・バルガッ
シュ

5. Kapitel Ostafrika

カンパラ（Kampala、現在のウガンダの首都）においてイギリス東アフリカ会社の旗を降ろし、ユニオンジャックを揚げようとする瞬間

ウガンダ鉄道

ムワンガ2世（ブガンダ国王）

会議の後に 1888 年に創設された。スコットランドの海運会社である英領インド汽船会社（British India Steam Navigation Company）の経営者ウィリアム・マッキノン（William Mackinnon）が特許を受けて設立した。当初はザンジバルの勢力下の東アフリカの沿岸部をドイツとともに分割し、その後は上述のエミン・パシャ救出と言う名目も利用しつつ、肥沃な土地が広がるウガンダまで勢力を伸ばした。スワヒリ商人の交易ルートに沿って、沿岸部のモンバサからビクトリア湖への鉄道を敷設し（ウガンダ鉄道 Uganda Railway）、広大な土地の開発も進めた。

しかし資本が脆弱であり、加えてブガンダ王国のカバカ（Kabaka、王の称号）、現地に浸透していたキリスト教の団体（カトリック、プロテスタント）との摩擦も起こり、対処が不可能となった。すでにウガンダに向けては北の赤道州からイギリスの侵攻が開始されていたが、ブガンダでは中央集権も進み、官僚機構も整備されており、イギリスを翻弄しつつ、王権を維持していた。またブニョロ王国では侵攻を撃退し、併合の試みは失敗していた。ブニョロは、イギリス東アフリカ会社の遠征軍に対しても、激しく抵抗し、会社は軍事費捻出が課題となった。そのため、ドイツ東アフリカ会社と同じく、イギリスが代わって、ブガンダ、ブニョロをはじめとするウガンダ地域を直接保護領として統治することになった。

### （注4）ドイツ統治下のルワンダ

ルワンダには、1907 年からユダヤ人の医者で探検家のリヒャルト・カント（Richard Kandt）が領事として赴任した。彼は今のルワンダ

の首都キガリ（Kigali）を建設し、彼の事務所は、現在カント・ハウス自然史博物館（Kandt House Museum of Natural History）となっている。彼も同地域の状況を、ツチの封建的支配体制とみなし、ツチの統治を安定させ、維持する間接統治を想定していた。

リヒャルト・カント

### （注5）シュピネライの現在

同社は、第一次世界大戦後、アフリカの綿花事業からは撤退し、第二次世界大戦後、競争に敗れ、廃業する。現在は、ライプツィヒの工場跡がシュピネライ（spinnerei）というギャラリーや工房として利用され、新ライプツィヒ派（Neue Leipziger Schule）の拠点として知られている。

ツチ人の体操（走り高跳び）

### （注6）最古の貨物船

砲艦グラーフ・フォン・ゲッツェンは一度ベルギーに引き上げられたが、嵐で再度沈み、次に東アフリカを委任統治することになったイギリスによって再度引き揚げられた。修理し、船名を「リエンバ（Liemba）」に改めて1927年5月16日から貨客船としてタンガニーカ湖での運航を開始し、現在も世界最古の貨客船として運航している。キゴマとムプルング（Mpulungu、ザンビアの北部の都市で、唯一の港でもある）間を航行しており、近年では、野生のチンパンジーが観察できるマハレ山塊国立公園（Mahale Mountains National Park）に向かう際に利用される。イギリスの小説家セシル・スコット・フォレスター（Cecil Scott Forester）原作の映画『アフリカの女王（The African Queen)』に出てくるドイツ砲艦「ルイザ号（Königin Luise)」のモデルでもある。

グラーフ・フォン・ゲッツェン

| 帝国弁務官（Reichskommissar） | | |
|---|---|---|
| 1885-1889 | カール・ペータース | Carl Peters |

| 総督（Gouverneur） | | |
|---|---|---|
| 1889-1891 | ヘルマン・フォン・ヴィスマン | Hermann von Wissmann |
| 1891-1893 | ユリウス・フォン・ゾーデン | Julius von Soden |
| 1893-1895 | フリードリヒ・フォン・シェーレ | Friedrich von Schele |
| 1895-1896 | ヘルマン・フォン・ヴィスマン | Hermann von Wissmann |
| 1896-1901 | エドゥアルト・フォン・リーベルト | Eduard von Liebert |
| 1901-1906 | グスタフ・アドルフ・フォン・ゲッツェン | Gustav Adolf von Götzen |
| 1906-1912 | ゲオルク・アルブレヒト・フォン・レッヒェンベルク | Georg Albrecht von Rechenberg |
| 1912-1918 | ハインリヒ・アルベルト・シュネー | Heinrich Albert Schnee |

| 保護軍司令官（Kommandeure der Schutztruppe） | | |
|---|---|---|
| 1891-1891 | エミール・フォン・ツェレウスキ | Emil von Zelewski |
| 1893-1895 | フリードリヒ・フォン・シェーレ | Friedrich von Schele |
| 1895-1897 | ロタール・フォン・トロータ | Lothar von Trotha |
| 1897-1901 | エドゥアルト・フォン・リーベルト | Eduard von Liebert |
| 1901-1906 | グスタフ・アドルフ・フォン・ゲッツェン | Gustav Adolf von Götzen |
| 1907-1914 | クルト・フォン・シュライニッツ | Kurt von Schleinitz |
| 1914-1918 | パウル・フォン・レットウ＝フォアベック | Paul von Lettow-Vorbeck |

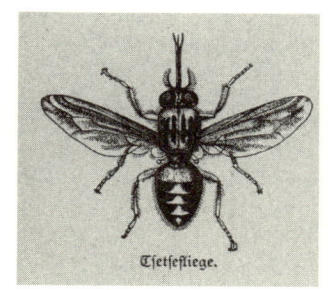

ツェツェバエ

## コラム4

## ドイツ植民地における医療と支配の正当化

　植民地各地においては、医学処置が投入され、それは文明の象徴として、宣伝された。特に東アフリカで調査を行い、マラリア、眠り病における措置に貢献した。一方で、それらの医学での研究は、ナチスにおける人体実験に関わっていくことになる。

### 熱帯病の研究機関

　ドイツが植民地を得た地域では、ツェツェバエ（Tsetsefliegen）が媒介する寄生性原虫トリパノソーマ（Trypanosoma）によって引き起こされる眠り病が深刻化しており、またマラリア、それに伴う黒水熱（急性赤血球崩壊症、ヘモグロビン尿、黄疸、嘔吐などを発症する）は植民地の内地開発の障害となっていた。人間はもちろん、家畜が熱帯病にかかり、牛車といった移動の手段も限定されていたのである。そのため医学は早くから、住環境、交通インフラの整備を促進する役割を期待されていた。

マラリア原虫を媒介する蚊

　すでに 1891 年には、プロイセン感染症研究所（Preußisches Institut für Infektionskrankheiten、その一部が現在のロベルト・コッホ研究所 Robert Koch Institut）、1900 年には船員・熱帯病研究所（Institut für Schiffs- und Tropenkrankheiten、現在のベルンハルト・ノホト熱帯医学研究所 Bernhard Nocht Institute for Tropical Medicine）が設立され、熱帯病への調査・対策が進んでいった。現地でも 1902 年に設立された東アフリカにアマニ研究所（アマニ生物・農業研究所、Biologisch-Landwirtschaftliches Institut Amani）では、各種薬用植物、特にキニーネ（Chinin）の原料となるキナノキ（Chinarindenbaum）の栽培も行われ、内地への探検が可能になった。さらには東アフリカのヴィクトリア湖のような湿地地帯で、伝染病を媒介する蚊、そして熱帯雨林といった地域に生息するツェツェバエの根絶、刺されない環境づ

船員・熱帯病研究所（ハンブルク）

307

船員・熱帯病研究所（ハンブルク）

ベルンハルト・ノホト（Bernhard Nocht）。熱帯医学者、衛生学者で、ハンブルク植民地研究所のメンバーでもある。

テューリンゲンの医療機関

くりも始まった。

## 植民地支配と衛生政策

　植民地相デルンブルクの時代になると、住民を労働力として維持する統治改革が行われ、衛生政策も推進されることになる。熱帯に関する研究機関は拡張され、キニーネ以外にもクスノキ（Kampferbaum、樟脳 Kampfer の原料）、ユーカリ（Eukalypten、抽出された油は医薬品）、インドセンダン（Niembaum、薬用ハーブとして利用され、虫除け効果がある。インド原産の常緑樹で、英名の「ニーム」で知られる）、アロエ（Aloen）、ケシ（Mohn モルヒネ Morphium の原料）といった植物の栽培が研究された。バイエルのような薬物を取り扱う化学メーカーとも連携しつつ、熱帯医療の拡充が進み、居住範囲も拡大していった。またアフリカ、太平洋で行われた調査遠征では、医者も同行して、医学的な研究も重要な目的に位置づけられた。熱帯病病院も設置されていき、これらの医療的な成果は、現地への住民への恩恵を与えたとされ、大々的に植民地主義団体に宣伝され、文明化の使命を支える物となった。

## 植民地医療と人種主義

　しかし現地に配置された医師の数は少なく、ヨーロッパの入植者を対応するだけで人数が足りないほどだった。また住民の病院は、ヨーロッパの入植者の病院とは隔離されていた。カメルーンのドゥアラのように、ヨーロッパの入植者の衛生面を改善するために、現地の住民を立ち退かせ、居住空間を隔離する政策もとられた。さらにマラリア、天然痘といった現地で既に存在した病気への治療は行われたが、結核、梅毒、麻疹、インフルエンザといったヨーロッパの持ち込んだ病気も多く、大きな被害を出していた。

　反乱を起こし、ドイツ軍の捕虜となった住民は、オイゲン・フィッシャー（Eugen Fischer）といった医者によって研究の対象となった。さらにフィッシャーは、ヘレロ・ナマの反乱後、バスター（Baster）の研究を行っていたが、混血への権利付与を否定し、現地の住民との結婚を禁止した。ドイツの血統主義に伴う権利の付与を認めず、混血児

をそれ以上生み出さないことを推薦し、それは不妊措置にもつながった。その推薦は 1912 年に、全植民地を通して採用された。彼の純粋な血統重視の考え方は、ニュルンベルク法（Nürnberger Gesetze）に繋がることになった。

## 第一次世界大戦後に行われた植民地医療の業績の強調

　第一次世界大戦後、植民地を喪失したが、予防接種の実施、病院の設置、キニーネ、モルヒネ、アスピリン、ゲルマーニンといった医療における成果は、時間軸を前後していても、ドイツ植民地返還要求の根拠として過大に宣伝された。また東アフリカにおけるアマニ研究所を始め、一部の試験場はその後も残存し、ドイツに引き上げた医者も各機関で再び研究を行った。そこでは人種主義的視野が温存され、後のナチ党の優生学（Eugenik）を展開する土壌ができていった。第一次世界大戦中にヨーロッパに投入され、その後も駐留していた協商国の植民地軍も、混血と絡めて批判された。特に西南アフリカのオイゲン・フィッシャーの著作は、ナチ党の人種論を科学的に補強する役割を果たし、東アフリカで熱帯病の研究を行っていたクラウス・シリング（Claus Schilling もしくは Klaus Schilling）といったメンバーは、その後、ナチスの強制収容所における人体実験に関わっていく。

ウサンバラのキナノキ

マラリア予防のための蚊帳

テューリンゲンにおける熱帯病のサナトリウム（写真の上の建物）

東アフリカのクヴァイ試験場のユー
カリ

フリードリヒ・プレーン
（Friedrich Plehn）。熱帯医
療に関わり、マラリアの研
究を行った医師。カメルー
ンと東アフリカでは政府の
医師として活動。彼の弟
のアルベルト・プレーン
（Albert Plehn）も同様に
熱帯医療に関わった。

クラウス・シリング（座っている人
物）

樟脳

衛生学の展示において、眠り病の区画

クラウス・シリングの住んでいた場
所（ダルエスサラーム）

ユーカリ

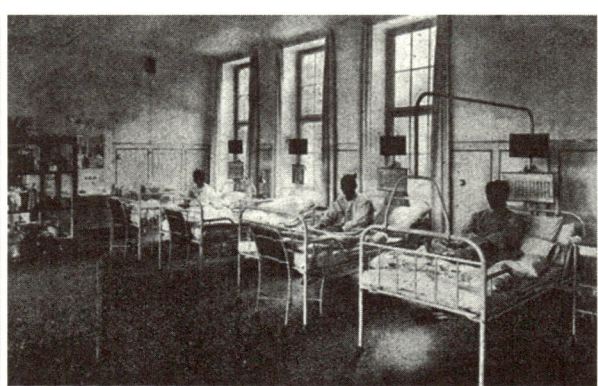
熱帯病の研究所における有色人種用の病室。

# 第六章

Südseeschutzgebiete

# 太平洋植民地

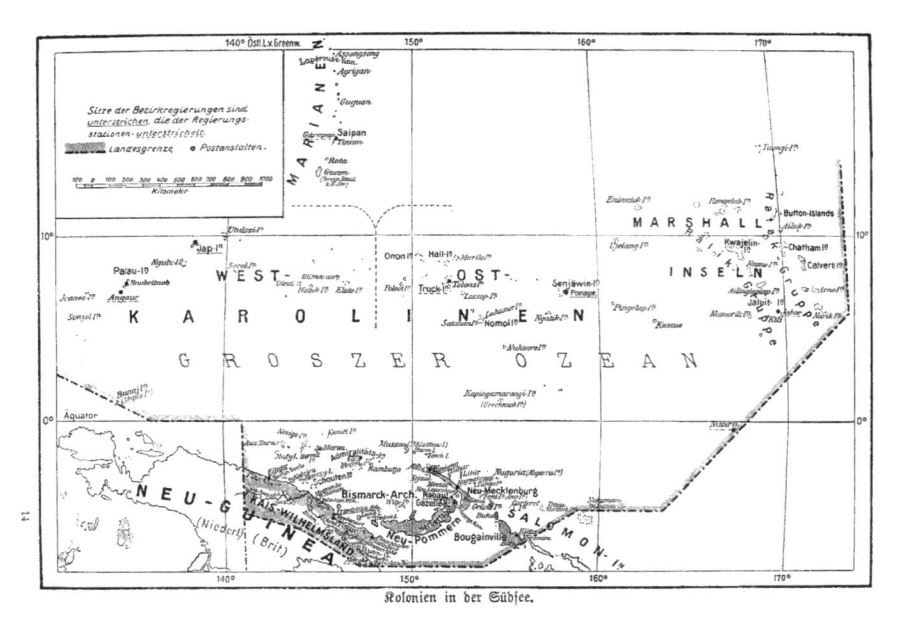

Kolonien in der Südsee.

最終的な太平洋植民地（サモアを除く）

　ドイツ植民地において太平洋植民地は特異な位置を占める。陸地の面積は合計約25万平方キロメートルであり、ドイツ領アフリカと比べて規模は小さかったが、2000をこえる島々を包括する海域は広大であり、主要な交通拠点を含んでいた。陸地・人口の少なさは、プランテーションを行う際の懸念材料だったが、熱帯・亜熱帯気候でのみ栽培可能なココヤシは、ドイツの必須の原料として重点的に生産されることになる。ナウル、アンガウル島のリン鉱石も、主要な化学肥料として注目を浴び、採掘されていくことになる。また各諸島の住民を直接把握するのは困難であり、首長を介した間接統治の形式がとられたが、それは後の日本の南洋統治に影響を与えることになる。

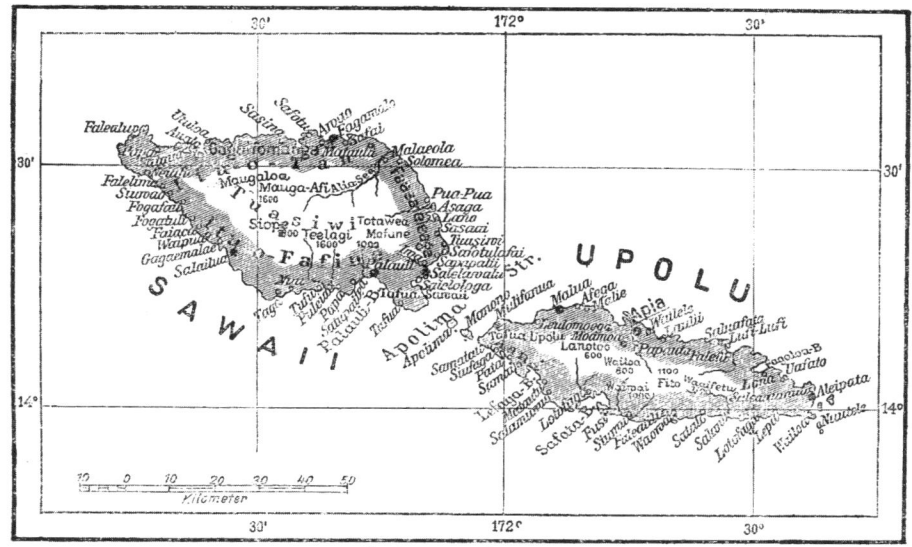

Karte von Samoa.

ドイツ領サモア

## ÜBERSICHTSKARTE VON OST-NEU-GUINEA & DEM BISMARCK-ARCHIPEL.

Maßstab 1:10.000.000

Geograph. Anstalt von

Wagner & Debes, Leipzig.

ドイツ領ニューギニアとビスマルク諸島拡大図

サモアにおける火山活動

サモアにおける火山活動

ジャルート環礁

ミリ環礁（マーシャル諸島）

# 植民地化以前の太平洋

　太平洋植民地は、ドイツ領ニューギニア、ドイツ領サモアを組み合わせた概念であり、それは現在のメラネシア（ニューギニア島、ビスマルク諸島、北ソロモン諸島）ミクロネシア（マーシャル諸島、マリアナ諸島、カロリン諸島）、ポリネシア（サモア）に跨っていた。

### 地理的特徴

　太平洋植民地の地域の特徴は、陸ではなく、海を中心とした地域ということである。ニューギニア島東北部といった陸地があるものの、多くは無数の島々で構成されており、火山活動から形成された火山島（サモア諸島）、珊瑚から形成された環礁（マーシャル諸島）、隆起珊瑚礁（ナウル島）といった島々がある。これらの地域は熱帯雨林気候に属し、高温多湿であった。火山島の土壌は耕作に適しており、生育する植物が限られる環礁、隆起珊瑚礁では漁業が盛んであった。ナウル島、アンガウル島のようにリン鉱石を産出する地域もあり、豊かな天然資源を擁していた。

### 住民

　これらの地域には、時間をかけ、人が移住していく。現在、これらの地域はメラネシア、ミクロネシア、ポリネシアと区切られているが、文化的・言語的な共通点があるのは最後のポリネシアのみで、それ以外の地域間の差異は大きい。ミクロネシアのカロリン人、チャモロ人、ポリネシアのサモア人の中には、地域的な統一を進める集団もあり、カロリン諸島のポナペ島では階層制も形成していた。しかし 16 世紀となり、欧米の進出が開始され、19 世紀の太平洋分割によって、その社会発展の過程は中断されることになる。

### 商社の介入

　まずドイツ領ニューギニアであるが、この地域には商人、特にハンブルクのヨハン・セザール・ゴドフロワ商会

太平洋における漁師

マトゥピにおけるヘルンスハイムの在外支社

ヨハン・セザール・ゴドフロワ
（Johan Cesar Godeffroy）。ドイツの商人で、南海王と呼ばれた。ゴドフロワ博物館（Museum Godeffroy）の創立者。

サモアのコプラ

エドアルト・ヘルンスハイム
（Eduard Hernsheim）。ヘルンスハイム商会の創業者の一人。

　（Johann Cesar Godeffroy & Sohn、18 世紀にフランスから亡命してきた新教徒ユグノーの子孫が設立）が経済活動を開始していた。同社は 1857 年以降、サモアにすでに交易の拠点を置いており、ニューギニア島への進出も進めたのである。貿易の主商品にコプラ（ココヤシの果実の核の胚乳を乾燥させたもの）であり、これは当時の油脂作物の中で特に重視されている製品の一つであった。ヤシ科（アブラヤシ、ココヤシ、ナツメヤシ）は熱帯でしか栽培できず、主要な油脂作物として重要視されていたのである。

　また、1877 年には、ハンブルクの商社ヘルンスハイム商会（Hernsheim & Co）がノイポンメルン島（Neupommern、現在のニューブリテン島 New Britain）のマトゥピ（Matupi）に拠点を築き、太平洋の貿易網を拡大させていった。同社は、さらにカロリン諸島のヤップ島（Yap）、マーシャル諸島のジャルート環礁（Jaluit）を拠点として、ココヤシを栽培し、コプラをヨーロッパへ輸出していった。

　以上のような経済的な支配の一方で、領域的な支配は限定的な物にとどまり、1380 年以前における太平洋地域の領域画定は明確なものではなかった。熱帯病とされるマラ

マトゥピのヘルンスハイム商会

マトゥピの港

マトゥピの港

マトゥピの港への入口

ヘルンスハイム商会の在外支社

マトゥピにおけるヘルンスハイム商
会の労働者

リアなどの対策はまだ十分ではなく、長期滞在に適した土地も少なかったためである（後にキニーネの使用により、熱帯での活動範囲が広がり、かつ現地の住民に医療行為を施すことで、信用を獲得していった）。その中でドイツ系商社は経済開発に熱心であり、ニューギニア島北岸、そしてノイポンメルン島などでプランテーション経営を開始していた。

ドイツ貿易プランテーション会社の
監視・居住用の小屋

アピアのドイツ貿易プランテーション会社

## 領域画定

　1871年のドイツ統一後、帝国宰相ビスマルク（Otto
von Bismarck）は、植民地政策における摩擦を憂慮して
いたが、国民自由党（Nationalliberale Partei）、自由保守
党（Freikonservative Partei）などは、植民地獲得に乗り
出すように示唆しており、民間での植民地獲得への要望も
強くなっていた。ビスマルクは、次第に上記の層の支持を
必要とし始め、当時焦点となっていた太平洋の植民地分割
に乗り込むことになる。ゴドフロワ商会は、経営不振か
ら、1878年にドイツ貿易プランテーション会社（Deutsche
Handels- und Plantagen-Gesellschaft）を立ち上げるも、
イギリス系商社の攻勢に耐えることができず、ドイツ帝国

ドイツ貿易プランテーション会社の
職員の住居

指導部に援助を求めていた。同社の拠点であるサモアがイ
ギリスの勢力圏に入ることを危惧したビスマルクは、1880
年、それまでの植民地獲得消極策を転換し、サモアをド
イツの保護領にする案（サモア法案 Samoa-Vorlage）を議
会に提出した。議会はこれを否決したが、その支援の提
案自体が、イギリス、フランスを刺激し、太平洋分割が
加速させることになる。さらに1884年には郵船補助金法
案（Dampfersubventionsvorlage）が提出され、東アジア、
オーストラリア、アフリカへの郵船網の拡大が唱えられた
が、これはビスマルクの積極的な植民地獲得政策への転換

オーエンスタンリー山脈

オットー・フィンシュ
(Otto Finsch)。
ドイツ人の民俗学者・探検
家で、後の太平洋植民地
となる地域の探検を行う。
フィンシュハーフェンは、
彼にちなんで命名された。

ラム川探検の部隊

をも示していた [注1]。

## ニューギニア島・ビスマルク諸島・北ソロモン諸島

　まずニューギニア島であるが、同島は、その地域の住民を配慮せず、オランダ、ドイツ、イギリスの間で分割されることになる。西半分は、1828 年にオランダが領有を宣言しており、1884 年には残った東半分を分割する協定が英独間で結ばれた。ニューギニア東部をオーエンスタンレー山脈（Owen Stanley Range）、ビスマルク山脈（現在のビスマーク山脈 Bismarck Range）で南北に分け、北半分をドイツ、南半分をイギリスが獲得した。

　ニューギニア島東北部は、カイザー・ヴィルヘルムスラント（Kaiser-Wilhelmsland）と名付けられ、フィンシュハーフェン（Finschhafen）が、当面の政庁所在地（Verwaltungssitz）としておかれることになる。ただし、ヨーロッパ諸国家に分割されても、開発がすすめられたのは沿岸部であり、内陸部の状況は明確ではなかった。

　そのためドイツ統治下において、1898 年に行われたラム川（Ramu）の探検、1912 年から 1913 年にかけて行われたセピック川（Sepik）の探検のような地理的・民族誌的調査が進められることになる。特に後者は、植民地省、植民地団体、博物館の支援の下で、総督ハールや前統治者で、副総督のゲオルク・フォン・シュライニッツ（Georg von Schleinitz）、オーストリアの民族学者リヒャルト・トゥルンヴァルト（Richard Thurnwald）も参加し、大規模に行われた。第一次世界大戦後、オーストラリア統治下に入り、1930 年代になると内地の状態がさらに明らかになった。

　ニューギニア島の分割の際、ビスマルク諸島、北ソロモン諸島は、ドイツ側の勢力範囲に入り、ノイポンメルン島、ノイメクレンブルク島（Neumecklenburg、現在のニューアイルランド島 New Ireland）、ノイハノーバー島（Neuhannover、現在のニューハノーバー島 New Hanover Island）、ノイラウエンブルク（Neulauenburg、現在のデューク・オブ・ヨーク諸島 Duke of York Islands）などがビスマルク諸島を形成することになる。特にノイポンメルン島には、のちの行政の中心ヘルベル

トヘーエ（Herbertshöhe、現在のココポ Kokopo）、シンプソンハーフェン（Simpsonhafen、現在のラバウル Rabaul）が置かれることになる。

　この地域は、植民地省の支援で、地理学者、民族学者カール・ザッパー（Karl Sapper）と民族学者ゲオルク・フリーデリーツィ（Georg Friederici）の指導の下で、1908 年から行われた探検（Sapper-Friederici-Expedition）によって、プランテーション用の土地の捜索や地理学的調査が実施された。

ラム川探検

　またブーゲンビル島（Bougainville）、ブカ島（Buka）、チョイスル島（Choiseul）、サンタイサベル島（Santa Isabel）、オントンジャワ環礁（Ontong Java）という北ソロモン諸島は、ドイツ領ニューギニアに組み込まれることになった。しかしドイツ帝国指導部は、1899 年にサモアをドイツ・アメリカ合衆国で分割し、西サモアを領有する際に、イギリスの承認と引き換えに同諸島を放棄することを了承した。ソロモン諸島全島はイギリスの保護領となったが、1899 年に締結されたサモア条約（Samoa-Vertrag）では、ブーゲンビル、ブカ両島は、ドイツ領のまま留まった。これらの地域は 1914 年までドイツ領ニューギニアに属し、現在に至るまでソロモン諸島ではなく、ニューギニア島の行政区画と接続することになる。この恣意的な区分が、第二次世界大戦後にブーゲンビル島独立問題として表面化することになる[注2]。

セピック川（当時はオットー・フィンシュによってカイゼリン・アウグスタ川 Kaiserin Augusta-Fluss と命名されていた）探検の 参加者

ニューギニア会社がセピック川（Sepik）探検に際して提供した汽船

ニューギニアの住民の筌（「うけ」、魚道に設置し、獲物を誘い込んで捕獲する漁具）

セピック川探検の参加者の小屋

シンプソンハーフェン（ラバウル）

カール・ザッパー。アメリ
カ大陸中部で研究を行い、
火山学と言語学で有名。

ヘルベルトヘーエの統治拠点

北ソロモン諸島に位置するブカ島の
港付近を移動するカヌー

ヘルベルトヘーエへ向かう野外軌道付近のコプラ小屋

### マーシャル諸島

　ニューギニア島の東北に位置するマーシャル諸島においても 19 世紀半ばに英独の商社が拠点を築いていた。ゴドフロワ商会が 1873 年に、ヘルンスハイム商会が 1876 年に支店を開き、島の土地を接収し、ココヤシ栽培を行い、コプラの生産に着手した。しかしバーンズ・フィリップ社（Burns, Philp & Co, Limited）といったイギリス系商社の勢力が強まったため、ドイツは 1885 年にマーシャル諸島を保護領化し、1886 年には領事館官僚ヴィルヘルム・クナッペ（Wilhelm Knappe）が、同諸島がドイツの国家主権の下にあることを宣言した。これも英独による太平洋分割交渉の結果であり、ドイツはマーシャル諸島とナウルを、イギリスはギルバート諸島を領有することになった。マーシャル諸島への経済的な影響力を維持するため、イギリスは、同諸島における経済活動について門戸開放の原則を認めさせた。1886 年以降、マーシャル諸島は独自の行政単位として存在していたが、1906 年にドイツ領ニューギニアの行政下に組み込まれることになる。

ヴィルヘルム・クナッペ。のちに上海のドイツ総領事を務める。

### カロリン諸島・マリアナ諸島

　このように英独協定に基づく分割が進んだが、ミクロネシアにおいては、依然としてスペインが勢力を維持しており、ドイツ・イギリスの産業活動は警戒された。その勢力図が変化したのは、1898 年の米西戦争後になる。

　まずカロリン諸島であるが、ここでもドイツ系商社の経済活動は活発化しており、ヤップ島では、アメリカ合衆国の実業家デービッド・ディーン・オキーフ（David Dean O'Keefe）の勢力と対抗しつつ、諸島の貿易のシェアを奪っていった[注3]。ミクロネシアでのドイツ勢力への牽制として、スペインは関税をかけようとしたが、これは撤回を余儀なくされた。次にスペインは軍を出動させたが、ドイツも先んじて砲艦イルティス（Iltis）を出動させ、カロリン諸島を制圧し、一種触発の状態となった。1885 年の教皇レオ 13 世（Leo XIII.）の裁定によって、対立していたドイツとスペインの利害関係は調整され、カロリン諸島の領有権はスペインに認められたが、ドイツはミクロネシア全

レオ 13 世

パラオ諸島の住居

アピアにおけるアウグスティン・クレーマー（写真の中央の人物）

パラオのクラブハウス

マリアナ諸島のロタ島

域において、自由な経済活動と航海が保障された。

　しかし米西戦争後の 1899 年、スペインは財政難のために、2500 万ペセタ（450 万ドル、1700 万マルク、100 万スターリング・ポンドに相当）で、スペイン領ミクロネシア（カロリン諸島、マリアナ諸島）をドイツに売却することになる。カロリン諸島は、パラオ諸島（Palau）、ヤップ島（Yap）、トラック諸島（Truk、現在のチューク諸島 Chuuk）、ポナペ島（Ponape、現在のポーンペイ島 Pohnpei）、クサイエ島（Kusaie、現在のコシャエ島 Kosrae）、サタワル島（Satawal）からなっており、ヤップ島からカロリン諸島の西側を、ポーンペイ島からカロリン諸島の東側を分割統治することになった。これらのカロリン諸島の政庁は、1907 年にマリアナ諸島、1911 年にマーシャル諸島の行政も管理するようになり、カロリン諸島の区長（Bezirksamtmann）は、ドイツ領ニューギニア副総督も兼ねつつ、総督を補佐することになった。

　マリアナ諸島もこの時に売却され、ドイツ領ニューギニアに組み入れられることになった。サイパン島（Saipan）、

テニアン島（Tinian）、ロタ島（Rota）などからなるマリ
アナ諸島は、アメリカ領となったグアム島を除いて、翌年
正式にドイツ領となった。

　これらのメラネシア・ミクロネシア地域は、ドイツ
の医師・民族学者ゲオルク・ティレーニウス（Georg
Thilenius）の主導で、ハンブルク学術財団（Hamburgische
Wissenschaftliche Stiftung）によって探検の準備が行われ
た。熱帯医学者、自然科学者フリードリヒ・フュレボーン
（Friedrich Fülleborn）の下でビスマルク諸島、医者、人
類学者、民族学者アウグスティン・クレーマー（Augustin
Krämer）の下でカロリン諸島の地理学的・人類学的調査
を行い、その調査結果はドイツに送られた。

フリードリヒ・フュレボー
ン。ハンブルク植民地研究
所にも所属。

　この結果、ドイツ領ニューギニアが領域的に成立し、そ
の後、各諸島を相互に関連付けた、ドイツの植民地経営が
進められることになる。

## サモアの内乱と分割交渉

　ニューギニアを中心とするメラネシア、ミクロネシアの
統治体制が確立する中で、ポリネシアに属するサモアがド
イツ領となる過程は、現地での有力者を擁立した帝国主義
国家間の争いを軸としていたため、より複雑なものとなっ
た。

マリエトア・ラウペパ（晩
年）

　この地域も19世紀にはドイツ系商社の活動範囲に入り、
1855年にはゴドフロワ商会の代理人として、アウグスト・
アンシェルム（August Unshelm）が、サモア諸島に到達し、
1857年にウポル島（Upolu）のアピア（Apia）に会社の支
店を開き、1861年には領事に任命された。さらに同社の
テオドール・ヴェーバー（Theodor Weber）は、アンシェ
ルムの後任として、1864年にドイツ領事になった。そして、
ウポル島に3万ヘクタールの土地を入手し、隣接するメラ
ネシアから労働力を調達し（1902年からは中国人労働者
を調達し、サモアに送り込むことになる）、ゴドフロワ商
社は、サモアにおけるココヤシや綿花のプランテーション
を拡大していった。しかしながら1870年代になってコプ
ラ価格が急落し、欧州での鉱山業の失敗等も重なり、同社
は、ドイツ帝国指導部の支援を求めた。ポリネシアにお

マリエトア・ラウペパ

パゴパゴ

けるドイツ勢力の後退を危惧したビスマルクは、1880年、支援を画策するも失敗する（サモア法案Samoa-Vorlage）。

　その頃のサモアの住民は王位をめぐる戦争を繰り広げており、欧米との近代兵器の取引も多かった[注4]。その取引の際に、代金としてサモアの広大な土地が売却されることになり、問題が続出した。その後、アメリカ合衆国のスタインバーガー（Albert B. Steinberger）と、マリエトア・ラウペパ（Malietoa Laupepa）によるサモアの自立性の維持も成功せず、その後のサモアの有力者は、それぞれドイツ・アメリカ・イギリスの3国に庇護を求め、それに乗じて各列強が利権を確保していった。特にドイツは西サモアのアピアの港を、アメリカ合衆国は、東サモアのトゥトゥイラ島（Tutuila）のパゴパゴ（Pago Pago）の港を保持していた。

　1887年、ドイツが動き、マリエトア・ラウペパを追放した上でツプア・タマセセ・ティティマエア（Tupua Tamasese Titimaea）を国王とする傀儡政権を樹立した。擁立した植民地行政官オイゲン・ブランダイス（Eugen Brandeis）は、武装警察をもって、王を防衛する一方で、人頭税の引き上げに対する抵抗を粉砕しようとした。これはサモアにおけるドイツの影響力を強めるものであり、米英を動揺させ、3国はそれぞれ軍艦を派遣し、自国の住民の安全を守るという名目で、サモアの政局を窺っていた。直前にマーシャル諸島での帝国弁務官（Kaiserliche Kommissare）を務めていたヴィルヘルム・クナッペ（Wilhelm Knappe）は、ブランダイスの後任として、赴任したが、サモア国内で緊張状態を作り、それはサモア戦争を招いた。彼は戦争状態を宣言し、ドイツ艦に襲撃させたのであるが、戦闘が開始される際に、猛烈な暴風雨がサモア諸島を襲い、アピア湾に停泊中だったドイツ艦とアメリカ艦が沈没した。戦力を失った両軍は休戦条約を結び、その直後に、事態の収拾のためドイツ・アメリカ・イギリスの3国は、1889年6月14日、ベルリンで協議し、ベルリン条約が結ばれた。ここで、法の維持、サモア人首長（ここではラウペパ）の勢力の尊重、欧米の自治組織の整備などが決められた。また懸案の土地問題も、ベルリン協議で

ツプア・タマセセ・ティティ
マエア

話し合われ、当面、土地売買を凍結し、伝統的土地所有制度を保護することになった。

その後、この取り決めを承認しないマタアファ・ヨセフォ（Mata'afa Iosefo）が 1893 年に挙兵したが、独英連合軍によって鎮圧され、追放された。しかし 1898 年、ラウペパが死亡すると、後継者をめぐる内紛が発生し、ヨセフォは追放先のマーシャル諸島からドイツの戦艦に乗って脱出し、ドイツの支援の下に権力を握ろうとした。イギリスとアメリカ合衆国は同盟を結び、ラウペパの息子（マリエトア・タヌマフィリ 1 世 Mal.etoa Tanumafili I.）を支援しつつ、ドイツが本拠地としていたアピアを攻撃した。それを機に、独米英は再び事態の収拾のため、1899 年 12 月 2 日にワシントンで協議し、サモアの分割を行った（10 月にはイギリスは勃発したボーア戦争への対処のために協議を途中で抜けることになる）。その結果、西経 171 度を境にして、ドイツはサモア諸島西部を、アメリカ合衆国は諸島東部をそれぞれ単独で保護領化した。一方でイギリスはサモアから手を引くかわりにトンガ諸島とソロモン諸島の領有を独米に認めさせた。

以上の過程を経て、ドイツ領サモアも領域的に確定し、ドイツ帝国太平洋保護領（Deutsche Schutzgebiete in der Südsee）の領域が形成された。ドイツ領ニューギニアとドイツ領サモアにはそれぞれ総督が置かれ、植民地統治が開始されることになる。以下、メラネシア、ミクロネシア、ポリネシアに属する各諸島での統治を一覧し、その特徴をまとめる。

マタアファ・ヨセフォ

マリエトア・タヌマフィリ
1 世

射的を使っての射撃を行うニューギニア会社の職員

ニューギニア会社の旗

ヘルベルトヘーエのニューギニア会社

## メラネシアにおける統治

　まずメラネシアに属する地域であるが、ニューギニア島、ビスマルク諸島、ソロモン諸島がそれに該当し、当初は商社による統治が開始された。ゴドフロワ商社、のちのドイツ貿易プランテーション会社の勢力は依然として強かったが、最終的に指導的な役割を果たすようになるのは、ニューギニア会社（Neuguinea-Kompagnie）である。同社は、銀行家アドルフ・フォン・ハンゼマン（Adolph von Hansemann）らが主導して、1882 年に作られた会社で、会社から地方長官（Landeshauptleute）を出して、ドイツ領ニューギニアの統治を行っていた。グスタフ・フォン・エルツェン（Gustav von Oertzen）とフリッツ・ローゼ（Fritz Rose）という帝国弁務官（Reichskommissar）が統治する期間はあったものの、ゲオルク・フライヘーア・フォン・シュライニッツ（Georg Freiherr von

Schleinitz）の長官就任から 1899 年にルドルフ・フォン・
ベニヒセン（Rudolf von Bennigsen）が総督に就任するま
では、ニューギニア会社の支配が続き、統治は商社の利益
に沿う形で行われた。総督が置かれ、企業による統治から
国家による統治が切り替わっても、行政官僚が同社の役員
を兼務していることは多く、経済的支配は継続したのであ
る。

　この期間に、現地におけるドイツ支配が強まり、経済
的な摩擦が起こっていった。特に太平洋を起点として大
きな勢力を誇っていた企業家エマ・フォーサイス（Emma
Forsayth、エマ・イライザ・コー Emma Eliza Coe、「ニュー
ギニアの女王エマ Queen Emma of New Guinea」、Emma
Forsayth として知られる。サモアのマリエトアの一族と
アメリカ領サモアの通商代表との間に産まれた娘）との衝
突は不可避となった。ドイツ人が 1890 年代に入植を開始
した際に、彼女はすでに肥沃な土地を所有して、プラン
テーション経営を行っており、経済的な脅威と映ったから
である。彼女はニューブリテン島のガゼル半島で土地を購
入し、ヘルベルトヘーエ（ココポ）の周辺で、ココナッツ
とココアの大規模な栽培を行っていた。太平洋におけるド
イツ領の画定が進む中で、エルツェン、地方長官ゲオル
ク・シュミーレ（Georg Schmiele）を始め、多くの統治者
が、土地と労働力となる住民をめぐり、所有・利用の規制
を加え、彼女の経済的・政治的基盤を削ごうとした。次第
に植民地列強との摩擦を危惧し、彼女は、ブランチブフト
（Blanchebucht、Blanchebai）周辺のプランテーションの
ほとんどをドイツのハンブルク南海会社（Hamburgische
Südsee-Aktiengesellschaft）に売却した。

　一方で、現地の住民に対する合理的な管理の推進のため
に、ドイツ領ニューギニアではアルベルト・ハール（Albert
Hahl）が総督として赴任していた時代（1902 年〜 1914 年）
に、植民地統治の改革が行われることになる。

フリッツ・ローゼ

ルドルフ・フォン・ベニヒ
セン。以前はドイツ領東ア
フリカにて、財務を管理し
ていた。国民自由党の創設
者の一人である政治家ルド
ルフ・フォン・ベニヒセン
は、彼の父。

アルベルト・ハール

カイザー・ヴィルヘルムスラントの警察部隊

## ニューギニア島、ビスマルク諸島、ソロモン諸島

フリードリヒ・ヴィルヘルム・ハーフェン。後ろに見える船は北ドイツ＝ロイド会社の郵便船。

　植民地官僚アルベルト・ハール（Albert Hahl）は、ポナペ島での東カロリン諸島の区長・ドイツ領ニューギニア副総督を務めた後、1902年からドイツ領ニューギニア総督となり、植民地統治に乗り出すことになる。

### ハールの統治機構

　まずドイツの公的な事務所を増やし、管理区域を拡大していった。当時、事務所は、ニューギニア島のフリードリヒ・ヴィルヘルム・ハーフェン（Friedrich-Wilhelms-Hafen、現在のマダン Madang）とノイポンメルン島のヘルベルトヘーエ（ココポ）に存在するだけであったため、ノイメクレンブルク島のカビエン（Kavieng）に事務所を開設し、随時配置していった。

ビスマルク諸島において道路建設を行う住民

　事務所の増設と同時に、現地の住民を介した共同統治

（Mitverwaltung）の実践にとりかかった。付近の村から「有色の地区管理責任者」である「ルルアイ（Luluai）」に任命し、間接的な統治をまかせた（ルルアイ・システム Luluai-System）。これは現地の住民と争うことを減らすために考案された管理であり、このルルアイを介して道路建設などを割り当てた。ルルアイは 1906 年、1907 年に導入された人頭税の 10% を自由にできた。これは民族の首長の伝統的な影響力を麻痺させ、植民地経済システムに住民を組み込むものだった。また警察官僚として、「トゥルトゥル（Tultuls）」を村に配備した。このような新たな役人を 1900 年までにガゼル半島（Gazelle-Halbinsel）とノイラウエンブルク島において、44 人任命していた。

ビスマルク諸島の警察部隊

ヘルベルトヘーエにおける有色人種の警察部隊の兵営

## 土地問題

　また土地問題は植民地政策の一つの主題となった。すでに土地の所有権の概念を持ち込まれ、広大な面積の村の土地、そして人の住んでいない土地の権利が、ヨーロッパ人のもとに握られていたが、ハールは、その整理に乗り出した。権利の留保された保護区を開放し、特に総督府がそれを購入し、再度、住民に返還することになった。約 5700 ヘクタールの土地が、ニューギニアの住民に振り分けられたものの、1914 年の段階で、なお約 1 万 3000 ヘクタールにもなる 70 の保護区が存在していた。結局、不明瞭な権利関係は残存することになり、土地紛争の原因となった。

ニューギニア会社のパプア人の労働者

## 労働力問題

　1900 年から 1909 年にわたり、入植者も増え、その農園の規模も拡大し、現地での労働力不足が顕在化してきた。賃金の上昇、長時間の労働、医療の福祉を踏まえ、村で若い男性の 1 割を労働力として徴発することになった。ノイメクレンブルク島、ガゼル半島、ブーゲンビル島の岸から徴発され、主な徴発場所であったノイメクレンブルク島では、1914 年では、男性の人口の 70% がプランテーションで働いていた。ハールは、強制労働を制限しようとしたが、その代替として、中国と東南アジアの労働者が募集された。これは 1890 年代にニューギニア会社が試み、ハー

ニューギニア会社の労働者

賃金支払いを待つプランテーションの労働者

6. Kapitel Südseeschutzgebiete

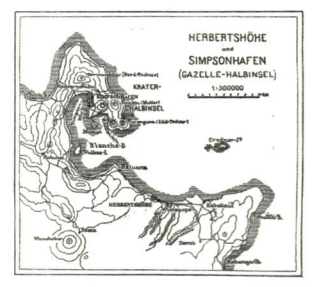

ガゼル半島。ノイポンメルン島の東北に位置する。

ノイメクレンブルク島の住民の村

ノイポンメルン島において、共栄作物リュウゼツランとともに栽培されるココヤシ

ノイメクレンブルク島のプランテーションで働く労働者

ルが奨励していたが、それが1914年に再度考慮されたのである。しかしながら、ここで募集された労働力に関しては5～10マルクの人頭税がかかるために、安価な労働力を求める会社は、現地の住民をさらに厳しく徴発する道を選択した。

### 「原住民栽培」

　土地の分配、強制労働の部分的制限措置により、現地の人々は約1ヘクタールの土地を耕すことができるようになり、ハール総督は、その土地での商品作物の生産を奨励した。特にガゼル半島の住民トライ人（Tolai）のコプラ栽培は、かなりの成果をあげた。彼らは以前からココヤシ栽培は行っていたが、その後、ヨーロッパ式のプランテーション経営を指導されたのである。彼らのココヤシ栽培は半島での生産の80％を占めた。輸出においても15％以上、1914年には、輸出の半分を占めるに至った。消費財の輸入においても、3分の1以上はトライ人が購入していた。彼らは、ココヤシ栽培で得た収入で、1913年には、24万マルク分の服と繊維製品を買っていたのである。首長に至っては、月300マルクが支払われ、資産は1万マルクを超えた。

　一方で、ニューギニア島のフリードリヒ・ヴィルヘルム・ハーフェン（マダン）の住民は、植民地経済の恩恵を受けることはできなかった。それは彼らが植民地統治に組み込まれることを拒否したからであり、しかもニューギニア会社によって所有地を奪われていたからであった。彼らはカーゴ・カルト（Cargo cult、Cargo-Kult、19世紀後半から20世紀にかけて、メラネシアで起こった現世利益的な信仰「積荷信仰」。いつの日か、神が、船や飛行機に工業製品を満載して自分達のもとに現れる、という信仰で、西洋人は、それらの文明の利器を不当に独占しているとされた）への信仰も見せ、ドイツの支配体制に組み込まれることに抵抗し続けた。

## 医療と教育

　またハールが整備した分野として医療と教育システムの構築がある。

　植民地における医療体制は、医師、助手の数も少なく、不十分であったため、患者に対応できる人間の確保と、衛生状態の改善が目標となった。1909 年には、3 つの植民地当局の病院と 2 つのキリスト教ミッションの病院が存在していたが、ノイポンメルン島のラバウルとノイメクレンブルク島のナマタナイ（Namatanai）の病院で、若い住民に医療的な基礎知識を身に付けさせ、医療に従事する助手として、村に帰還させる政策も行った。

　教育の分野でも、学校教育の拡充をめざし、その際には、キリスト教ミッションの協力も求めた。　例えばガゼル半島には、ウェズリアン・ミッション（Wesleyan Methodist Missionary Society、メソディスト Methodist）が堅信のための授業を行い、学校を開いており、道路建設にも携わり、強い影響力を持っていた。ハールは、キリスト教ミッションに、宗教の授業は別に設けることを条件に、週 12 時間、6 年の基礎教育を実現させようとした。学校では、使用言語として、母語と後にドイツ語を習得させることを想定しており、それはピジン英語を排除することも視野に入れていた。その結果、1914 年にハールがドイツ領ニューギニアを去るまでに、基礎課程学校（Grundschule）600 校（体系的な日曜学校 192 校を含める）、手工業学校（Handwerkerschule）6 校、通訳養成学校（Dolmetscherschule）1 校が作られ、生徒数は約 2 万 1600 人にのぼった。そのうち約 480 人のみが 2 つの総督府の学校を受けることができ、1 つはマリアナ諸島のサイパンで 1900 年（マリアナ諸島の地区弁務官ゲオルク・フリッツの働きかけによる）、2 つ目はラバウルで 1907 年に整備された。入学率は 3.2% であり、これは他のドイツ領アフリカに比べて高かった。

ヘルベルトヘーエの病院

ノイメクレンブルク島のプランテーションにおける現地の住民用の病院

ヘルベルトヘーエのカトリックミッション

ココヤシ

グッタペルカ（ゴム状の樹脂）を得るために、のみで幹に多数の刻み目をつけている状況（カイザー・ヴィルヘルムラントにて）

生ゴムの採集

## 経済的背景

　ハールの政策がある程度実現できたのは、世界市場におけるコプラの値段の上昇といった好条件があったからであり、1907年、1908年のニューギニアの好景気は、他のドイツ植民地の不振と比べ、突出していた。コプラが主要な輸出品目であり、生ゴムがそれに続いた。コプラの産地でもあったラバウルには植物試験所も設置されていた。一方で、マーシャル諸島のナウル島とカロリン諸島のパラオのアンガウル島では、年間30万トンのリン酸塩が獲得できた。ココヤシの栽培のための土地も、約2万9000ヘクタールも留保されていた。総督府とニューギニア会社は、植民地で生産する品目を増やすことは達成したものの、それらの品々の世界市場での値段の高騰は次第に終息していった。その後は、石油といった地下資源の発見・採掘に傾斜するものの、第一次世界大戦の勃発によって、それらの試みは中止を余儀なくされた。

## ニューギニア会社の経営

　なお総督が行政を担当するようになっても、経済的な権限は、ニューギニア会社が持ち、ドイツ領ニューギニアの経済的な性格を規定した。同社の設立者のハンゼマンは、ドイツ領ニューギニアに「第二のジャワ」とするべく、タバコ、綿花、コーヒー、カカオの栽培を行い、さらにはアストロラーベ会社（Astrolabe-Compagnie）を1891年に作り、アストロラーベ湾でタバコ栽培に特化した経営を行う予定であった。また中国、シンガポール、ジャワからの労働力を調達しようとしたものの、その請負業者との交渉が難航し、採算が合わず、あまり成果はなかった。

　タバコの栽培は、ハンゼマンの死まで継続しつつ、ニューギニア会社は、90年代の終わりからニューギニア島のベルリンハーフェン（Berlinhafen、現在のアイタペ Aitape）、ガゼル半島で、ココヤシの栽培をはじめ、栽培地域は1900年には9倍になった。労働力リクルート地域の開拓、強制労働、人頭税の引き上げによって経営は安定した。ドイツ領ニューギニアにおいて、ヨーロッパの移民が獲得した土地の約半分、そしてプランナー、商人の3分の1以上

シュテファンオルトにおけるタバコ・プランテーション

働いている苦力。手前にあるのは、アストロラーベ湾のシュモクザメ（高級食材フカヒレの材料）。

シュテファンオルト（アストロラーベ湾に面する）

ラバウルの農園の監視小屋

が、この会社に属していた。1913 年の配当金は 5% であり、1914 年には 1100 万マルクの資本を抱えるに至っていた。その一方で地域の住民の利益と企業利益を結びつけられることは無く、住民は、限られた給与で、安価な労働力として搾取されることになった。

ヴィルヘルム・クナッペ（写真中央）。左はドイツの外交官アルフォンス・ムンム・フォン・シュヴァルツェンシュタイン。（上海にて）

ヤルートの統治者の家

ヤルート会社の在外支店

# ミクロネシアにおける統治

## マーシャル諸島

### ヤルート会社の経営

　マーシャル諸島においては、1885年にドイツ領となった後、まず帝国弁務官グスタフ・フォン・エルツェン（Gustav von Oertzen）、続いてヴィルヘルム・クナッペ（Wilhelm Knappe）が赴任したが、統治の主体は、植民地会社であった。ドイツ帝国指導部は、ヘルンスハイム商会とドイツ貿易プランテーション会社とを合併させ、ヤルート会社（Jaluit-Gesellschaft）を設立し、マーシャル諸島の行政を委任したのである。同社は、ココヤシの栽培を主とし、その栽培に必要な器具、種を用意しつつ、慢性的に不足する労働力確保に取りくんだ。しかし統治を直接行っていたのは、各島の首長であり、ここでも間接統治の形態がとられた。首長を介して集められるココヤシにかかる税（コプラ税）の3分の1を経営に利用しつつ、シドニーや香港に向けた航路も整備し、諸島間を航行し、コプラを介した取引を行った。しかしバーンズ・フィリップ社（Burns, Philp & Co, Limited）の汽船を諸島から締め出すという問題を起こしたことで、国際問題となり、ドイツ帝国指導部は協議の末、補償金を支払った（植民地相デルンブルク Bernhard Dernburg が対応し、4100ポンド支払った）。事態を重く見たドイツ帝国指導部は、1906年にマーシャル諸島をドイツ領ニューギニアの行政下に組み込むことに決定した。

### ナウルのリン鉱石

　行政権を剥奪されたものの、マーシャル諸島でのコプラ生産に加え、ナウルで採掘されたリン鉱石が莫大な利益を生んでおり、ヤルート会社の経営は安定していた。ナウルは、マーシャル諸島と連動させつつ統治されていたが、オーストラリアの試掘者アルバート・フラー・エリス（Albert Fuller Ellis）によって、ナウル島とギルバート諸島のバ

ナバ島にリン鉱石があることが発見されると、ナウルは重点的に管理されることになる。ヤルート会社は、イギリスの太平洋諸島会社（Pacific Islands Company）と共同で、1902 年に太平洋リン鉱石会社（Pacific Phosphate Company）を作り、1906 年にナウルでのリン鉱石の採掘に着手した[注5]。ここでも労働力の確保は課題であり、結局、中国人労働者、また周匝のギルバート諸島などから集められることになる。また採掘がはじまると、その採掘施設の近くに病院、下水道、真水を獲得するための施設がつくられ、採掘に即した公共施設が整備された。ナウルのリン鉱石は、農業で不可欠なリンを補給する最良の肥料となり、植民地団体によって、ココヤシのような油脂作物と並んで度々紹介されることになった。以上の商品から上げる莫大な利益を反映して、太平洋リン鉱石会社の配当金は高い利率となり、太平洋のドイツの投資家はほとんどが同社に投資していた。

ナウルにおけるレールを使ったリン鉱石の輸送

　1911 年から、マーシャル諸島の行政は、カロリン諸島の東側の管轄となり、ポナペの政庁から統治されることになる。それに伴い置かれていた区長（Bezirksamtmann）は、署長（Stationsleiter）となった。ナウルは 1906 年にすでに署長に切り替えられており、1911 年にそのままポナペの行政官に従属することになった。ヤルート会社の経営は順調で、ココヤシ栽培を拡大する予定もあったが、その前に第一次世界大戦が勃発した。

ナウルにおけるリン鉱石会社の管理の建物

ナウルにおけるケーブルカー（鋼索鉄道）

ナウルで行われるクリケット

リン鉱石会社の社員の住居

ナウルでリン鉱石を掘る苦力

ナウルのリン鉱石会社で働く苦力の住居

未加工のリン鉱石を置く小屋

ナウルのリン鉱石を乾燥させる施設

パンノキを持つチャモロ人とカナカ人

チャモロ人の家

## マリアナ諸島

　マリアナ諸島においては、その地域に住むチャモロ人（Chamorro）の統治形態が問題となった。ここでも区長が配備され、ドイツ領ニューギニア総督の補佐にあたることになった。この諸島では、ドイツ領になる 1899 年から、カロリン諸島の行政下に置かれる 1907 年に至るまで、植民地官僚ゲオルク・フリッツ（Georg Fritz）が統治することになった。彼は同諸島のサイパン島に赴任する以前に南米でのプランナーの経験を持ち、それをもとにココヤシ栽培を推進した。また道路などの整備を行い、学校教育などを進め、総督府の学校を 1900 年に設立し、ドイツへの留学も部分的に行った（ドイツ留学の機会を得て、石鹸製造の技術を学び、マリアナ諸島に戻った後、ココヤシを使った石鹸製造でアダ石鹸会社 Ada Soap Factory を立ち上げるチャモロ人ヨーゼフ・アダ Josef Martinez Ada もいた）。

ゲオルク・フリッツ

　彼は全ドイツ連盟会長ハインリヒ・クラース（Heinrich Class）と交友があり、植民地統治に関しても、家父長的な支配を前提としていた。指導する上で、その対象となるチャモロの人々について歴史的・民族学的な調査を行い、在任中の 1904 年にチャモロ語の辞書を出版している（Chamorro-Worterbuch）。

サイパン島のガラパンの庁舎

サイパンにおけるドイツ人教師の住居

サイパンの学校の学級

サイパンの現地の住民を対象とした
学校

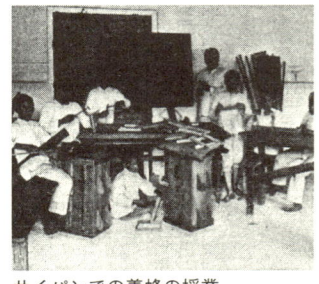

サイパンでの養蜂の授業

ミツバチの巣箱と養蜂を習う生徒

　しかし、1907年からマリアナ諸島の行政は、カロリン諸島の管轄となり、まず1906年から1907年までカロリン諸島の西側の臨時区長を務めた後、ヤップ島からポナペ島へ移動し、1907年から1909年まで、カロリン諸島の東側の区長として政務にあたった。ポナペ島においては、住民を各地区に分割しつつ統治した。1909年からは、再びカロリン諸島の西側の地区官吏となり、ヤップ島に移った。その際に、ポナペ島でのソーケス（Sokehs）地区の動乱が起こり、その鎮圧の際に、ハール総督を補佐し、その後、植民地省の職を辞した。

　マリアナ諸島では、テニアン島における畜産も行われたが、その後十分開発は進まず、殖産興業が本格的に軌道に乗るのは、第一次世界大戦後、日本の委任統治下において南洋興発株式会社が進出した後であった。

## カロリン諸島

　カロリン諸島においては、ドイツはこの領域を東西に分け、東をポナペ島から、西をヤップ島から管轄する体制を築いた。これらの島々には政庁が置かれ、官吏と軍隊が常駐し、現地の首長を介した間接統治を開始した。カロリン諸島の地区弁務官は、ドイツ領ニューギニアの副総督を兼任しており、最終的には、マーシャル諸島、マリアナ諸島の行政も担当することになり、ドイツ領ミクロネシアを形成し、ニューギニアの総督を全面的に補佐することになった。

　現地の住民（カロリン人）を統治する上で、生活様式を統一させる必要があり、その際には、キリスト教ミッション系に協力を求めた。教会を建て、布教を奨励し、ドイツ語の教育も行った。またヨーロッパが持ち込んだアルコールや火器保持を制限する一方で、ヨーロッパ的価値基準を徹底させていった。

　植民地経済としては、ココヤシの栽培が中心で、かつ、その輸送のための道路・運河といった公共施設を整備するのが当面の課題となった。その際には、土地の私有化を断行し、それまでの首長の支配を否定しつつ、貢納の代替案として住民の労働力の提供を受けることになった。そこで

カロリン諸島の区長を務めたアルノ・ゼンフト（Arno Senfft）。ニューギニア会社やヤルート会社に所属。

ポナペ島におけるカトリックの礼拝堂

ポナペ島の抵抗の原因とされた道路

ポナペ島におけるカプチン会の建物と学校

集まる労働力を道路工事といった社会資本の整備にあてるのが狙いであった。

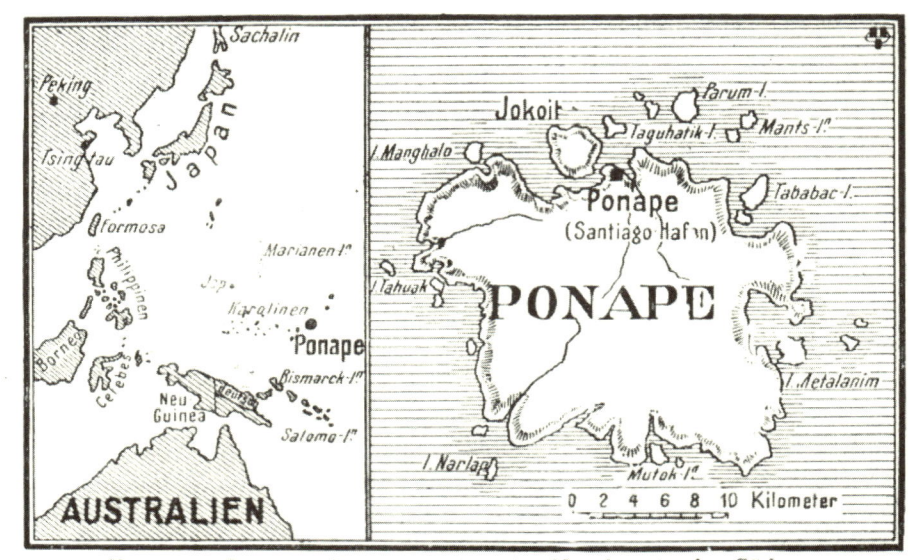

Karte von Ponape, dem Schauplatz der Unruhen in der Südsee.

ポナペ島の地図

ポナペ島における鎮圧部隊（前方に
ニューギニア島の警察部隊、後方に
ドイツ海軍がいる）

エムデン（Emden）。第一次世界大
戦中、太平洋・インド洋方面におい
て、通商破壊戦を行う。

## ポナペ島の蜂起

　ポナペ島のソーケス（Sokehs、ジョカージ、ショーケ
スとも表記される）地区の首長ソウマタウ（Soumadau）
は、その強制労働に反対し、植民地当局から制裁を受け
た。それに対してソウマタウは、1910 年に現地入りした
区長グスタフ・ベーダー（Gustav Boeder）らを殺害、山
に立てこもり、抵抗を試みた。同島における他の地区の
首長はその抵抗に加わることは無く、コロニア（Kolonia、
ヤップ島にも同名のコロニア Colonia という都市がある）
の医師マックス・ギルシュナー（Max Girschner）からの
要請に応じて、ドイツ側についた。海底ケーブルが引かれ
ておらず、無線設備も無かったため、島の状態は、なかな
か知られなかったが、ドイツの船が入港して事件発生を
知り、その状況報告を受けたハール総督は、ドイツの東
洋艦隊（Ostasiengeschwader）を出動させた。カロリン
諸島の西側の区長ヘルマン・ケルスティング（Hermann
Kersting）は、エムデンをはじめとする戦艦から島への砲

ポナペ島のコロニア

撃を命じつつ、焦土作戦を実行した。蜂起軍はゲリラ戦で
対抗したものの、食糧の枯渇、他の首長との連携が無く、
1911 年 2 月 22 日までに全て鎮圧された。ソウマタウ王以
下 15 名が銃殺、400 名以上が遠方のパラオに追放となった。
その後、ギルシュナーを臨時の地区弁務官に任命し、ポナ
ペ島、そしてカロリン諸島の東側を統治させる一方で、土
地改革をさらに徹底させ、懸案であった土地の私有制が確
立することになる。

## 世界の交通における電信網

　またカロリン諸島は、交通において、重要な位置を占め
ており、次第に列強間の紛争の種になっていく。この当時
すでにインドを起点としてイギリスが、一方でフィリピン
とグアムを起点としてアメリカ合衆国が太平洋における電
信網の構築に乗り出しており、ドイツにおいては、それら
に依存しない、ヨーロッパと植民地とをつなぐ電信網が求
められていた。特にアメリカ合衆国とフィリピンとの連
絡を保障する、太平洋ケーブル会社（Commercial Pacific
Cable Company）の所有する、サンフランシスコ、ホノルル、
ミッドウェイ、グアム、マニラをつなぐ電信網は、太平洋
の主要ネットワークとなっており、その監視の必要性、対
抗する電信網の建設が論じられた。また太平洋におけるド
イツ植民地、そして膠州湾植民地を海底ケーブルでつな
ぎ、相互の経済関係を密にする計画も進んでおり、その際
に起点となったのがカロリン諸島のヤップ島である。1904
年にドイツ・オランダの主要銀行が出資し、独蘭電信会
社（Deutsch-Niederlaendische Telegraphengesellschaft）

ヘルマン・ケルスティング。
アフリカ探検家でもあり、
グスタフ・アドルフ・フォ
ン・ゲッツェンとともに探
険している。

ヤップ島における電信基地

パラオ諸島のアンガウル島における
リン鉱石の採掘区域

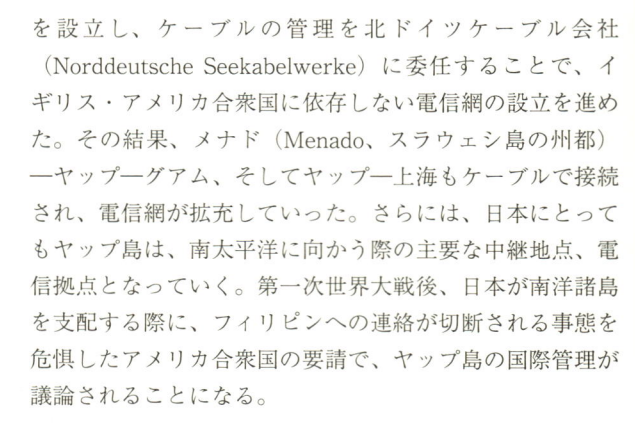

を設立し、ケーブルの管理を北ドイツケーブル会社（Norddeutsche Seekabelwerke）に委任することで、イギリス・アメリカ合衆国に依存しない電信網の設立を進めた。その結果、メナド（Menado、スラウェシ島の州都）ーヤップーグアム、そしてヤップー上海もケーブルで接続され、電信網が拡充していった。さらには、日本にとってもヤップ島は、南太平洋に向かう際の主要な中継地点、電信拠点となっていく。第一次世界大戦後、日本が南洋諸島を支配する際に、フィリピンへの連絡が切断される事態を危惧したアメリカ合衆国の要請で、ヤップ島の国際管理が議論されることになる。

## パラオ諸島の開発

　なおパラオ諸島は、カロリン諸島の西側の管轄下にあり、カロリン諸島の区長が、パラオの区長も兼ねた。一方でマーシャル諸島におけるナウルのように、経済的重要性が高く、交通の要所にもあり、個別の行政単位として把握されていた。パラオ諸島では、ココヤシ、キャッサバの栽培が進められ、プランテーションが拡大する一方、アンガウル島においてリン鉱石が発見され転機を迎える。採掘は 1909 年にドイツ南洋リン鉱石株式会社（Deutsche Südsee-Phosphat-Aktien-Gesellschaft）によって開始され、リン鉱石は、パラオの主要輸出品目となっていく。

アンガウル島における、リン鉱石を
船に積み込む設備

　しかしパラオ諸島全体の調査は行われておらず、1908 年から 1910 年にかけて実施されたハンブルク南海探検によって、バベルダオブ島（Babeldaob）といった諸島の情報が明らかになった。民族学者アウグスティン・クレーマー（Augustin Krämer）による探検の結果は、地理、集落、言語、植生、動物学に渡り、ドイツで報告書としてまとめられた [注6]。

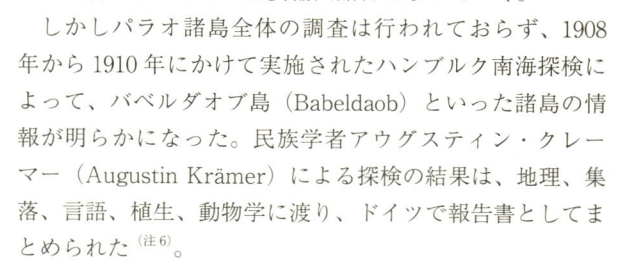

独蘭電信会社

　生活様式においては、現地に存在したタトゥー文化は否定され、ヨーロッパ文化を受け入れることを余儀なくされた。またリン鉱石発掘の際に必要な施設は充実したものの、住民の生活に即した公共施設の建設は進まなかった。

アンガウル島におけるリン鉱石の採
掘区域

マタアファ・ヨセフォとその随員

アピアにおける統治機関の建物

ヴィルヘルム・ゾルフ。のちに駐日ドイツ大使を務める。

## ポリネシアにおける統治

### サモア

#### ゾルフの統治機構

　最後にサモアにおいてであるが、ここでは初代総督ヴィルヘルム・ゾルフ博士による家父長的な統治が行われることになる。1900年3月1日にアピア（Apia）にドイツの旗が掲揚され、植民地統治機関が設置され、ここにドイツによる西サモアの統治が始まった。ドイツ領サモアでは、独米の分割以前に成立した議会が存続しており、植民地支配としては自治の形式がとられたが、ゾルフは、サモアの人々を指導する必要性を確信していた。彼は当時の文明化の使命を感じており、全ドイツ主義的な人種観も持ち、サモアの人々をドイツの臣民とするため、内政干渉を開始した。またサモアでの経済を牛耳るドイツ貿易プランテーション会社の活動を支援する必要もあり、その障害の排除に力を注いだ。その際には軍事力を背景にした強制的手段ではなく、徐々に浸透させていく文化的手段に期待していた。

　まずサモアに残存していた、首長制、そして議会の内部

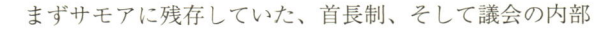

サモアの議会

サモアの議会

ウポル島のカカオ・プランテーション

カカオを蒸気で乾燥させる施設

カカオを乾燥させる設備

サモアのプランテーションで収穫されたカカオ

における勢力争いの調整が不可欠だった。ヨーロッパを後ろ盾とした首長間の争いの際に、大量の武器がサモアに流れこんでいたが、その引き渡しを命令し、紛争の規模が拡大する要因をつぶそうとした。また人頭税を導入し、財源を確保しつつ、官僚機構を維持しようとした。先の内戦の際にドイツが擁立したマタアファ・ヨセフォ（Mata'afa Iosefo）を最上位首長（alii sili）として任命し、植民地統治の協力者に仕立て上げた。伝統的な有力者は、上院（タイムア Taimua）と下院（ファイプレ faipule）を作っており、各地区の代表者となっていた。しかしサモアの最上位首長（alii sili）より上に存在する首長（Tupu Sili）はドイツ皇帝であり、マタアファ・ヨセフォは、官僚として年間3000マルクの給与を受け取る身分であった。ゾルフは残存していた有力者議会から権力を徐々に奪い、その実権は官僚機構に移行していった。

### 土地問題・労働力問題

　ゾルフは当面の課題が土地問題であると認識しており、住民の土地の権利を認めつつ、ドイツから来たプランナーによる土地の過度な所有を制限しようとした。これは住民が市場を形成し、経済的な自立を図る上で不可欠な措置であった。さらに 1903 年に、土地委員会（Landkommission）を設置し、土地の所有権（Landtitel）を吟味し、1907 年にアピアの栽培地域を購入し、その土地を島の住民に貸し出すように指示した。これにより住民は、1 人頭約 1.4 ヘクタールの土地を耕すことが可能になった。

　これは入植を進める植民地政策者などから反発され、彼らは、予備少尉でカカオプランナーであったリヒャルト・デーケン（Richard Deeken）の下で、全ドイツ的「プランナー同盟（Pflanzerverein）」を設立した。サモアにおけるカカオ栽培の成功はドイツで宣伝され、入植者を募っており、デーケンは続いて、ドイツサモア会社（Deutsche Samoa-Gesellschaft）を作り、ウポル島の 450 ヘクタールの土地を買占め、それをカカオ、生ゴム、コプラの栽培に充てるつもりだった。彼は入植していたヨーロッパの住民が求める安い労働力や、ドイツの製品を買う消費者を重視

し、ゾルフに現地の住民の強制労働を要求した。ゾルフは、それは現地での抵抗を招き、ヨーロッパ経済への依存は、植民地における生産と消費を考える上で問題と考えていた。

　しかし労働力の確保は早急に解決すべき課題であるのは事実であり、デーケンは、中国人の苦力（クーリー）の輸入緩和を求めた。ゾルフは中国の労働者の期限を設けない移住に対しては拒絶した。彼は混血を人種的に問題視しており、かつ中国人が植民地の貿易を支配することを危惧していた。のちに滞在期間を３年に限定することで、移住を認めたが、労働力問題は結局解決しなかった。

収穫されたカカオと苦力

ドイツサモア会社の商店（アピア）

苦力

サモアの苦力

サモアにおいてコプラを加工するメラネシアの労働者

## 同業者組合

　ゾルフは、サモアの人々がコプラ組合を作り、それが同業者組合（Cumpani もしくは Oloa）の基盤となることを期待していた。世界市場におけるコプラの価値が下落していた時期であり、それに伴う損失を組合の中での自助で補填することを想定していたのであるが、その経済的な自立が、政治的な自立につながることをも予期していた。しかしその組合の存在は、植民地主義の大前提であるヨーロッパの商業の独占への挑戦でもあった。またその組合組織は権力政治を誘発するもので、家父長的な住民政策を脅かすものだった。それはドイツの政治的な優位性を脅かし得るものであり、必然的にゾルフの住民政策における許容限度を超すものだった。伝統的な有力者は勢力を削がれており、その代わりに有給の代表が、各地区の統治の問題を話し合う会議を行っていたが、その会議において、この組合の問題を取り扱うことになった。しかしコプラ価格の上昇と、責任を負わされた首長の一時的な追放によって、不穏の種は急速に終息した。

## マウ運動

　以上のような伝統的秩序を破壊しつつ、植民地当局に従属的な組織を創設するゾルフの政策に反感を持った勢力は、1908 年から 1909 年にかけてマウ運動（Mau a Pule）を起こすことになる。これはサバイイ島における有力者ラウアキ・ナムラウウル・マモエ（Lauaki Namulauulu Mamoe）によって指導された。かつてのサモアの自治を理想として、老齢のマタアファ・ヨセフォ（Mata'afa Iosefo）の後継者問題が課題となった。当初は、ヨーロッパ列強の勢力均衡の中で、自治の実現を図ったものの、運動を拡大していくには難点があった。まずサモアの大部分の住民がゾルフ側につき、伝統的勢力間にも党派間の争いが存在した。また植民地における教育をうけ、ヨーロッパ化された若い世代からすれば、伝統的な社会の権威に従属するつもりはなく、それゆえにラウアキの目的には利益を見いだせなかった。そのためゾルフによって投入された軍隊に抵抗するには限界があり、ラウアキらは捕えられ、サ

ラウアキ・ナムラウウル・マモエ

イパン島へ流刑となった。

## マウ運動以後の情勢

　ラウアキによる第一次マウ運動以降、サモアの政情は安定し、経済も発達した。1908 年から予算は、ドイツ帝国の支援に依存しなくなった。サモアの人々も、従属的な地位にいながら、上昇傾向の経済の恩恵を幾分うけることになった。輸出されるコプラにおいて、彼らの生産したコプラが占める割合は 3 分の 2 を占めた。彼らの耕地面積はヨーロッパの入植者の所持する耕地の 3 倍という規模だった。ヨーロッパのプランテーション会社にも鼓舞され、カカオ栽培のみならず、換金作物栽培にも手を広げた。

　ドイツ系企業の業績も上昇傾向にあり、ドイツサモア会社 （Deutsche Samoa-Gesellschaft）、サファタサモア会社 （Safata-Samoa-Gesellschaft）、サモア生ゴム会社 （Samoa-Kautschuk-Kompagnie） は各自利益をあげたが、最も利益を上げたのは、ドイツ貿易プランテーション会社である。同社は土地と労働者の供給を独占していたので、サモア経済を指導する立場にあり、1909 年には配当は 28% に至った。世紀の変わり目に向けて、コプラの売り上げは、200 万マルクに達し、カカオと生ゴムの栽培も増加した。

ドイツ貿易プランテーション会社のココヤシ

ドイツ貿易プランテーション会社のココヤシの乾燥させる施設

サモアのプランテーションで収穫された生ゴムを乾燥させる小屋

ドイツ貿易プランテーション会社の労働者の住居

生ゴムの木

アピアに上陸したニュージーランド
軍の一部

アピアで揚げられたイギリスの国旗

エーリヒ・シュルツ・エー
ヴェアルト

# 第一次世界大戦勃発と植民地喪失、そして返還運動

## 戦争の経緯

　第一次世界大戦が勃発すると、ニューギニアにおいては、ハールの後任のエドゥアルト・ハーバー（Eduard Haber）が対処にあたり、入植者と現地の住民によって組織された部隊による武装抵抗を行った。しかしそれは早急にオーストラリア軍に破られた。ドイツ領ミクロネシアは、ほとんど戦闘も無く、日本に接収された。ドイツ領サモアもニュージーランドに占領され、サモア総督エーリヒ・シュルツ・エーヴェアルト（Erich Schultz-Ewerth）は捕虜となり、早々に戦闘は終結した。日本の占領地域においては、ドイツ人は退去を命じられたが、オーストラリア占領地域では、当面、ドイツ人による経済活動の継続が黙認されていた。しかし 1920 年にオーストラリアの委任統治が開始されると、そのドイツ人資産は接収された。

## 委任統治・植民地修正主義

　大戦後、ドイツは、ヴェルサイユ講和会議において戦争被害の補償を達成できず、しかも植民地を全て喪失するという事態に直面した。特に太平洋植民地はＣ式委任統治（C-Mandate）として、日本、オーストラリア、ニュージーランドに分割され、受任国の構成部分として扱うことが許されたため、実質的な併合となり、返還は困難となった。ヴァイマル共和国時代は、政府、民間が共同となって、植民地返還運動を継続していくことになる。その運動を進めて行く上で、まず国内の植民地回復に対する認識を広め、返還要求を強固なものにする必要があった。

　その際には、植民地団体が宣伝活動の先陣を切った。特にドイツ最大の植民地団体であるドイツ植民地協会は、大戦後も、積極的な宣伝活動を行い、1920 年代の植民地活動を活発化させる原動力となる。ハール、ゾルフをはじめとする植民地総督経験者もドイツ植民地協会と緊密に連携し、植民地返還に向けて政治活動を展開することになる。

　太平洋植民地は、Ｃ式委任統治ということもあり、経済

アピアにおけるニュージーランドの
部隊の上陸

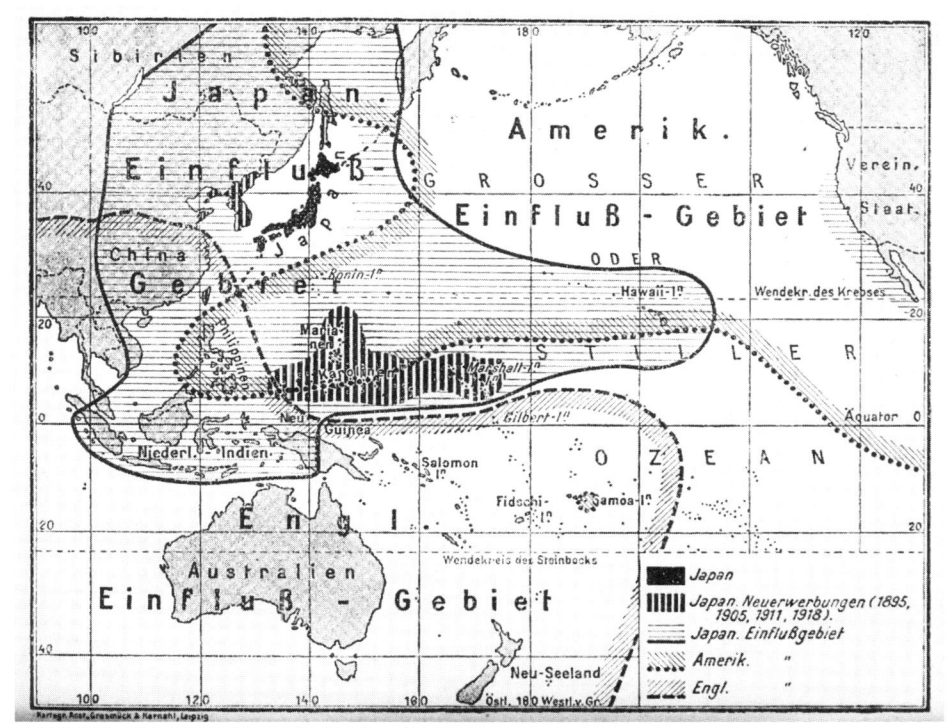

太平洋分割。日本の委任統治の領域が示されている。

的な進出は勿論、オーストラリア、ニュージーランド統治下のニューギニア、サモアでは入国すら難しい状態だった。入植者は大戦後、随時追放されており、ドイツに伝えられる現地の情報は、他の旧ドイツ植民地に比べると、かなり少なくなっていた。加えて衛生面における杜撰な住民統治への非難もあり、オーストラリアとニュージーランドの統治は、アングロサクソンの野蛮な支配と見なされた。その統治に対比させる形で、ドイツの植民地経営は、合理的な統治として宣伝され、植民地統治を行う資格が強調されることになる。統治期間が長く、現地の住民に配慮した統治を行ったとされたハール、ゾルフは、植民地修正主義の中心的な人物となった。一方で、日本の委任統治下の南洋諸島における砂糖プランテーションの成功は注目され、ドイツが達成できなかった入植者の増加と合わせて、植民地経済委員会（1896 年に設立され、熱帯地域での栽培・入植を促進させた組織）で議論されることになる。特に農業の機械化を進めていた同委員会では、南洋諸島での機械の需要の拡大を見込み、ドイツ製品の市場として注目することになる。

アドルフ・フリードリヒ・ツー・メクレンブルク（元トーゴ総督）

テオドール・ザイツ（元西南アフリカ総督、元カメルーン総督）。1920年からドイツ植民地協会の会長。

ヴィルヘルム・ゾルフ

◀ヴァイマル期のドイツ植民地在郷軍人同盟（Deutscher Kolonialkrieger-Bund）の設立者にして会長のゲオルク・ルートヴィヒ・ルドルフ・メルカー（Georg Ludwig Rudolf Maercker）。彼はヘレロ・ナマ戦争の際には鎮圧に参加し、第一次世界大戦後は義勇軍を設立し、ドイツ革命勢力を弾圧した。その後、在郷軍人団体の鉄兜団（Stahlhelm）にも参加している。

ハインリヒ・シュネー（写真左側。元東アフリカ総督）。1931年からドイツ植民地協会の会長。

フリードリヒ・フォン・リンデクヴィスト（元西南アフリカ総督）。第一次世界大戦が終結した後は、艦隊協会の会長を1930年代のはじめまで務めた。ナチ党政権下でも植民地関係の要職を就く。

ヴァイマル期にもベルリンで植民地会議（Deutsche Kolonialkongresse）が開かれ、植民地保有再開が求められた（画像は 1910 年の第 3 回植民地会議）

第 3 回植民地会議の宴会（ベルリン動物園にて）

アルベルト・ハール

ナチ党の植民地政策の中心人物フランツ・フォン・エップ。第一次世界大戦後、義勇軍を組織し、社会主義者を弾圧。彼の義勇軍にはナチ党の中核となるエルンスト・レームやルドルフ・ヘスが所属していた。

ヘルベルトヘーエの綿花の収穫

ヤップ島で汽船に石炭を補給してい
る労働者

南海におけるヨーロッパ人用の住居

ブーゲンビル島における地区を管理
する人々

## 結論

　ドイツが太平洋植民地を統治していたのは長くとも30年という短期間であったが、その中で、社会構造、地域経済は大変動を経験し、その影響は第一次世界大戦後も永続していくことになる。

　太平洋植民地は、ゴドフロワ商会、ヘルンスハイム商会、ニューギニア会社のような商社の経済活動が行政に大きな影響を与えており、土地所有関係の整理、労働力の調達などは、その地域に存在した社会構造を破壊していった。一定の歯止めをかけるべく、現地の住民の保護も試みられたが、それは人種主義的恩恵という側面が強く、しかも行政と商社の関係が緊密である以上、根本的な対策はとられることはなかった。これらの商社に属していない入植者の数は増えず、植民地経済を拡大する上で、慢性的な労働力不足の解消が課題となった

　以上のような植民地経営にも関わらず、太平洋植民地のドイツの貿易の中での役割は小さかった。太平洋植民地の主産業はコプラ生産であったが、その生産量はドイツの輸入量のうち約8%を占めるに過ぎず、約48%はイギリスの植民地から、40%はオランダ領東インドに由来するものだった。ナウル、パラオのようなリン鉱石の鉱脈もドイツの需要の5%を満たすにすぎず、太平洋植民地の貿易は、ドイツの貿易全体の1%しか占めていなかったのである。しかしニューギニア会社、ドイツ貿易プランテーション会社、ヤルート会社のような植民地会社は莫大な利益をあげており、経済界からすれば植民地支配は継続するべきものであった。

　最後に二点述べておきたい。太平洋植民地は、アフリカ植民地に比べると領土面では小さく、経済規模も限定されていたものの、海の世界分割を進めた意味は大きかった。太平洋分割は、「公海の自由」と関わる問題であり、領土分割以上に深刻な問題を引き起こした。帝国主義列強の分割により、境界線が引き得ない海域に境界線が引かれ、諸島間の移動も制限された。ブーゲンビル島、ブカ島のよう

シュテファンオルトにおけるヨーロッパ人用の住居

にソロモン諸島と生活をともにしていた地域が、異なる地域と行政が結び付けられ、植民地会社の要請に応じて労働力を送ることを余儀なくされた。一方で、太平洋交通における要所として、位置づけられた太平洋植民地には、大量の移民が遠方から送り込まれ、現地の住民構成は変動し、しかも帝国主義列強の勢力争いに巻き込まれることになったのである。太平洋植民地の存在は世界の交通を左右するものとなっていった。

総督の住居のベランダにて。後ろで立ってるのは、現地におけるハール総督の妻。

また植民地統治に際して行った島民に関する調査が人種主義につながった点も考えなければならない。植民地当局への抵抗が、ポナペ島とサバイイ島の組織的抵抗のみであり、植民地の予算もドイツ本国の支援に頼らず、間接統治を円滑に遂行できた経験は、模範的植民地（Musterkolonie）として記憶された。これはのちの植民地修正主義の運動の際に、植民地統治の能力に長けたドイツ人を宣伝する際に利用されることになる。しかし間接統治を行う上で、実施された民俗学的な調査は、住民の生活習慣・地域経済の状態を把握するために利用される一方で、指導される被支配層を特定していく結果を招いた。ドイツ植民地喪失後、帰国した植民地官僚の多くは、人種主義に基づく植民地統治を強調しつつ、全ドイツ連盟との連絡も密にして、ドイツ人の結束を目指すことになった。

ノイメクレンブルク島におけるヨーロッパ人用の家

ベルベルトヘーエのテニスコート

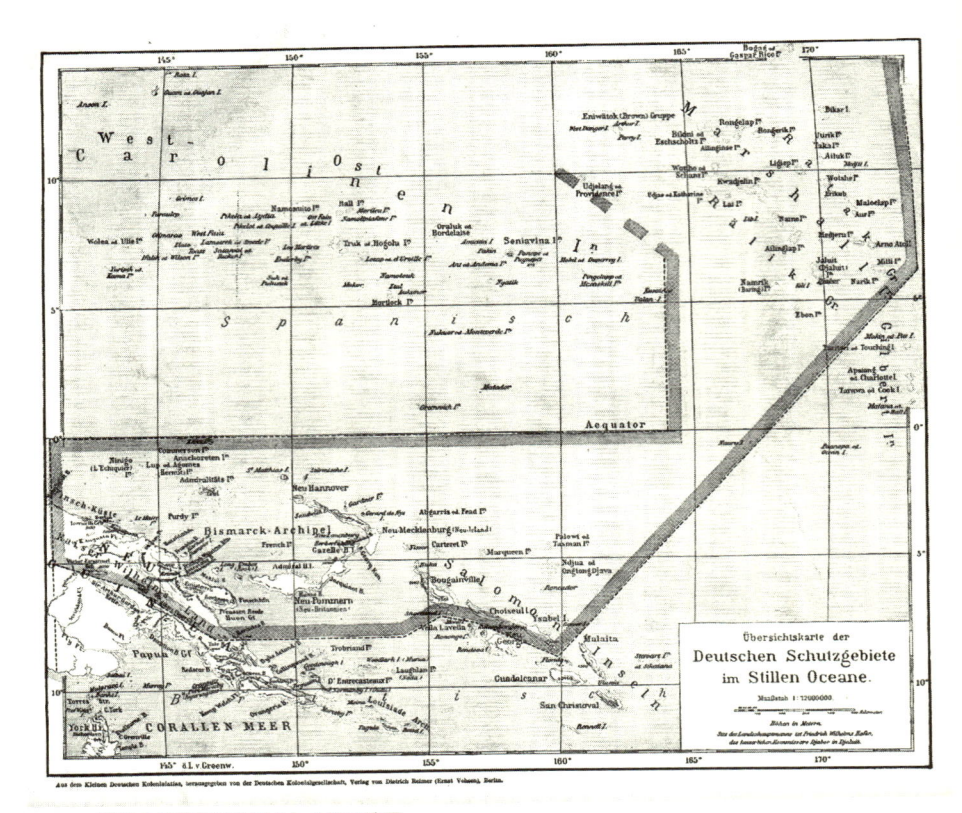

ソロモン諸島の境界線が修正される前の地図

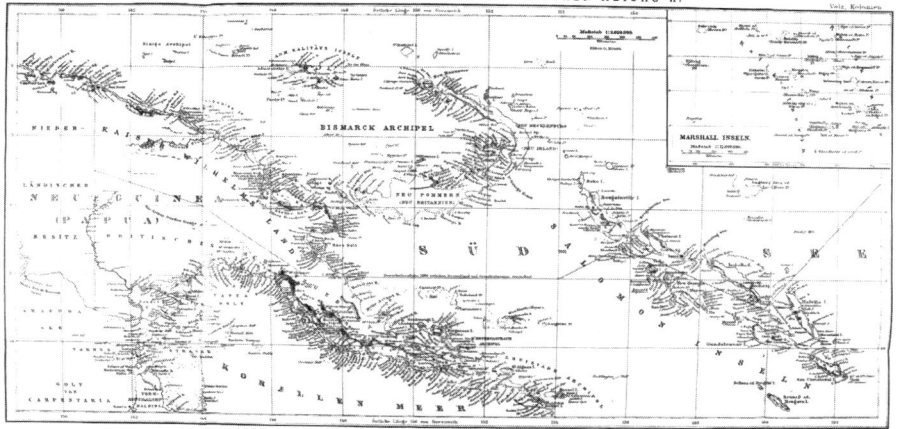

ソロモン諸島の境界線が修正される前の地図（拡大図）

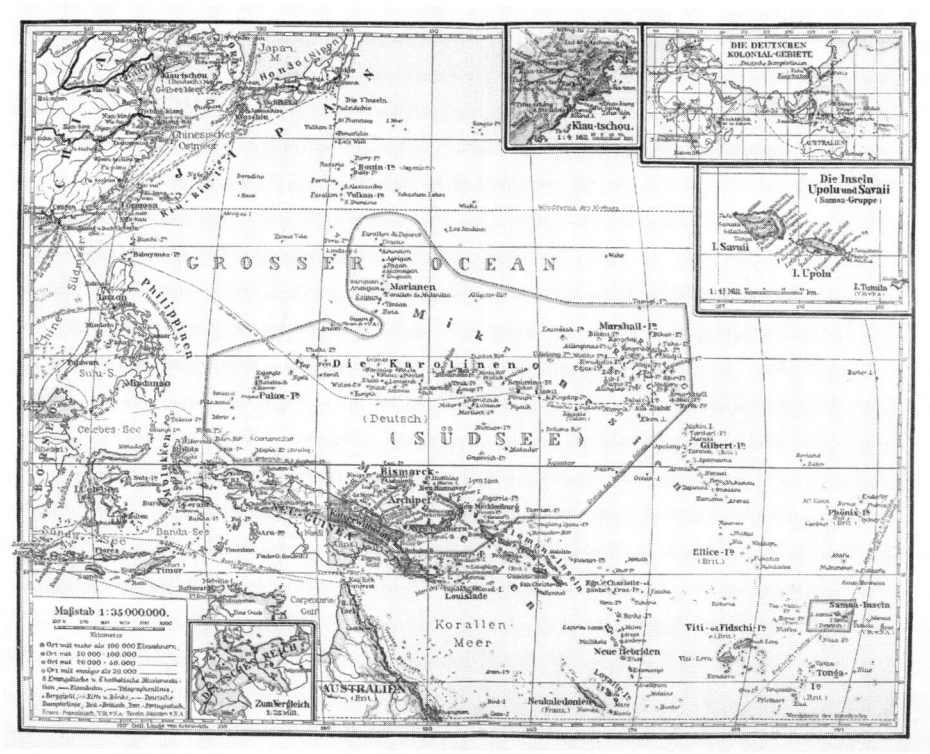

最終的な太平洋植民地（右下にドイツ領サモアがある）。地図の中央よりやや南にソロモン諸島があり、その北部（ブーゲンビル島とブカ島）がドイツ領に組み入れられている。

ハインリヒ・フォン・シュテファン

フリードリヒ・ヴィルヘルム・ハーフェンの北ドイツ＝ロイド社の汽船

ヤルートにおけるドイツの郵便局

北ドイツ＝ロイド社の郵便船

### （注1）　ドイツ植民地における郵便制度

アジア・太平洋方面のドイツ植民地の創設には、郵便制度が深くかかわっていた。植民地獲得への転換点となった1884年の郵船補助金法案は、当時の郵政大臣ハインリヒ・フォン・シュテファン（Heinrich von Stephan、郵便制度を整え、官製葉書の導入も提唱した。万国郵便連合 Union postale universelle を創設した一人）が提案していた。ビスマルクは北ドイツ＝ロイド社の創始者ヘルマン・ヘンリヒ・マイアー（Hermann Henrich Meier）と協議し、郵船（Reichspostdampfer）の航路の整備が進められていった。

北ドイツ＝ロイド社の他にも、膠州湾租借地を中心とする中国への輸送路は、イェプセン・グループ（Jebsen Group）、ハンブルク＝アメリカ郵船会社、アジアからドイツ太平洋植民地を介してオーストラリアに向かう輸送路は、ヤルート会社といった商社が開拓に協力した。アフリカへの輸送網の開拓は、当初は補助に対して議会の承認が得られなかったが、次第にヴェーアマン会社が進めていった。

特に太平洋植民地は、郵船の輸送網の拠点であり、シュテファンオルト（Stephansort、当時の郵政大臣ハインリヒ・フォン・シュテファン Heinrich von Stephan から名付けられる）のように統治拠点と兼ねている場合も多かった。郵政官僚ラインホルト・クレートケ（Reinhold Kraetke）も1888年から1889年にニューギニア会社に勤め、太平洋植民地の地方長官（Landeshauptleute）となり、その後ドイツに戻り、郵政大臣となった。

植民地では、ドイツ本国とは異なる切手も発行された。また膠州湾租借地から日本に送られたドイツ人俘虜は、本国に帰還する前まで、ドイツ本国に手紙を出し続け、それらは収容所の内情を知る史料となっている。

### （注2）　ブーゲンビル島

ブーゲンビル島（Bougainville Island）は、フランスの探検家ルイ・アントワーヌ・ド・ブーガンヴィル（Louis Antoine de Bougainville）にちなんで名づけられた。彼は『世界周航記』を出版し、フランスの啓蒙思想家ドゥニ・ディドロ（Denis Diderot）は、それに触発され、『ブーガンヴィル航海記補遺』を執筆し、ヨーロッパ世界への文明批判を行った。

同島は、ソロモン諸島の中で最大の面積を誇る島であり、そこには世界有数の銅鉱が存在した。戦後発見され、開発が進む中で、鉱毒で、島に被害が広がっていった。その中で、その利益は、ドイツ太平洋植民地のメラネシア地域を引き継ぎ、委任統治を行っていたオーストラリアの資本家に吸い上げられており、島の住民の不満が高まった。その結果、1975年のパプア・ニューギニア独立時に「北ソロモン共和国」、90年代には「ブーゲンビル共和国」を実現させるべく、独立運動が起こっている。

ラインホルト・クレートケ

## Marſchallinſeln.

当初、植民地で使用された切手はドイツで発行された切手に、植民地の名前（ここでは「マーシャル諸島」）を重ねたものだった。

フィンシュハーフェンにおける最初のドイツの郵便施設。左側にはラインホルト・クレトケがいる。

植民地で発行された切手（これは10ペニヒの価値）。書かれている軍艦はホーエンツォレルン（Hohenzollern、通称「皇帝のヨットKaiseryacht」）。

ブーゲンビル島の東北に位置する岬

植民地で発行された切手（これは2マルクの価値）。

ヤップ島の石貨

ヤップ島の石貨

ミクロネシアの展示

小舟の展示

### （注3）ヤップ島

　ヤップ島は石貨を使用しており、アメリカ合衆国の実業家オキーフは、それを利用し、富を築いた。この経緯は脚色され、映画『白人酋長』のモデルにもなっている。

### （注4）「サモアの首長」

　サモアには王朝は成立せず、代わりに首長制システムが存在していた。首長は各自称号名を持つが、独立性が高く、系列内でも命令に従うとは限らなかった。しかし西サモアを代表する4称号タマアイガ（大首長）として、マリエトア（Malietoa）、ツプラ・タマセセ（Tupua Tamasese）、マタアファ（Mata'afa）、ツイマレアリイファノ（Tu'imaleali'ifano）が19世紀の間に認識されていった。

### （注5）イギリス資本への依存

　ドイツ商社は、太平洋でもイギリス商社と抗争を行っていた。バーンズ・フィリップ社はスコットランドの企業家ジェームス・バーンズ（James Burns）とロバート・フィリップ（Robert Philp）が1865年に共同で始めた店に由来する海運会社で、オーストラリアを拠点として、南太平洋での海運、貿易に積極的で、サモアやマーシャル諸島でドイツと勢力争いを繰り広げた。イギリス商社との対立・協力は、ナウル（太平洋諸島会社）、そして太平洋無線基地（太平洋ケーブル会社）においても行われており、イギリス商社は、ドイツ商社の第一の対抗者であった。

　しかしドイツ植民地において、ドイツ資本は常時不足している状態であり、イギリス資本の侵入は不可避であった。イギリスへの貿易依存は、ヨーロッパのみならず、植民地においても進行していた。太平洋でも両者の資本連携は進んでいた。西南アフリカ、南アフリカでは、ドイツ商社はイギリス資本の動きに左右され、「イギリス海」とされたインド洋に面する東アフリカでも同様だった。イギリス資本の駆逐が絶望的になると、ユリウス・シャルラッハ（Julius Scharlach）のように帝国主義国家間の資本提携を進め、ドイツの影響力を残す展開が見られた。

### （注6）人類学と植民地

　太平洋においては、早くから人類学的・民族学的調査が行われ、持ち出された品は、ゴドフロワ博物館（Museum Godeffroy）のような施設に集められていた。さらに植民地統治期の探検遠征の結果は、研究遠征を支援した、ベルリンのシュテーグリッツ＝ツェーレンドルフ区（Bezirk Steglitz-Zehlendorf）、ダーレム（Dahlem）における民俗学博物館（Ethnologisches Museum）、ハンブルク民族学博物館（Museum für Völkerkunde Hamburg）に収蔵され、人類学・民俗学研究が進められた。ベルリン＝ダーレム植物園（Botanischer Garten und Botanisches Museum Berlin-Dahlem）においても、採集した植物研究も進んだ。

　一方で、人類学的な研究成果は、その後、ナチ党政権時代に、医学

ハンブルク民族学博物館

とともに優生学を補強する研究ともなり、これらの収集品、調査方法も人種論を補強する上で参照されていくことになった。人類学者・民族学者オットー・レッヘ（Otto Reche）は、生物学者エルンスト・ヘッケル（Ernst Haeckel）、地理学者カール・ドゥーベ（Karl Dove）に教えを受け、ハンブルク植民地研究所の講師であった。彼は1908年から1909年のハンブルク学術財団による太平洋の調査に参加し、後にハンブルク民俗学博物館に勤めた。一方で戦間期以降、血液に基づく遺伝的な人種の設定を行い、それは親子鑑定による人種規定を準備し、ニュルンベルク法に支えることになった。さらにナチ党の協力者、歴史家アルベルト・ブラクマン（Albert Brackmann）と連携し、第二次世界大戦中の人種的ドイツ人の生存圏構想を支持した。東欧における人種区分を指定し、中欧（Mitteleuropa）からのポーランド人の追放も後押しし、ドイツによる民族浄化に参加したのだった。

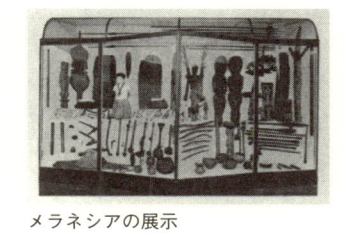

メラネシアの展示

カール・ドゥーベ。ドイツ植民地協会、植民地経済委員会に所属。

エルンスト・ヘッケル

## ＜ドイツ領ニューギニア＞

| 帝国弁務官 （Kaiserlicher Kommissare） | | |
|---|---|---|
| 1885 - 1887 （1886 ?） | グスタフ・フォン・エルツェン | Gustav von Oertzen |

| 地方長官 （Landeshauptleute） | | |
|---|---|---|
| 1886 （1885 ?） - 1888 | ゲオルク・フライヘーア・フォン・シュライニッツ | Georg Freiherr von Schleinitz |
| 1888 - 1889 | ラインホルト・クレートケ | Reinhold Kraetke |

| 帝国弁務官 （Kaiserlicher Kommissare） | | |
|---|---|---|
| 1889 - 1892 | フリッツ・ローゼ | Fritz Rose （1890 年まで臨時の地位） |

| 地方長官 （Landeshauptleute） | | |
|---|---|---|
| 1892 - 1895 | ゲオルク・シュミーレ | Georg Schmiele |
| 1895 - 1896 | フーゴ・ルーディガー | Hugo Rudiger |
| 1896 - 1897 | クルト・フォン・ハーゲン | Kurt von Hagen |
| 1897 | アルベルト・ハール | Albert Hahl （臨時の地位） |
| 1897 - 1899 （1898 ?） | フーゴ・スコプニク | Hugo Skopnik |

| 総督 （Gouverneure） | | |
|---|---|---|
| 1899 - 1901 | ルドルフ・フォン・ベニヒセン | Rudolf von Bennigsen |
| 1901 - 1914 | アルベルト・ハール | Albert Hahl （1902 年まで臨時の地位） |
| 1914 - 1914 | エドゥアルト・ハーバー | Eduard Haber （臨時の地位） |

## ＜マーシャル諸島＞

| 帝国弁務官 （Kaiserlicher Kommissare） | | |
|---|---|---|
| 1885 - 1886 | グスタフ・フォン・エルツェン | Gustav von Oertzen |
| 1886 - 1887 | ヴィルヘルム・クナッペ | Wilhelm Knappe |
| 1887 -1889 | フランツ・レオポルト・ゾンネンシャイン | Franz Leopold Sonnenschein （1888 年まで臨時の地位） |
| 1889 - 1890 | オイゲン・ブランダイス | Eugen Brandeis （臨時の地位） |
| 1890 - 1892 | フリードリヒ・ルーイ・マックス・ビーアマン | Friedrich Louis Max Biermann |
| 1892 - 1893 | オイゲン・ブランダイス | Eugen Brandeis （臨時の地位） |
| 1893 - 1894 | エルンスト・シュミット・ダルギッツ | Ernst Schmidt-Dargitz |

| 地方長官 （Landeshauptleute） | | |
|---|---|---|
| 1894 （1893 ?） - 1898 | ゲオルク・イルマー | Georg Irmer |
| 1898 - 1906 | オイゲン・ブランダイス | Eugen Brandeis （1900 年まで臨時の地位） |
| 1902 - 1903 | ブンゼン | von Bunsen （Brandeis の代理） |
| 1903 | ゼペルト | Seppert （Brandeis の代理） |
| 1906 | ルートヴィヒ・カイザー | Ludwig Kaiser （臨時の地位） |
| 1906 - 1914 | ドイツ領ニューギニア総督が兼ねる | |

| 区長 （Bezirksamtmann） | | |
|---|---|---|
| 1906 - 1907 | ヴィクトル・ベルク | Victor Berg |
| 1907 | ヨーゼフ・ジークヴァンツ | Joseph Siegwanz （臨時の地位） |
| 1908 - 1909 | ヴィルヘルム・シュトゥックハルト | Wilhelm Stuckhardt |
| 1909 - 1910 | エーリヒ・ベルクハウゼン | Erich Berghausen （暫定的な地位） |
| 1910 - 1911 | ゲオルク・メルツ | Georg Merz |

| 署長（Stationsleiter） | | |
|---|---|---|
| 1911 - 1914 | ゲオルク・メルツ | Georg Merz（1915年に日本によって国外追放となる） |

<ナウル>

| 帝国弁務官（Reichskommissare） | | |
|---|---|---|
| 1886 - 1887 | ヴィルヘルム・クナッペ | Wilhelm Knappe |
| 1888 - 1889 | フランツ・レオポルト・ゾンネンシャイン | Franz Leopold Sonnenschein |

| 区長（Bezirksamtmann） | | |
|---|---|---|
| 1888 - 1889 | ロバート・ラッシュ | Robert Rasch（臨時の地位） |
| 1889 - 1895 | クリスティアン・ヨーハンゾーン | Christian Johannson |
| 1895 - 1898 | フリッツ・ユング | Fritz Jung |
| 1899 - 1906 | ルートヴィヒ・カイザー | Ludwig Kaiser |

| 署長（Stationsleiter）（1911年からポナペ島の地区の行政に従属する） | | |
|---|---|---|
| 1906 - 1908 | コンラート・ゲッペルト | Konrad Geppert |
| 1908 - 1911 | ヨーゼフ・ズィークヴァンツ | Joseph Siegwanz |
| 1911 - 1912 | ヴァルネッケ | Warnecke |
| 1912 - 1914 | ヴィルヘルム・ヴォシュトラック | Wilhelm Wostrack |

<マリアナ諸島>

| 区長（Bezirksamtmann） | | |
|---|---|---|
| 1899 - 1907 | ゲオルク・フリッツ | Georg Fritz（サイパン島赴任） |
| 1904 - 1907 | フォルカー・ライヒェル | Volker Reichel（ロタ島赴任） |

| 署長（Stationsleiter） | | |
|---|---|---|
| 1907 - 1910 | カール・キルン | Karl Kirn（1908まで臨時の地位） |
| 1910 - 1911 | オットー・パウリッシュ | Otto Paulisch（臨時の地位） |
| 1911 - 1914 | ゲオルク・フォン・ハイニッツ | Georg von Heynitz |
| 1914 | ヴァルター・ベーメ | Walter Boehme（臨時の地位） |

<カロリン諸島>

| 区長（Bezirksamtmann） | | |
|---|---|---|
| ・カロリン諸島の西側（政庁が置かれたのはヤップ島とパラオ。パラオの区長も1899年から1914年までカロリン諸島の西側の区長が兼ねる。1907年からマリアナ諸島もカロリン諸島の行政下に入り、サイパン島にも政庁が置かれる） | | |
| 1899 - 1906 | アルノ・ゼンフト | Arno Senfft |
| 1906 - 1907 | ゲオルク・フリッツ | Georg Fritz（臨時の地位） |
| 1907 - 1909 | アルノ・ゼンフト | Arno Senfft |
| 1909 | ルドルフ・カールロヴァ | Rudolf Karlowa |
| 1909 - 1910 | ゲオルク・フリッツ | Georg Fritz |
| 1910 - 1911 | ヘルマン・ケルスティング | Hermann Kersting |
| 1911 - 1914 | バウメルト | Baumert |

| ・カロリン諸島の東側（政庁が置かれたのはポナペ島。1911年からマーシャル諸島も行政下に入る） | | |
|---|---|---|
| 1899 - 1901 | アルベルト・ハール | Albert Hahl |
| 1901 - 1907 | ヴィクトル・ベルク | Victor Berg |
| 1907 | アウグスト・ユーバーホルスト | August Ueberhorst（臨時の地位） |
| 1907 - 1909 | ゲオルク・フリッツ | Georg Fritz |

| 1909 - 1910 | グスタフ・ベーダー | Gustav Boeder |
|---|---|---|
| 1910 | マックス・ギルシュナー | Max Girschner（臨時の地位） |
| 1910 - 1914 | アウグスト・ユーバーホルスト | August Ueberhorst |

| ドイツ領ニューギニアの副総督（その島々の地域の全体的な管理） | | |
|---|---|---|
| 1899 - 1901 | アルベルト・ハール | Albert Hahl |
| 1901 - 1907 | ヴィクトル・ベルク | Victor Berg |
| 1907 - 1909 | アルノ・ゼンフト | Arno Senfft |
| 1909 | ルドルフ・カールロヴァ | Rudolf Karlowa |
| 1909 - 1910 | ゲオルク・フリッツ | Georg Fritz |
| 1910 - 1911 | ヘルマン・ケルスティング | Hermann Kersting |
| 1911 - 1914 | バウメルト | Baumert |

<サモア>

| サモアの最高位（Tupu Sili o Samoa） | |
|---|---|
| 1900 - 1914 | ヴィルヘルム２世 | |

| 総督（Gouverneure） | | |
|---|---|---|
| 1900 - 1911 | ヴィルヘルム・ゾルフ | Wilhelm Heinrich Solf |
| 1911 - 1914 | エーリヒ・シュルツ・エーヴェアルト | Erich Schultz-Ewerth（1912 年まで臨時の地位） |

## コラム5　日本統治下の太平洋植民地

　1914年10月14日に赤道以北の南洋諸島全体（ナウルを除くミクロネシア全域）を占領した日本は、ドイツの行政文書に目を通し、プランテーションをより合理的に進め、航路を開拓していった。

　日本は大戦前にすでに太平洋植民地に乗り出しており、1890年代には実業家田口卯吉（『日本開化小史』を著す）などが乗り込んでおり、貿易活動は活発化していた。そして大戦がはじまり、早期に占領、戦闘状態が終了し、ドイツ人に退去を命じると、明治期から続く南進論の盛り上がりとともに、商社の進出が相次ぐことになる。1916年にテニアン島で丸喜商会（後の喜多合名会社）、1917年、サイパン島を中心にして、西村拓殖、南洋殖産は製糖業に携わり始めたが、大戦後の恐慌の影響を受け、経営は悪化し、1920年に南洋殖産、1921年には西村拓殖が倒産した。そのため、台湾で製糖業を営んでいた松江春次（兄は第一次世界大戦中に板東俘虜収容所所長を務めた陸軍軍人の松江豊寿。彼も春次の南洋開発に協力）は、東洋拓殖株式會社の石塚英蔵の資本協力を受け、南洋興発株式会社を設立し、現地で働いていた移民を助け、さらなる南洋開発を目指すことになる。この南洋興発は、南洋貿易株式会社、南洋拓殖株式会社とともに、日本の南洋統治の要となった。

　入植に先立ち、各商社が参考にしたのは、ドイツの土地区画、資源、現地住民の慣習の調査結果であった。言語学者、民俗学者の松岡静雄（同じく民俗学者の柳田國男の弟。ドイツ語に堪能で、オーストリア大使館付武官だったこともある）は、1914年に、カロリン諸島の東側を管轄していたポナペ島上陸作戦に参加し、同島で収集したドイツの行政資料を分類・調査し、各省庁に送った。首長を介する間接統治のようなドイツ式統治は、南洋庁、商社によって取り入れられた。また植民地経済委員会が刊行していた『熱帯プランナー（Der Tropenpflanzer）』も参照され、パウル・プロイスのココヤシに関する研究『椰子栽培法』も松岡静雄によって翻訳され、1915年に出版されている。そ

テニアンにおける南洋興発株式会社の製糖工場

サイパンにおける南洋興発株式会社の製糖工場

サイパンにおける南洋興発株式会社の製糖工場

石塚英蔵

パラオにおける南洋貿易株式会社

松岡静雄

してドイツの進めていた経済開発も多くは日本が引継ぎ、アンガウル島のリン鉱石の採掘も、日本が推進することになる。またドイツの海運業、通信業が利用していた航路、そして有線電信に関する設備は、そのまま日本が利用、拡大していくことになった。特に南洋貿易株式会社は、諸島の間、そしてミクロネシアと日本の間の輸送を一手に握ることになり、これらの地域の貿易を独占した。このような日本の進出に対して、アメリカ合衆国はアジアへの道を妨害するものとして警戒した。特にヤップ島の中立化を求めて、国際管理下に置く議論は過熱し、日米の対立は深まっていく。

　また植民地統治を行う際に必要な労働力の問題は、日本においては、周辺からの労働者を確保するだけではなく、大量の移民を送り込み補充する道を選択した。これは農学者高岡熊雄による、入植者と現地の住民の対立問題、そして社会政策を踏まえたドイツの内国植民地研究を前提にした対処であった。また現地の住民に、知識や技術移転が行われなかったため、彼らの労働観は日本の労働観と一致せ

ず、島民の労働力は当てにされなかった。現地住民の労働力が非効率とされた以上、主な労働力は移民であり、結果、経済的に困窮していた層が南洋に送り込まれた。特に南洋庁の市庁が置かれた地域（サイパン、ヤップ、パラオ、トラック、ポナペ、ヤルート）では、移民が人口比で現地の住民を圧倒するようになった。かつ現地住民を最下層とする階層構造も構築され、現地の農園で経済的に成功する移民が登場する一方で、多くの島民の境遇は悪化し、沖縄、朝鮮半島出身者より低い地位に置かれ、差別されることになった。

　豊富な労働力の確保、機械導入による製造過程の合理化、交通機関の整備による製糖業での成功は、ドイツの各植民地団体、特に植民地経済委員会によって注目されることになる。同委員会は合理的植民地経営を理想としており、発足当時から農業の機械化、そして現地の労働者を適切に指導する農業を研究していた。その意味で、日本の勢力下におけるアジア・太平洋の中での労働者・資本の移動、植民地統治は、主要な分析対象となる。特に熱帯・亜熱帯に属する台湾における樟脳、砂糖、南洋諸島における砂糖、椰子の農園経営は、『熱帯プランナー』でも紹介されるようになった。

松江春次

ヤップ島における南洋貿易株式会社

マーシャル諸島のコプラ

アンガウルでのリン鉱石採掘

パウル・プロイス

コプラ製造

南洋庁の本庁（パラオ）

サイパン島のガラパン。多くの日本人が移り住んだ。

ヤップ島の郵便局電信所

サイパン島のガラパン

ヤルートにおける電信施設

ヤップ島における海底電信所

アンガウルにおけるリン鉱石の工場

# 第七章

Kiautschou

# 膠州湾植民地

膠州湾租借地は、ドイツの中では商業植民地（Handelskolonien）として位置づけられ、他の植民地とは異なり、当初から貿易拠点の役割が意図されていた。管轄も外務省植民地部局、後の植民地省とは異なり、ドイツ海軍であり、海軍の威信をかけた植民地という側面を持った。租借地（552 平方キロメートル）はドイツ植民地中、最小の面積であり、ドイツの勢力圏である山東省（約 15 万平方キロメートル）をふまえても、太平洋植民地（約 25 万平方キロメートル）より小さかった。しかしこの地域には面積・人口を考慮すれば巨額の補助金が投資されていた。この租借地の背後には、人口 3 億 5000 万を抱えた中国市場が存在しており、そこにドイツが参入する際に膠州湾租借地が先導的な役割を果たすことが期待されていたのである。

当初は、ドイツの工業製品の輸出先と、石炭の輸入先として設定され、中継貿易、加工貿易で発展したイギリスの香港にならぶ「ドイツの香港」を目指した経営が目指された。しかしドイツ製品を販売する際には、流通を握る清国の官僚、そして中国商人の存在は大きく、彼らを無視した経済政策には限界があった。かつ山東省の輸出産業が石炭だけでは大幅な入超となっていたため、農畜産物、そしてその加工品の輸出を進めていく。それに伴い、加工工場で機械を取り扱える労働者が必要となり、中国人の職業教育も部分的に行われた。これらの政策が開始された時期に起こった義和団戦争は、これ以上の中国分割が不可能であると、ドイツに認識させ、中国のナショナリズムへの配慮が政策に盛り込まれていく。現地の経済を考慮した植民地統治が行われる中で、青島の中国商人層の植民地統治への取り込みも行われた。統治後半の1910 年代は、ドイツの化学製品の輸出先としても注目され始めた。ドイツの外交的孤立を回避し、市場を開拓するために文化政策も提唱され、教育機関の設置、ドイツ語によるドイツの宣伝計画が進められていく。しかし第一次世界大戦が勃発すると、この租借地、そしてドイツ勢力圏の山東省は、日本の占領下に置かれ、17 年に及ぶドイツの植民地支配は終わった。

膠州湾租借地の地図

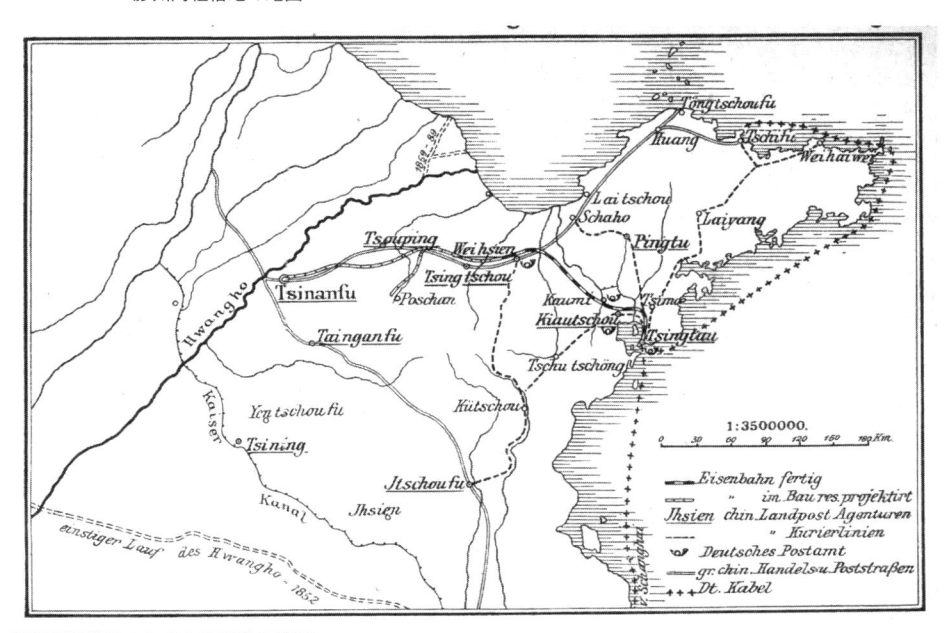

膠州湾租借地のある山東半島の地図

膠州湾租借地における塩田

## 租借以前の山東半島

### 地理的な特徴

　山東半島は、黄河が流れ、清の首都北京に近く、遼東半島と相対峙する地域であった。同半島は温帯夏雨気候に属し、比較的温暖であり、古くから文化が開けていた。20世紀初頭には山東省全体で、3500万以上の人口がいたとされており、その市場開拓が期待された。ドイツが介入する以前も、山東半島は交通・貿易・軍事上、要所であり、青島には後背地に鉱山も存在し、将来的に貿易港・給炭港・軍港となることが有望であった。しかし当時は先に開港していた煙台（芝罘）といった他の港が山東省の流通の拠点となっていたこともあり、青島が中心地域とはなっていなかった。しかし次第に青島付近の海域にはヨーロッパの船が行き来するようになり、国際情勢に関与する時期が迫っていった。

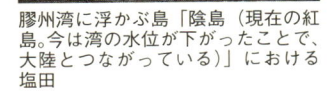

膠州湾に浮かぶ島「陰島（現在の紅島。今は湾の水位が下がったことで、大陸とつながっている）」における塩田

# 領域画定

　この地もドイツ帝国指導部の本格的な介入の前には、調査が行われた。その中心になったのはここでも商人と宣教師である。

### オイレンブルク使節団
　ヨーロッパのアジア方面への進出は、1840 年のアヘン戦争後に活発になる。 清国の敗北は、広大なアジア市場の開放を意味しており、プロイセン、ザクセン、ハンブルクはアジアへ介入しようとしたが、まだその動きは限定的だった。1860 年にはプロイセンの外交官フリードリヒ・アルブレヒト・ツー・オイレンブルク（Friedrich Albrecht Graf zu Eulenburg）の使節団が派遣された。これは小ドイツ的統一を進めていたプロイセンの声望を高める目的もあり、1861 年には清と通商条約を結んだ。この遠征にはドイツの地理学者フェルディナント・フォン・リヒトホーフェン（Ferdinand von Richthofen、「絹の道 Seidenstraße」という言葉を初めて用い、シルクロードの定義を定めた）も参加しており、彼はその遠征後も清において地理的調査を行い、その中で山東半島における膠州湾の有用性を説いている。また同行していた外交官で、東アジアの専門家マックス・フォン・ブラント（Max von Brandt）は、1875 年から北京ドイツ公使となり、後にドイツ・アジア銀行（Deutsch-Asiatische Bank、徳華銀行）の設立にかかわることになった。

フリードリヒ・アルブレヒト・ツー・オイレンブルク

フェルディナント・フォン・リヒトホーフェン

マックス・フォン・ブラント

天津の軍事学校

張之洞

## 洋務運動、商社の介入

　太平天国鎮圧後に清では洋務運動が開始された。これはヨーロッパの技術を取り入れ、強国化を目指すもので、軍事・鉄道と多岐にわたり、ヨーロッパの商社が参入した。その中でもドイツは多くの兵器を販売し、対中国貿易を拡大させていった。清の政治家である李鴻章によって創設された北洋艦隊も多くがドイツ製の軍艦、クルップ製の大砲で構成されていた。また同じく洋務派官僚である張之洞は、鉱床が見つかった大冶鉄鉱山の開発をドイツとともに行い、鉄道を整備していき、ドイツの重工業界も、中国での需要の高まりに期待するようになった。またドイツ最大の銀行の一つディスコント・ゲゼルシャフト（Disconto-Gesellschaft）の主導で、中国進出をけん引するドイツ・アジア銀行も 1889 年に上海で設立された。しかしこの洋務運動は体制を変革するまでには至らず、その限界は、清仏戦争、日清戦争での敗北で、明らかとなり、列強による中国分割が本格的に進むことになる。 1895 年に天津と漢口にドイツ租界ができ、さらに本格的に中国市場への介入を進めるために拠点の建設が意図されていた[注1]。その中で占領が計画されていたのが膠州湾の入口に位置する青島である。

ドイツ・アジア銀行の青島支店

天津の軍事学校

漢口近くの漢陽における大砲の工場

ヨーゼフ・フライナーデメッツ

ヨハン・バプティスト・フォ
ン・アンツァー

オットー・フォン・ディー
デリヒス

## キリスト教ミッションの介入

　またアヘン戦争後はキリスト教ミッションの進出も盛んになり、第二次アヘン戦争（アロー号事件）後は、1858年の天津条約でキリスト教が公認となった。特にドイツと関連していたのは、シュタイル・ミッション（Steyler Mission、神言会 Gesellschaft des Göttlichen Wortes、Societas Verbi Divini）、ヴァイマル・ミッション（Weimar Mission、ドイツ・東アジアミッション Deutsche Ostasienmission、普及福音新教伝道会 Allgemeiner evangelisch-protestantischer Missionsverein）であった。前者に属するヨーゼフ・フライナーデメッツ（Joseph Freinademetz）、ヨハン・バプティスト・フォン・アンツァー（Johann Baptist von Anzer）は、中国各地を巡った後に、山東省で布教活動を進め、その中でシュタイル・ミッションから派遣されていた宣教師二人が殺害された（曹州教案、鉅野教案、鉅野事件）。それはドイツ帝国による膠州湾占領の口実となっていく。後者に属するリヒャルト・ヴィルヘルム（Richard Wilhelm）は、1900年に山東省に派遣され、牧師・教育者として活動し、学校を作り、中国文化をドイツ語で紹介した。以上のように、これらのミッションは、ドイツの膠州湾租借、そして山東半島の勢力圏形成に密接にかかわっていくことになる。

## 領土獲得を念頭においた調査、占領の契機

　調査ではなく具体的な領土獲得が開始されたのは、日清戦争後となった。旅順港陥落が間近の時期に、すでに拠点獲得に向けた討議が始まっていた。戦争後の三国干渉の見返りとして、領土獲得の可能性があるとして、要求すべき拠点の選定が始まった。海軍の挙げた候補地に対して、外務省は目を通し、膠州湾が有望としたが、海軍は華南の諸島を推し、議論は平行線をたどった。しかし海軍軍人で、東アジア巡洋艦隊司令官であったアルフレート・フォン・ティルピッツ（Alfred von Tirpitz）が、膠州湾を推薦し、またカメルーンの帝国委員も務めた海軍大将エドゥアルト・フォン・クノル（Eduard von Knorr）も同意したことから、膠州湾が有望となった。

キール軍港

　ティルピッツは、調査の段階で、青島がアジアにおける
ドイツ海軍の軍事拠点・補給基地となることを期待しつつ
も、経済的な発展の側面を重視していた。そして山東経済、
ひいては華北経済の流通の中心地となることを目指してい
た。そのために山東鉄道の建設、自由港制度の導入が検討
されていた。続いて、キール軍港の建設を担当した海軍
の技術者ゲオルク・フランツィウス（Georg Franzius）は、
現地の労働力の豊富さに目を向け、湾岸の最新のドック設
備の建設を提案していた。

キール軍港

　曹州教案において二人の宣教師が殺害されたのを機に、
ドイツは膠州湾の占領を意図し、ティルピッツの後に、東
アジア巡洋艦隊司令官に任命されたオットー・フォン・
ディーデリヒス（Otto von Diederichs）がドイツ皇帝ヴィ
ルヘルム２世の命令をうけ、上海から出動した。付近に勢
力圏を持つロシア、清との関係悪化も想定され、占領の中
止命令も出されたが、結局、占領は実施された。

カール・ローゼンダール

## 占領後の清との外交交渉

　占領後、清の外交を担当する総理各国事務衙門（総理
衙門）と交渉が行われていく。ドイツは、中国学者オッ
トー・フランケ（Otto Franke）を通訳として、ブラント

オットー・フランケ。ハンブルク植民地研究所にも所属。

に続く北京ドイツ公使エドムント・フリードリヒ・グスタフ・フォン・ハイキング（Edmund Friedrich Gustav von Heyking）が外交交渉に臨んだ。総理衙門は、宣教師殺害事件に関して迅速に対応しているとして、ドイツ軍の撤兵を要求した。総理衙門はドイツ側の占領意図を察しており、ドイツの一元的支配を回避するために、膠州湾を開港場とすることも提案した。それにドイツ側が同意せず、交渉が難航する中で、租界と割譲の中間的形態としての租借地という概念が初めて生まれた。ドイツ側は租借地を植民地として扱おうとする一方で、中国側はあくまで貸与された土地としての認識であり、この双方の見解は異なったままだった。最終的に軍事的な恫喝で1898年3月6日、ドイツ帝国は、北京において清国と膠州湾租借条約を結び、膠州湾を99ヶ年間清国指導部から租借することになり、翌日、初代総督に海軍大将カール・ローゼンダール（Carl Rosendahl）が着任した。

　この取り決めで、湾の水面全部と湾を囲む東西の半島、湾内外の島々は租借地となり、その周囲の幅50キロメートルの地域は中立地帯となり、ドイツ軍の自由な運行が認められた。ドイツ支配下の港と競合するために、湾内で他の港が拡張される可能性があった。しかし上記の取り決めで、その拡張を牽制する根拠が生まれ、そして湾内の塩田の利権も確保した。しかも返還する際には、より良好な場所を中国指導部はドイツに提供しなければならないことになった。

　1898年4月27日には、ヴィルヘルム2世は、3月6日に結ばれた膠州湾租借条約によって、同租借地を保護領と同様に、ドイツ帝国の保護下に置くと宣言した。これは膠州湾租借地を植民地と同等に扱うことを示したものだった。その後の列強による中国分割の際にもこの膠州湾租借条約中の条文が使用され、租借支配のモデルとなっていった。しかし国際法上は租借地である以上、アヘン戦争後の1842年に割譲された香港島のような植民地とは異なり、制度的な支配であり、その後、膠州湾総督府と中国地方当局との間で、山東省における主権の所在をめぐり対立が起こることになった。

エドムント・フリードリヒ・グスタフ・フォン・ハイキング

# 初期の租借地統治

　以上のような形で租借地が決定し、次の総督パウル・イェシュケ（Paul Jaeschke）、さらに4代総督オスカー・トルッペル（Oskar Truppel）の下で、統治機関・軍隊、居住地域、交通インフラの整備が進み、産業植民地として、さまざまな経済振興策がとられることになる。

パウル・イェシュケ

## 統治機構

　租借地の行政機構は、総督を頂点としており、民政・軍政を統括した。総督は海軍士官の中から海軍大臣ティルピッツによって直接任命された。海軍省への報告も提出を毎月義務づけられていたものの、総督は租借地における軍事指揮権と行政権を握っており、その権限は大きかった。総督府は、総督が議長を務める諮問機関である総督府参事会（Gouvernementsrat）の協力を得ていた。その構成員は主に官僚であったが、ドイツ系の住民の代表も参加しており、後に中国人も参加することになる。

　また総督府の下に、ドイツ系住民を統括する民生事務担当官と中国人を統括する中華事務担当官が設置された。後者の下には中華商務公局（Chinesische Kommittee）が1902年に設置され、この機関を通して、有力中国商人は租借地統治に関与した。一方で中国系労働者「苦力」、そして女性には、政治参加の機会は無く、罰則、職業訓練を通した規律化が進められた。

## 軍事拠点

　この租借地には、アジアにおける軍事拠点としての役割が、第一にあった。暴力の独占による秩序維持も兼ね、初期の駐留部隊約1500人から、兵士は増え続けた。東アフリカにおけるアスカリ（Askari）のように現地の住民の徴発も始まり、警察として採用し、中国人から成る部隊も編制した。しかしその指揮は、ドイツ士官が行い、部隊の給与も標準的なもので高給ということはなかった。この部隊は次第に縮小され、最終的に解散され、一部は警察部隊に

オスカー・トルッペル。膠州湾租借地において、最も長く総督の地位にあった。

水上警察の建造物

青島の警察部隊

青島の住民から編成された部隊

吸収された。部隊の規律は厳罰をもって維持していた。

## 植民地法

　また現地の住民の法的な扱いについては、租借地という状況の下では継続した問題であった。属人主義の立場から考え、ドイツ人にのみドイツ法を認めた場合、ドイツ植民地における他の住民にも属人的法の適用を認めねばならなくなる。一方で植民地という属地主義的法解釈を行うならば、その地域に住む住民は非ドイツ人であっても、ドイツ臣民としての権利を認めていく必要が生まれる。そのため、植民地法学者は、折衷的な政策をとり、基本的に属地主義で他国の領事裁判権を認めず、植民地の住民には、属人的特別法をもって対処していた。

　膠州湾租借地の司法制度上は、ヨーロッパと非ヨーロッパは明確に区別され、ドイツ系住民は、領事裁判所法が適用され、ドイツ法の下に置かれており、1908 年 1 月 1 日以後は第二審の上級審である高等裁判所が設けられた（以前は上海総領事館が管轄し、上海領事裁判所がこれにあたっていた）。

　一方、現地の住民には、特別法の下、アフリカ植民地より過酷な状況に置かれた。廃止されているはずの身体刑が存在するのみならず、アフリカでも体刑は笞打ち 50 回のところを 100 回まで許されていた。警察の長官は、25 回打つ権利を持っていた。被告は屈辱的な姿勢で裁判を受けねばならず、ドイツの裁判官は、地方行政官が担当し、中国の高級官僚並みの権限を持った。禁固刑は強制労働も伴っており、都市の建築にも駆り出された。中国人への特別な条例は、彼らを永続的に支配・監督するものであり、その境遇はヨーロッパ系住民とは明確な差があった。

　しかしそもそも租借地が、植民地ではなく、清国から借りている土地とみなした場合、その主権は清国にあり、事実、総理衙門は租借条約締結以降も、同地域におけるドイツの主権を認めていなかった。また現地の住民とドイツ人を区別する要素は肌の色といった曖昧なものであり、異人種間結婚を介して、植民地法上の人種的社会秩序は揺らぐ可能性が高かった。そのため植民地統治側は、異人種間結

シンガポール

上海のドイツクラブ

婚の禁止という措置でその秩序を維持しようとした。

## 土地問題

　また 1897 年 11 月 14 日の占領以前から土地工作が開始され、その後、都市計画が練られていく。まず土地所有の変更を禁止し、売買を禁止した。そしてその先買権をドイツが得て、その時点での土地価格を支払うことになった。この土地の独占的買占めにより、都市建築、鉄道敷設による地価上昇を見越した土地の投機を防ごうとした。実際に土地購入が開始されると、土地価格は上昇したため、総督府から土地所有者に支払われた補償金では、同等の土地を買い戻すことができず、土地の接収と変わらなくなった。住民がそれに抗議した場合、強制的接収の対象となった。

　これらの土地政策で決定的な影響を及ぼしたのは通訳官ヴィルヘルム・シュラマイアー（Wilhelm Schrameier）である。彼の政策は、アメリカ合衆国の社会改革者ヘンリー・ジョージ（Henry George）やドイツの土地改革者アドルフ・ダマシュケ（Adclf Damaschke）といった当時の進歩的な土地政策とも一致していた。その土地管理の際にはすでに発展していた香港、上海、シンガポールのような東アジアの港都市の土地利用、そしてすでに中国で活動していた商社やキリスト教ミッションの経験も考慮された。1898 年 9 月 2 日の土地条例により、総督府の購入価格で土地税が調整され、その際の地価の 6% が課税された。転

ヨーロッパの商社

発電所

ハンブルク＝アメリカ郵船会社の建物

売する際には、純利益の3分の1を総督府に支払うものと
された。この地租と土地販売は関税とならんで租借地の主
な収入源となっていった。

## 都市計画

　都市計画は、現地の住民の法的位置と絡め、社会秩序維
持の面から構想されることになった。住んでいた中国人を
移住させたのちに、家屋を焼き払い、その後、軍事拠点、
居住地域の建設が始まった。　煙突、水洗式便所、上下水
道といった衛生設備も完備し、電信基地も備え、東アジア
でも有数の都市が形成されたが、ヨーロッパ系住民と現地
の住民の居住空間の区別が視覚的にも明確になるように設
計されていた。
　大きく青島地区、大飽島地区、台東鎮・台西鎮地区に分

総督府

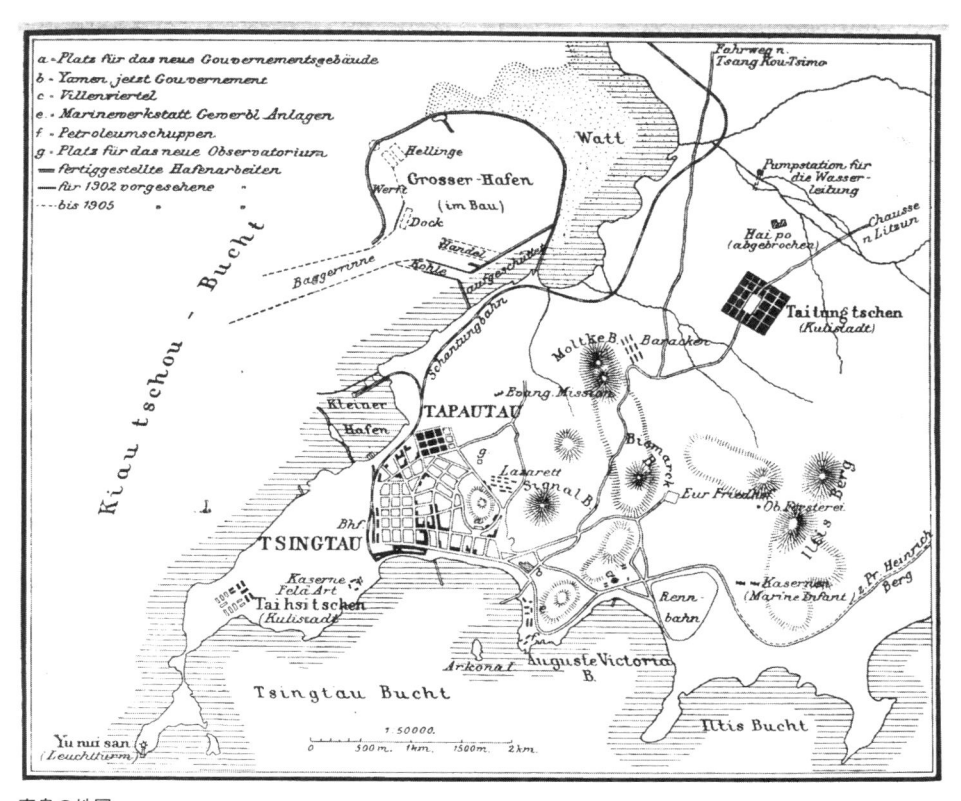

青島の地図

総督の宮殿。現在は迎賓館として使われている。

けられた。まず前者2つの地区に関して、1898年10月11日の都市建築暫定規則が公布された。敷地と建物の割合、すなわち建ぺい率は、青島地区より大鮑島地区の方が高く、青島地区の住居は3階建て、高さは最高で18メートルとされ、大鮑島地区では2階建てと決められた。ヨーロッパ側の空間が余裕をもち、高層の建物も許可されていたのに対し、現地の住民の地域は狭く、都市建設のため中国人労働者が殺到した結果、衛生環境の悪化が懸念された。そのため、急遽、労働者住宅が台東鎮・台西鎮に作られることになる。

青島地区には官庁、銀行、商社、ホテルといった主要な機関が立ち並び、上下水道が敷設され、街路樹も整備されたヨーロッパ的景観が作られていった。大鮑島地区は、小港に面した商店が軒を並べる区域で、主に比較的裕福な中国人が住むことになり、後に日本の商社、商店も多くがここに並んだ。台東鎮・台西鎮区域は青島の中心からは少し離れた東部・西部にあり、強制移転させられた中国人、そ

現地の住民の商社

して青島に労働力として流入した中国人労働者が住むことになった。統治される側の居住環境の整備は遅れ、特に台東鎮・台西鎮区域では道路の舗装もなされておらず、住宅も密集しており、劣悪な環境で暮らすことを強いられた。

### 青島港の整備、自由港制度

　青島港の整備も進み、自由主義経済を促進する経済政策がとられた。目下、香港をモデルとし、青島と世界経済と結び付ける自由港構想がとられた。すでに青島周辺の主要な地域は確保しており、湾岸整備と鉄道敷設を開始した。それまで膠州湾における中心的港であった塔埠頭の開発を中国が進めることを阻止しつつ、青島には最新の機材をそろえ、優位な状況を作っていった。港の整備には、膠州湾総督府による官営の事業として、多額の資金が投入されていた。また港と内陸、鉱山をつなぐ山東鉄道（現在の膠済

ホーエンツォレルン通り。奥に青島駅が見える。

青島のドイツクラブ

総督府

青島の海関

線）は、租借条約に基づいて敷設が開始され、ドイツ・ア
ジア銀行を始めとする14に及ぶ民間会社が出資していた。
　当初の予定通り、膠州湾租借地全体を自由港として開放
する宣言を1898年9月2日に行った。これは指定した区
域が免税となる制度であり、中継貿易、加工貿易に向いて
いるが、商品が区域外に向かうと、課税されるため、区域
内外の間の交易が阻害されることになった。その弊害に対
処し、中国との活発な交易を考慮して、1899年4月17日
に清国の海関（貿易の関税を徴収する税関）を租借地内に
設置する協約を結んだ。税関吏の多くはドイツ人が任命さ
れ、阿片、火薬等の租借地への密輸も取り締まることになっ
た。しかし課税自体を行うのは、清国であり、海関の租借
地内での位置づけが問題となっていく。この体制は香港と
も異なり、租借地とその周囲の経済の円滑化を目指したも
ので、自由港と開港場の両立を目指すものだった。

康有為。青島で余生を送った。

西太后

# 義和団戦争とその鎮圧後の租借地統治

　これらの租借地の整備の途上で起こったのが義和団戦争である。1894 年の日清戦争後、列強は中国分割を開始し、ドイツが租借地の前例を作ると、他の列強も主要な拠点に租借地を獲得し、利権を優先的に確保する勢力圏が設定された。鉄道利権・鉱山利権を獲得し、工場を設立し、中国へ資本輸出を行い、清朝指導部に多額の借款を供与して、財政的に支配したのである。

　鉄道建設、そして汽船航路の開設は、既存の流通網を衰退させ、多くの失業者が生まれた。そして鉄道敷設に対しては風水思想からも反対運動が激発した。1898 年には黄河が氾濫し、多くの農民が被害にあっていた。これらの列強支配・自然災害の皺寄せは、そのまま民衆に押し付けられ、社会不安が深刻化した。

　清朝指導部も、1898 年に光緒帝の下で、思想家・政治家の康有為によって内政改革が始められた。この戊戌の変法によって、洋務運動では不徹底だった改革を推し進め、立憲君主制による立て直しを図ったのである。しかし保守派の中心勢力である西太后は、改革に否定的であり、変法派のクーデタの情報を掴むや、弾圧に踏み切った。この改革の失敗により、列強の帝国主義支配は加速していった。

## 義和団の攻勢、その鎮圧

　その中で秘密結社義和拳を中核とした義和団は、清朝に代わり、帝国主義的な侵略に対抗する集団として台頭し始めた。目下、列強の侵略の尖兵とされたキリスト教ミッション、商社、外交機関を襲撃することになる。その活動は1898 年、山東省から開始され、山東巡撫毓賢がその活動に肯定的であったため、その運動は急速に広がった。1899年末、毓賢は、欧米列強の圧力によって更迭され、かわって袁世凱（清の軍人で、北洋軍閥を率い、清朝崩壊後は中華民国の大総統に就任）が山東巡撫に赴任し、義和団を弾圧したが、それは運動を激化させる結果となった。次第に運動は現在の河北省にあたる直隷一帯に拡大し、天津・北

京も勢力下に置かれ、交通網、電信網が破壊され、孤立状態となった。清朝も当初は鎮圧に動いたが、扶清滅洋のスローガンは、守旧派の支持を取り付け、弾圧は緩められた。その中で北京ドイツ公使クレメンス・フォン・ケッテラー（Clemens von Ketteler）も殺害されるに至った。続いて西太后率いる清朝は1900年6月21日に列強に対して宣戦布告し、義和団との提携が成立した。しかし北京の公使館を包囲するも攻め落とせず、しかも李鴻章、張之洞をはじめとする洋務派官僚は、列強と「東南互保」の協定を結び、参戦しなかった。袁世凱もこの協定を列強と結んだことから、ドイツの勢力圏の山東省は、清朝指導部とは距離をとり、戦線から離脱した。ドイツは部隊の大部分を残して青島を防衛しつつ、義和団への遠征部隊を送り込むことになる。

毓賢

　帝国主義列強は共同出兵を決定し、組織された連合軍は、義和団の激しい抵抗を受けつつ、大沽・天津を攻略し、北京を占領し、略奪を行った。北京占領後、西太后は方針を転換し、義和団の討伐に乗り出し、義和団は列強と清朝によって弾圧されていくことになった。1900年9月にはドイツの軍人アルフレート・フォン・ヴァルダーゼー（Alfred von Waldersee）が司令官となり、軍規を徹底しつつ、広範囲にわたる義和団の残党狩りを進めた。その掃討戦の経験は、後にアフリカ植民地における抵抗運動の鎮圧に適用された。ロタール・フォン・トロータ（Lothar von Trotha）、パウル・フォン・レットウ＝フォアベック（Paul von Lettow-Vorbeck）、フランツ・フォン・エップ（Franz von Epp、後にナチ党の幹部となる）といった軍人は、この義和団の掃討戦を遂行しており、1904年にドイツ領西南アフリカでアフリカ人の大蜂起が起こると、すぐさま現地に向かい、同様の鎮圧を行ったのであった。

クレメンス・フォン・ケッテラー

　その後、北京議定書（辛丑条約、辛丑和約）が、1901年9月7日に調印された。義和団に殺害されたドイツ公使に対する清朝の弔問が決められ、光緒帝の弟の醇親王載灃（清朝最後の皇帝、宣統帝となった溥儀の父）がドイツに向かうことになった。罷免された後、山西巡撫に就任し、排外主義を進めていた毓賢も再び免職され、流

李鴻章

罪となった。また4億5000万両という償金（Indemnity、Entschädigung）[注2] の支払いのうち、20%をドイツが受け取ることになった。そしてこの北京議定書によってドイツの天津租界は拡張され、正式に承認された。

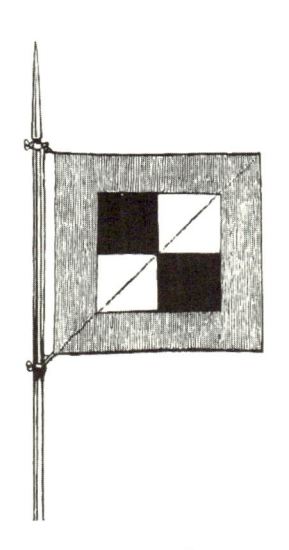

ヴァルダーゼーの軍旗

醇親王載灃

アルフレート・フォン・ヴァルダーゼー

ロタール・フォン・トロータ

青島の港

## 戦争後の情勢

　この義和団戦争後、清朝指導部は列強の傀儡となり、それを不満とする勢力は、中国ナショナリズムを高揚させていくことになる。租借地、租界の返還要求、利権回収運動は盛んになり、民族資本も成長し始めた。帝国主義列強もこれらの反帝国主義運動への考慮は不可避となり、それは租借地統治に反映していくことになる。一方で清朝指導部も光緒新政を開始しており、この最後の内政改革に影響力を及ぼし、自国の勢力拡大を進めることが列強の課題となった。

　またドイツはロシアと日本の勢力伸長への対処も迫られることになった。両者は中国における領土的な拡大を意図し、かつドイツの勢力圏の山東半島の前に存在していたために、その動向が注目されていた。1902年の日英同盟締結、1904年の日露戦争後、日本は、中国への影響力を強め、それは青島においても同様であった。日本の対中国貿易量は増加し、日本が中国の留学生を受け入れ、彼らを介して文化的影響力も行使している状態は打破しなければならなかった。

貿易港の倉庫

周馥

　義和団戦争後、膠州湾租借地では、大きな経済的・政治的変化が起こった。中国全域で再び商業活動が活発化し、多数の中国商人が、膠州湾租借地に移住し、租借地経済の担い手となっていった。総督府には、これらの中国商人との一層の連携が求められたが、その際、ドイツ海軍が目玉としていた自由港制度は足かせとなっていく。山東省に商品を持ち込むには、膠州湾内ではなく青島に一度上陸し、関税を徴収する過程を経なければならず、その手順が円滑でなく、流通が滞っているとの批判が出ていた。総督府は税関を増やし、対策を講じたが、効果はなく、物資の流通は停滞した。現地経済の実態を無視すれば、膠州湾租借地の発展は無くなるため、総督府は1905年12月1日に関税規定を改定し、自由港構想を縮小し、通常の開港場と同一の条件とすることで、山東経済と租借地経済を結び付ける策を選択した。他の開港場との競争においては、港における最新のインフラ整備によって差をつけようとした。その一方で、免税区域の縮小という条件をのむ代わりに、中国が得ていた関税収入の2割を総督府が得ることになり、租借地における貴重な収入源となった。

　また大量の人の移動は、租借地における固定化した植民地社会秩序を揺るがすことになった。上記の商人の移動に加え、1904年に山東鉄道が開通し、膠州湾租借地に向かう労働者の数が増えると、中国系住民の処遇は問題となった。山東巡撫である周馥はこれらの住民が清朝の国家主権に属すると主張し、膠州湾総督と協議を重ねていった。ドイツ側からすれば属地主義に基づき、住民の国家主権はドイツに属するものであり、双方の意見は平行線をたどった。中国ナショナリズムの強まりは考慮しなければならなかったが、属地主義か属人主義かという議論では結論が出ず、住民の法的地位を未定義にしておくことで当面妥協することになった。

# 青島経済

膠州湾租借地では、貿易量は年々増加していったが、大幅な入超が続くことになった。しかもその輸入業は中国内地での流通網を握る中国系商人が支配しており、ドイツ商人が介入する余地はなかった。また青島は、付近の他の開港場と比べ、優位であったわけではなかった。同じ山東半島の煙台は、青島より早く開港し、競合しており、総督府の度重なる青島優遇策にも関わらず、煙台の輸出入額は増加していった。

これらの課題に対してとられた政策が、山東半島の産物の輸出促進である。輸出であれば、世界に流通網を持つドイツ商人に有利と見なされた。特に有望な品目には総督府が介入・支援し、青島に至る流通網も整備された。さらには青島を加工工場として、加工品を輸出する計画も立てられ、加工に携わる技術者養成も始まった。

山東鉄道の橋

済南（山東鉄道の終着駅）

## 鉄道敷設

青島におけるインフラが整備された 1904 年から輸入と輸出とも大きな伸びを示した。同年に山東鉄道は済南に至る路線、そして張店から博山に至る路線が開通した。後に済南からは、ドイツとイギリスの資本家が建設を決定した津浦鉄道（現在の京滬線の一部）を経て、天津または浦口との連絡が可能になっていった。また膠州湾の大港の第一埠頭も 1904 年に開業し、社会資本の整備が進んだ。それに加え、輸出品の多角化を進めた結果、輸出額は増大し、特に麦稈真田、落花生・落花生油の輸出伸長が著しかった。

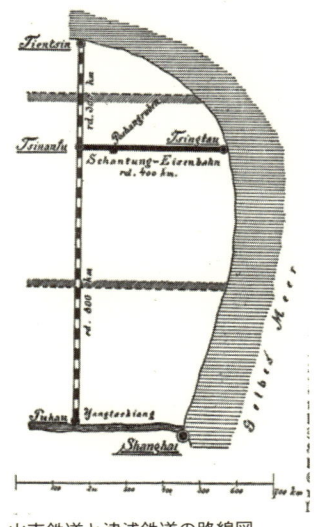

山東鉄道と津浦鉄道の路線図

済南における、津浦鉄道の管理棟

運ばれる麦わら

津浦鉄道の橋

## 輸出品

### 麦稈真田

　まず麦稈真田であるが、これは麦わらを漂白して平たくつぶし，真田紐（さなだひも）のようにして編んだものであり、当時、山東省はその最大の産地であった。青島や煙台から輸出されていたが、膠州湾総督府の介入で、それまでの輸出港煙台ではなく青島経由の輸出が奨励され、同港では中国の輸出総額の8割を占めるに至った。麦稈真田は麦わら帽子製造にも用いられ、欧米市場に向けて、直接・間接的に輸出された。その中でもフランス向けの輸出が最も多かった。

### 落花生

　次に落花生であるが、落花生油がオリーブ油の代用品として注目され、ヨーロッパ、特に南フランスに向けての輸出が増えると、落花生・落花生油は、総督府の期待の品目となった。さらには落花生油の生産のためにドイツ商社に

山東鉱山会社の施設

よって工場も作られた。山東半島の土壌は落花生栽培に適しており、中国最大の生産地であり、落花生油とともに最大の輸出額を誇っていた。その中でも最大の産地は西南地方であり、その最大の集散市場は済南であった。済南と青島港は、山東鉄道で結ばれ、輸出額は増加していったが、津浦鉄道における済南と天津の区間も1910年に開通したことで、天津経由で輸出される可能性も生まれた。距離は、天津経由の方が短かったため、山東鉄道の貨物運賃を下げて対抗することになった。

山東鉱山会社の坊子（Fangtse）の立坑

## 石炭

　また石炭は当初の輸出品の筆頭と目されていた。租借条約で鉱山採掘権を獲得したことを受けて、1899年に民営の山東鉱山会社が設立された。リヒトホーフェンの地理的調査記録を参考しつつ、博山鉱区・濰県鉱区の炭鉱経営が始まった。鉱山付近に山東鉄道の路線が開通し、鉱山から鉱物が青島に向けて運搬されるようになったが、経営は振るわず、最終的に1913年に山東鉄道会社に合併されるに

青島における山東鉱山会社の管理部

鉱山の立坑

至った。それに伴い、多くの鉱山利権は廃棄されたが、上記の炭鉱そして有望とみなされていた金嶺鎮付近の鉱区の鉱山利権は山東鉄道会社が引き継ぐことになった。

### 絹

　絹製品も有望視されていた産品であり、多くの中国資本の工場が作られていた。そこに1902年に設立された徳華製糸会社（Deutsch-Chinesische Seiden-Industrie-Gesellschaft）が参入し、1903年には製糸工場が建設された。この工場には最新の設備が整えられており、労働者用の住宅建設も予定されていた。しかしアメリカ合衆国の1907年の経済不況（Panic of 1907）の影響をうけ、絹製品も価格を下げ、この製糸工場は1909年に操業を停止した。これは後に山東巡撫周馥の息子で官僚・実業家の周学熙に買収され、その後進出した日系資本の工場と激しく競争することになる。

絹の紡績工場

### ビール、食肉の加工品

　ビールも主要な輸出加工品であり、1903年に青島ビール会社（Tsingtao Brewery、「ゲルマニア」ビール会社 Germania-Brauerei）が設立された。ドイツのビール醸造技術を採用しており、販路を拡大し、輸出量は増大していった。しかし第一次世界大戦中の青島占領に伴い、同社は日本の大日本麦酒株式会社が買収し、経営を引き継ぐことになった。1922年の山東権益返還後も、大日本麦酒が引き続き経営を行うことになり、それは第二次世界大戦まで続くことになる。

青島ゲルマニアビール会社

　その他に食肉の加工品の輸出も盛んであり、官営の食肉加工場には最新の設備がそろえられ、加工肉はウラジオストクに運ばれ、シベリア鉄道経由でヨーロッパに輸出された。鶏卵加工業も有望で、コロンビア有限会社（Columbia GmbH）の下で卵の粉末が生産されていった。これらの要素も加わり、大幅な輸出増となった。

青島の畜殺場

## 流通網拡大

　山東産品の流通経路としては、欧米向けの輸出の窓口になっていた上海との交通が軸となっていた。香港のイェプセン・グループ（Jebsen Group）によるイェプセン汽船会社（Rhederei M. Jebsen）、イギリスのスワイヤー・グループ（Swire Group）によるチャイナ＝ナビゲーション会社（China Navigation Company）、そしてドイツ太平洋植民地の交通でも主要な地位を占めていたハンブルク＝アメリカ郵船会社（Hamburg-Amerika Linie）が流通網を担うことになる。1907 年までに青島はアジアの各都市と結ばれ、ネットワークが構築されていく。1908 年以降は欧米市場への輸出のために、青島への直行便も増えていった。イギリスのＰ＆Ｏ汽船会社（Peninsular and Oriental Steam Navigation Company）、日本郵船会社、そしてハンブルク＝アメリカ郵船会社同様、太平洋航路でも主要な地位を占めていた北ドイツ＝ロイド会社（Norddeutscher Lloyd）

シベリア鉄道の列車

シベリア鉄道の橋

機械修理工場と造船所

をはじめとする会社が、この航路を担うことになった。

　上海に次いで流通上、青島とつながっていたのは煙台であり、華北経済の軸となっていた。しかし次第にアジアで勢力を拡大していった日本の神戸、そしてシベリア鉄道を介してヨーロッパへの輸出窓口となったウラジオストクとの流通量が増加し、青島－煙台間の交通の比重は低くなった。

　青島港における貿易額に関して言えば、輸入ではドイツと日本が大きな割合を占めており、輸出ではフランスが最大の貿易相手だった。フランスへの輸出では、南フランス向けの落花生の輸出が主だった。しかし日本からの綿製品の輸入が増える一方で、ドイツの輸入は減少した。ドイツからの輸入は都市や鉄道の建築資材が主であり、津浦鉄道の建設もある程度終わった段階では、ドイツからの輸入品は減っていくことになった。輸出については1912年においてもフランスがなお最大の貿易相手国だった。

造船場（ドック）

造船場（ドック）

指物の製作所

## 工場労働者の育成

　この農畜産物の加工品が輸出の軸となっていくと、ドイツ製の機械を取り扱える工場労働者が必要となった。また青島港における造船・修理に携わる工場においても技能労働者を欲していたが、すでに雇っていた上海の手工業者では技能・賃金面で不満があった。総督府工場側では、より高い技術を持ち、より安い賃金で働く労働者を育成しようとする。1902年から見習工養成学校で、技術者養成が始まり、年齢が若く、心身健康で、読み書きができる層が募集された。厳しいカリキュラムが組まれ、卒業後も継続して雇用された人数は少なかった。しかし総督府が求めていた、造船技術のみならず、ドイツ語事務にも対応した安価な労働力を提供することになり、この技術者養成は一定の評価を得た。一方で修了生は待遇改善を求めて、集団で行動するようになったため、工場経営者は技能労働者間の出身地域、社会階層といった差異を利用し、労働者団結を防ぐ分断工作をとっていくことになる。

機械修理工場で働く住民

鋳造所

劉坤一。張之洞とともに清末の改革（光緒新政）を遂行。

# 中国人商人の政治参加

　以上のように膠州湾租借地の経済は活性化していったが、総督府の財政問題と経済発展の原動力である中国人商人の処遇の問題が表面化する。

## 財政問題

　まず財政問題であるが、租借地行政には、アフリカ植民地より多額の国庫補助金（毎年約1000万マルク）が投入されており、同租借地がドイツ経済の発展に貢献しているのかドイツ本国から疑問の声が上がるようになっていた。租借地経済の担い手の中心は現地の中国人商人であり、後に日本の商社が主要な担い手として加わり、ドイツ商社の影響力は後退していく一方だったのである。それらの批判に対して、海軍と膠州湾総督府は、租借地経済の順調な成長を挙げて反論していた。

　しかし1907年の景気後退で、膠州湾の経営も問題視されることになる。青島経済は、東アジアの商業網、そして世界経済に結びつけられており、次第に世界経済の景気変動に左右されるようになっていた。1907年にアメリカ合衆国より波及した東アジア全体での経済危機は、メキシコ・ドルの下落、そして輸入価格の高騰を招き、山東省の中国商人も対策に苦慮した。その不況後、経済は回復したが、一時的な不況状態は順調な経済発展という、それまでの国庫補助金投入の論拠を崩すものであり、青島経営の是非が問われることになった。

## 中国人商人の政治参加要求

中国商人のクラブハウス

　次に中国人商人の待遇の問題であるが、彼らは租借地における経済発展への多大な貢献にも関わらず、総督府の政治には限定的な関与しかできず、その矛盾は日増しに大きくなっていた。中国全土ではナショナリズムが高まっており、1905年に上海で始まったアメリカ合衆国の移民制限に反対した反米ボイコットに連動して、利権回収運動が盛り上がっていた。ドイツ勢力下の山東省でも、義和団

事件以降、山東鉄道建設の防衛のために膠州と高密に駐留していた軍隊に向けて反発が高まっていた。これらの地域は租借地外であり、ドイツの山東半島への支配拡大を疑わせたためである。ドイツは、山東省における橋頭堡を維持し、清朝指導部の内政改革（光緒新政）に介入し、経済的優越を後押しするために、これらの反発を回避しつつ、中国側の懐柔につとめなければならなかった。駐留中の軍隊は 1905 年末に撤退させたが、租借地における中国人商人の政治的権利の拡大は引き続き議論されることになる。

浮きドック

### 自立した租借地財政

　総督府はまず補助金に過度に依存しない租借地財政を計画していく。1905 年の自由港の撤廃をめぐる関税規定によって、膠海関の関税収入の 2 割が総督府に支払われていた。加えて埠頭行政の再編により大幅な収入増を狙った。青島港は大港、小港、加えて大港に隣接するドック（船渠）から構成されていた。大港は汽船、小港はジャンク船の出入りに使用される港として構想されていたが、実際は早くから操業され、使用料が安い小港が利用され続けていた。そのため使用料を大港にそろえ、当初の機能分化を実現し、埠頭使用料の収入増を期待したのである。

　これはドイツの商人のみならず、中国の商人からも流通の停滞を招きかねないとの懸念が表明された。しかし彼らの政治関与が請願や新聞を介した限定的な手段に限られたために、ボイコット運動という実力行使に出た。その後、総督府は、中国商人層の要望を受け入れ、埠頭局の業務を一社に委託することを中止した。それに伴い、ボイコットも収束した。

大港における船舶の往来

　総督トルッペルは、ナショナリズムの高揚に警戒しつつ、青島の中国商人層の取り込みを図った。彼らが租借地での待遇を不満とし、清朝の山東地方行政との関係強化に努めれば、それは円滑な青島運営には脅威となる。その事態を回避するべく、中国商人層を行政に参加させる方向性を示しつつ、当時行われていた総督府参事会改革を進めていく。まず 1910 年に中国系住民の行政参加を担った中華商務公局を解散し、青島華商商務総会という商業会議所が作られ

突堤における荷おろし

膠州湾租借地におけるペストとの戦い

た。これは欧米の商業会議所と同等の組織であり、中華事務担当官の監督も廃止された。これにより中国商人層の政治的・経済的活動の自立性が高まることになったのである。そして4人の中国系住民代表が規定され、総督府参事会に出席可能となった。これで以前は参加自体も十分認められていなかった参事会で、4人の代表が自らの利益を主張することが可能になったのである。一方で、ボイコット運動の禁止といった、総督府に対する政治協力が求められた。

### 階級論理に基づく共同体制

この協同体制は、膠州湾租借地が占領される直前まで継続されることになる。特に1910年から1911年にかけて満州全域で流行した肺ペストの際に、膠州湾租借地の防疫体制を維持する上で、中国商人層の協力は不可欠だった。山東地方から山東鉄道を介して、中国東北部に向かう出稼ぎ労働者がペストの媒介となっている指摘があった。そのために青島は防疫体制を徹底し、安全である状況をアピールせねばならなかった。その際に中国商人層は、検疫のための封鎖された青島の下で、住民の監視、生活必需品の調達、物価安定に寄与した。

ペストに対応するバラックの前に立つ看護人

この植民地支配層と現地エリート層の協力は、階級の論理をもって植民地社会秩序を補強するものだった。階級は、すでに人種理論が機能しなくなる中で、最後に維持するべき論理であり、その論理に基づき、辛亥革命以降、裕福な清朝の亡命者も受け入れた。一方で住民の大多数である労働者、そして女性は政治参加から排除された。こうして総督府が有力な利害団体の主張を調整しつつ統治する体制が確立したのである。

ペスト流行時における山東鉱山の労働者の宿舎

# 1910年代の租借地経済

ドイツの対中国貿易は拡大していき、1910年代には主力貿易品の内容も変化した。漢口・天津のドイツ租界、上海協同租界と連携した経済ネットワークを基本として、ドイツ商社は中国市場に介入していった。しかしこの時期はドイツの対外貿易全体が量的に拡大した時期であり、対中国貿易量が拡大しても、貿易量全体からすれば占める割合は約1%にすぎなかった。ドイツ本国では、青島を起点にして、この対中国貿易が活性化する兆しもなく、引き続き多額の補助金が膠州湾租借地に投入されている、として租借地統治への批判が継続した。

孫文。辛亥革命後、中華民国臨時大総統に就任。

## 胡麻・大豆・鶏卵加工品

この時期の中国からドイツに向けた最大の輸出品は、胡麻である。続いて油脂加工品、特に大豆の輸出も増大している。ドイツにおける商品ごとの輸入総額において、中国のゴマ、大豆は圧倒的なシェアを誇っていた。山東省の主力輸出品でもある麦稈真田、鶏卵加工品においても同様であり、特に鶏卵加工品の卵黄においては、同商品の輸入総額の9割を超えていた。

## 合成インディゴ

一方でドイツから中国に向けた輸出品で最大のものは合成インディゴであった。中国は化学染料の輸出先として重要視されていた。合成インディゴは総輸出額のうち、中国は最大の割合を占めていたし、アニリン染料においても、3位を占めていた。化学染料の分野では、ドイツは第一次世界大戦前、圧倒的な生産量を誇っており、大戦直前では世界需要の9割を占めていた。BASF社（Badische Anilin- und Soda-Fabrik、現在でも世界最大の総合化学メーカー）、バイエル社（Farbenfabrik vorm. Friedr. Bayer & Co.、主要製品アスピリン Aspirin で有名な化学工業・製薬会社）、アグファ社（Aktiengesellschaft für Anillinfabrikation、アニリン染料の工業生産を先導した化

上海における鉄道駅

学薬品メーカー。創業者の一人は作曲家フェリックス・メンデルスゾーンの息子で、化学者のパウル・メンデルスゾーン Paul Mendelssohn）は国外市場に依存しており、その一つとしての中国市場の重要性は高まるばかりだった[注3]。

### 武器輸出、重工業

　また武器輸出でも清朝の洋務運動の時期からドイツ商社はシェアを広げ、日露戦争以降は独占的な地位を築いた。それは辛亥革命を契機として、1912年に中華民国が成立してからも同様で、中独合作の下、軍事的・経済的協力関係が強固となり、特に弾薬筒の輸出が盛んであった。

　中国への進出が開始された当初は、鉄道敷設・鉱山開発といった重工業中心であったが、1910年前後には、上記の化学工業が輸出を牽引することになり、さらにはジーメンス社（Siemens）、AEG社（Allgemeine Elektricitäts-Gesellschaft）といった電機産業が中国内部に交易網を築き、参入し始めることになった。

上海の外灘（バンド The Bund とも呼ばれた）

### ドイツ貿易における中国貿易の比重

　このような対中国貿易全体の活性化にもかかわらず、ドイツの全貿易において占める割合は1％であり、その中で青島港に向けたドイツ産物の輸出も統計上は拡大していなかった。しかしその貿易量・貿易額に関する統計の取り方には問題があった。最終的に青島に向かう物品でも、注文した商社の本店が上海、香港にあり、そこから発注している場合、それは青島の貿易としてカウントされないことも多かった。古くから中国に来ていたドイツ商社の多くは商業の中心地であった香港、上海に本店があり、青島に支店を出している状態であり、この混乱が生じやすかったのである。実際はドイツから青島港に向けた輸出は、対中国輸出総額の3割近くを占めており、ドイツ産物を中国市場で浸透させる意味でその役割は小さいものではなかった。

上海における現地の住民の区域

　ドイツから青島に向けて輸出されていた最大の商品は、やはり合成インディゴ、アニリン染料といった化学染料であった。なお青島における当時の最大の輸入品は綿製品であり、特に日本の綿糸・綿布の輸入額は急増し、一方で、

香港

香港

ドイツ産物の輸入は大戦前には徐々に減少した。しかしながら化学染料においては、ドイツは青島において大きなシェアを握り続けたのである。

　青島からドイツに向けた輸出品では、落花生、麦稈真田が続いた。中国からドイツに向けて輸出された落花生のうち半分は青島港を介していた。ドイツにおける落花生の輸入総額からすると、青島港から発送される落花生の額は約1割を占めていた。麦稈真田に関しては、中国からドイツへ輸出する中で、約4分の1が青島港から発送された。ドイツにおける麦稈真田の輸入総額からすると、青島発の麦稈真田はその約1割を占めていた。それに加えて、山東省のドイツ商社は、輸出先として、フランス市場のような、ドイツ市場以外の欧米市場も対象にしていたのである。

香港

　以上のように膠州湾租借地は、中国市場を開拓し、ドイツ製品を輸出する際の拠点となっており、同時にドイツに向けて中国の原料を供給する中継地となっていた。対中国貿易はドイツの対外貿易全体からみれば占める割合は低かったが、化学工業のような特定の分野ではドイツが圧倒的優位に立つことでき、引き続き貿易を拡大する上で、青島の役割はますます大きいものになるはずであった。

アルフォンス・ムンム・フォン・シュ
ヴァルツェンシュタイン（写真の中
央）。のちの駐日ドイツ大使。

伯スクツレ使大本日現使公遼寓京北前

アルトゥール・アレクサンダー・カ
スパー・フォン・レックス。のちの
駐日ドイツ大使。

学校の実験室

学校の実験室

## 対中国貿易促進のための文化政策

　これらの経済的な拡張を促進するために文化政策も計画
された。これは利権回収運動といった反帝国主義運動が高
まる中国で、その運動の矛先をそらしつつ、ドイツ語・ド
イツ文化を普及させ、過小評価されているドイツ経済の実
態を伝えようとするものだった。これはイギリス、アメ
リカ合衆国、日本の文化事業への対抗措置であり、青島
はその文化的拠点となることが期待されたのである。こ
の政策は、北京ドイツ公使アルフォンス・ムンム・フォ
ン・シュヴァルツェンシュタイン（Alfons Mumm von
Schwarzenstein）、その後任のアルトゥール・アレクサン
ダー・カスパー・フォン・レックス（Arthur Alexander
Kaspar von Rex）といった外務省関係者が中心となって
推進され、すでに文化活動を行っていたキリスト教ミッ
ション、ドイツの商社との協力体制が構築された。青島に
は中心的教育機関として青島特別高等学堂（徳華大学）が
設置され、中国各地に作られていたドイツの教育機関との
連携も開始された。その中で文化政策の集大成として、各
教育機関・キリスト教ミッションの関係者が協力し、総督
府・経済界が支援するドイツ宣伝書出版計画も練られてい
く。

青島の学校

学校の初級段階

青島特別高等学校

7. Kapitel Kiautschou

カトリックミッションによる女性を対象とした学校

## キリスト教ミッションの文化政策

　当初、その文化政策を担っていたのはキリスト教ミッションであった。シュタイル・ミッション（Steyler Mission）、ヴァイマル・ミッション（Weimar Mission）といったキリスト教ミッションは、すでに膠州湾占領前から中国各地で布教を開始しており、それは教育活動と表裏一体のものだった。山東半島でも布教活動が進められ、キリスト教ミッションが管理する初等教育機関が設置されていった。ヴァイマル・ミッションは、1901年に初等教育機関の進学先として礼賢書院を設置した。この教育機関は、同ミッションの宣教師リヒャルト・ヴィルヘルムの中国名「衛礼賢」にちなんで命名され、彼自身も教壇に立ち、教育を行った。

　一方で煙台、済南を中心にして、イギリス・アメリカ合衆国のキリスト教ミッションも布教を進め、教育施設を

1910年に完成したプロテスタント教会。現存している。

ベルリン・ミッションによる現地の
女性を対象とした学校

山東キリスト教大学

青島におけるミッションスクール

作り始めていた。その中でも高等教育機関が 1909 年に統
合され、山東プロテスタント大学（Shantung Protestant
University、後の山東キリスト教大学 Shantung Christian
University）が設立された。ドイツも対抗し、オットー・
フランケと張之洞が協議しつつ、中国人を対象とした青島
特別高等学堂が設立されることになった。これは山東省、
ひいては中国におけるドイツ文化政策の拠点になるはずで
あった。

　また女性に対する教育機関も作られることになった。
ヴァイマル・ミッションも協力して、ドイツ最大の植
民地ジャーナリストであるパウル・ローアバッハ（Paul
Rohrbach）の講演をきっかけに、女学校設立基金が創設
され、1911 年 12 月、膠州湾租借地内の名家の娘を対象と
した淑範女学堂（Schu-Fan-Mädchenschule）が設立され
た。ローアバッハは、著書『ドイツよ、中国で前進せよ！
（Deutschland in China voran!）』において、英米日の文
化政策に対抗しつつ、経済的な影響力を行使するには、学
校政策を推進することが不可欠と主張していた。その学校
政策の中で、淑範女学堂に求められた役割は、女性教員の
育成であった。中国では内政改革が進行中であったが、女
性の教育に関しては未開拓であり、女性教員の育成も本格
的には始まっていなかった。そのためドイツがこの分野に

パウル・ローアバッハ

1910年に完成したプロテスタント教会

山東キリスト教大学

プロテスタントによる現地の女性を
対象とした学校

参入すれば、指導的な立場をとれると考えられていた。

　以上のように多様な教育機関が設置され、医学に関する教育も行われた。しかしイギリス・アメリカ合衆国の学校が約10万もの生徒を抱えていたにもかかわらず、ドイツの学校では5400人しかいなかった。就学率もドイツ保護領で最低の0.8%だった。これらの教育機関に対するドイツ本国からの財政的支援が決まった時には、第一次世界大戦が始まり、支援が実施されることはなかったのである。

### ドイツ経済界の文化政策

　上記の教育政策を支えていたのは、ドイツ経済界であった。外務省の文化政策の呼びかけに対して、まず東アジア協会（Ostasiatischer Verein）が賛同した。同協会は、1900年にハンブルクで設立されており、アジアにおけるドイツ商工業界の利益を代弁することを目的としていた。

山東省の済南、青島を含む中国の主要都市にある経済団体の上部組織でもあり、特に上海を重視していた。

　一方でドイツ・アジア協会（Deutsch-Asiatische Gesellschaft）も協力を惜しまなかった。同協会は 1901 年にベルリンで設立されており、当時の総督トルッペルをはじめとする総督府や山東省の利権を持つ経済界と連動して、東アジアの市場拡大を後押しする文化政策を行っていく。

　上記の経済界の支援を受け、中国各地に中国人向けのドイツ語学校や実業学校が設立されていく。1907 年に上海に設立された同済徳文医学堂は後の同済大学の基礎となるものだった。それらの文化政策を主導する立場として、青島に青島特別高等学堂が設立されていたのである。

『膠州保護領要覧』

## 総督府の文化政策

　これらの文化政策での成果を結集させようとしたのが、総督府が打ち出したドイツの宣伝政策である。その企画は、『膠州保護領要覧（Handbuch für das Schutzgebiet Kiautschou）』の編者フリードリヒ・ヴィルヘルム・モーア（Friedrich Wilhelm Mohr）が中心になって作成された。ドイツの情報ですら、英語を介して伝えられている点を憂慮し、直接、中国の有力者にドイツの企業の実績、情報を伝えることを目指していた。それにより英米日の宣伝政策に対抗し、ドイツ製品の販売を促進するとされた。この企画には青島特別高等学堂、キリスト教ミッションにおける知識人をはじめとして、幅広い政界・経済界の代表が賛同し、連携していたのである。

　以上のように、ドイツの経済進出を支える文化政策は、教育活動を中心に展開されていった。それは中国の西洋的改革を支援しつつ、ドイツ文化を浸透させ、中国市場を開拓し、ドイツ製品を売り込もうとするものだった。このように市場開放を推進する一方で、膠州湾租借地、天津・漢口の租界をはじめとする植民地支配は自明のものと見なされ、中国からの利権返還運動には応じなかった。このように青島を拠点として維持しつつ、中国全土を対象とした門戸開放帝国主義が貫徹されていったのである。

漢口におけるドイツの郵便局

ドイツとともに戦ったオーストリア＝ハンガリーの軍艦カイゼリン・エリザベート（Kaiserin Elisabeth）

# 第一次世界大戦中の青島

## 戦争の経緯

　ヨーロッパで第一次世界大戦が開始されると膠州湾租借地も軍事拠点という側面から、否応なくアジアにおいて戦争を引き起こすことになる。日本政府は、日英同盟を理由に、山東省、ひいては華北における権益を獲得するために、1914年8月23日、対独宣戦布告を行った。ドイツの東アジア巡洋艦隊（Ostasiatisches Kreuzergeschwader）は開戦後、港内封鎖を恐れ、青島港を脱出し、ドイツ本国へ向かっていた。そのため本格的戦闘は陸戦となり、日本側は大部隊に加え、最新の兵器を持ち込み、ドイツ側も徹底抗戦の構えを見せた結果、都市とその周辺の農村部では大きな被害が出た。

　日本軍は、まず山東鉄道と鉱山利権を確保するために、山東半島の北岸にある龍口に上陸した。そのまま山東鉄道を占領した後に、青島に向かって行軍を開始し、10月31日、神尾光臣中将指揮する第18師団は攻撃を開始した。圧倒的人員・物資の差と、砲撃によってドイツ軍要塞は破壊され、11月7日に日本軍は膠州湾租借地を占領

青島の要塞

青島の要塞

日本側の指揮官神尾光臣とイギリス側の指揮官バーナーディストン

した[注4]。青島引き渡しに関する規約が調印され、最後の総督アルフレート・マイアー＝ヴァルデック（Alfred Meyer-Waldeck）以下、約4800人のドイツ、オーストリア＝ハンガリーの俘虜が日本に向かうことになった[注5]。

アルフレート・マイアー＝ヴァルデック。捕虜として日本に渡った後は、福岡俘虜収容所、後に習志野俘虜収容所に収容された。

## 占領後の膠州湾租借地

　占領以降、青島は日本の統治下に置かれ、それは1922年に中国指導部に返還されるまで続いた。中華民国の袁世凱は、租借地返還を要求したが、日本は応じず、占領を継続することになった。第一次世界大戦が終わり、1919年に開かれたパリ講和会議に、中華民国は代表団を送り込んだ。中華民国は協商国側で参戦し、戦勝国になっており、それを踏まえて敗戦国ドイツからの山東権益の回収が期待されていた。しかし日本は権益返還を認めず、日本の国際連盟の不参加を危惧した列強は、日本に対する膠州湾租借地の譲渡を認めた。これに対して中国の民衆は反発し、ヴェルサイユ条約の調印拒否を要求した。このような民族運動の高まりの中で、東アジアにおける日本の伸長を封じるために、1921年からアメリカ合衆国の提唱で、ワシントン会議が開かれた。ここで日本は山東鉄道の権益を維持しつつ、膠州湾租借地を返還することになった。

　この8年の日本統治下において、日系の居住民は劇的に

青島に入場する日本軍。後ろに見える建物はドイツ・アジア銀行

日本軍とともに出兵したイギリス軍の見張り

袁世凱

増加した。大戦前は約300人だったが、返還寸前には約2万4000人にまで増加していた。増えた日系住民のために、居住区域は拡大し、またドイツ統治期に中国系労働者の住んでいた台東鎮は、工場用地に指定され、建設が進んだ。経済構造も変化し、それまでの農畜産物輸出に依拠した経済に加えて、日本の綿紡績業の進出も始まり、日独戦争の影響で打撃を受けていた租借地経済は急速に回復していくことになる。

それに伴い、租借地経済において、日本の影響は強まったが、落花生油のようなドイツ統治時に築かれた輸出加工業はなお世界市場を対象としていた。また1920年代になると、中国の民族資本が成長し、青島に向けた中国籍の汽船交通が増加した。租借地経済を巡り、日本、欧米、中国間で争う時代となっていたのである。

プリンツ・ハインリヒ通り

習志野俘虜収容所における郵便受け取り

## 結論

　膠州湾租借地は、他のドイツ植民地と異なり、商業植民
地としての役割が大きかった。それは中国の広大な市場を
背景としており、その租借地行政の成功による「模範植民
地」としての評価は、海軍の艦隊政策への支持につながる
と考えられていた。当初は香港をモデルとした自由港制度
を採用し、さらに海関を租借地の内部に設置して他の中国
の開港場と同等の条件を備えさせる経済政策がとられた。
しかしこの試みは租借地と山東経済間の流通を阻害させ、
廃止されることになる。輸出品として有望視されていた石
炭は思うような利益をあげず、入超が続き、経済政策の立
て直しが図られた。しかも租借直後に起こった義和団事件
の結果、中国ナショナリズムは高揚し、総督府は租借地内
の中国系住民の政治的権利に関しても考慮する必要に迫ら

習志野俘虜収容所の洗面所・洗濯所

習志野俘虜収容所で俘虜が集合した
状況

習志野俘虜収容所の下士官の建物

れた。

　経済的に成功することが膠州湾租借地を維持する必須条件である以上、不均衡な貿易体制を脱却しなければならず、多角的な輸出戦略がとられ、現地の中国人商人層に対しては経済的協力を求めた。協力を求める以上、彼らの政治的権利も承認する必要が生まれ、租借地の統治に参入させていくことになる。このドイツ統治期間で、対中国貿易は輸出額・輸入額ともに倍以上の伸びを示し、その中で膠州湾租借地の果たした役割は大きく、華北への経済勢力伸長の足掛かりともなっていた。この経済進出を後押しするべく、中国の内政改革に関与し、市場開拓を進めるべく文化政策もとられていった。

　最後に二点述べておきたい。まず膠州湾租借地と日本との関係である。青島の地理的関係上、近隣の日本の影響力が強まるのは不可避だった。青島の貿易では日本はすでに占領以前から綿製品をはじめとして大きなシェアを獲得しており、中国での居住者も増えていた。しかもイギリス（日英同盟）・フランス（日仏協約）・ロシア（日露協約）と組みつつ、アジアにおける勢力拡大・維持を図っていたため、ドイツ本国では黄禍として警戒された。ドイツはその帝国主義国の連携から排除されたアメリカ合衆国、そして清国との協力を目指すも交渉は進まなかった。膠州湾租借地占領後は、日本がドイツの植民地統治を継承し、さらなる租借地の開発を行い、返還後も商業的に進出を続けることになった。

　一方、青島にいたドイツ兵約 4800 人は、日本に連行され、その後、ドイツの技術的伝達に一役買うことになった。日本は帝国主義列強間の国際法を順守し、俘虜を取り扱おうとしたが、戦争は予想以上に長引き、収容環境の悪化、維持費の捻出という問題に直面することになる。結局、俘虜生活は、ドイツが 1918 年 11 月に降伏した後も続き、1920年になってようやく最後の俘虜が帰国した。その間に収容されていたドイツの各職人から技術の伝授が行われた。その中には農商務省畜産試験場の要求に応じて、習志野俘虜収容所のドイツ兵から公開されたソーセージの技術のように、現在まで継承された技術も少なくなかった。

オイゲン・ヴォルフ（Eugen Wolf）。ジャーナリストで、中国におけるロシア、アメリカ合衆国、日本の拡張に警戒した。

習志野俘虜収容所の炊事場

孫宝琦。清末の外交官で、ドイツ公使も務めた。帰国後、山東巡撫に就任し、ドイツの鉱山利権取得の動きを牽制。

そしてもう一つが中国側の国家主権の問題である。帝国主義国により中国分割が行われたものの、義和団事件や様々な抵抗を受け、完全な分割は実行されず、利権の確保にとどまり、「半植民地状態」ではあったが主権を行使できる清朝指導部は維持された。その中で反帝国主義運動が盛り上がり、各列強は中国ナショナリズムも考慮しなければならなくなった。ドイツ勢力下の山東省に関して言えば、それは有力な中国系商人の政治参加につながった。清朝指導部からすれば、租借地をドイツ主権に従う植民地として扱うこと自体認められず、統治初期から清朝官僚と総督府の間で、租借地の住民が帰属する主権の所在が討議されていた。それは1912年に清朝が滅亡し、中華民国が成立した後も継続されていた。このように国家主権を主張できる主体が存在していたために、他のアフリカ植民地のような支配は困難だった。ドイツ権益を引き継いだ日本も植民地支配を続けることはできず、1922年の山東権益返還に至った。それは委任統治の対象として、長く列強の支配下に置かれることになった他のドイツ植民地と対照的であった。一方で、その政治主体となれたのは、軍閥、官僚、有力商人といった有産市民男子であり、排除されていた女性、労働者がその主体となるためにはさらに時間が必要であった。

トルッペルと孫宝琦

天津におけるドイツのクラブハウス

### （注1）租界

　租界は、列強（イギリス、アメリカ合衆国、フランス、ドイツ、ロシア、イタリア、オーストリア、ベルギー、日本）によって形成された外国人居留地であり、そこでは治外法権・行政権が認められており、一つの植民地であった。ドイツは、1895 年に漢口、天津に租界を開設し、土地を収用し、交通インフラの整備を行い、衛生政策を進め、ヨーロッパ的な居住空間を形成していった（オーストリアは天津に 1902 年に開設。第一次世界大戦が開始される直前まで所有していた、ヨーロッパ以外では唯一のオーストリア植民地）。法的な地位も保障されており、自国の警察も配備され、中国側の警察は介入できなかった。総督にあたる責任者は領事が担当し、行政は工部局が担った。

　複数の国が管理する上海共同租界でもドイツも参加しており（オーストリアも参加）、ここでも工部局が行政の中心であり、その中心的な機関は市参事会であり、主にイギリス人から構成されていた。後にドイツからも一名参加したが、第一次世界大戦後、1915 年にはイギリスの対ドイツ感情の悪化から、ドイツ人は市参事会から排除された。その後日本人が代わりにメンバーに選出された。ドイツの天津・漢口の租界は、いずれも協商国側で参戦した中華民国指導部によって 1917 年に占領された。

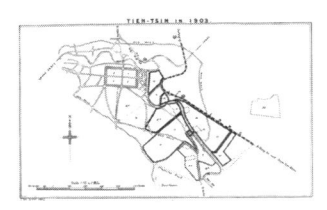

天津租界

新しく設定された天津租界。南の方にドイツの租界がある。

天津租界設計図。南の方にドイツの租界がある。

## （注 2）償金と賠償

　敗戦国が戦勝国に支払う金。支払い根拠は敗戦それ自体にあったが、第一次世界大戦中にレーニンは、無償金の原則を唱え、その概念を批判した。それを受け、協商国側は開戦、そして戦争に伴う被害や損害の原因が敗戦国にあり、それらを弁償するべきである、という賠償（Reparations、Reparationen）の概念を生み出した。この賠償の考え方に沿って、ヴェルサイユ条約でドイツには、賠償金（1921 年に1320 億金マルクと決定）の支払いが要求された。

レーニン

## （注 3）ドイツ資本家と植民地

　これらの会社は、後に IG・ファルベンインドゥストリー（I.G. Farbenindustrie AG もしくは Interessen-Gemeinschaft Farbenindustrie AG）というトラストを形成し、化学部門を独占した。植民地返還運動を資金的に援助し、後に銀行家・政治家のヒャルマル・シャハト（Hjalmar Schacht）の推薦で、クルップらとともに、ナチ党の支援を行い、特にゲーリングと組んで返還運動にかかわった。

## （注 4）総力戦としての青島戦争

　青島での戦いは、戦艦、航空機、最新式の高射砲といった、近代兵器を投入する総力戦となり、機械化された部隊による実験場となった。海上封鎖、そして青島都市の包囲戦の過程で、ドイツ側の植民地秩序も崩れ、人員・物資の確保、中国系住民の脱出の禁止といった支配の側面が浮き彫りになった。ドイツ側の要塞を破壊し、軍事力を削ぐことを優先したものの、人的な被害は出た。この戦いをモチーフにした映画に『青島要塞爆撃命令』がある。

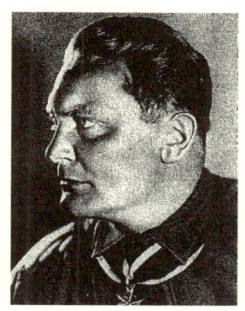

ヘルマン・ゲーリング
（Hermann Göring）

モルトケ兵舎。屋根が日本の航空機からの爆撃で破壊されている。

日本軍への補給

日本の航空機

板東俘虜収容所

### （注5）日本の俘虜収容所

　俘虜は、日本では当初、暫定的に20近くの収容所に収容されたが、多くは寺院のような既存の建物を利用しており、長期の収容には向かないものが多く、次第に久留米、似島、青野ヶ原、名古屋、板東、習志野の6つの収容所に限定された。収容所内で『ディ・バラッケ（Die Baracke、「兵営」や「兵舎」の意味)』『陣営の火（Lagerfeuer)』が刊行され、演奏会、内覧会といった文化活動・地域交流も盛んであった板東俘虜収容所が有名である。現在は鳴門市ドイツ館に資料が残っており、映画『バルトの楽園』のモデルともなった。高圧的な管理が俘虜の不満を招いていた久留米俘虜収容所でも、後にゴムの技術が伝達された。

久留米俘虜収容所

久留米俘虜収容所において郵便を受け取る様子

板東俘虜収容所

俘虜が制作した品々

静岡俘虜収容所の炊事場

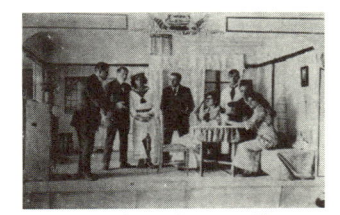

大阪俘虜収容所で行われた劇

似島俘虜収容所における酒保

丸亀俘虜収容所

松山俘虜収容所

大阪俘虜収容所における体操

福岡俘虜収容所における、将校を収
容していた場所

大分俘虜収容所における酒保

青野原俘虜収容における、将校を収
容していた場所

| 総督（Gouverneur） | | |
|---|---|---|
| 1898-1899 | カール・ローゼンダール | Carl Rosendahl |
| 1899-1901 | パウル・イェシュケ | Paul Jaeschke |
| 1901-1901 | マックス・ロールマン | Max Rollmann |
| 1901-1911 | オスカー・トルッペル | Oskar Truppel |
| 1911-1914 | アルフレート・マイアー＝ヴァルデック | Alfred Meyer-Waldeck |

# 総論

## 植民地におけるドイツ系住民

### 入植者

　まず入植者の置かれた状態であるが、彼らは植民地法によって現地の人間との差異化が図られ、病院といった施設も優先的に設置され、特権的な境遇が約束された。これは人種主義を強めるものであり、本国のドイツ・ナショナリズムの高揚にもつながった。

　しかし入植者による、現地の住民を労働力として徴発する要求に関しては、総督府は即座に対応したわけではなかった。カメルーンといった地域では大企業の要請を優先したし、トーゴ、タンザニア、サモアでは後に原住民による栽培を推奨した。

　土地の分配でも、入植者は現地の住民から収奪した土地を受け取ったが、重要な地区は、総督府・大企業の管理下に置かれた。例えば西南アフリカのダイヤモンド鉱山地区は、入植者の立ち入りが禁止された。

　入植者は住民自治（Selbstverwaltung）を求め、植民地参事会、植民地主義団体を介し、労働力を斡旋し、土地を分配するように総督府に圧力をかけた。しかし全ての要望を貫徹させることはできず、交通インフラの整備も遅れ、入植自体は小規模なものにとどまった。入植が成功した西南アフリカでも1万数千人の規模であった。しかし家族で入植し、農民として根付いた、この植民地は、本国の植民地主義団体にとって、格好の宣伝材料となり、たびたびドイツの生存圏として報道された。第一次世界大戦後、ドイツ植民地からドイツ系住民の追放が進む中で、入植が許可されたのもこの植民地のみであり、ドイツ植民地の代表という地位を確かなものにした。

### 商社

　ドイツ植民地において最も活動の場を与えられたのは、商社であった。彼らの多くは統治も委任されており、総督府が設置されてからは、次第に植民地統治への関与は制限されるものの、優先的に土地・労働力が提供された。そして後に総督府が設置していった鉄道、道路、港湾といった交通インフラの主な利用者となった。広大な土地利権（コンセッション）を手に入れている場合も多く、ドイツ植民地における最大の利益享受者となった。

　総督府は彼らを重視したために、経済的な損失が出た場合には、その補填を行った。第一次世界大戦が勃発し、協商国によるドイツ植民地の占領、その後のドイツ企業の追放から、植民地の経済活動が停滞している間、企業に対する税は免除された。両大戦間期には旧植民地と本国をつなぐ企業活動を活発させる資金援助も行われたのである。

## キリスト教ミッション

　もう一つの植民地支配の中核となったのがキリスト教ミッションである。彼らの布教活動は現地の住民と摩擦を起こし、ドイツによる占領・遠征の根拠ともなった。西南アフリカのライン・ミッションのように現地の民族間抗争を煽り、ドイツが進出する足掛かりを作る場合すらあった。植民地期には、教育・衛生の分野を管理し、資本主義経済による住民の疲弊を懸念し、植民地支配に対して一定の制限を設けようとした。その一方で、住民のプロレタリア化を警戒し、社会運動に対しては冷淡だった。また住民を指導する使命を確信しており、宗主国の支配に対しては疑問を呈せず、住民の自治独立運動に対しても支持を与えなかった。

## 総督府

　これらの集団の利害調整を行ったのは総督府であった。ドイツが植民地を獲得した直後は、統治機構も整備されておらず、統治を初期の入植者や企業に委嘱している場合が多かったが、彼らの統治能力の欠如が明らかになると、国家による統治に切り替えられていった。軍事遠征を経て、統治領域が拡大し、支配が強化されるにつれ、植民地の住民の抵抗は激しくなり、配属される統治者は対処を迫られた。統治初期には武官が多く、武断政治になりやすく、徹底した鎮圧が行われ、抵抗も激しかった。また度重なる軍事行動には本国からの多額の補助金を必要としていた。

　植民地官僚養成も不十分だったが、次第に現地の言語、文化、気候に対応するための教育や訓練もなされるようになった。さらに総督の下で事務長、書記、そして各地区に区長が置かれ、統治機構が整備されていく。

　総督府によって統治と流通の拠点は、重点的に開発され、交通インフラも整備され、ダルエスサラーム、青島といった都市が登場した。その一方で、これらの都市への一極集中が進み、それまでの流通拠点が衰退し、廃墟となる事例が多発した。これらの交通インフラは住民の強制労働によって建設されており、かつ現地の経済に即して計画されたものではなかった。

　軍事行動、官僚機構の維持、交通インフラの整備には多額の資金が必要であり、植民地へ投入されている多額の補助金の問題は、常にドイツ帝国指導部への批判材料となっていたために、その対処が迫られた。植民地改革期には、イギリス式間接統治、そして原住民栽培（Eingeborenenkultur）が提唱された。現地の住民を介して統治し、過度な収奪を抑え、住民の生産性を上げていき、植民地統治への抵抗を少なくしていく狙いがあった。商品作物を輸出用に加工する機械の導入も進み、東アフリカのアマニ研究所での農業指導もあった。この体制は、安い労働力として現地の住民を徴用することを制限するもので、入植者、そして大企業から反発をうけた。補助金に依存しない植民地経営（Selbstverwaltung）は総督府の課題であったが、トーゴ、膠州湾租借地といった一部の模範的植民地を除けば、多くはその成果が出る前に、植民地自体を失うことになった。

# 本国と植民地との関係

　本国においては、植民地の利害は、多くの住民にとって直接関係するものではなかった。関係していたのは、まず植民地主義団体であった。ドイツ植民地協会、全ドイツ連盟、艦隊協会は、機関誌や、各種出版物を介して、宣伝活動に従事し、住民を扇動していった。1896年に設立された植民地経済委員会は、熱帯植物の栽培を指導し、熱帯植民地への入植を後押しした。彼らは、ドイツ帝国指導部に圧力を加えつつ、植民地再編構想を練り、モロッコの領有をはじめ、中央アフリカ計画の青写真を作成していった。植民地を失ってからも、ヴァイマル政府、ナチ党の植民地政策に関わり、影響力を保持し続けたのである。

　一方で植民地企業に投資する資本家も、ドイツ本国で植民地に関与する層の代表であった。ドイツ銀行やディスコント・ゲゼルシャフトといった大銀行は、植民地企業の大規模なプランテーション経営や植民地当局の委託事業といった分野に重点的に資本を投下していた。

　これらの層の要求を受けつつ、植民地問題を統括していたのは、外務省・植民地省、そして海軍省であった。植民地統治機構が十分に整備されていない時期に、植民地で大規模な蜂起が頻発すると、その鎮圧のために多額の予算を必要とするようになった。また補助金を投入し続けても、ドイツ経済に占める植民地経済の割合は拡大せず、問題視されていく。特に社会主義者の社会民主党、カトリックの中央党からは植民地統治の予算への批判が相次いだ。その対処として、1907年の植民地省の成立以降、初代植民地相デルンブルクの下で植民地統治改革が進められた。1903年に設立されたハンブルク植民地研究所においては、熱帯プランテーション経営の専門家が育成された。植民地省は大規模な事業が可能な企業への支援を積極的に行っており、それは入植者、そしてそれを支援する植民地主義団体から批判を受けていた。

　また当時のナショナリズムの高まりに呼応した政策も遂行した。特に外務省が中心となり、モロッコ事件の際に中央アフリカ計画の実現が画策された。これは熱帯の原生林や鉱山、熱帯植物の栽培地を確保し、アフリカの労働力を管理し、イギリスの最重要植民地インドに匹敵する「ドイツのインド」を現出させるものだった。この計画はインド洋のイギリス単独支配を避け、大西洋の連絡も保障する「公海の自由」を実現するものでもあった。秘密外交の時代であったが、その計画の情報は意図的に流され、人口に膾炙していった。

　第一次世界大戦後、植民地を失ってからも、外務省、旧植民地省が中心となり、植民地統治時代の再評価、そして植民地返還運動が展開された。ドイツ植民地協会といった各植民地主義団体に対しても協力を求めた。教育機関においては植民地教育も行われ、植民地の返還と再編は、ナチ党の植民地政策まで引き継がれることになった。

## 現地の住民への影響

　ドイツ植民地統治が植民地に住んでいた人々に与えた影響とはどのようなものだったのだろうか。まず植民地法によってヨーロッパの入植者と明確に区別され、適切な裁判も受けられなかった。また現地にヨーロッパ的所有の概念が無かったために、機会あるごとに土地や家畜の没収が始まった。無主物先占によって、所有権が主張できない土地が接収され、土地区画の整理を行う際にも土地が奪われた。

　ドイツ帝国指導部は、当初、東アフリカのアラブ人、インド人といった現地の支配層を利用、もしくは新たに作りだし、沿岸部を間接的に支配していた。しかし海岸から内地に向けて征服が進むと、植民地統治機構の直接的な支配が開始される。大型プランテーション栽培も始まり、地元の産業は圧迫され、労働力が収奪されていった。それに対して住民は各地で抵抗したが、ドイツ本国からの軍隊の派遣、また他の帝国主義列強の協力によって、鎮圧され、その機会にさらに土地・財産が奪われた。

　その後、各住民に小屋税、後に人頭税が課されていき、その支払い方法が模索されていく。沿岸部では商品作物を栽培し、貨幣で収める場合もあったが、多くの場合、強制労働に駆り出されていった。

　この結果、大量の住民が土地を無くし、労働者となった。労働力、そして没収された土地の利用を巡り、ヨーロッパからの入植者、大企業、総督府が交渉を重ねていくことになる。ドイツ植民地での労働条件は低かったため、よりよい条件を求めて他の地域に逃亡する場合もあった。

　植民地経済は、現地の地域経済を破壊しただけではなく、家族関係をも変えていった。男性が農場・鉄道敷設現場で働くことになったため、男性の権威は動揺し、男性不在の家庭を維持するために、家族内の役割が変わっていった。ミクロネシアのような地域では、母系制が一般的であったが、ドイツ統治政策の影響で、その制度が衰退する事態も起こった。

　さらに、このような過程で、以下のような集団が形成された。まずドイツ統治の一翼を担っていたのが商人層である。上記の東アフリカのアラブ人、インド人や、北カメルーンのハウサ人、トーゴのアフリカ系ブラジル人といった商人層は、ドイツの代理人としての役割を果たした。中には、東アフリカのスワヒリ商人ティップー・ティプのように、ドイツの支配地域をコンゴに拡大する足掛かりとして、利用が検討された商人もいた。彼らの役割はドイツが内地に遠征し、直接統治を開始する過程で、次第に制限されていくが、末端の支配機関として維持され続けた。

　次に統治制度を整える上で、民族が形成された。円滑に住民を管理する上で、分類する必要が生まれていたのである。既存の住民の区分に対しても、ヨーロッパ的な価値観が加えられ、ツチとフツという従属関係も歴史的な物とされ、権力関係が固定された。ヘレロとナマのように民族間の対立も利用され、一致団結してドイツに抵抗することを避けようとした。

また大規模な人種学的な科学調査もトーゴや太平洋の島々で行われ、その下で、新たな民族が設定されていった。

　さらにキリスト教ミッションや総督府が管理する教育機関を経て、教養層が形成されていく。ここではドイツ語が教えられ、ヨーロッパ中心の世界観が説かれ、植民地統治の協力者が育成される予定であった。しかし彼らの技能に活かす職をドイツ植民地統治機関は十分与えることはできず、トーゴの教養層のように隣国のイギリス領ガーナに向かい、職を求めるケースも相次いだ。さらに教養層は次第にドイツの支配に対して自立的な動きを示していく。カメルーンでは植民地支配から自立する運動が統治末期に起こっていた。また教養層は、ドイツの間接統治の過程で温存された旧支配層との対立を深めていく。サモアにおけるドイツ支配に対する抵抗であるマウ運動の際には、教養層は伝統的な権威の復権を支持せず、運動は失敗に終わった。

　ドイツの植民地統治は、各植民地の独立時に大きな問題を引き起こすことになった。まず独立する際の国境線を植民地時代の国境線に準拠したことで、それまで歴史的に根拠のない国境線が敷かれることになった。タンザニアにおいては、東アフリカの時代は、それまで同一の君主を持つザンジバルと切り離され、ルワンダ・ブルンジと統合した。独立後は、再び旧イギリス領ザンジバルと統合したものの、長期にわたり異なる統治を経たことで、その政治や経済の差異が明確となっている。また太平洋においては海にまで境界線が引かれ、ブーゲンビル島といった北ソロミン諸島は、結びつきの強い、他のソロモン諸島から切り離され、パプアニューギニアと結びついた状態となっている。

　その境界線に区切られた領域は、そこで生活する人々に更なる問題を突き付けている。ドイツが植民地支配を進める過程で、軍事行動が起こされ、虐殺・追放が行われたために住民の人数が激減し、住民構成の変化が生まれた。また国境線を越えて遊牧していた住民は生活様式を変え、定住することを強制された。西南アフリカのようにリザーヴが設定され、居住空間を隔離される場合すらあった。住民を統合する基盤となる言語も存在せず、存在してもエウェ語のように実際はヨーロッパが選定した一方言である場合も多かった。民俗学的な調査で「発見」された民族は、ヨーロッパ的区分にすぎなかった。カメルーンやトーゴでは北部のイスラム世界と南部のヨーロッパの影響下にある沿岸地域では文化圏が異なり、それらを無理に統合したために、対立が起こっている。ナミビアでもオヴァンボ出身者が政権を持っている時には、野党のヘレロの虐殺への補償訴訟に対して、静観している状況もある。

　また植民地経済は、その後の経済政策の選択肢を狭めることになる。既存の地域経済の多くは破壊され、ドイツ経済、ひいては世界経済と結びついた植民地経済が成立した。プランテーション経営、そして原住民栽培においても、商品作物に特化した生産が行われることになり、東アフリカのように衣服や食料といった生活必需品を輸入する事態も起こっていた。経済のモノカルチャー化が進行した結果、再び自給自足的経済には戻ることはできず、タンザニア大統領ニエレレのウジャマー村構想も失敗している。経済の多角化も容易ではなく、現在は、再びアメリカ合衆国を中心とする世界経済に組み込まれ、経済以外の分野でも干渉

を受ける状況に陥っている。

　この意味でドイツ植民地の経験は、世界で大きな変化を生んだと言えるだろう。そこには帝国主義、ナショナリズム、グローバリゼーション、世界システム論、新植民地主義が絡み、現代においては新自由主義の下で、解決が困難な問題となっている。旧ドイツ植民地の多くはドイツの支配が終わった後も、他の帝国主義国家の統治を受け、その影響は独立後も根強く残り、行く末を規定している。ドイツが再び、旧植民地、特に最後のフロンティアと見なされているアフリカに進出し、これらの問題と向き合う日は来るのだろうか。

Zusammenfassung

# あとがき

　濱崎誉史朗氏から連絡をいただき、その後打ち合わせを経て、本書の執筆を開始したのは2014年の秋だった。日本においてはドイツ植民地を研究する際に利用できる概説書は少ない。そのため本書を通して植民地研究の裾野を広げられると考え、自分の力不足は承知で依頼を引き受けた。

　それから4年は嵐のように過ぎた。本章の6章分は最初の1年で書きあがったが、読み直すと原稿を書き直したくなる衝動を抑えきれなかった。画像を収集しつつ、序章と結論、参考文献を加え、書き直しに次ぐ書き直しで次の1年も過ぎた。3、4年目は、濱崎氏のチェックを受けつつ、本文の情報を統合して整理していく作業に取りくみ、試行錯誤の末に何とか形になったのが本書である。

　入門書としても利用できるように、様々なテーマを扱ったつもりだが、それでも書くことができなかったテーマは多い。例としては、ドイツ植民地に関わったユダヤ人の問題（外務省・植民地省や植民地団体には多くのユダヤ人が所属していた。本文中で登場した人物だとデルンブルク、パウル・カイザー、オットー・ヴァールブルク、エミン・パシャなど）、南米以外の在外ドイツ人との連携（バルト・ドイツ人、ヴォルガ・ドイツ人、中東のドイツ人など）、植民地専門家のドイツ植民地喪失後の活動（東欧の原生林の開発や後の国際連合食糧農業機関への関与など）、植民地修正主義運動（ペータースやハンス・ドミニクの記念碑の設置、教育機関やスポーツ団体との連携、植民地から引き揚げてきた入植者と軍人の支援など）がある。これらを研究テーマとして十分に昇華し、本論に記載することはできなかった。その調査・分析は今後の課題としたい。

　執筆中に感じたのは、頭の中で考えているものとそれを文章化したものとでは、大きなギャップがあるということだった。情報が整理できたと思って書き出してみると、あまりに稚拙な自分の文章に原稿を破り捨てたいと思ったことは数えきれない。煮詰まったらとりあえず文章化して確認、という癖がついたのが今回の執筆だった。

　加えて書いた文章には全て意図があることを再確認した。概説書として多様な立場を盛り込んだつもりだが、それでも客観化できていない部分は多く、その場合は、可能な限り自分の立場を明示する必要性を強く感じた。

　完成させるまでには多くの人々に世話になった。以下に謝意を表する。

　まず執筆活動を支え、完成を待ってくれた家族にお礼を言いたい。就職もせず、先行きも不安な私が、執筆に行き詰まり、精神的に折れそうになる際には、励ましの言葉と食糧を送ってくれた。完成した本を真っ先に読んでくれるであろう家族がいたことは、私の執筆の大きな原動力となった。

　次に本書の全面的なチェックをしていただいた浅田進史先生に感謝したい。博士後期課程に入った後、ドイツ植民地を扱うことになった私に対して、丁寧に指導していただき、今回

の原稿にも目を通していただいた。第一線で活躍するドイツ植民地研究者の確認は実にありがたかった。

　最後に執筆の機会を与えてくれ、編集を担当してくれた濱崎誉史朗氏にお礼を言いたい。各章を書き上げるごとにいただいた激励のコメントは、あまり褒められるのに慣れていない筆者にとって次の執筆の励みになった。興味深い、と指摘していただいた分野を今後掘り下げていきたいと思う。

　本書を通して、少しでも研究世界に興味を持つ人が増えることを期待して。

2018 年 3 月末、千葉市にて

栗原久定

追記：本書では紙幅の制限によって筆者が保有している全ての画像を掲載できなかった。またレイアウト上、小さく掲載せざるを得なかったものも多い。そのため、Twitter アカウント（**@doishoku**）で、こうした十分に掲載できなかったドイツ植民地に関する画像を定期的に投稿していく予定なので、興味がある読者はご覧頂きたい。

## 同時代文献

### 西南アフリカ

Bülow, Franz Josef von, *Deutsch-Südwestafrika. Drei Jahre im Lande Hendrik Witboois. Schilderungen von Land und Leute* (Berlin, 1896).

Calvert, Albert Frederick, *South-West Africa, during the German Occupation, 1884-1914* (London, 1915).

Dincklage-Campe, Friedrich, Freiherr von, *Deutsche Reiter in Südwest. Selbsterlebnisse aus den Kämpfen in Deutsch-Südwestafrika* (Berlin, 1908).

Driessler, Heinrich, *Die Rheinische Mission in Südwestafrika* (Gütersloh, 1932).

Erzberger, Matthias, *Millionengeschenke. Die Privilegienwirtschaft in Südwestafrika. mit einer Materialiensamml. über die bergrechtlichen Verhältnisse dieses Schutzgebietes nebst Kt. von Südwestafrika* (Berlin, 1910).

Fischer, Eugen, *Die Rehobother Bastards und das Bastardierungsproblem beim Menschen. Anthropologische und ethnographische Studien am Rehobother Bastardvolk in Deutsch-Südwest-Afrika* (Jena, 1913).

François, Curt von, *Deutsch-Südwest-Afrika. Geschichte der Kolonisation bis zum Ausbruch des Krieges mit Witbooi, April 1893* (Berlin, 1899).

Frenssen, Gustav, *Peter Moors Fahrt nach Südwest. Ein Feldzugsbericht* (Berlin, 1906).

Grimm, Hans, *Volk ohne Raum* (München, 1926).

Leutwein, Theodor Gotthilf von, *Elf Jahre Gouverneur in Deutsch-Südwestafrika* (Berlin, 1906).

Rohrbach, Paul, *Deutsche Kolonialwirtschaft* (Berlin-Schöneberg, 1907).

Sander, Louis, *Geschichte der deutschen Kolonial-Gesellschaft für Südwest-Afrika* (Berlin, 1912).

Schüssler, Wilhelm, *Adolf Lüderitz. Ein deutscher Kampf um Südafrika 1883-1886. Geschichte des ersten Kolonialpioniers im zeitalter Bismarcks* (Bremen, 1936).

Schwabe, Kurd, *Der Krieg in Deutsch-Südwestafrika, 1904-1906* (Berlin, 1907).

Seitz, Theodor, *Die Gouverneursjahre in Südwestafrika* (Karlsruhe i.B., 1929).

Tilton, George Henry, Leonard Bliss, *A History of Rehoboth, Massachusetts: Its History for 275 Years, 1643-1918* (Boston, Massachusetts, 1918).

Vedder, Heinrich, *Das alte Südwestafrika. Südwestafrikas Geschichte bis zum Tode Mahareros, 1890. Nach den besten schriftlichen und mündlichen Quellen erzählt* (Berlin, 1934).

Witbooi, Hendrik, *Die Dagboek van Hendrik Witbooi. Kaptein van die Witbooi-Hottentotte, 1884-1905* (Cape Town, 1929).

Witbooi, Henderick, Wolfgang Reinhard (Hg.), *Afrika den Afrikanern! Aufzeichnungen eines Nama-Häuptlings aus der Zeit der deutschen Eroberung Südwestafrikas 1884 bis 1894* (Berlin/Bonn, 1982).

### トーゴ

Busse, Walter, *Das südliche Togo* (Jena, 1906).

Busse, Walter, *Bericht über die pflanzenpathologische Expedition nach Kamerun und Togo. 1904/05* (Berlin, 1906).

Calvert, Albert Frederick, *Togoland* (London, 1918).

Fisch, Rudolf, *Nord-Togo und seine westliche Nachbarschaft, in Bildern und Skizzen für Missions- und Kolonialfreunde dargestallt* (Basel, 1911).

Full, August, *Fünfzig Jahre Togo* (Berlin, 1935).

Gärtner, Karl, *Togo. Finanztechnische Studie über die Entwicklung des Schutzgebietes unter deutscher Verwaltung. Zum 40. Jahrestag deutscher Kolonialarbeit. Mit Anhang über Erlebnisse des Verfassers in englischer Gefangenschaft* (Darmstadt, 1924).

Gruner, Hans, Peter Sebald (Hg.), *Vormarsch zum Niger. Die Memoiren des Leiters der Togo-Hinterlandexpedition 1894/95* (Berlin, 1997).

Spieth, Jakob, *Die Ewer. Schilderung von Land und Leuten in Deutsch-Togo* (Bremen, 1906).

Vietor, Johann Karl, *Geschichtliche und kulturelle Entwickelung unserer Schutzgebiete* (Berlin, 1913).

Westermann, Diedrich, *Grammatik der Ewe-Sprache* (Berlin, 1907).

## カメルーン

Calvert, Albert Frederick, *The Cameroons* (London, 1917).

Dominik, Hans, *Vom Atlantik zum Tschadsee. Kriegs- und Forschungsfahrten in Kamerun* (Berlin, 1908).

Esser, Max, E. M. Chilver and Ute Röschenthaler (eds.), *Cameroon's Tycoon. Max Esser's Expedition and Its Consequences* (New York, 2001).

Flegel, Eduard, *Vom Niger-Benue. Briefe aus Afrika* (Leipzig, 1890).

Puttkamer, Jesco von, *Gouverneursjahre in Kamerun* (Berlin, 1912).

Rudin, Harry Rudolph, *Germans in the Cameroons, 1884-1914: A Case Study in Modern Imperialism* (New Haven, 1938).

Schultze, Arnold, *Das Sultanat Bornu. Mit besonderer Berücksichtigung Deutsch-Bornus* (Essen, 1910).

Schultze, Arnold, *Die Charaxiden und Apauriden der Kolonie Kamerun. Eine zoogeographische und biologische Studie* (Berlin, 1916).

Seidel, August, *Deutsch-Kamerun. Wie es ist und was es verspricht* (Berlin, 1906).

Seitz, Theodor, *Die Gouverneursjahre in Kamerun* (Karlsruhe i.B., 1929).

Skolaster, Hermann, *Die Pallottiner in Kamerun. 25 Jahre Missionsarbeit* (Limburg an der Lahn, 1924).

Passarge, Siegfried, *Adamaua. Bericht über die Expedition des Deutschen Kamerun-Komitees in den Jahren 1893/94* (Berlin, 1895).

Waibel, Leo, *Urwald, Veld, Wüste* (Breslau, 1921).

Zimmermann, Emil, *Neu-Kamerun. Reiseerlebnisse und wirtschaftspolitische Untersuchungen* (Berlin, 1913).

Zintgraff, Eugen, *Nord-Kamerun. Schilderung der im Auftrage des Auswärtigen Amtes zur Erschliessung des nördlichen Hinterlandes von Kamerun während der Jahre 1886-1892 unternommenen Reisen* (Berlin, 1895).

## 東アフリカ

Baumann, Oscar, *In Deutsch-Ostafrika während des Aufstandes, Reise der Dr. Hans Meyer'schen Expedition in Usambara* (Wien/ Olmütz, 1890).

Baumann, Oscar, *Usambara und seine Nachbargebiete. Allgemeine Darstellung des Nordöstlichen Deutsch-Ostafrika und seiner Bewohner auf Grund einer im Auftrage der Deutsch-ostafrikanischen Gesellschaft im Jahre 1890 ausgeführten Reise* (Berlin, 1891).

Baumgarten, Johannes, *Ostafrika, der Sudan und das Seengebiet. Land und Leute. Naturschilderungen, characteristische Reisebilder und Scenen aus dem Volksleben, Aufgaben und Kulturerfolge der christlichen Mission, Sklavenhandel. Die Antisklavereibewegung, ihre Ziele und ihr Ausgang. Kolonialpolitische Fragen der Gegenwart. Nach den neuesten und besten Quellen* (Gotha, 1890).

Baumgarten, Johannes, *Die deutschen Kolonien und die nationalen Interessen. Ein Vademekum für Freunde und Vertreter der Kolonialbewegung* (Köln, 1887).

Brode, Heinrich, *Tippu Tip Lebensbild eines zentralafrikanischen Despoten. Nach seinen eigenen Angaben* (Berlin, 1905).

Busse, Walter, *Deutsch-Ostafrika 1. Zentrales Steppengebiet* (Jena, 1907).

Busse, Walter, *Deutsch-Ostafrika 2. Ostafrikanische Nutzpflanzen* (Jena, 1908).

Calvert, Albert Frederick, *German East Africa* (London, 1917).

Müller, Guido, *Weltpolitische Bildung und akademische Reform. Carl Heinrich Beckers Wissenschafts- und Hochschulpolitik 1908-1930* (Köln, 1991).

Götzen, Gustav Adolf von, Graf, *Durch Afrika von Ost nach West. Resultate und Begebenheiten einer Reise von der deutsch-ostafrikanischen Küste bis zur Kongomündung in den Jahren 1893/94* (Berlin, 1895).

Götzen, Gustav Adolf von, Graf, *Deutsch-Ostafrika im Aufstand 1905/06* (Berlin, 1909).

Jühlke, Ferdinand, Carl Peters, *Allgemeine Auskunft für den Auswanderer in die Deutsch-Ostafrikanische Kolonie Usagara* (Berlin, 1885).

Kandt, Richard, *Caput Nili. Eine empfindsame Reise zu den Quellen des Nils*, 2Bde. (Berlin, 1914).

Langheld, Wilhelm, *Zwanzig Jahre in deutschen Kolonien* (Berlin, 1909).

Lettow-Vorbeck, Paul von, *Meine Erinnerungen aus Ostafrika* (Leipzig, 1920).

Liebert, Eduard W. von, *Die deutschen Kolonien und ihre Zukunft* (Berlin, 1906).

Pasha, Emin, Georg Schweitzer (ed.), *Emin Pasha, His Life and Work* (Westminster, 1898).

Paasche, Hans, *Im Morgenlicht. Kriegs=, Jagd= und Reise=Erlebnisse in Ostafrika* (Berlin, 1907).

Paasche, Hermann, *Deutsch-Ostafrika. Wirtschaftliche Studien* (Hamburg, 1913).

Peters, Carl, *Die deutsch-ostafrikanische Kolonie in ihrer Entstehungsgeschichte und wirthschaftlichen Eigenart* (Berlin, 1889).

Peters, Carl, *Die deutsche Emin-Pascha-Expedition* (München, 1891).

Peters, Carl, *Das Deutsch-Ostafrikanische Schutzgebiet* (München, 1895).

Schmidt, Rochus, *Geschichte des Araberaufstandes in Ost-Afrika. Seine Entstehung, seine Niederwerfung und seine Folgen* (Frankfurt an der Oder, 1892).

Schmidt, Rochus, *Deutschlands Kolonien. Ihre Gestaltung, Entwickelung und Hilfsquellen* (Berlin, 1895).

Schmidt, Rochus, *Deutschlands koloniale Helden und Pioniere der Kultur im schwarzen Kontinent* (Braunschweig, 1896).

Schnee, Heinrich, *Deutsch-Ostafrika im Weltkriege. Wie wir lebten und kämpften* (Leipzig, 1919).

Stuhlmann, Franz, *Mit Emin Pascha ins Herz von Afrika* (Berlin, 1894).

Stuhlmann, Franz, *Beiträge zur Kulturgeschichte von Ostafrika. Allgemeine Betrachtungen und Studien über die Einführung und wirtschaftliche Bedeutung der Nutzpflanzen und haustiere mit besonderer Berücksichtigung von Deutsch-Ostafrika* (Berlin, 1909).

Stuhlmann, Franz, *Handwerk und Industrie in Ostafrika. Kulturgeschichtliche Betrachtungen* (Hamburg, 1910).

Volkens, Georg, *Der Kilimandscharo. Darstellung der allgemeineren Ergebnisse eines fünfzehnmonatigen Aufenthalts in Dschaggalande* (Berlin, 1897).

Wagner, J., *Deutsch-Ostafrika. Geschichte der Gesellschaft für deutsche Kolonisation und der Deutsch-Ostafrikanischen Gesellschaft nach den amtlichen Quellen* (Berlin, 1886).

Weidner, Fritz, *Die Haussklaverei in Ostafrika, geschichtlich und politisch dargestellt* (Jena, 1915).

Weule, Karl, *Negerleben in Ostafrika. Ergebnisse einer ethnologischen Forschungsreise* (Leipzig, 1908).

## 太平洋植民地

Bennigsen, Rudolf von, *The German Annexation of the Caroline, Palau & Mariana Islands* (Saipan, 2003).

Blum, Hans, *Neu-Guinea und der Bismarckarchipel. Eine wirtschaftliche Studie* (Berlin, 1900)

Deeken, Richard, *Manuia Samoa! Samoanische Reiseskizzen und Beobachtungen* (Oldenburg, 1901).

Deeken, Richard, *Die Karolinen. Nach eigenen Reisebeobachtungen, älteren Monographien und den neuesten amtlichen Berichten* (Berlin, 1911).

Deeken, Richard, *Die La ndwirtschaft in den deutschen Kolonien* (Berlin, 1914).

Detzner, Hermann, *Vier Jahre unter Kannibalen. Von 1914 bis zum Waffenstillstand unter deutscher Flagge im unerforschten Innern von Neuguinea* (Berlin, 1920).

Ellison, Joseph W., *Opening and Penetration of Foreign Influence in Samoa to 1880* (Corvallis, Oregon, 1938).

Finsch, Otto, *Samoafahrten. Reisen in Kaiser Wilhelms-Land und Englisch-Neu-Guinea in den Jahren 1884 u. 1885, an Bord des deutschen Dampfers „ Samoa"* (Leipzig, 1888).

Fritz, Georg, *Chamorro-Wörterbuch. In zwei Teilen. Deutsch-Chamorro und Chamorro-Deutsch* (Berlin, 1904).

Fritz, Georg, *Die Zentralkarolinische Sprache. Grammatik, Übungen u. Wörterbuch der Mundart der westlich von Truk liegenden Atolle, insbesondere der Saipan-Karoliner* (Berlin, 1911).

Fritz, Georg, *Kolonien? Das koloniale Schicksal des deutschen Volkes -geschichtlich als Lehre- politisch als Aufgabe* (Berlin, 1934).

Hahl, Albert, *Deutsche Kolonien in der Südsee* (Hamburg, 1938).

Hahl, Albert, *Deutsch-Neuguinea. Koloniale Fragen im Dritten Reich* (Berlin, 1936).

Hahl, Albert, *Gouverneursjahre in Neuguinea* (Berlin, 1937).

Hesse-Wartegg, Ernst von, *Samoa, Bismarckarchipel und Neuguinea. Drei deutsche Kolonien in der Südsee* (Leipzig, 1902).

Krämer, Augustin, *Die Samoa-Inseln. Entwurf einer Monographie mit besonderer Berücksichtigung Deutsch-Samoas*, 2Bde. (Stuttgart, 1902-1903).

Neuhauss, Richard, *Deutsch Neu-Guinea* (Berlin, 1911).

Schultz-Ewerth, Erich, *Sprichwörtliche Redensarten der Samoaner* (Apita/Berlin, 1906).

Schultz-Ewerth, Erich, *Erinnerungen an Samoa* (Berlin, 1926).

Schultz-Ewerth, Erich/Leonhard Adam/Bernhard Ankermann/August Schlettwein, *Das Eingeborenenrecht. Sitten und Gewohnheitsrechte der Eingeborenen der ehemaligen deutschen Kolonien in Afrika und in der Südsee*, 2Bde. (Stuttgart, 1929-30).

Thilenius, Georg (Hg.), *Ergebnisse der Südsee-Expedition, 1908-1910*, 12Bde. (Hamburg, 1913-1938).

Thilenius, Georg, *Das Hamburgische Museum für Völkerkunde* (Berlin, 1916).

Wohltmann, Ferdinand, *Pflanzung und Siedlung auf Samoa. Erkundungsbericht an das Kolonial-Wirtschaftliche Komitee zu Berlin* (Berlin, 1904).

## 膠州湾租借地

Brandt, Max von, *Kolonien und Flottenfrage. Vortrag gehalten am 25. November 1897 in der Abtheilung Frankfurt am Main der Deutschen Kolonial-Gesellschaft* (Berlin, 1897).

Brandt, Max von, *Die Zukunft Ostasiens. Ein Beitrag zur Geschichte und zum Verständnis der ostasiatischen Frage* (Stuttgart, 1895).

Brandt, Max von, *China in ethischer, industrieller und politischer Beziehung. Zwei Vorträge, gehalten in der Abteilung Berlin-Charlottenburg der Deutschen Kolonial-Gesellschaft* (Berlin, 1897).

Brandt, Max von, *Ostasiatische Fragen. China, Japan, Korea. Altes und Neues* (Berlin, 1897).

Brandt, Max von, *Dreiunddreissig Jahre in Ost-Asien. Erinnerungen eines deutschen Diplomaten*, 3Bde. (Leipzig, 1901) [原潔、永岡敦訳『ドイツ公使の見た明治維新』新人物往来社、1987 年]

Eulenburg, Friedrich Albrecht Graf zu, *Ost-Asien 1860-1862 in Briefen des Grafen Fritz zu Eulenburg, Königlich Preußischen Gesandten, betraut mit außerordentlicher Mission nach China, Japan und Siam* (Berlin, 1900) [日獨文化協会訳『第 1 回獨逸遣日使節日本滞在記』日獨文化協会、刀江書院、1940 年]

Feng Djen Djang, *The Diplomatic Relations between China and Germany since 1898* (Shanghai, 1936).

Fornaschon, Wolfgang, *Die politischen Anschauungen des Grafen Alfred von Waldersee und seine Stellungnahme zur deutschen Politik* (Berlin, 1935).

Franzius, Georg, *Kiautschou. Deutschlands Erwerbung in Ostasien* (Berlin, 1898).

Hermann, Heinrich, *Chinesische Geschichte* (Stuttgart, 1912).

Hesse-Wartegg, Ernst von, *Schantung und Deutsch-China. Von Kiautschou ins Heilige Land von China und vom Jangtsekiang nach Peking im Jahre 1898* (Leipzig, 1898).

Irmer, Artur Julius, *Kiautschou. Die diplomatische Vorbereitung der Erwerbung, 1894-1898* (Köln, 1932).

Irmer, Artur Julius, *Die Erwerbung von Kiautschou, 1894 bis 1898* (Köln, 1930).

Matzat, Wilhelm, *Neue Materialien zu den Lebensdaten des Chinesenkommissars Wilhelm Schrameier in Tsingtau. Zum 100 jährigen Jubiläum der Tsingtauer Land- und Steuerordnung am 2.9.1998* (Bonn, 1998).

Möller, Matthias, *Deutschlands Chinapolitik vom Einspruch von Shimonoseki bis zur Erwerbung von Kiautschou* (Quakenbrück, 1927).

Mohr, Friedrich Wilhelm, *Handbuch für das Schutzgebiet Kiautschou* (Tsingtau, 1911).

Mohr, Friedrich Wilhelm, *Deutsch-chinesische Unterrichtsstunden. Kurzgefasste Anleitung zur Erlernung der Anfangsgründe der chinesischen Sprache* (Tsingtau, 1914).

Mohr, Friedrich Wilhelm, *Fremde und deutsche Kulturbetätigung in China* (Münster in Westfalen, 1928).

Richthofen, Ferdinand von, *Schantung und seine Eingangspforte Kiautschou* (Berlin, 1898).

Rohrbach, Paul, *Deutschland in China voran!* (Berlin, 1912).

Rohrbach, Paul, *Deutsch-Chinesische Studien* (Berlin, 1909).

Rohrbach, Paul, *Deutsche Kulturaufgaben in China. Beiträge zur Erkenntnis nationaler Verantwortlichkeit* (Berlin-Schöneberg, 1910).

Rohrbach, Paul, Wolf von Dewall, *Deutschland und China nach dem Kriege* (Berlin, 1916).

Schrameier, Wilhelm, *Aus Kiautschous Verwaltung. Die Land-, Steuer- und Zollpolitik des Kiautschougebietes* (Jena, 1914).

Schrameier, Wilhelm Ludwig, *Die Grundlagen der wirtschaftlichen Entwicklung in Kiautschou* (Berlin, 1903).

Schrameier, Wilhelm Ludwig, *Die deutsch-chinesischen Handelsbeziehungen* (Berlin, 1917).

Tirpitz, Alfred von, *Erinnerungen* (Leipzig, 1919).

Waldersee, Alfred Graf von, *Denkwürdigkeiten des General-Feldmarschalls Alfred Grafen von Waldersee. Auf Veranlassung des Generalleutnants Georg Grafen von Waldersee bearbeitet und herausgegeben von Heinrich Otto Meisner*, 3Bde. (Stuttgart, 1922-1923).

Weicker, Hans, *Kiautschou. Das deutsche Schutzgebiet in Ostasien* (Berlin, 1908).

Weicker, Hans, *Bildung und Erziehung außerhalb der Schule (Jugendpflege)* (Jena, 1911).

Wilhelmy, Emil, *China. Land und Leute. Illustrierte Geschichte des Reiches und seiner Wirren* (Berlin, 1903).

Witte, Johannes, *Ostasien und Europa. Das Ringen zweier Weltkulturen* (Tübingen, 1914).

Witte, Johannes, *Die Religionen Ostasiens, China und Japan. Ein religionskundliches Lesebuch* (Leipzig, 1926).

## 概説書、ハンドブック

Brose, Maximilian, *Die deutsche Kolonialliteratur im Jahre* (Berlin, 1884-1915).

Calvert, Albert Frederick, *The German African Empire* (London, 1916).

Dröscher, Gustav, *Deutsche Kolonien Ein Bücherverzeichnis* (Leipzig, 1939).

Fitzner, Rudolf, *Deutsches Kolonial-Handbuch*, 2Bde. (Berlin, 1901).

Gunzenhäuser, Max, *Bibliographie zur Außenpolitik und Kolonialpolitik des Deutschen Reiches 1871-1914* (Stuttgart, 1943).

Hassert, Kurt, *Deutschlands Kolonien. Erwerbungs- und Entwickelungsgeschichte, Landes- und Volkskunde und Wirtschaftliche Bedeutung unserer Schutzgebiete* (Leipzig, 1899).

Hutter, Franz Karl/Richard Büttner/Karl Dove/August Seidel/Carl von Beck/Heinrich Seidel/Franz Reinecke/Moritz Deimling, *Das

*Überseeische Deutschland. Die deutschen Kolonien in Wort und Bild* (Stuttgart/Berlin/Leipzig, 1890).

Jacob, Ernst Gerhard, *Deutsche Kolonialkunde, 1884-1934. Mit drei Abbildungen, mehreren Tabellen und einer Karte* (Dresden, 1934).

Jacob, Ernst Gerhard (Hg.), *Deutsche Kolonialpolitik in Dokumenten. Gedanken und Gestalten aus den letzten fünfzig Jahren* (Leipzig, 1938).

Jacob, Ernst Gerhard, *Die deutschen Kolonien einst und jetzt* (Leipzig, 1938).

Jacob, Ernst Gerhard, *Der Kampf gegen die koloniale Schuldlüge* (Hamburg, 1938).

Karstedt, Oskar, *Deutschlands koloniale Not* (Berlin, 1917).

Kienitz, Ernst (Hg.), *Zeittafel zur deutschen Kolonialgeschichte* (München, 1941).

Lange, Fritz (Hg.), *Deutscher Kolonial-Atlas* (Berlin, 1939).

Langhans, Paul, *Deutscher Kolonial-Atlas. 30 Karten mit 300 Nebenkarten* (Gotha, 1897).

Langhans, Paul/Justus Perthes, *Justus Perthes' Alldeutscher Atlas* (Gotha, 1903).

Leutwein, Paul, *Dreißig Jahre deutsche Kolonialpolitik mit weltpolitischen Vergleichen und Ausblicken* (Berlin, 1922).

Meinecke, Gustav, *Die deutschen Kolonien in Wort und Bild. Geschichte, Länder- und Völkerkunde, Tier- und Pflanzenwelt, Handels- und Wirtschaftsverhältnisse der Schutzgebiete des Deutschen Reiches* (Leipzig, 1899).

Meyer, Hans (Hg.), *Das Deutsche Kolonialreich. Eine Länderkunde der Deutschen Schutzgebiete*, 2Bde. (Leipzig/Wien, 1909-1910).

Riebow, O. von/Alfred Zimmermann (Hg.), *Deutsche Kolonial-Gesetzgebung. Sammlung der auf die deutschen Schutzgebiete bezüglichen Gesetze, Verordnungen, Erlasse und internationalen Vereinbarungen mit Anmerkungen und Sachregister*, 13Bde. (Berlin, 1893-1910).

Rohrbach, Paul, *Die deutschen Kolonien. Ein Bilderbuch aller deutschen Kolonien mit 168 photographischen Aufnahmen, Karten und Text* (Dachau, 1914).

Ruppel, Julius, *Die Landesgesetzgebung für das Schutzgebiet Kamerun. Sammlung der in Kamerun zur Zeit geltenden völkerrechtlichen Verträge, Gesetze, Verordnungen und Dienstvorschriften mit Anmerkungen und Registern* (Berlin, 1912).

Sander, Ludwig (Hg.), *Die deutschen Kolonien in Wort und Bild. Eine Schilderung unserer Kolonien an der Hand von Schriften bekannter und hervorragender Kenner der deutschen Schutzgebiete* (Leipzig, 1906).

Schnee, Heinrich (Hg.), *Deutsches Kolonial-Lexikon*, 3Bde. (Leipzig, 1920).

Spellmeyer, Hans, *Deutsche Kolonialpolitik im Reichstag* (Stuttgart, 1931).

Sprigade, Paul/Max Moisel, *Deutscher Kolonialatlas. Mit illustriertem Jahrbuch* (Berlin, 1905-1918).

Townsend, Mary Evelyn, *The Rise and Fall of Germany's Colonial Empire, 1884-1918* (New York, 1930).

Witsch, Josef, Werner Lengning (Hg.), *Kolonialkunde und Kolonialpolitik. Ein Führer durch das Kolonial-Schrifttum der Ernst-Abbe-Bücherei und Lesehalle zu Jena* (Jena, 1938).

Zimmermann, Alfred, *Geschichte der deutschen Kolonialpolitik* (Berlin, 1914).

Zimmermann, Emil, *Unsere Kolonien* (Berlin, 1912).

Zorn, Philipp, Franz Josef Sassen (Hg.), *Deutsche Kolonialgesetzgebung. Textausgabe mit Anmerkungen und Sachregister* (Berlin, 1913).

### 引用

*Die Große Politik der Europäischen Kabinette 1871-1914. Sammlung der diplomatischen Akten des Auswärtigen Amtes. Im Auftrage des Auswärtigen Amtes, herausgegeben von Johannes Lepsius/Albrecht Mendelssohn Bartholdy/Friedrich Thimme* (Berlin, 1922-1927).

Jacob, Ernst Gerhard (Hg.), *Deutsche Kolonialpolitik in Dokumenten. Gedanken und Gestalten aus den letzten fünfzig Jahren* (Leipzig, 1938).

Jacob, Ernst Gerhard, *Kolonialpolitisches Quellenheft. Die deutsche Kolonialfrage 1918-1935* (Bamberg, 1935).

Kolonialwirtschaftliches Komitee (Hg.), *Kolonial-Handels-Adressbuch* (Berlin, 1897-1911).

### 前史、初期の植民地獲得運動、植民地主義団体

Bonhard, Otto, *Geschichte des Alldeutschen Verbandes* (Leipzig/Berlin, 1920).

Casas, Bartolomé de las, *Brevísima Relación de la Destrucción de las Indias* (Seuilla, 1552)［染田秀藤訳『インディアスの破壊についての簡潔な報告』岩波書店、1976 年］

Class, Heinrich, *West-Marokko deutsch!* (München, 1911).

Fabri, Friedrich, *Bedarf Deutschland der Colonien? Eine politisch-ökonomische Betrachtung* (Gotha, 1879).

Krieger, Ursula, *Hugo Zöller. Ein deutscher Journalist als Kolonialpionier* (Würzburg/Aumühle, 1940).

Peters, Carl, *Gesammelte Schriften*, 3Bde. (München/Berlin, 1943-1944).

Sommerlad, Theo, *Der deutsche Kolonialgedanke und sein Werden im 19. Jahrhundert* (Halle an der Saale, 1918).

Wertheimer, Mildred Salz, *The Pan-German League, 1890-1914* (New York, 1924).

## 社会主義

Dix, Arthur, *Sozialdemokratie, Militarismus und Kolonial-Politik auf den Sozialistenkongressen 1907* (Berlin, 1907).

Mansfeld, Alfred (Hg.), *Sozialdemokratie und Kolonieen* (Berlin, 1919).

Noske, Gustav, *Kolonialpolitik und Sozialdemokratie* (Stuttgart, 1914).

## ビスマルク

Aydelotte, William Osgood, *Bismarck and British Colonial Policy: The Problem of South West Africa 1883-1885* (Philadelphia, 1937).

Crowe, Sybil Eyre, *The Berlin West African Conference, 1884-1885* (London, 1942).

Hagen, Maximilian von, *Bismarcks Kolonialpolitik* (Stuttgart/Berlin, 1923).

Raschdau, Ludwig, *Unter Bismarck und Caprivi. Erinnerungen eines deutschen Diplomaten aus den Jahren 1885-1894* (Berlin, 1939).

Taylor, A. J. P., *Germany's First Bid for Colonies, 1884-1885: A Move in Bismarck's European Policy* (London, 1938).

## 軍事支配、植民地統治改革、植民地法

Crothers, George Dunlap, *The German Elections of 1907* (New York/London, 1941).

Dernburg, Bernhard, *Zielpunkte des deutschen Kolonialwesens. Zwei Vorträge* (Berlin, 1907).

Doerr, Friedrich, *Deutsches Kolonialstrafprozessrecht* (Leipzig, 1913).

Erzberger, Matthias, *Die Kolonial-Bilanz. Bilder aus der deutschen Kolonialpolitik auf Grund der Verhandlungen des Reichstags im Sessionsabschnitt 1905/06* (Berlin, 1906).

Florack, Franz, *Die Schutzgebiete, ihre Organisation in Verfassung und Verwaltung* (Tübingen, 1905).

Hoffmann, Hermann von, *Verwaltungs- und Gerichtsverfassung der deutschen Schutzgebiete* (Leipzig, 1908).

Hoffmann, Hermann von, *Deutsches Kolonialrecht* (Leipzig, 1907).

Kade, Eugen, *Die Anfänge der deutschen Kolonial-Zentralverwaltung* (Würzburg-Aumühle, 1939).

Kucklentz, Karl, *Das Zollwesen der deutschen Schutzgebiete in Afrika und der Südsee* (Berlin, 1914).

Lackner, Horst, *Koloniale Finanzpolitik im Deutschen Reichstag (von 1880-1919)* (Berlin, 1939).

Schack, Friedrich, *Das deutsche Kolonialrecht in seiner Entwicklung bis zum Weltkriege. Die allgemeinen Lehren. Eine berichtende Darstellung der Theorie und Praxis nebst kritischen Bemerkungen* (Hamburg, 1923).

Schlimm, Karl, *Das Grundstücksrecht in den deutschen Kolonien* (Leipzig-Reudnitz, 1905).

Westermann, Diedrich, *Die Nutzpflanzen unserer Kolonien und ihre wirtschaftliche Bedeutung für das Mutterland* (Berlin, 1909).

## キリスト教ミッション、教育、医学、人類学、性差、文化帝国主義

Bachem, Karl, *Vorgeschichte, Geschichte und Politik der Deutschen Zentrumspartei. Zugleich ein Beitrag zur Geschichte der Katholischen Bewegung, sowie zur allgemeinen Geschichte des neueren und neuesten Deutschland, 1815-1914*, 9Bde. (Köln, 1927-1932).

Berg, Ludwig, *Die katholische Heidenmission als Kulturträger*, 3Bde. (Aachen, 1923-1927).

Buchner, Max, *Aurora colonialis. Brucastücke eines Tagebuchs aus dem ersten Beginn unserer Kolonialpolitik, 1884-1885* (München, 1914).

Giesebrecht, Franz (Hg.), *Die Behandlung der Eingeborenen in den deutschen Kolonieen. Ein Sammelwerk* (Berlin, 1898).

Ittameier, Carl, *Die Erhaltung und Vermehrung der Eingeborenen-Bevölkerung* (Hamburg, 1923).

Külz, Ludwig, *Blätter und Briefe eines Arztes aus dem tropischen Deutschafrika* (Berlin, 1906).

Liebert, Eduard von, *Aus einem bewegten Leben. Erinnerungen* (München, 1925).

Methner, Wilhelm, *Unter drei Gouverneuren. 16 Jahre Dienst in deutschen Tropen* (Breslau, 1938).

Mirbt, Carl, *Mission und Kolonialpolitik in den deutschen Schutzgebieten* (Tübingen, 1910).

Oetker, Karl, *Die Neger-Seele und die Deutschen in Afrika. Ein Kampf gegen Missionen, Sittlichkeits-Fanatismus und Bürokratie vom Standpunkt Moderner Psychologie* (München, 1907).

Pehl, Hans, *Die deutsche Kolonialpolitik und das Zentrum (1884-1914)* (Limburg an der Lahn, 1934).

Scharlach, Julius, Heinrich von Poschinger (Hg.), *Koloniale und politische Aufsätze und Reden* (Berlin, 1903).

Schlunk, Martin, *Die Schulen für Eingeborene in den deutschen Schutzgebieten am 1 Juni 1911. Auf Grund einer statistischen Erhebung der Zentralstelle des Hamburgischen Kolonialinstituts* (Hamburg, 1914).

439

Literatur

Schmidlin, Josef, *Die katholischen Missionen in den deutschen Schutzgebieten* (Münster, 1913).

Seitz, Theodor, *Vom Aufstieg und Niederbruch deutscher Kolonialmacht. Erinnerungen*, 3Bde. (Karlsruhe, 1927-1929).

Solf, Wilhelm, *Kolonialpolitik. Mein politisches Vermächtnis* (Berlin, 1919).

Weichert, Ludwig, *Das Schulwesen. Deutscher evangelischer Missionsgesellschaften in den deutschen Kolonien* (Berlin, 1914).

## 海軍と世界政策、中央アフリカ、アフリカ再分割交渉

Class, Heinrich, *Zum deutschen Kriegsziel. Ein Flugschrift* (München, 1917).

*Deutsche Weltpolitik und kein Krieg!* (Berlin, 1913).

Delbrück, Hans, *Bismarcks Erbe* (Berlin, 1915).

Dix, Arthur, *Der Weltwirtschaftskrieg. Seine Waffen und seine Ziele* (Leipzig, 1914).

Hettner, Alfred, *Die Ziele unserer Weltpolitik* (Stuttgart/Berlin, 1915).

Johnston, Harry, *Gesunder Menschenverstand in der Auswärtigen Politik* (Berlin, 1917).

Karstedt, Oskar, *Koloniale Friedensziele* (Weimar, 1917).

Leutwein, Paul, *Mitteleuropa-Mittelafrika* (Dresden, 1917).

Mackay, Ben Lawrence von, Mitteleuropa - Mittelmeer - Mittelafrika, in: *Das Größere Deutschland. Wochenschrift für Deutsche Welt- und Kolonialpolitik* 5(1918), S.663-667.

Marquardsen, Hugo, *Unsere Kolonien* (Berlin, 1917).

Rohrbach, Paul, *Der deutsche Gedanke in der Welt* (Königstein im Taunus, 1912).

Sell, Manfred, *Die deutsche öffentliche Meinung und das Helgolandabkommen im Jahre 1890* (Berlin, 1926).

Tirpitz, Alfred von, *Erinnerungen* (Leipzig, 1919).

Trietsch, Davis, *Afrikanische Kriegsziele* (Berlin, 1917).

Wirth, Albrecht, Emil Zimmermann, *Was muß Deutschland an Kolonien haben?* (Frankfurt am Main, 1918).

Zimmermann, Emil, *Was ist uns Zentralafrika? Wirtschafts- und verkehrspolitische Untersuchungen* (Berlin, 1914).

Zimmermann, Emil, *Das deutsche Kaiserreich Mittelafrika. Als Grundlage einer neuen deutschen Weltpolitik* (Berlin, 1917).

Zimmermann, Emil, *Die Bedeutung Afrikas für die Deutsche Weltpolitik* (Berlin, 1917).

## 中東、バグダード鉄道

Holborn, Hajo, *Deutschland und die Türkei, 1878-1890* (Berlin, 1926).

## 中南米

Schottelius, Herbert, *Mittelamerika als Schauplatz deutscher Kolonisationsversuche 1840-1865* (Hamburg, 1939).

## 第一次世界大戦、ヴァイマル共和国、第三帝国

Dix, Arthur, *Schluß mit „Europa"! Ein Wegweiser durch Weltgeschichte zu Weltpolitik* (Berlin, 1928).

Grabowsky, Adolf/Paul Leutwein (Hg.), *Die Zukunft der deutschen Kolonien* (Gotha, 1918).

Leutwein, Paul, *Koloniale Lehren des Weltkrieges* (Berlin, 1916).

Schnee, Heinrich, *Deutsch-Ostafrika im Weltkriege. Wie wir lebten und kämpften* (Leipzig, 1919).

Schnee, Heinrich, *Die Koloniale Schuldlüge* (München, 1927).

Solf, Wilhelm Heinrich, *Die Lehren des Weltkriegs für unsere Kolonialpolitik. Vortrag* (Stuttgart, 1916).

# 研究書

## 欧文

### 西南アフリカ

Bley, Helmut, *Kolonialherrschaft und Sozialstruktur in Deutsch-Südwestafrika, 1894-1914* (Hamburg, 1968).

Bley, Helmut, *Namibia under German Rule* (Hamburg/Windhoek, 1996).

Demhardt, Imre Josef, *Deutsche Kolonialgrenzen in Afrika. Historisch-geographische Untersuchungen ausgewählter Grenzräume von Deutsch-Südwestafrika und Deutsch-Ostafrika* (Hildesheim/New York, 1997).

Drechsler, Horst, *Südwestafrika unter deutscher Kolonialherrschaft. Der Kampf der Herero und Nama gegen den Deutschen Imperialismus (1884-1915)* (Berlin (O), 1966).

Drechsler, Horst, *Aufstände in Südwestafrika. Der Kampf der Herero und Nama 1904 bis 1907 gegen die deutsche Kolonialherrschaft* (Berlin (O), 1984).

Drechsler, Horst, *Südwestafrika unter deutscher Kolonialherrschaft. Die großen Land- und Minengesellschaften, (1885-1914)* (Stuttgart, 1996).

Engel, Lothar, *Kolonialismus und Nationalismus im deutschen Protestantismus in Namibia 1907 bis 1945. Beiträge zur Geschichte der deutschen evangelischen Mission und Kirche im ehemaligen Kolonial- und Mandatsgebiet Südwestafrika* (Bern/Frankfurt am Main, 1976).

Erichsen, Casper W., *"What the Elders Used to Say": Namibian Perspectives on the Last Decade of German Colonial Rule* (Windhoek, 2008).

Förster, Larissa, *Postkoloniale Erinnerungslandschaften. Wie Deutsche und Herero in Namibia des Kriegs von 1904 gedenken* (Frankfurt am Main, 2010).

Gründer, Horst, *Christliche Mission und deutscher Imperialismus. Eine politische Geschichte ihrer Beziehungen während der deutschen Kolonialzeit (1884-1914) unter besonderer Berücksichtigung Afrikas und Chinas* (Paderborn, 1982).

Gründer, Horst, *Christliche Heilsbotschaft und weltliche Macht. Studien zum Verhältnis von Mission und Kolonialismus. Gesammelte Aufsätze* (Münster, 2004).

Kaulich, Udo, *Die Geschichte der ehemaligen Kolonie Deutsch-Südwestafrika (1884-1914). Eine Gesamtdarstellung* (Frankfurt am Main, 2001).

Krüger, Gesine, *Kriegsbewältigung und Geschichtsbewußtsein. Realität, Deutung und Verarbeitung des deutschen Kolonialkriegs in Namibia 1904 bis 1907* (Göttingen, 1999).

Kundrus, Birthe (Hg.), *Moderne Imperialisten. Das Kaiserreich im Spiegel seiner Kolonien* (Köln, 2003).

Kundrus, Birthe, *Phantasiereiche. Zur Kulturgeschichte des deutschen Kolonialismus* (Frankfurt am Main, 2003).

Loth, Heinrich, *Die christliche Mission in Südwestafrika. Zur destruktiven Rolle der rheinischen Missionsgesellschaft beim Prozess der Staatsbildung in Südwestafrika (1842-1893)* (Berlin (O), 1963).

Mazower, Mark, *No Enchanted Palace: The End of Empire and the Ideological Origins of the United Nations* (Princeton, New Jersey, 2009)〔池田年穂訳『国連と帝国：世界秩序をめぐる攻防の 20 世紀』慶應義塾大学出版会、2015 年〕

Melber, Henning (Hg.), *Genozid und Gedenken. Namibisch-deutsche Geschichte und Gegenwart* (Frankfurt am Main, 2005).

Nuhn, Walter, *Kolonialpolitik und Marine. Die Rolle der Kaiserlichen Marine bei der Gründung und Sicherung des deutschen Kolonialreiches 1884-1914* (Bonn, 2002).

Rüdiger, Klaus H., *Die Namibia-Deutschen. Geschichte einer Nationalität im Werden* (Stuttgart, 1993).

Voeltz, Richard A., *The Origins and Early Years of the South West Africa Company, Ltd.: A Study of a British Concession Company in German South West Africa* (Ann Arbor, 1980).

Voeltz, Richard A., *German Colonialism and the South West Africa Company, 1884-1914* (Athens, Ohio, 1988).

Walther, Daniel Joseph, *Creating Germans Abroad: Cultural Policies and National Identity in Namibia* (Athens, Ohio, 2002).

Weinberger, Gerda, *An den Quellen der Apartheid. Studien über koloniale Ausbeutungs- und Herrschaftsmethoden in Südafrika und die Zusammenarbeit des deutschen Imperialismus mit dem englischen Imperialismus und den burischen Nationalisten (1902-1914)* (Berlin (O), 1975).

Zimmerer, Jürgen, *Deutsche Herrschaft über Afrikaner. Staatlicher Machtanspruch und Wirklichkeit im kolonialen Namibia* (Münster, 2000).

Zimmerer, Jürgen, Joachim Zeller (Hg.), *Völkermord in Deutsch-Südwestafrika. Der Kolonialkrieg (1904-1908) in Namibia und seine Folgen* (Berlin, 2003).

## トーゴ

Amenumey, D. E. K., *The Ewe Unification Movement: A Political History* (Accra, 1989).

Beckert, Sven, *Empire of Cotton: A New History of Global Capitalism* (London, 2014).

Erbar, Ralph, *Ein „Platz an der Sonne "? Die Verwaltungs- und Wirtschaftsgeschichte der deutschen Kolonie Togo, 1884-1914* (Stuttgart, 1991).

Klein-Arendt, Reinhard, *Kamina ruft Nauen! Die Funkstellen in den deutschen Kolonien 1904-1918* (Köln, 1996).

Knoll, Arthur J., *Togo under Imperial Germany, 1884-1914: A Case Study in Colonial Rule* (Stanford, California, 1978).

Norris, Edward Graham, *Die Umerziehung des Afrikaners. Togo 1895-1938* (München, 1993).

Nussbaum, Manfred, *Togo-eine Musterkolonie?* (Berlin (O), 1962).

Sebald, Peter, *Togo 1884-1914. Eine Geschichte der deutschen „Musterkolonie" auf der Grundlage amtlicher Quellen* (Berlin (O), 1988).

Sebald, Peter, *Die deutsche Kolonie Togo 1884-1914. Auswirkungen einer Fremdherrschaft* (Berlin, 2013).

Trotha, Trutz von, *Koloniale Herrschaft. Zur soziologischen Theorie der Staatsentehung am Beispiel des „Schutzgebietes Togo"* (Tübingen, 1994).

Zimmerman, Andrew, *Alabama in Africa: Booker T. Washington, the German Empire, and the Globalization of the New South* (Princeton, New Jersey, 2010).

## カメルーン

Austen, Ralph A./Jonathan Derrick, *Middlemen of the Cameroons Rivers: The Duala and Their Hinterland, c. 1600-c. 1960* (Cambridge, 1999).

Chilver, E. M., *Zintgraff's Explorations in Bamenda, Adamawa and the Benue Lands 1889-1892* (Buea, 1966).

Derrick, Jonathan, *Africa's 'Agitators' : Militant Anti-colonialism in Africa and the West, 1918-1939* (London, 2008).

Eckert, Andreas, *Grundbesitz, Landkonflikte und kolonialer Wandel. Douala 1880 bis 1960* (Stuttgart, 1999).

Hausen, Karin, *Deutsche Kolonialherrschaft in Afrika. Wirtschaftsinteressen und Kolonialverwaltung in Kamerun vor 1914* (Zürich/ Freiburg im Breisgau, 1970).

Mandeng, Patrice, *Auswirkungen der deutschen Kolonialherrschaft in Kamerun. Die Arbeitskräftebeschaffung in den Südbezirken Kameruns während der deutschen Kolonialherrschaft 1884-1914* (Hamburg, 1973).

Michels, Stefanie, *Imagined Power Contested: Germans and Africans in the Upper Cross River Area of Cameroon 1887-1915* (Münster, 2004).

Michels, Stefanie, *Schwarze deutsche Kolonialsoldaten. Mehrdeutige Repräsentationsräume und früher Kosmopolitismus in Afrika* (Bielefeld, 2009).

Midel, Monika, *Fulbe und Deutsche in Adamaua (Nord-Kamerun) 1809-1916. Auswirkungen afrikanischer und kolonialer Eroberung* (Frankfurt am Main, 1990).

Stoecker, Helmuth (Hg.), *Kamerun unter deutscher Kolonialherrschaft. Studien*, 2Bde. (Berlin (O), 1960-1968).

Wirz, Albert, *Vom Sklavenhandel zum kolonialen Handel* (Zürich/Freiburg im Breisgau, 1972).

Wirz, Albert, *Andreas Eckert, Katrin Bromber, Alles unter Kontrolle. Disziplinierungsprozesse im kolonialen Tansania (1850-1960)* (Köln, 2003).

## 東アフリカ

Austen, Ralph A., *Northwest Tanzania under German and British Rule: Colonial Policy and Tribal Politics, 1889-1939* (New Haven, 1968).

Bald, Detlef, *Deutsch-Ostafrika 1900-1914. Eine Studie über Verwaltung, Interessengruppen und wirtschaftliche Erschließung* (München, 1970).

Bald, Detlef/Gerhild Bald, *Das Forschungsinstitut Amani. Wirtschaft und Wissenschaft in der deutschen Kolonialpolitik Ostafrika 1900-1918* (München, 1972).

Becher, Jürgen, *Dar es Salaam, Tanga und Tabora. Stadtentwicklung in Tansania unter deutscher Kolonialherrschaft (1885-1914)* (Stuttgart, 1997).

Bindseil, Reinhart, *Ruanda und Deutschland seit den Tagen Richard Kandts. Begegnungen und gemeinsame Wegstrecken. Historischer*

*Abriss der deutsch-ruandischen Beziehungen mit einer biographischen Würdigung des einstigen deutschen kaiserlichen Residenten* (Berlin, 1988).

Bindseil, Reinhart, *Ruanda im Lebensbild des Offiziers, Afrikaforschers und Kaiserlichen Gouverneurs Gustav Adolf Graf von Götzen, 1866-1910. Mit einem Abriß über die zeitgenössischen Forschungsreisenden Franz Stuhlmann, Oscar Baumann, Richard Kandt, Adolf Friedrich Herzog zu Mecklenburg und Hans Meyer* (Berlin, 1992).

Büttner, Kurt, *Die Anfänge der deutschen Kolonialpolitik in Ostafrika. Eine kritische Untersuchung an Hand unveröffentlichter Quellen* (Berlin (O), 1959).

Büttner, Kurt, Heinrich Loth (Hg.), *Philosophie der Eroberer und koloniale Wirklichkeit. Ostafrika 1884-1918* (Berlin (O), 1981).

Cooper, Frederick, *Plantation Slavery on the East Coast of Africa* (New Haven, 1977).

Cooper, Frederick, *From Slaves to Squatters: Plantation Labor and Agriculture in Zanzibar and Coastal Kenya, 1890-1925* (New Haven, 1980).

Cooper, Frederick/Ann Laura Stoler (eds.), *Tensions of Empire: Colonial Cultures in a Bourgeois World* (Berkeley, California, 1997).

Cooper, Frederick, *Africa in the World: Capitalism, Empire, Nation-state* (Cambridge, Massachusetts, 2014).

Deutsch, Jan-Georg, *Emancipation without Abolition in German East Africa, c.1884-1914* (Oxford/Athens, Ohio, 2006).

Furley, O. W./T. Watson, *A History of Education in East Africa* (New York, 1978).

Iliffe, John, *Tanganyika under German Rule, 1905-1912* (Cambridge, 1969).

Iliffe, John, *A Modern History of Tanganyika* (Cambridge, 1979).

Kaniki, Martin H. Y., *Tanzania under Colonial Rule* (London, 1980).

Kimambo, Isaria N., A. J. Temu, *A History of Tanzania* (Nairobi, 1969).

Kimambo, Isaria N., *Penetration & Protest in Tanzania: The Impact of the World Economy on the Pare, 1860-1960* (London/Athens, Ohio, 1991).

Koponen, Juhani, *Development for Exploitation: German Colonial Policies in Mainland Tanzania, 1884-1914* (Helsinki/Hamburg, 1994).

Lederer, Claudia, *Die rechtliche Stellung der Muslime innerhalb des Kolonialrechtssystems im ehemaligen Schutzgebiet Deutsch-Ostafrika* (Würzburg, 1994).

Loth, Heinrich, *Griff nach Ost Afrika. Politik des deutschen Imperialismus und antikolonialer Kampf. Legende und Wirklichkeit* (Berlin (O), 1968).

Louis, William Roger, *Ruanda-Urundi, 1884-1919* (Oxford, 1963).

Michels, Eckard, *„Der Held von Deutsch-Ostafrika". Paul von Lettow-Vorbeck. Ein preußischer Kolonialoffizier* (Paderborn, 2008).

Morlang, Thomas, *Askari und Fitafita. „Farbige" Söldner in den deutschen Kolonien* (Berlin, 2008).

Müller, Fritz Ferdinand, *Deutschland-Zanzibar-Ostafrika. Geschichte einer deutschen Kolonialeroberung 1884-1890* (Berlin (O), 1959).

Munson, Robert B., *The Nature of Christianity in Northern Tanzania: Environmental and Social Change 1890-1916* (Lanham, Maryland, 2013).

Oliver, Roland, *The Missionary Factor in East Africa* (London, 1952).

Perras, Arne, *Carl Peters and German Imperialism 1856-1918: A Political Biography* (Oxford, 2004).

Pesek, Michael, *Koloniale Herrschaft in Deutsch-Ostafrika. Expeditionen, Militär und Verwaltung seit 1880* (Frankfurt am Main, 2005).

Reichart-Burikukiye, Christiane, *Gari la moshi-Modernität und Mobilität. Das Leben mit der Eisenbahn in Deutsch-Ostafrika* (Münster, 2005).

Schneppen, Heinz, *Why Kilimanjaro is in Tanzania: Some Reflections on the Making of This Country and Its Boundaries* (Dar es Salaam, 1996).

Schulte-Althoff, Franz-Josef, *Studien zur politischen Wissenschaftsgeschichte der deutschen Geographie im Zeitalter des Imperialismus* (Paderborn, 1971).

Seeberg, Karl-M., *Der Maji-Maji-Krieg gegen die deutsche Kolonialherrschaft* (Berlin, 1989).

Söldenwagner, Philippa, *Spaces of Negotiation: European Settlers and Settlement in German East Africa 1900-1914* (München, 2006).

Strizek, Helmut, *Ruanda und Burundi. Von der Unabhängigkeit zum Staatszerfall. Studie über eine gescheiterte Demokratie im afrikanischen Zwischenseengebiet* (München, 1996).

Strizek, Helmut, *Geschenkte Kolonien. Ruanda und Burundi unter deutscher Herrschaft. Mit einem Essay über die Entwicklung bis zur Gegenwart* (Berlin, 2006).

Sunseri, Thaddeus Raymond, *Vilimani: Labor Migration and Rural Change in Early Colonial Tanzania* (Portsmouth, New Hampshire, 2002).

Tetzlaff, Rainer, *Koloniale Entwicklung und Ausbeutung. Wirtschafts- und Sozialgeschichte Deutsch-Ostafrikas 1885-1914* (Berlin,

1970).

Wright, Marcia, *German Missions in Tanganyika, 1891-1941: Lutherans and Moravians in the Southern Highlands* (Oxford, 1971).

## 太平洋植民地

Biskup, Peter/Brian Jinks/Hank Nelson, *A Short History of New Guinea* (Sydney, 1968).

Buschmann, Rainer F., *Anthropology's Global Histories: The Ethnographic Frontier in German New Guinea, 1870-1935* (Honolulu, 2009).

Firth, Stewart, *New Guinea under the Germans* (Carlton, Victoria/Beaverton, Oregon, 1983).

Hardach, Gerd, *König Kopra. Die Marianen unter deutscher Herrschaft, 1899-1914* (Stuttgart, 1990).

Hempenstall, Peter J., *Pacific Islanders under German Rule: A Study in the Meaning of Colonial Resistance* (Canberra/Norwalk, Connecticut, 1978).

Hezel, Francis X., *Strangers in Their Own own Land: A Century of Colonial Rule in the Caroline and Marshall Islands* (Honolulu, 1995).

Hiery, Hermann J. (Hg.), *Die deutsche Südsee 1884-1914. Ein Handbuch* (Paderborn, 2001).

Hattori, Anne Perez, *Colonial Dis-ease: U.S. Navy Health Policies and the Chamorros of Guam, 1898-1941* (Ann Arbor, 1999).

Hilliard, David, *God's Gentlemen: A History of the Melanesian Mission, 1849-1942* (St Lucia, Queensland, 1978).

Jaspers, Reiner, *Die missionarische Erschliessung Ozeaniens. Ein quellengeschichtlicher und missionsgeographischer Versuch zur kirchlichen Gebietsaufteilung in Ozeanien bis 1855* (Münster/Westfalen, 1972).

Kennedy, Paul M., *The Samoan Tangle: A Study in Anglo-German-American Relations, 1878-1900* (Dublin, 1974).

Laracy, Hugh, *Marists and Melanesians: A History of Catholic Missions in the Solomon Islands* (Canberra, 1976).

Morlang, Thomas, *Rebellion in der Südsee. Der Aufstand auf Ponape gegen die deutschen Kolonialherren 1910/11* (Berlin, 2010).

Moses, John A./Paul M. Kennedy (eds.), *Germany in the Pacific and Far East, 1870-1914* (St. Lucia, Queensland, 1977).

Moses, John Anthony/Christopher Pugsley (eds.), *The German Empire and Britain's Pacific Dominions, 1871-1919: Essays on the Role of Australia and New Zealand in World Politics in the Age of Imperialism* (Claremont, California, 2000).

Sack, Peter G., *Land between Two Laws: Early European Land Acquisitions in New Guinea* (Canberra, 1973).

Sack, Peter G./Bridget Sack, *The Land Law of German New Guinea: A Collection of Documents* (Canberra, 1975).

Sack, Peter, *Phantom History, the Rule of Law and the Colonial State: The Case of German New Guinea* (Canberra, 2001).

Scheps, Birgit/Wolfgang Liedtke, *Bibliographie deutschsprachiger kolonialer Literatur zu Quellen der Ethnographie und Geschichte der Bevölkerung von Kaiser Wilhelms-Land, dem Bismarck-Archipel und den Deutschen Salomon Inseln, 1880-1914, annotiert* (Dresden, 1992).

Schütte, Heinz, *Der Ursprung der Messer und Beile. Gedanken zum zivilisatorischen Projekt rheinischer Missionare im frühkolonialen Neuguinea* (Hamburg, 1995).

Teuteberg, Hans Jürgen/Cornelius Neutsch (Hg.), *Vom Flügeltelegraphen zum Internet. Geschichte der modernen Telekommunikation* (Stuttgart, 1998).

Treue, Wolfgang, *Die Jaluit-Gesellschaft auf den Marshall-Inseln 1887-1914. Ein Beitrag zur Kolonial- und Verwaltungsgeschichte in der Epoche des deutschen Kaiserreiches* (Berlin, 1976).

Vietsch, Eberhard von, *Wilhelm Solf. Botschafter. Zwischen den Zeiten* (Tübingen, 1961).

Vieweg, Burkhard, *Big Fellow Man. Muschelgeld und Südseegeister. Authentische Berichte aus Deutsch-Neuguinea 1906-1909* (Weikersheim, 1990).

## 膠州湾租借地

Biener, Annette S., *Das deutsche Pachtgebiet Tsingtau in Schantung, 1897-1914. Institutioneller Wandel durch Kolonialisierung* (Bonn, 2001).

Bornemann, Fritz, *Der selige P. J. Freinademetz, 1852-1908. Ein Steyler China-Missionar. Ein Lebensbild nach zeitgenössischen Quellen* (Romae, 1976).

Bornemann, Fritz, *Johann Baptist Anzer bis zur Ankunft in Shantung 1880* (Romae, 1977).

Bruch, Rüdiger vom, *Weltpolitik als Kulturmission. Auswärtige Kulturpolitik und Bildungsbürgertum in Deutschland am Vorabend des ersten Weltkrieges* (Paderborn, 1982).

Chen Chi, *Die Beziehungen zwischen Deutschland und China bis 1933* (Hamburg, 1973).

Fabricius, Wilhelm, *Nauru 1888-1900: An Account in German and English based on Official Records of the Colonial Section of the German Foreign Office held by the Deutsches Zentralarchiv in Potsdam* (Canberra, 1992).

Franke, Wolfgang, *China und das Abendland* (Göttingen, 1962).

Franke, Wolfgang (Hg.), *China Handbuch* (Düsseldorf, 1974).

Franke, Wolfgang, *Das Jahrhundert der chinesischen Revolution 1851-1949* (München, 1980).

Hernsheim, Eduard, *South Sea Merchant* (Boroko, 1983).

Hiery, Hermann, Hans-Martin Hinz (Hg.), *Alltagsleben und Kulturaustausch. Deutsche und Chinesen in Tsingtau 1897-1914* (Wolfratshausen, 1999).

Huang, Yi, *Der deutsche Einfluß auf die Entwicklung des chinesischen Bildungswesens von 1871 bis 1918. Studien zu den kulturen Aspekten der deutsch-chinesischen Beziehungen in der Ära des Deutschen Kaiserreichs* (Frankfurt am Main, 1995).

Kim, Chun-Shik, *Deutscher Kulturimperialismus in China. Deutsches Kolonialschulwesen in Kiautschou (China) 1898-1914* (Stuttgart, 2004).

Kuo, Heng-yü/Mechthild Leutner (Hg.), *Deutschland und China. Beiträge des Zweiten Internationalen Symposiums zur Geschichte der deutsch-chinesischen Beziehungen. Berlin 1991* (München, 1994).

Kuß, Susanne/Bernd Martin (Hg.), *Das Deutsche Reich und der Boxeraufstand* (München, 2002).

Leutner, Mechthild (Hg.), *Musterkolonie Kiautschou. Die Expansion des Deutschen Reiches in China. Deutsch-chinesische Beziehungen 1897 bis 1914. Eine Quellensammlung* (Berlin, 1997).

Leutner, Mechthild/Klaus Mühlhahn (Hg.), *Deutsch-chinesische Beziehungen im 19. Jahrhundert. Mission und Wirtschaft in interkultureller Perspektive* (Münster, 2001).

Leutner, Mechthild (Hg.), *Deutsch-chinesische Beziehungen, 1911-1927. Vom Kolonialismus zur „Gleichberechtigung". Eine Quellensammlung* (Berlin, 2006).

Mogk, Walter, *Paul Rohrbach und das „Größere Deutschland". Ethischer Imperialismus im Wilhelminischen Zeitalter. Ein Beitrag zur Geschichte des Kulturprotestantismus* (München, 1972).

Mühlhahn, Klaus, *Herrschaft und Widerstand in der „Musterkolonie" Kiautschou. Interaktionen zwischen China und Deutschland, 1897-1914* (München, 2000).

Preston, Diana, *The Boxer Rebellion: The Dramatic Story of China's War on Foreigners that Shook the World in the Summer of 1900* (New York, 2000).

Preston, Diana, *A Brief History of the Boxer Rebellion: China's War on Foreigners, 1900* (London, 2002).

Schmidt, Vera, *Die deutsche Eisenbahnpolitik in Shantung. 1898-1914. Ein Beitrag zur Geschichte des Deutschen Imperialismus in China* (Wiesbaden, 1976).

Schrecker, John E., *Imperialism and Chinese Nationalism: Germany in Shantung* (Cambridge, Massachusetts, 1971).

Stingl, Werner, *Der Ferne Osten in der deutschen Politik vor dem Ersten Weltkrieg (1902-14)* (Frankfurt am Main, 1978).

Stoecker, Helmuth, *Deutschland und China im 19. Jahrhundert. Das Eindringen des deutschen Kapitalismus* (Berlin (O), 1958).

Sun, Lixin, *Das Chinabild der deutschen protestantischen Missionare des 19. Jahrhunderts. Eine Fallstudie zum Problem interkultureller Begegnung und Wahrnehmung* (Marburg, 2002).

## 概説書、ハンドブック

Conrad, Sebastian, *Deutsche Kolonialgeschichte* (München, 2008).

Crozier, Andrew J., *Appeasement and Germany's Last Bid for Colonies* (Basingstoke, 1988).

Eley, Geoff/Bradley Naranch (eds.), *German Colonialism in a Global Age* (Durham, 2014).

Graichen, Gisela/Horst Gründer, *Deutsche Kolonien. Traum und Trauma* (Berlin, 2005).

Gründer, Horst, *Geschichte der deutschen Kolonien* (Paderborn, 1985).

Gründer, Horst, *...da und dort ein junges Deutschland gründen. Rassismus, Kolonien und kolonialer Gedanke vom 16. bis zum 20. Jahrhundert* (München, 1999).

Henderson, William Otto, *Studies in German Colonial History* (London, 1962).

Henderson, William Otto, *The German Colonial Empire, 1884-1919* (London, 1993).

Smith, Woodruff D., *The German Colonial Empire* (Chapel Hill, 1978).

Speitkamp, Winfried, *Deutsche Kolonialgeschichte* (Stuttgart, 2005).

Stoecker, Helmuth (Hg.), *Drang nach Afrika. Die koloniale Expansionspolitik und Herrschaft des deutschen Imperialismus in Afrika von den Anfängen bis zum Ende des Zweiten Weltkrieges* (Berlin (O), 1977).

## 引用・工具書

Fenske, Hans, *Im Bismarckschen Reich. 1871-1890* (Darmstadt, 1978).

Gann, Lewis H./Peter Duignan (eds.), *Colonialism in Africa, 1870-1960*, 5Bde. (Cambridge, 1969-1973).

Graudenz, Karlheinz, *Deutsche Kolonialgeschichte in Daten und Bildern. Mit 330 Abbildungen, Dokumenten und Karten* (München, 1984).

Hiery, Hermann, *Bilder aus der deutschen Südsee. Fotografien, 1884-1914* (Paderborn, 2005).

Ohm, Thomas, *Wichtige Daten der Missionsgeschichte. Eine Zeittafel* (Münster, 1961).

Timm, Uwe, *Deutsche Kolonien* (München, 1981).

## 帝国主義

Baumgart, Winfried, *Deutschland im Zeitalter des Imperialismus (1890-1914). Grundkräfte, Thesen und Strukturen* (Frankfurt am Main, 1972).

Baumgart, Winfried, *Das Zeitalter des Imperialismus und des Ersten Weltkrieges (1871-1918)* (Darmstadt, 1977).

Fischer, Fritz, *Krieg der Illusionen. Die deutsche Politik von 1911 bis 1914* (Düsseldorf, 1969).

Fröhlich, Michael, *Imperialismus. Deutsche Kolonial- und Weltpolitik 1880-1914* (München, 1994).

Geiss, Imanuel, *German Foreign Policy, 1871-1914* (London/Boston, 1976).

Hallgarten, George W. F., *Vorkriegs Imperialismus. Die soziologischen Grundlagen der Außenpolitik europäischer Großmächte bis 1914* (Paris, 1935).

Hallgarten, George W. F., *Imperialismus vor 1914. Theoretisches, soziologische Skizzen der außenpolitischen Entwicklung in England und Frankreich, soziologische Darstellung der deutschen Außenpolitik bis zum Ersten Weltkrieg* (München, 1951).

Kennedy, Paul M., *The War Plans of the Great Powers, 1880-1914* (London/Boston, 1979).

Koch, H. W., *Der Sozialdarwinismus. Seine Genese und sein Einfluß auf das imperialistische Denken* (München, 1973).

Laak, Dirk van, *Über alles in der Welt. Deutscher Imperialismus im 19. und 20. Jahrhundert* (München, 2005).

Langer, William L., *The Diplomacy of Imperialism, 1890-1902*, 2 vols. (New York, 1935).

Mommsen, Wolfgang J. (Hg.), *Der Moderne Imperialismus* (Stuttgart, 1971).

Neitzel, Sönke, *Weltmacht oder Untergang. Die Weltreichslehre im Zeitalter des Imperialismus* (Paderborn, 2000).

Schöllgen, Gregor, *Das Zeitalter des Imperialismus* (München, 1986).

## 独英関係

Bösch, Frank, *Öffentliche Geheimnisse. Skandale, Politik und Medien in Deutschland und Großbritannien 1880-1914* (München, 2009).

Fröhlich, Michael, *Von Konfrontation zur Koexistenz. Die deutsch-englischen Kolonialbeziehungen in Afrika zwischen 1884 und 1914* (Bochum, 1990).

Gifford, Prosser/William Roger Louis (eds.), *Britain and Germany in Africa: Imperial Rivalry and Colonial Rule* (New Haven, 1967).

Hiery, Hermann/John M. Mackenzie (eds.), *European Impact and Pacific Influence: British and German Colonial Policy in the Pacific Islands and the Indigenous Response* (London/New York, 1997).

Kennedy, Paul M., *The Rise of the Anglo-German Antagonism, 1860-1914* (London/Boston, 1980).

Pommerin, Reiner/Michael Fröhlich (Hg.), *Quellen zu den deutsch-britischen Beziehungen, 1815-1914* (Darmstadt, 1997).

Reinhard, Wolfgang, *Geschichte der europäischen Expansion*, 4Bde. (Stuttgart, 1983-1990).

## 前史

Baumann, Reinhard, *Landsknechte. Ihre Geschichte und Kultur vom späten Mittelalter bis zum Dreißigjährigen Krieg* (München, 1994) ［菊池良生訳『ドイツ傭兵(ランツクネヒト)の文化史：中世末期のサブカルチャー / 非国家組織の生態誌』新評論、2002 年］

Herbst, Jeffrey, *States and Power in Africa: Comparative Lessons in Authority and Control* (Princeton, New Jersey, 2000).

Petter, Wolfgang, *Die überseeische Stützpunktpolitik der preußisch-deutschen Kriegsmarine 1859-1883* (Freiburg im Breisgau, 1975).

Schmitt, Eberhard/Thomas Beck (Hg.), *Das Leben in den Kolonien* (Wiesbaden, 2003).

Schramm, Percy Ernst, *Deutschland und Übersee. Der deutsche Handel mit den anderen Kontinenten, insbesondere Afrika, von Karl V. bis zu Bismarck. Ein Beitrag zur Geschichte der Rivalität im Wirtschaftsleben* (Braunschweig, 1950).

## 初期の植民地獲得扇動、植民地主義団体

Bade, Klaus J., *Friedrich Fabri und der Imperialismus in der Bismarckzeit. Revolution, Depression, Expansion* (Freiburg im Breisgau, 1975).

Chickering, Roger, *We Men who Feel Most German: A Cultural Study of the Pan-German League, 1886-1914* (Boston, 1984).

Demhardt, Imre Josef, *Deutsche Kolonialgesellschaft 1888-1918. Ein Beitrag zur Organisationsgeschichte der deutschen*

*Kolonialbewegung* (Wiesbaden, 2002).

Kruck, Alfred, *Geschichte des Alldeutschen Verbandes, 1890-1939* (Wiesbaden, 1954).

Perras, Arne, *Carl Peters and German Imperialism 1856-1918: A Political Biography* (Oxford, 2004).

Stuchtey, Benedikt, *Die europäische Expansion und ihre Feinde. Kolonialismuskritik vom 18. bis in das 20. Jahrhundert* (München, 2010).

Wieben, Uwe, *Carl Peters. Das Leben eines deutschen Kolonialisten* (Rostock, 2000).

## 商社

Barth, Boris, *Die deutsche Hochfinanz und die Imperialismen. Banken und Außenpolitik vor 1914* (Stuttgart, 1995).

Böhm, Ekkehard, *Überseehandel und Flottenbau. Hanseatische Kaufmannschaft und deutsche Seerüstung 1879-1902* (Düsseldorf, 1972).

Glade, Dieter, *Bremen und Ferne Osten* (Bremen, 1966).

Müller, Hartmut, *So sahen wir Afrika. Afrika im Spiegel früher Bremer Kolonial-fotographie, 1882-1907. Eine Ausstellung des Staatsarchivs Bremen* (Bremen, 1984).

Nussbaum, Manfred, *Vom „Kolonialenthusiasmus" zur Kolonialpolitik der Monopole. Zur deutschen Kolonialpolitik unter Bismarck, Caprivi, Hohenlohe* (Berlin (O), 1962).

Plagemann, Volker (Hg.), *Übersee. Seefahrt und Seemacht im deutschen Kaiserreich* (München, 1988).

Reinke-Kunze, Christine, *Die Geschichte der Reichs-Post-Dampfer. Verbindung zwischen den Kontinenten, 1886-1914* (Herford, 1994).

Schinzinger, Francesca, *Die Kolonien und das Deutsche Reich. Die wirtschaftliche Bedeutung der deutschen Besitzungen in Übersee* (Stuttgart, 1984).

Stern, Fritz Richard, *Gold und Eisen. Bismarck und sein Bankier Bleichröder* (Frankfurt am Main, 1978).

Washausen, Helmut, *Hamburg und die Kolonialpolitik des Deutschen Reiches, 1880 bis 1890* (Hamburg, 1968).

## 自由主義と社会主義

Fitzpatrick, Matthew P., *Liberal Imperialism in Germany: Expansionism and Nationalism, 1848-1884* (New York, 2008).

Lorenz, Ina Susanne, *Eugen Richter. Der entschiedene Liberalismus in wilhelminischer Zeit 1871 bis 1906* (Husum, 1981).

Schröder, Hans-Christoph, *Sozialismus und Imperialismus. Die Auseinandersetzung der deutschen Sozialdemokratie mit dem Imperialismusproblem und der Weltpolitik vor 1914* (Bonn-Bad Godesberg, 1974).

Schröder, Hans-Christoph, *Gustav Noske und die Kolonialpolitik des Deutschen Kaiserreichs* (Berlin/Bonn, 1979).

Schwarz, Maria-Theresia, *„Je weniger Afrika, desto besser". Die deutsche Kolonialkritik am Ende des 19. Jahrhunderts. Eine Untersuchung zur kolonialen Haltung von Linksliberalismus und Sozialdemokratie* (Frankfurt am Main, 1999).

Seeber, Gustav, *Zwischen Bebel und Bismarck. Zur Geschichte des Linksliberalismus in Deutschland, 1871-1893* (Berlin (O), 1965).

Theiner, Peter, *Sozialer Liberalismus und deutsche Weltpolitik. Friedrich Naumann im Wilhelminischen Deutschland (1860-1919)* (Baden-Baden, 1983).

## ビスマルク

Baumgart, Winfried (Hg.), *Bismarck und der deutsche Kolonialerwerb 1883-1885. Eine Quellensammlung* (Berlin, 2011).

Förster, Stig/Wolfgang J. Mommsen/Ronald Robinson (eds.), *Bismarck, Europe, and Africa: The Berlin Africa Conference 1884-1885 and the Onset of Partition* (Oxford/New York, 1988).

Hillgruber, Andreas, *Bismarcks Aussenpolitik* (Freiburg im Breisgau, 1972).

Riehl, Axel T. G., *Der „Tanz um den Äquator". Bismarcks antienglische Kolonialpolitik und die Erwartung des Thronwechsels in Deutschland 1883 bis 1885* (Berlin, 1993).

Wehler, Hans Ulrich, *Bismarck und der Imperialismus* (Köln/Berlin, 1969).

## 軍事支配、植民地統治改革、植民地法

Epstein, Klaus, *Matthias Erzberger and the Dilemma of German Democracy* (Princeton, New Jersey, 1959).

Gann, Lewis H./Peter Duignan, *White Settlers in Tropical Africa* (Harmondsworth, 1962).

Gann, Lewis H./Peter Duignan, *The Rulers of German Africa, 1884-1914* (Stanford, California, 1977).

Gann, Lewis H./Peter Duignan, *African Proconsuls: European Governors in Africa* (New York, 1978).

Hoffmann, Walter K. H., *Vom Kolonialexperten zum Experten der Entwicklungszusammenarbeit. Acht Fallstudien zur Geschichte der Ausbildung von Fachkräften für Übersee in Deutschland und in der Schweiz* (Saarbrücken, 1980).

Klein, Thoralf/Frank Schumacher (Hg.), *Kolonialkriege. Militärische Gewalt im Zeichen des Imperialismus* (Hamburg, 2006).

Kuß, Susanne, *Deutsches Militär auf kolonialen Kriegsschauplätzen Eskalation von Gewalt zu Beginn des 20. Jahrhunderts* (Berlin, 2010).

Northrup, David, *Indentured Labor in the Age of Imperialism, 1834-1922* (Cambridge/New York, 1995).

Knoll, Arthur J./Lewis H. Gann (eds.), *Germans in the Tropics: Essays in German Colonial History* (New York, 1987).

Ruppenthal, Jens, *Kolonialismus als „Wissenschaft und Technik". Das Hamburgische Kolonialinstitut 1908 bis 1919* (Stuttgart, 2007).

Schiefel, Werner, *Bernhard Dernburg 1865-1937. Kolonialpolitiker und Bankier im wilhelminischen Deutschland* (Zürich/Freiburg im Breisgau, 1974).

Schlottau, Ralf, *Deutsche Kolonialrechtspflege. Strafrecht und Strafmacht in den deutschen Schutzgebieten 1884 bis 1914* (Frankfurt am Main, 2007).

Vietsch, Eberhard von, *Wilhelm Solf. Botschafter. Zwischen den Zeiten* (Tübingen, 1961).

Voigt, Rüdiger/Peter Sack (Hg.), *Kolonialisierung des Rechts. Zur kolonialen Rechts- und Verwaltungsordnung* (Baden-Baden, 2001).

Wagner, Norbert Berthold, *Die deutschen Schtzgebiete. Erwerb, Organisation und Verlust aus juristischer Sicht* (Baden-Baden, 2002).

Wanitzek, Ulrike, *Kindschaftsrecht in Tansania. Unter besonderer Berücksichtigung des Rechts der Sukuma* (Hohenschäftlarn bei München, 1986).

Woodman, Gordon R./Ulrike Wanitzek/Harald Sippel (eds.), *Local Land Law and Globalization: A Comparative Study of Peri-urban Areas in Benin, Ghana and Tanzania* (Münster, 2004).

## キリスト教ミッション

Bade, Klaus J. (Hg.), *Imperialismus und Kolonialmission. Kaiserliches Deutschland und koloniales Imperium* (Wiesbaden, 1982).

Gründer, Horst, *Christliche Mission und deutscher Imperialismus. Eine politische Geschichte ihrer Beziehungen während der deutschen Kolonialzeit (1884-1914) unter besonderer Berücksichtigung Afrikas und Chinas* (Paderborn, 1982).

Hammer, Karl, *Weltmission und Kolonialismus. Sendungsideen des 19. Jahrhunderts im Konflikt* (München, 1978).

Leitzbach, Christian, *Matthias Erzberger. Ein kritischer Beobachter des Wilhelminischen Reiches 1895-1914* (Frankfurt am Main, 1998).

Morsey, Rudolf, *Die Deutsche Zentrumspartei, 1917-1923* (Düsseldorf, 1966).

Wagner, Wilfried (Hg.), *Kolonien und Missionen. Referate des 3. Internationalen Kolonialgeschichtlichen Symposiums 1993 in Bremen* (Münster, 1994).

Zeender, John K., *The German Center Party 1890-1906* (Philadelphia, 1976).

## 教育、医学、人類学、性差、文化帝国主義

Barth, Boris/Jürgen Osterhammel (Hg.), *Zivilisierungsmissionen. Imperiale Weltverbesserung seit dem 18. Jahrhundert* (Konstanz, 2005).

Berman, Nina, *Orientalismus, Kolonialismus und Moderne. Zum Bild des Orients in der deutschsprachigen Kultur um 1900* (Stuttgart, 1997).

Berman, Russell A., *Enlightenment or Empire: Colonial Discourse in German Culture* (Lincoln, Nebraska, 1998).

Chatterjee, Partha, *The Nation and Its Fragments: Colonial and Postcolonial Histories* (Princeton, New Jersey, 1993).

Ciarlo, David, *Advertising Empire: Race and Visual Culture in Imperial Germany* (Cambridge, Massachusetts, 2011).

Eckart, Wolfgang Uwe, *Deutsche Ärzte in China, 1897-1914. Medizin als Kulturmission im Zweiten Deutschen Kaiserreich* (Stuttgart, 1989).

Eckart, Wolfgang Uwe, *Medizin und Krieg. Deutschland 1914-1924* (Paderborn, 2014).

Essner, Cornelia, *Deutsche Afrikareisende im neunzehnten Jahrhundert. Zur Sozialgeschichte des Reisens* (Wiesbaden, 1985).

Friedrichsmeyer, Sara/Sara Lennox/Susanne Zantop (eds.), *The Imperialist Imagination: German Colonialism and Its Legacy* (Ann Arbor, 1998).

Grosse, Pascal, *Kolonialismus, Eugenik und bürgerliche Gesellschaft in Deutschland 1850-1918* (Frankfurt am Main, 2000).

Honold, Alexander/Oliver Simons (Hg.), *Kolonialismus als Kultur. Literatur, Medien, Wissenschaft in der deutschen Gründerzeit des Fremden* (Tübingen, 2002).

Honold, Alexander/Klaus R. Scherpe (Hg.), *Mit Deutschland um die Welt. Eine Kulturgeschichte des Fremden in der Kolonialzeit* (Stuttgart, 2004).

Kundrus, Birthe (Hg.), *Phantasiereiche. Zur Kulturgeschichte des deutschen Kolonialismus* (Frankfurt am Main, 2003).

Lösch, Niels C, *Rasse als Konstrukt. Leben und Werk Eugen Fischers* (Frankfurt am Main, 1997).

Köstering, Susanne, *Natur zum Anschauen. Das Naturkundemuseum des deutschen Kaiserreichs 1871-1914* (Köln, 2003).

Mamozai, Martha, *Herrenmenschen, Frauen im deutschen Kolonialismus* (Hamburg, 1982).

Marchand, Suzanne L., *German Orientalism in the Age of Empire: Religion, Race, and Scholarship* (Washington, D.C./Cambridge, 2009).

Markmiller, Anton, *„Die Erziehung des Negers zur Arbeit". Wie die koloniale Pädagogik afrikanische Gesellschaften in die Abhängigkeit führte* (Berlin, 1995).

Martin, Peter, *Schwarze Teufel, edle Mohren. Afrikaner in Geschichte und Bewußtsein der Deutschen* (Hamburg, 2001).

Marx, Christoph, *Völker ohne Schrift una Geschichte. Zur historischen Erfassung des vorkolonialen Schwarzafrika in der deutschen Forschung des 19. und frühen 20. Jahrhunderts* (Stuttgart, 1988).

Mazón, Patricia M., Reinhild Steingröver, *Not so Plain as Black and White: Afro-German Culture and History, 1890-2000* (Rochester, New York, 2005).

Mogk, Walter, *Paul Rohrbach und das „Größere Deutschland". Ethischer Imperialismus im Wilhelminischen Zeitalter. Ein Beitrag zur Geschichte des Kulturprotestantismus* (München, 1972).

Oguntoye, Katharina, *Eine afro-deutsche Geschichte. Zur Lebenssituation von Afrikanern und Afro-Deutschen in Deutschland von 1884 bis 1950* (Berlin, 1997).

Penny, H. Glenn, *Objects of Culture: Ethnology and Ethnographic Museums in Imperial Germany* (Chapel Hill, 2002).

Penny, H. Glenn/Matti Bunzl (eds.), *Worldly Provincialism: German Anthropology in the Age of Empire* (Ann Arbor, 2003).

Pyenson, Lewis, *Cultural Imperialism and Exact Sciences: German Expansion Overseas, 1900-1930* (New York, 1985).

Stoler, Ann Laura, *Carnal knowledge and Imperial Power: Race and the Intimate in Colonial Rule* (Berkeley, California, 2002)〔永渕康之・水谷智・吉田信訳『肉体の知識と帝国の権力：人種と植民地支配における親密なるもの』以文社、2010年〕

Stolz, Thomas/Barbara Dewein/Christina Vossmann (Hg.), *Kolonialzeitliche Sprachforschung. Die Beschreibung afrikanischer und ozeanischer Sprachen zur Zeit der deutschen Kolonialherrschaft* (Berlin, 2011).

Wagner, Wilfried (Hg.), *Rassendiskriminierung, Kolonialpolitik und ethnisch-nationale Identität. Referate des 2. Internationalen Kolonialgeschichtlichen Symposiums, 1991 in Berlin* (Münster, 1992).

Walgenbach, Katharina, *„Die weiße Frau als Trägerin deutscher Kultur". Koloniale Diskurse über Geschlecht, „Rasse" und Klasse im Kaiserreich* (Frankfurt am Main/New York, 2005).

Wareham, Evelyn, *Race and Realpolitik. The Politics of Colonisation in German Samoa* (Frankfurt am Main, 2002).

Weindling, Paul, *Health, Race, and German Politics between National Unification and Nazism, 1870-1945* (Cambridge/New York, 1989).

Wildenthal, Lora, *German Women for Empire, 1884-1945* (Durham/London, 2001).

Zimmermann, Andrew, *Anthropology and Antihumanism in Imperial Germany* (Chicago, 2001).

## 海軍と世界政策

Berghahn, Volker Rolf, *Der Tirpitz-Plan. Genesis und Verfall einer innenpolitischen Krisenstrategie unter Wilhelm II.* (Düsseldorf, 1971).

Deist, Wilhelm, *Flottenpolitik und Flottenpropaganda. Das Nachrichtenbureau des Reichsmarineamtes 1897-1914* (Stuttgart, 1976).

Eley, Geoff, *From Unification to Nazism: Reinterpreting the German Past* (Boston, 1986).

Geiss, Imanuel, Bernd Jürgen Wendt (Hg.), *Deutschland in der Weltpolitik des 19. und 20. Jahrhunderts. Fritz Fischer zum 65. Geburtstag* (Düsseldorf, 1973).

Hillgruber, Andreas, *Deutsche Grossmacht- und Weltpolitik im 19. und 20. Jahrhundert* (Düsseldorf, 1977).

Kaulisch, Baldur, *Alfred von Tirpitz und die imperialistische deutsche Flottenrüstung. Eine politische Biographie* (Berlin (O), 1982).

Schottelius, Herbert/Wilhelm Deist (Hg.), *Marine und Marinepolitik im kaiserlichen Deutschland, 1871-1914* (Düsseldorf, 1972).

## グローバリゼーション、世界経済、母国と植民地の接続

Ames, Eric/Marcia Klotz/Lora Wilder thal (eds.), *Germany's Colonial Pasts* (Lincoln, Nebraska, 2005).

Bade, Klaus J., *Deutsche im Ausland, Fremde in Deutschland. Migration in Geschichte und Gegenwart* (München, 1992).

Bade, Klaus J., *Migration in European History* (Malden, Massachusetts, 2003).

Bechhaus-Gerst, Marianne/Reinhard Klein-Arendt, *Die (koloniale) Begegnung. AfrikanerInnen in Deutschland 1880-1945, Deutsche in Afrika 1880-1918* (Frankfurt am Main, 2003).

Berghoff, Hartmut, *Zwischen Kleinstadt und Weltmarkt. Hohner und die Harmonika 1857-1961. Unternehmensgeschichte als Gesellschaftsgeschichte* (Paderborn, 1997).

Conrad, Sebastian/Jürgen Osterhammel (Hg.), *Das Kaiserreich transnational. Deutschland in der Welt 1871-1914* (Göttingen, 2004).

Conrad, Sebastian, *Globalisierung und Nation im deutschen Kaiserreich* (München, 2006).

Dreesbach, Anne, *Gezähmte Wilde. Die Zurschaustellung „exotischer" Menschen in Deutschland 1870-1940* (Frankfurt, 2005).

Fischer, Wolfram, *Expansion-Integration-Globalisierung. Studien zur Geschichte der Weltwirtschaft* (Göttingen, 1998).

Gollwitzer, Heinz, *Die gelbe Gefahr. Geschichte eines Schlagworts, Studien zum imperialistischen Denken* (Göttingen, 1962)［瀬野文教訳『黄禍論とは何か』草思社、1999 年］

Heyden, Ulrich van der/Joachim Zeller, *Kolonialmetropole Berlin. Eine Spurensuche* (Berlin, 2002).

Hoerder, Dirk/Jörg Nagler (eds.), *People in Transit: German Migrations in Comparative Perspective, 1820-1930* (Washington, D.C./Cambridge/New York, 1995).

Müller, Sven Oliver/Cornelius Torp (Hg.), *Das deutsche Kaiserreich in der Kontroverse* (Göttingen, 2009).

O'Donnell, Krista/Renate Bridenthal/Nancy Reagin, *The Heimat Abroad. The Boundaries of Germanness* (Ann Arbor, 2005).

Perraudin, Michael/Jürgen Zimmerer, *German Colonialism and National Identity* (New York, 2011).

Spohn, Willfried, *Weltmarktkonkurrenz und Industrialisierung Deutschlands. 1870-1914. Eine Untersuchung zur nationalen und internationalen Geschichte der kapitalistischen Produktionsweise* (Berlin, 1977).

Torp, Cornelius, *Die Herausforderung der Globalisierung. Wirtschaft und Politik in Deutschland 1860-1914* (Göttingen, 2005).

## 中央アフリカ、アフリカ再分割交渉

Cooper, Frederick/Ann Laura Stoler (eds.), *Tensions of Empire: Colonial Cultures in a Bourgeois World* (Berkeley, California, 1997).

Laak, Dirk van, *Imperiale Infrastruktur. Deutsche Planungen für eine Erschließung Afrikas 1880 bis 1960* (Paderborn, 2004).

Loth, Heinrich, *Kongo. heißes Herz Afrikas. Geschichte des Landes bis auf unsere Tage* (Berlin, 1965).

Loth, Heinrich, *Kolonialismus und „Humanitätsintervention". Kritische Untersuchung der Politik Deutschlands gegenüber dem Kongostaat (1884-1908)* (Berlin (O), 1966).

Mayer, Martin, *Geheime Diplomatie und öffentliche Meinung. Die Parlamente in Frankreich, Deutschland und Großbritannien und die erste Marokkokrise, 1904-1906* (Düsseldorf, 2002).

Sönke Neitzel, „Mittelafrika". Zum Stellenwert eines Schlagwortes in der deutschen Weltpolitik des Hochimperialismus, in: Wolfgang Elz/Sönke Neitzel (Hg.), *Internationale Beziehungen im 19. und 20. Jahrhundert. Festschrift für Winfried Baumgart zum 65. Geburtstag* (Paderborn, 2003), 83-103.

Oncken, Emily, *Panthersprung nach Agadir. Die deutsche Politik während der zweiten Marokkokrise 1911* (Düsseldorf, 1981).

Pogge von Strandmann, H., *Imperialismus vom Grünen Tisch. Deutsche Kolonialpolitik zwischen wirtschaftlicher Ausbeutung und „zivilisatorischen" Bemühungen* (Berlin, 2009).

Rosenbach, Harald, *Das Deutsche Reich, Grossbritannien und der Transvaal (1896-1902). Anfänge deutsch-britischer Entfremdung* (Göttingen, 1993).

Siepmann, Helmut, *Portugal, Indien und Deutschland. Akten der V. Deutsch-Portugiesischen Arbeitsgespräche* (Köln/Lisboa, 2000).

Tschapek, Rolf Peter, *Bausteine eines zukünftigen deutschen Mittelafrika. Deutscher Imperialismus und die portugiesischen Kolonien. Deutsches Interesse an den südafrikanischen Kolonien Portugals vom ausgehenden 19. Jahrhundert bis zum ersten Weltkrieg* (Stuttgart, 2000).

Wedi-Pascha, Beatrix, *Die deutsche Mittelafrika-Politik, 1871-1914* (Pfaffenweiler, 1992).

Willequet, Jacques, *Le Congo belge et la Weltpolitik, 1894-1914* (Bruxelles, 1962).

## 中東、バグダード鉄道

Bode, Friedrich Heinz, *Der Kampf um die Bagdadbahn 1903-1914. Ein Beitrag zur Geschichte der deutsch-englischen Beziehungen* (Aalen, 1982).

Fuhrmann, Malte, *Der Traum vom deutschen Orient. Zwei deutsche Kolonien im Osmanischen Reich 1851-1918* (Frankfurt am Main, 2006).

Jäckh, Ernst, *Der goldene Pflug. Lebensernte eines Weltbürgers* (Stuttgart, 1954).

Lodemann, Jürgen/Manfred Pohl, *Die Bagdadbahn. Geschichte und Gegenwart einer berühmten Eisenbahnlinie* (Mainz, 1989).

Manzenreiter, Johann, *Die Bagdadbahn. Als Beispiel für die Entstehung des Finanzimperialismus in Europa (1872-1903)* (Bochum, 1982).

Müller, Herbert Landolin, *Islam, ğihād („Heiliger Krieg") und Deutsches Reich. Ein Nachspiel zur wilhelminischen Weltpolitik im Maghreb, 1914-1918* (Frankfurt am Main/New York, 1991).

Pohl, Manfred, Angelika Raab-Rebentisch, *Von Stambul nach Bagdad. Die Geschichte einer berühmten Eisenbahn* (München, 1999).

Rathmann, Lothar, *Berlin-Bagdad. Die imperialistische Nahostpolitik des kaiserlichen Deutschlands* (Berlin (O), 1962).

Rathmann, Lothar, *Stossrichtung Nahost, 1914-1918. Zur Expansionspolitik des deutschen Imperialismus im ersten Weltkrieg* (Berlin (O), 1963).

Schöllgen, Gregor, *Imperialismus und Gleichgewicht. Deutschland, England und die orientalische Frage 1871-1914* (München, 1984).

Schulte, Bernd Felix, *Vor dem Kriegsausbruch 1914. Deutschland, die Türkei und die Balkan* (Düsseldorf, 1980).

Wallach, Jehuda Lothar, *Germany and the Middle East, 1835-1939: International Symposium, April 1975* (Tel-Aviv, 1975).

## 中南米

Brunn, Gerhard, *Deutschland und Brasilien (1889-1914)* (Köln, 1971).

Buisson, Inge, Herbert Schottelius, *Die Unabhängigkeitsbewegungen in Lateinamerika, 1788-1826* (Stuttgart, 1980).

Herwig, Holger H., *Germany's Vision of Empire in Venezuela, 1871-1914* (Princeton, New Jersey, 1986).

Hood, Miriam, *Gunboat Diplomacy 1895-1905: Great Power Pressure in Venezuela* (London, 1975).

Kannapin, Klaus, *Die deutsch-argentinischen Beziehungen von 1871 bis 1914 unter besonderer Berücksichtigung der Handels- und Wirtschaftsbeziehungen und der Auswanderungspolitik* (Berlin, 1968).

Katz, Friedrich, *Deutschland, Diaz und die mexikanische Revolution. Die deutsche Politik in Mexiko 1870-1920* (Berlin, 1964).

Mitchell, Nancy, *The Danger of Dreams: German and American Imperialism in Latin America* (Chapel Hill, 1999).

Schaefer, Jürgen, *Deutsche Militärhilfe an Südamerika. Militär- und Rüstungsinteressen in Argentinien, Bolivien und Chile vor 1914* (Düsseldorf, 1974).

Schmitt, Eberhard/Friedrich Karl von Hutten (Hg.), *Das Gold der Neuen Welt. Die Papiere des Welser-Konquistadors und Generalkapitäns von Venezuela, Philipp von Hutten 1534-1541* (Hildburghausen, 1996).

Schoonover, Thomas David, *Germany in Central America: Competitive Imperialism, 1821-1929* (Tuscaloosa, 1998).

Struve, Walter, *Germans & Texans: Commerce, Migration, and Culture in the Days of the Lone Star Republic* (Austin, 1996).

Volberg, Heinrich, *Deutsche Kolonialbestrebungen in Südamerika nach dem Dreißigjährigen Kriege, insbesondere die Bemühungen von Johann Joachim Becher* (Köln, 1977).

## 第一次世界大戦

Fischer, Fritz, *Griff nach der Weltmacht. Die Kriegszielpolitik des kaiserlichen Deutschland, 1914-18* (Düsseldorf, 1961)〔村瀬興雄監訳『世界強国への道 I ドイツの挑戦、1914－1918 年』岩波書店、1972 年、同監訳『世界強国への道 II ドイツの挑戦、1914－1918 年』岩波書店、1983 年〕

Fischer, Fritz, *Weltmacht oder Niedergang. Deutschland im ersten Weltkrieg* (Frankfurt am Main, 1965).

Kersten, Dietrich, *Die Kriegsziele der Hamburger Kaufmannschaft im ersten Weltkrieg. Ein Beitrag zur Frage der Kriegszielpolitik im kaiserlichen Deutschland 1914-1918* (Hamburg, 1963).

Laak, Dirk van, *Imperiale Infrastruktur. Deutsche Planungen für eine Erschließung Afrikas 1880 bis 1960* (Paderborn, 2004).

Louis, William Roger, *Great Britain and Germany's Lost Colonies, 1914-1919* (Oxford, 1967).

Neitzel, Sönke, *Weltmacht oder Untergang. Die Weltreichslehre im Zeitalter des Imperialismus* (Paderborn, 2000).

Stoecker, Helmuth (Hg.), *Drang nach Afrika. Die koloniale Expansionspolitik und Herrschaft des deutschen Imperialismus in Afrika von den Anfängen bis zum Ende des zweiten Weltkrieges* (Berlin (O), 1977).

Will, Alexander, *Kein Griff nach der Weltmacht. Geheime Dienste und Propaganda im deutsch-österreichisch-türkischen Bündnis 1914-1918* (Köln, 2012).

## ヴァイマル共和国、第三帝国

Baranowski, Shelley, *Nazi Empire: German Colonialism and Imperialism from Bismarck to Hitler* (Cambridge, 2011).

Benz, Wolfgang/Hermann Graml (Hg.), *Aspekte deutscher Außenpolitik im 20. Jahrhundert. Aufsätze Hans Rothfels zum Gedächtnis* (Stuttgart, 1976).

Callahan, Michael D., *Mandates and Empire: The League of Nations and Africa, 1914-1931* (Brighton/Portland, Oregon, 1999).

Callahan, Michael D., *A Sacred Trust: The League of Nations and Africa, 1929-1946* (Brighton/Portland, Oregon, 2004).

Campt, Tina, *Other Germans: Black Germans and the Politics of Race, Gender, and Memory in the Third Reich* (Ann Arbor, 2004).

El-Tayeb, Fatima, *Schwarze Deutsche. Der Diskurs um „Rasse" und nationale Identität 1890-1933* (Frankfurt am Main/New York, 2001).

Engel, Ulf/Hans-Georg Schleicher, *Die beiden deutschen Staaten in Afrika. Zwischen Konkurrenz und Koexistenz 1949-1990* (Hamburg, 1998).

Frank, Walter, *Franz Ritter von Epp. Der Weg eines deutschen Soldaten* (Hamburg, 1934).

Henke, Josef, *England in Hitlers politischem Kalkül, 1935-1939* (Boppard am Rhein, 1973).

Hildebrand, Klaus, *Vom Reich zum Weltreich. Hitler, NSDAP und koloniale Frage 1919-1945* (München, 1969).

Hildebrand, Klaus, *Deutsche Außenpolitik, 1933-1945. Kalkül oder Dogma?* (Stuttgart, 1971).

Hillgruber, Andreas, *Hitlers Strategie. Politik und Kriegführung 1940-1941* (Frankfurt am Main, 1965).

Knipping, Franz/Klaus-Jürgen Müller (Hg.), *Machtbewusstsein in Deutschland am Vorabend des Zweiten Weltkrieges* (Paderborn, 1984).

Koller, Christian, *„Von Wilden aller Rassen niedergemetzelt". Die Diskussion um die Verwendung von Kolonialtruppen in Europa zwischen Rassismus, Kolonial- und Militärpolitik (1914-1930)* (Stuttgart, 2001).

Krause, Ingo Till, *„Koloniale Schuldlüge"? Die Schulpolitik in den afrikanischen Kolonien Deutschlands und Britanniens im Vergleich* (Hamburg, 2007).

Kühne, Horst, *Faschistische Kolonialideologie und zweiter Weltkrieg* (Berlin (O), 1962).

Kum'a N'dumbe III, Alexandre, *Hitler voulait l'Afrique. Le projet du IIIe Reich sur le continent africain* (Paris, 1980).

Langbehn, Volker Max/Mohammad Salama (eds.), *German Colonialism: Race, the Holocaust, and Postwar Germany* (New York, 2011).

Linne, Karsten, *„Weiße Arbeitsführer" im „Kolonialen Ergänzungsraum". Afrika als Ziel sozial- und wirtschaftspolitischer Planungen in der NS-Zeit* (Münster, 2002).

Linne, Karsten, *Deutschland jenseits des Äquators? Die NS-Kolonialplanungen für Afrika* (Berlin, 2008).

Olusoga, David/Casper W. Erichsen, *The Kaiser's Holocaust: Germany's Forgotten Genocide and the Colonial Roots of Nazism* (London, 2010).

Martin, Peter/Christine Alonzo (Hg.), *Zwischen Charleston und Stechschritt. Schwarze im Nationalsozialismus* (Hamburg, 2004).

Maß, Sandra, *Weiße Helden, Schwarze Krieger. Zur Geschichte kolonialer Männlichkeit in Deutschland. 1918 - 1964* (Köln, 2006).

Michalka, Wolfgang/Marshall M. Lee (Hg.), *Gustav Stresemann* (Darmstadt, 1982)

Poley, Jared, *Decolonization in Germany: Weimar Narratives of Colonial Loss and Foreign Occupation* (Oxford, 2005).

Rich, Norman, *Hitler's War Aims*, 2 vols. (New York, 1973-1974).

Schmitt-Egner, Peter, *Kolonialismus und Faschismus. Eine Studie zur historischen und begrifflichen Genesis faschistischer Bewußtseinsformen am deutschen Beispiel* (Giessen, 1975).

Schmokel, Wolfe W., *Dream of Empire: German Colonialism, 1919-1945* (New Haven, 1964).

Smith, Woodruff D., *The Ideological Origins of Nazi Imperialism* (New York, 1986).

Stegmann, Dirk/Bernd-Jürgen Wendt/Peter-Christian Witt (Hg.), *Deutscher Konservatismus im 19. und 20. Jahrhundert. Festschrift für Fritz Fischer zum 75. Geburtstag und zum 50. Doktorjubiläum* (Bonn, 1983)

Wächter, Katja-Maria, *Die Macht der Ohnmacht. Leben und Politik des Franz Xaver Ritter von Epp (1868-1946)* (Frankfurt am Main, 1999).

Wigger, Iris, *Die „Schwarze Schmach am Rhein". Rassistische Diskriminierung zwischen Geschlecht, Klasse, Nation und Rasse* (Münster, 2007).

# 研究書

## 日本

### 西南アフリカ

柴田暖子「ナミビアのドイツ系白人と『国民意識』――ドイツ人学校を訪ねて」『アフリカレポート』25 号、1997 年、26-29 頁。

柴田暖子「ナミビアのドイツ系住民と『言語問題』」『現代史研究』46 号、2000 年、20-34 頁。

永原陽子「ドイツ帝国主義と植民地支配『デルンブルク時代』の植民地政策」『歴史学研究』496 号、1981 年 9 月、19-35 頁。

永原陽子「『土地なき民』のゆくえ――ドイツ現代史の中の『西南アフリカ』（人の移動から歴史を見る＜特集＞）――（移動する人々の眼・移動する人々を見る眼）」『歴史学研究』581 号、1988 年、27-39 頁。

永原陽子編『生まれる歴史、創られる歴史：アジア・アフリカ史研究の最前線から』刀水書房、2011 年。

水野一晴、永原陽子編著『ナミビアを知るための 53 章』明石書店、2016 年。

### トーゴ

永原陽子「植民地トーゴにおける北ドイツ・ミッション団」『社会史研究』7 号、1986 年、164-210 頁。

### 東アフリカ

栗田和明、根本利通編『タンザニアを知るための 60 章』明石書店、2006 年。

富田正史『エミン・パシャと＜アフリカ分割＞の時代』第三書館、2001 年。

富永智津子『ザンジバルの笛：東アフリカ・スワヒリ世界の歴史と文化』未来社、2001 年。

富永智津子『スワヒリ都市の盛衰』山川出版社、2008 年。

吉田昌夫『東アフリカ』山川出版社、1978 年。

### 太平洋植民地

印東道子編『ミクロネシアを知るための 58 章』明石書店、2005 年。

印東道子編『ミクロネシアを知るための 60 章』明石書店、2015 年。

大井知範「第一次世界大戦前のアジア・太平洋地域におけるドイツ海軍――東洋巡洋艦隊の平時の活動と役割」『政經論叢』77 巻 3・4 号、2009 年、517-549 頁。

大井知範「太平洋におけるドイツ植民地帝国の電信ネットワーク――コミュニケーション環境から見たグローバル帝国の実像」『政治経済史学』588 号、2015 年、1-33 頁。

北大路弘信、北大路百合子『オセアニア現代史――オーストラリア・太平洋諸島』山川出版社、1982 年。

高岡熊雄『ドイツ内南洋統治史論』日本学術振興会、1954 年。

等松春夫『日本帝国と委任統治――南洋群島をめぐる国際政治 1914-1947』名古屋大学出版会、2011 年。

則竹賢「植民地支配下におけるミクロネシア社会の変容――ポーンペイ島とヤップ島の事例より」『民族學研究』65 巻 2 号、2000 年、168-189 頁。

長谷川亮一『地図から消えた島々――幻の日本領と南洋探検家たち』吉川弘文館、2011 年。

増田義郎『太平洋――開かれた海の歴史』集英社、2004 年。

山本真鳥編『オセアニア史』山川出版社、2008 年。

### 膠州湾租借地

浅田進史『ドイツ統治下の青島――経済的自由主義と植民地社会秩序』東京大学出版会、2011 年。

今井駿、久保田文次、中正俊、野沢豊『中国現代史』山川出版社、1984 年。

田嶋信雄、工藤章編著『ドイツと東アジア――一八九〇 - 一九四五』東京大学出版会、2017 年。

習志野市教育委員会編『ドイツ兵士の見たニッポン――習志野俘虜収容所 1915-1920』丸善、2001 年。

本庄比佐子編『日本の青島占領と山東の社会経済 1914-22 年』東洋文庫、2006 年。

### 概説

井野瀬久美惠、北川勝彦編『アフリカと帝国――コロニアリズム研究の新思考にむけて』晃洋書房、2011 年。

岡倉登志『アフリカの歴史――侵略と抵抗の軌跡』明石書店、2001 年。

小田英郎『中部アフリカ』山川出版社、1986 年。
川田順造編『アフリカ史』山川出版社、2009 年。
中村弘光『西アフリカ』山川出版社、1982 年。
西川正雄『ドイツ史研究入門』東京大学出版会、1984 年。
平野千果子『フランス植民地主義の歴史—— 奴隷制廃止から植民地帝国の崩壊まで』人文書院、2002 年。
星昭、林晃史『総説・南部アフリカ』山川出版社、1978 年。
宮本正興、松田素二編『新書アフリカ史』講談社、1997 年。

**前史**
菊池良生『傭兵の二千年史』講談社、2002 年。
鈴木楠緒子『ドイツ帝国の成立と東アジア—— 遅れてきたプロイセンによる「開国」』ミネルヴァ書房、2012 年。
福岡万里子『プロイセン東アジア遠征と幕末外交』東京大学出版会、2013 年。

**商社**
熊谷一男『ドイツ帝国主義論』未来社、1973 年。

**社会主義**
西川正雄『社会主義インターナショナルの群像 1914-1923』岩波書店、2007 年。
山田義顕「ドイツ社会民主党と植民地問題」『待兼山論叢』7 号 ( 史学篇)、1974 年、1-22 頁。

**ビスマルク**
大内宏一『ビスマルク時代のドイツ自由主義』彩流社、2014 年。
飯田洋介「植民地政策開始におけるビスマルクの意図—— 1883-84 年におけるビスマルクの反英政策とアングラ・ペケーナ」『西洋史学』208 号、2002 年、326-343 頁。
飯田洋介『ビスマルクと大英帝国—— 伝統的外交手法の可能性と限界』勁草書房、2010 年。

**中央アフリカ**
磯部裕幸「『マージナル・コロニアリズム』から『マダガスカル計画』へ—ドイツにおける植民地の記憶（1884-1945）」『現代史研究』56 号、2010 年、19-34 頁。
北村厚「「パン・ヨーロッパ」論におけるアフリカ・アジア」『現代史研究』57 号、2011 年、21-36 頁。
黒田友哉「ヨーロッパ統合の裏側で—脱植民地化のなかのユーラフリック構想」遠藤乾・板橋拓己編『複数のヨーロッパ—欧州統合史のフロンティア』北海道大学出版会、2011 年。
平野千果子「交錯するフランス領アフリカとヨーロッパ—ユーラフリカ概念を中心に」『思想』1021 号、2009 年、178-199 頁。

**中東、バグダード鉄道**
杉原達『オリエントへの道—— ドイツ帝国主義の社会史』藤原書店、1990 年。

**第一次世界大戦、ヴァイマル共和国、第三帝国**
板橋拓己『中欧の模索—— ドイツ・ナショナリズムの一系譜』創文社、2010 年。
小野塚知二編『第一次世界大戦開戦原因の再検討—— 国際分業と民衆心理』岩波書店、2014 年。
田嶋信雄『ナチス・ドイツと中国国民政府—— 一九三三 - 一九三七』東京大学出版会、2013 年。

## 画像を引用した同時代文献

# 欧米

### 西南アフリカ

Andersson, Charles John, *Lake Ngami, Or, Explorations and Discoveries during Four Years' Wanderings in the Wilds of Southwestern Africa* (New York, 1856).

Baltzer, Franz, *Kolonial- und Kleinbahnen*, 2Bde. (Berlin/Leipzig, 1920).

Buchan, John, *The History of the South African Forces in France* (London/Edinburgh/New York, 1920).

Dade, Heinrich, *Die deutsche Landwirtschaft unter Kaiser Wilhelm II. Mutterland und Kolonien. Zum 25jährigen Regierungsjubiläum seiner Majestät des Kaisers*, 2Bde. (Halle an der Saale, 1913).

Damm, Walter von, *Meine Kriegs-Erlebnisse in Deutsch-Süd-West-Afrika. Von einem Offizier der Schutztruppe* (Minden in Westfalen, 1907).

Darré, Richard Walther, *Um Blut und Boden. Reden und Aufsäße* (München, 1940).

Hennig, Richard, *Bahnen des Weltverkehrs* (Leipzig, 1909).

Kolonialpolitisches Aktionskomitee (Hg.), *Die Eisenbahnen Afrikas. Grundlagen und Gesichtspunkte für eine koloniale Eisenbahnpolitik in Afrika. Nach der gleichnamigen amtlichen Denkschrift* (Berlin, 1907).

Kriegsgeschichtliche Abteilung I des Großen Generalstabes, *Die Kämpfe der deutschen Truppen in Südwestafrika. Auf Grund amtlichen Materials*, 2Bde. (Berlin, 1906-1907).

Kürschner, Joseph, *Die Buren und der Südafrikanische Krieg. Eine Darstellung Südafrikas, des Charakters und Lebens der Buren, der Geschichte ihrer Republiken u. deren Kämpfe mit England bis zum Friedensschluß* (Charlottenburg, 1902).

Lansing, Robert, *The Big Four and Others of the Peace Conference* (Boston/New York, 1921).

Macdonald, William, *The Destiny of Welfish Bay* (Johannesburg, 1915).

Mackay, Ben Lawrence freiherr von, *Völkerführer und -Verführer* (Frankfurt am Main, 1917).

Maritz, Manie, *My Lewe en Strewe* (1939).

Sampson, Philip J., *The Capture of De Wet: The South African Rebellion, 1914* (London, 1915).

Scheibert, Justus, *Der Freiheitskampf der Buren und die Geschichte ihres Landes*, 3Bde. (Berlin, 1903).

Schinz, Hans, *Deutsch-Südwest-Afrika Forschungsreisen durch die deutschen Schutzgebiete. Gross-Nama- und Hereroland, nach dem Kunene, dem Ngami-See und der Kalaxari. 1884-1887* (Oldenburg/Leipzig, 1891).

Schwabe, Kurd, *Im deutschen Diamantenlande. Deutsch-Südwestafrika von der Errichtung der deutschen Herrschaft bis zur Gegenwart (1884-1910)* (Berlin, 1909).

Whittall, W., *With Botha and Smuts in Africa* (London, 1917).

### トーゴ

Adam, Leonhard, *Primitive Art* (Harmondsworth, 1940).

Adolf Friedrich, Duke of Mecklenburg Schwerin, *Ins innerste Afrika* (Leipzig, 1909).

Clifford, Hugh, *The Gold Coast Regiment in the East African Campaign* (London, 1920).

Fisch, Rudolf, *Nord-Togo und seine westliche Nachbarschaft. In Bildern und Skizzen für Missions- und Kolonialfreunde dargestallt* (Basel, 1911).

Fürst, Artur, *Im Bannkreis von Nauen Die Eroberung der Erde durch die drahtlose Telegraphie* (Stuttgart/Berlin, 1922).

Johnston, Harry, *The Story of My Life* (London, 1923).

Klose, Heinrich, *Togo unter deutscher Flagge. Reisebilder und Betrachtungen* (Berlin, 1899).

Roscher, Max, *Von Nauen ins tropische Afrika. Deutschlands koloniale Funktechnik* (Berlin, 1925).

Spieth, Jakob, *Die Ewe-Stämme. Material zur Kunde des Ewe-Volkes in Deutsch-Togo* (Berlin, 1906).

Wissmann, Hermann von, *Meine zweite Durchquerung Äquatorial-Afrikas vom Congo zum Zambesi während der Jahre 1886 und 1887* (Frankfurt an der Oder, 1890).

Wissmann, Hermann von, *Im innern Afrikas. Die Erforschung des Kassai während der Jahre 1883, 1884 und 1885* (Leipzig, 1891).

## カメルーン

Adolf Friedrich, Duke of Mecklenburg Schwerin, *Vom Kongo zum Niger und Nil. Berichte der Deutschen Zentralafrika-Expedition 1910/1911*, 2Bde. (Leipzig, 1912).

Albéca, Alexandre L. d', *La France au Dahomey* (Paris, 1895).

Barth, Theodor, *Politische Porträts* (Berlin, 1923).

Chéradame, André, *L'Europe et la Question d'Autriche au Seuil du XXe siècle* (Paris, 1906).

Morgen, Curt von, *Durch Kamerun von Süd nach Nord. Reisen und Forschungen im Hinterlande 1889 bis 1891* (Leipzig, 1893).

Naumann, Friedrich, *Das Blaue Buch von Vaterland und Freiheit. Auszüge aus seinen Werken* (Königstein im Taunus/Leipzig, 1913).

René, Carl, *Kamerun und die Deutsche Tsâdsee-Eisenbahn. Unter Benutzung amtlichen Materials und freundlicher Mitarbeit des Kaiserlichen Geheimen Regierungsrathes Herrn Professor Dr. F. Wohltmann zu Bonn a. Rhein* (Berlin, 1905).

Schreckenbach, Paul, *Illustrierte Weltkriegschronik der Leipziger Illustrirten Zeitung*, 3Bde. (Leipzig, 1915-1920).

Seidel, August, *Die Duala-Sprache in Kamerun. Systematisches Wörterverzeichnis und Einführung in die Grammatik* (Heidelberg, 1904).

Seidel, August, *Deutsch-Kamerun. Wie es ist und was es verspricht* (Berlin, 1906).

Semler, Johannes, *Togo und Kamerun. Eindrücke und Momentaufnahmen* (Leipzig, 1905).

Wagner, Hermann, *Schilderung der Reisen und Entdeckungen des Dr. Eduard Vogel in Central-Afrika, in der großen Wüste, in den Ländern des Sudan (am Tsad-See, in Mußgo, Mandara, Sinder, Bautschi u.s.w.). Nebst einem Lebesabriß des Reisenden* (Leipzig, 1860).

Zöller, Hugo, *Das Kamerun-Gebirge nebst den Nachbar-Ländern Dahome, englische Goldküsten-Colonie, Niger-Mündungen, Fernando Po u. s. w.* (Berlin/Stuttgart, 1885).

Zöller, Hugo, *Das Flußgebiet von Kamerun. Seine Bewohner und seine Hinterländer* (Berlin/Stuttgart, 1885).

Zöller, Hugo, *Das südliche Kamerun-Gebiet, die spanischen Besitzungen, das französische Colonialreich und der Congo* (Berlin/Stuttgart, 1885).

## 東アフリカ

Becker, Alexander/Conradin von Perbandt/Georg Richelmann/Rochus Schmidt/Werner Steuber (Hg.), *Hermann von Wissmann. Deutschlands größter Afrikaner, sein Leben und Wirken unter Benutzung des Nachlasses* (Berlin, 1906).

Crowe, John Henry Verinder, *General Smuts' Campaign in East Africa* (London, 1918).

Gregory, John Walter, *The Great Rift Valley: Being the Narrative of a Journey to Mount Kenya and Lake Baringo with Some Account of the Geology, Natural History, Anthropology and Future Prospects of British East Africa* (London, 1896).

Gregory, John Walter, *The Rift Valleys and Geology of East Africa: An Account of the Origin & History of the Rift Valleys of East Africa & their Relation to the Contemporary Earth-movements which Transformed the Geography of the World. With some Account of the Prehistoric Stone Implements, Soils, Water Supply, & Mineral Resources of the Kenya Colony* (London, 1921).

Hennig, Edwin, *Am Tendaguru. Leben und Wirken einer Deutschen Forschungsexpedition zur Ausgrabung vorweltlicher Riesensaurier in Deutsch-Ostafrika* (Stuttgart, 1912).

Johnston, Harry, *Britain across the Seas, Africa: A History and Description of the British Empire in Africa* (London, 1910).

Levy, Naphtali, *Jan Smuts, Being a Character Sketch of Gen. The Hon. J.C. Smuts, K.C., M.L.A., Minister of Defence, Union of South Africa* (London, 1917).

Lumm, Karl von, *Karl Helfferich als Währungspolitiker und Gelehrter. Erinnerungen* (Leipzig, 1926).

Peters, Carl, *Die Gründung von Deutsch-Ostafrika. Kolonialpolitische Erinnerungen und Betrachtungen* (Berlin, 1906).

Portal, Gerald, *The British Mission to Uganda in 1893* (London, 1894).

Prince, Tom von, *Gegen Araber und Wahehe. Erinnerungen aus meiner ostafrikanischen Leutnantszeit 1890-1895* (Berlin, 1914).

Reichard, Paul, *Deutsch-Ostafrika. Das Land und seine Bewohner, seine politische und wirtschaftliche Entwickelung* (Leipzig, 1892).

Reichard, Paul, *Dr. Emin Pascha. Ein Vorkämpfer der Kultur im Innern Afrikas* (Leipzig, 1895).

Weigall, Arthur Edward Pearse Brome, *A History of Events in Egypt from 1798 to 1914* (Edingburgh, 1915).

Werth, Emil, *Das deutsch-ostafrikanische Küstenland und die vorgelagerten Inseln*, 2Bde. (Berlin, 1915).

## 太平洋植民地

Bölsche, Wilhelm, *Ernst Haeckel. Ein Lebensbild* (Dresden/Leipzig, 1900).

Dove, Karl, *Südwest-Afrika. Kriegs- und Friedensbilder aus der ersten deutschen Kolonie* (Berlin, 1896).

Götzen, Gustav Adolf von, Graf, *Durch Afrika von Ost nach West. Resultate und Begebenheiten einer Reise von der deutsch-*

*ostafrikanischen Küste bis zur Kongomündung in den Jahren 1893/94* (Berlin, 1895).

Haeckel, Ernst, *A Visit to Ceylon* (London, 1883).

Krämer, Augustin, *Hawaii, Ostmikronesien und Samoa. Meine zweite Südseereise (1897-1899) zum Studium der Atolle und ihrer Bewohner* (Stuttgart, 1906).

Krieger, Maximilian, *Neu-Guinea* (Berlin, 1899).

Leutwein, Paul, *Weltwirtschaftskampf der Nationen unter besonderer Berücksichtigung Deutschlands* (Leipzig, 1921).

Sapper, Karl, *Das nördliche Mittel-Amerika, nebst einem Ausflug nach dem Hochland von Anahuac. Reisen und Studien aus den Jahren 1888-1895* (Braunschweig, 1897).

Schweiger-Lerchenfeld, Amand Freiherr von, *Das neue Buch von der Weltpost. Geschichte, Organisation und Technik des Postwesens von den ältesten Zeiten bis auf die Gegenwart* (Wien/Pest/Leipzig, 1901).

Zöller, Hugo, *Deutsch-Neuguinea und meine Ersteigung des Finisterre-Gebirges. Eine Schilderung des ersten erfolgreichen Vordringens zu den Hochgebirgen Inner-Neuguineas, der Natur des Landes, der Sitten der Eingeborenen und des gegenwärtigen Standes der deutschen Kolonisationsthätigkeit in Kaiser-Wilhelms-Land, Bismarck- und Salomo-Archipel, nebst einem Wortverzeichnis von 46 Papua-Sprachen* (Stuttgart/Berlin/Leipzig, 1891).

## 膠州湾租借地

Chang, Chih-tung, *China's Only Hope: An Appeal*, trans. Samuel I. Woodbridge (New York/Chicago/Toronto, 1900).

Denkschrift betreffend die Entwicklung des Kiautschou-Gebiets in der Zeit vom Oktober 1898 bis Oktober 1899 (Berlin, 1900).

Denkschrift betreffend die Entwicklung des Kiautschou-Gebiets in der Zeit vom Oktober 1899 bis Oktober 1900 (Berlin, 1901).

Denkschrift betreffend die Entwicklung des Kiautschou-Gebiets in der Zeit vom Oktober 1900 bis Oktober 1901 (Berlin, 1902).

Denkschrift betreffend die Entwicklung des Kiautschou-Gebiets in der Zeit vom Oktober 1901 bis Oktober 1902 (Berlin, 1903).

Denkschrift betreffend die Entwicklung des Kiautschou-Gebiets in der Zeit vom Oktober 1902 bis Oktober 1903 (Berlin, 1904).

Denkschrift betreffend die Entwicklung des Kiautschou-Gebiets in der Zeit vom Oktober 1903 bis Oktober 1904 (Berlin, 1905).

Denkschrift betreffend die Entwicklung des Kiautschou-Gebiets in der Zeit vom Oktober 1904 bis Oktober 1905 (Berlin, 1906).

Denkschrift betreffend die Entwicklung des Kiautschou-Gebiets in der Zeit vom Oktober 1905 bis Oktober 1906 (Berlin, 1907).

Denkschrift betreffend die Entwicklung des Kiautschou-Gebiets in der Zeit vom Oktober 1906 bis Oktober 1907 (Berlin, 1908).

Denkschrift betreffend die Entwicklung des Kiautschou-Gebiets in der Zeit vom Oktober 1907 bis Oktober 1908 (Berlin, 1909).

Denkschrift betreffend die Entwicklung des Kiautschou-Gebiets in der Zeit vom Oktober 1908 bis Oktober 1909 (Berlin, 1910).

Foreign Office, *China: Notes on the Foreign Trade of Tientsin during the Years 1900-03* (London, 1904).

Forsyth, Robert Coventry, *The China Martyrs of 1900: A Complete Roll of the Christian Heroes Martyred in China in 1900 with Narratives of Survivors* (London, 1904).

Forsyth, Robert Coventry, *Shantung: The Sacred Province of China in Some of Its Aspects, Being a Collection of Articles relating to Shantung, including Brief Histories with Statistics, etc., of the Catholic and Protestant Missions and Life-sketches of Protestant Martyrs, Pioneers, and Veterans connected with the Province* (Shanghai, 1912).

Godshall, Wilson Leon, *Tsingtau under three Flags* (Shanghai, 1929).

Grünfeld, Ernst, *Hafenkolonien und kolonieähnliche Verhältnisse in China, Japan und Korea. Eine kolonialpolitische Studie* (Jena, 1913).

Haushofer, Karl, *Weltpolitik von heute* (Berlin, 1934).

Jones, Jefferson, *The Fall of Tsingtau: With a Study of Japan's Ambitions in China* (Boston, 1915).

Kirchhoff, Hermann (Hg.), *Der Seekrieg 1914-1915. Schiffspost- und Feldpostbriefe, sowie andere Berichte von Mitkämpfern und Augenzeugen* (Leipzig, 1915).

Kürschner, Joseph (Hg.), *China. Schilderungen aus Leben und Geschichte, Krieg, und Sieg. Ein Denkmal den Streitern und der Weltpolitik* (Leipzig, 1901).

Mumm, Alfons, *Meinen Mitarbeitern in Peking zur freundlichen Erinnerung an ihren Chef Alfons von Mumm* (Berlin, 1902).

Scheibert, Justus, *Der Krieg in China. 1900-1901 nebst einer Beschreibung der Sitten, Gebräuche und Geschichte des Landes*, 2Bde. (Berlin, 1901-1902).

Weicker, Hans, *Kiautschou. Das deutsche Schutzgebiet in Ostasien* (Berlin, 1908).

Winterhalder, Theodor Ritter von, *Kämpfe in China. Eine Darstellung der Wirren und der Beteiligung von Österreich-Ungarns Seemacht an ihrer Niederwerfung in den Jahren 1900-1901* (Wien/Budapest, 1902).

## 概説

Africanus, Simplex/Wilhelm Laasch/August Leue, *Mit der Schutztruppe durch Deutsch-Afrika* (Minden in Westfalen, 1905).

Beta, Ottomar, *Das Buch von unsern Kolonien* (Leipzig, 1908).

Chéradame, André, *La Colonisation et les Colonies Allemandes* (Paris, 1905).

Cigaretten-Bilderdienst (Hg.), *Deutsche Kolonien* (Dresden, 1936).

*Das Buch der deutschen Kolonien. Herausgegeben unter Mitarbeit der früheren Gouverneure von Deutsch-Ostafrika, Deutsch-Südwestafrika, Kamerun, Togo, Deutsch-Neuguinea* (Leipzig, 1937).

Kaemmel, Otto (Hg.), *Spamer's illustrierte Weltgeschichte. Mit besonderer Berücksichtigung der Kulturgeschichte*, 10Bde. (Leipzig, 1893-1898).

Klingebeil, Hermann, *Illustriertes deutsches Volks-Kolonialbuch. Mit Urteilen und Aussprüchen von Männern der Wissenschaft, Fachleuten und Forschungsreisenden* (Kattowitz/Leipzig, 1907).

Kürschner, Josef (Hg.), *Deutschland und seine Kolonieen. Wanderungen durch das Reich und seine überseeischen Besitzungen* (Berlin/Eisenach/Leipzig, 1902).

Mirbt, Carl, *Mission und Kolonialpolitik in den deutschen Schutzgebieten* (Tübingen, 1910).

Roskoschny, Hermann, *Europas Kolonien. Nach den neuesten Quellen geschildert*, 5Bde. (Leipzig, 1885-1886).

Seiler, Friedrich/Reinhard Zöllner, *Der schwarze Erdteil und seine Erforscher. Reisen und Entdeckungen, Kämpfe und Erlebnisse, Land und Volk in Afrika* (Bielefeld/Leipzig, 1891).

Schnee, Heinrich, *German Colonization: Past and Future: The Truth about the German Colonies* (London, 1926).

Totzke, August, *Deutschlands Kolonien und seine Kolonialpolitik* (Minden in Westfalen, 1885).

Volz, Berthold, *Unsere Kolonien. Land und Leute* (Leipzig, 1891).

## 序章

Caprivi, Georg Leo von, Rudolf Arndt (Hg.), *Die Reden des Grafen von Caprivi im deutschen Reichstage, preußischen Landtage und bei besonderen Anlässen 1883-1893. Mit der Biographie und dem Bildnis* (Berlin, 1894).

Dernburg, Bernhard, *Germany and the War: Not a Defense but an Explanation* (New York, 1915).

Ratzel, Friedrich, *Glücksinseln und Träume. Gesammelte Aufsätze aus den Grenzboten* (Leipzig, 1905).

Seraphim, Ernst, *Geschichte Liv-, Est- und Kurlands von der „Aufsegelung" des Landes bis zur Einverleibung in das russische Reich. Eine populäre Darstellung*, Bd.1 (Reval, 1895).

Seraphim, Ernst/August Seraphim, *Geschichte Liv-, Est- und Kurlands von der „Aufsegelung" des Landes bis zur Einverleibung in das russische Reich. Eine populäre Darstellung*, Bd.2 (Reval, 1896).

Wettstein, Karl Alexander, *Brasilien und die deutsch-brasilianische Kolonie Blumenau* (Leipzig, 1907).

## 外務省、植民地省

Arbeitsausschuss der Deutschen Kolonial-Ausstellung/Graf v. Schweinitz/C. v. Beck/F. Imberg/Gustav Meinecke, *Deutschland und seine Kolonien im Jahre 1896. Amtlicher Bericht über die Erste Deutsche Kolonial-Ausstellung* (Berlin, 1897).

## 社会主義者

Bernstein, Eduard, *Aus den Jahren meines Exils (Völker zu Hause)* (Berlin, 1918).

Bevan, Edwyn Robert, *German Social Democracy during the War* (London, 1918).

Dahms, Gustav, *Das litterarische Berlin. Illustriertes Handbuch der Presse in der Reichshauptstadt* (Berlin, 1895).

Heilfron, Eduard, *Die Deutsche Nationalversammlung im Jahre 1919 in ihrer Arbeit für den Aufbau des neuen deutschen Volksstaates*, 9Bde. (Berlin, 1919-1920).

Milner, Alfred/John Alfred Spender/Henry William Lucy/James Ramsay MacDonald/Harold Cox/Leopold Stennett Amery, *Life of Joseph Chamberlain* (London, 1914).

Noske, Gustav, *Noske* (Berlin, 1919).

Stead, William Thomas (ed.), *The Last Will and Testament of Cecil John Rhodes: With Elucidatory Notes to which are Added Some Chapters Describing the Political and Religious Ideas of the Testator* (London, 1902).

## 中央アフリカ

Arndt, Rudolf (Hg.), *Die Reden des Grafen von Caprivi im deutschen Reichstage, preußischen Landtage und bei besonderen Anlässen 1883-1893. Mit der Biographie und dem Bildnis* (Berlin, 1894).

Bethmann-Hollweg, Theobald von, *Sechs Kriegsreden des Reichskanzlers* (Berlin, 1916).

Bethmann-Hollweg, Theobald von, *Wer is* Schuld am Kriege? Rede des deutschen Reichskanzlers im Hauptausschusse des deutschen Reichtags am 9. November 1916* (Berlin, 1916).

Chéradame, André, *The Pangerman Ploi Unmasked: Berlin's Formidable Peace-Trap of "The Drawn War"* , trans. Lady Frazer (London, 1916) [Chéradame, André, *Le Plan Pangermaniste démasqué: Le Redoutable Piège Berlinois de "La Partie Nulle"* (Paris, 1916)]

Dampierre, Jacques de, *German Imperialism and International Law based upon German Authorities and the Archives of the French Government*, trans. Lady Frazer (London, 1917) [Dampierre, Jacques de, *L'Allemagne et le Droit des Gens d'après les Sources Allemandes et les Archives du Gouvernement Français: L'impérialisme* (Paris/Nancy, 1915)]

Dannenberg, H. L., *Sieg ohne Landgewinr.?* (Dresden, 1917).

Dix, Arthur, *Politische Erdkunde* (Breslau. 1922).

Dix, Arthur, *Politische Geographie. Weltpolitische Handbuch* (München/Berlin, 1922).

Jäckh, Ernst (Hg.), *Kiderlen-Wächter, der Staatsmann und Mensch. Briefwechsel und Nachlaß*, 2Bde. (Stuttgart, 1925).

Louwers, Octave, *Le Congo Belge et le Pangermanisme Colonial* (Paris, 1918).

Marcosson, Isaac Frederick, *An African Adventure* (New York/London, 1921).

Neumann, Josef, *Die Freiheit der Meere* (Berlin, 1917).

Norlind, Ernst, *Gespräche und Briefe Walther Rathenaus* (Dresden, 1925).

Reuter, Franz, *Schacht* (Leipzig, 1934).

Zimmermann, Emil, *The German Empire of Central Africa: As the Basis of a New German World-Policy* (New York/London, 1918).

## 熱帯植物

Wack, Henry Wellington, *The Story of the Congo Free State. Social, Political, and Economic Aspects of the Belgian System of Government in Central Africa* (New York/London, 1905).

Wohltmann, Ferdinand, *120 Kultur- und Vegetations- Bilder aus unseren Deutschen Kolonien* (Berlin, 1904).

## 画像を引用した同時代文献

### 日本

角屋謹一『普選議会の重なる人々—— 政界人物評伝（野党の巻）』文王社、1928 年。
札幌放送局編『学校放送講演集』日本放送協会北海道支部、1934 年。
曽根松太郎『当世人物評』金港堂書籍、1902 年。
田口卯吉『日本開化小史』経済雑誌社、1917 年。
田中鎮彦『中部カロリン島語案内』寶文館、1921 年。
田原禎次郎（田原天南）『膠州湾』満洲日日新聞社、1914 年。
トラック教育支会編『トラック島写真帖』トラック教育支会、1931 年。
南洋協會南洋群島支部編『南洋群嶋寫眞帖』南洋協會南洋群島支部、1925 年。
二葉屋呉服店編『海の生命線我が南洋の姿—— 南洋群島写真帖』二葉屋呉服店、1935 年。
俘虜情報局編『大正三四年戦役俘虜写真帖』俘虜情報局、1918 年。
松江春次『南洋開拓拾年誌』南洋興発、1932 年。
松江春次『蘭領ニューギニア買収案』松江春次、1932 年。
松岡静雄『国体明徴上の一考察—— 現神観念』時事新報社、1936 年。
松岡静雄『ミクロネシア語の綜合研究』岩波書店、1937 年。
松村金助『南にも生命線あり—— 日・満・南・経済ブロックの提唱』森山書店、1933 年。

## 新聞・雑誌

*Beihefte zum Tropenpflanzer. Wissenschaftliche und praktische Abhandlungen über tropische Landwirtschaft* (Berlin, 1900-1931).

*Das Größere Deutschland. Wochenschrift für Deutsche Welt- und Kolonialpolitik* (Berlin, 1914-1918).

*Der Tropenpflanzer. Zeitschrift für tropische Landwirtschaft* (Berlin, 1897-1944).

*Deutsche Kolonialzeitung* (Berlin, 1884-1942).

*Deutsch-Ostafrikanische Zeitung* (Morogoro, 1899-1916).

*Die deutsche Flotte* (Frankfurt am Main).

*Geographische Zeitschrift* (Leipzig, 1895-).

*Illustrierte Beilage zur deutschen Kolonialzeitung* (Frankfurt am Main).

*Kiongozi: Habari kwa watu wote wa Deutsch-Ostafrika* (Tanga).

*Kolonie und Heimat* (Berlin).

*Sozialistische Monatshefte* (Berlin, 1897-1933).

*Unterhaltungs-Beiblatt zum Amtsblatt für das Schutzgebiet Togo* (Lome).

| 年表 | |
|---|---|
| 1847 年 | ハンブルク＝アメリカ郵船会社設立 |
| 1848 年 | 三月革命 |
| 1857 年 | 北ドイツ＝ロイド社社設立 |
| 1859 年 | オイレンブルク使節団、アジア方面に出発 |
| 1861 年 | 南北戦争（〜 1865 年） |
| 1864 年 | シュレースヴィヒ＝ホルシュタイン戦争 |
| 1869 年 | スエズ運河完成 |
| 1870 年 | 南スーダンにて赤道州設置 |
| | 普仏戦争（〜 1871 年） |
| 1871 年 | 第二帝政成立 |
| 1873 年 | 大不況（ウィーンから開始） |
| 1875 年 | イギリスによるスエズ運河株式買収 |
| 1878 年 | ドイツ貿易プランテーション会社設立 |
| 1881 年 | オラービー革命（エジプト） |
| | マフディー運動（スーダン） |
| 1882 年 | ドイツ植民協会設立 |
| 1884 年 | 西南アフリカ、カメルーン、トーゴの領有 |
| | 東アフリカ領有工作 |
| | ニューギニア分割 |
| | 汽船補助金法案提出 |
| | ベルリン会議（〜 1885 年） |
| | ドイツ植民化のための協会設立 |
| | 『ドイツ植民地新聞』刊行開始（〜 1922 年） |
| 1885 年 | ヴィトウ領有（現在のケニア南部） |
| | マーシャル諸島領有 |
| | ドイツ東アフリカ会社設立 |
| | 西南アフリカ植民地会社設立 |
| | ヴェーアマン会社設立 |
| 1887 年 | ドイツ植民地協会設立 |
| | ヤルート会社設立 |
| 1888 年 | 東アフリカ沿岸における抵抗（〜 1890 年） |
| 1889 年 | ドイツ・アジア銀行設立 |
| | サモア問題に対するドイツ、イギリス、アメリカ合衆国間の協議（ベルリン） |
| 1890 年 | ビスマルク罷免される |
| | ヘルゴラント＝ザンジバル協定締結 |
| | 社会主義者鎮圧法失効 |
| | 外務省植民地局設置 |
| 1891 年 | ムクワワの蜂起（〜 1898 年） |
| | ドイツ東アフリカ会社に代わり、ドイツ帝国指導部がドイツ領東アフリカの統治を担うことになる。 |
| | ドイツ領東アフリカにおいて保護軍設置 |
| | アストロラーベ会社設立 |
| | 全ドイツ連盟設立 |
| | プロイセン感染症研究所設立 |
| | ドイツ植民地植物学研究本部設立 |
| 1892 年 | 西南アフリカ会社設立 |
| 1894 年 | カメルーンにおいて保護軍設置 |
| | 日清戦争 |
| 1895 年 | 天津・漢口租界獲得 |
| | ジェームソン侵入事件（トランスヴァール共和国） |

| | |
|---|---|
| 1896 | クヴァイ試験場設立（東アフリカ） |
| | イギリス・ザンジバル戦争 |
| | 植民地経済委員会設立 |
| 1897 年 | 西アフリカ・ヴィクトリア・プランテーション会社設立 |
| | 小屋税の導入（東アフリカ） |
| | 『熱帯プランナー』刊行開始（～ 1944 年） |
| 1898 年 | 南カメルーン会社設立 |
| | 膠州湾租借条約締結 |
| | ラム川探検（ニューギニア） |
| | 艦隊協会設立 |
| | ヴィッツェンハウゼンに植民地学校設立 |
| | ファショダ事件 |
| | 米西戦争 |
| 1899 年 | 西北カメルーン会社設立 |
| | スペイン領ミクロネシア（カロリン諸島、マリアナ諸島）購入 |
| | サモア分割 |
| | ボーア戦争 |
| | 万国平和会議（ハーグ平和会議）においてハーグ陸戦条約採択 |
| 1900 年 | 西サモア（ウポル島とサバイイ島）の領有 |
| | 義和団戦争（～ 1901 年） |
| | 船員熱帯病研究所設立 |
| 1901 年 | 北京議定書調印（北京ドイツ公使ムンムがドイツ全権） |
| 1902 年 | ドイツ・トーゴ会社設立 |
| | アマニ研究所設立 |
| | 第一回ドイツ植民地会議（ベルリン） |
| 1904 年 | ヘレロ・ナマ戦争（～ 1908 年） |
| | 山東鉄道完成 |
| | 日露戦争（～ 1905 年） |
| | 英仏協商締結 |
| 1905 年 | マジマジ蜂起（～ 1908 年） |
| | ドイツ領東アフリカ銀行設立 |
| | 第一次モロッコ事件 |
| | 第二回ドイツ植民地会議（ベルリン） |
| 1907 年 | 帝国議会選挙（通称「ホッテントット選挙」）にて社会民主党大敗 |
| | 植民地省設立 |
| | シュトゥットガルト大会（第二インターナショナル第七回大会） |
| 1908 年 | コールマンスコッペにてダイヤモンドが発見される（西南アフリカ） |
| | マウ運動（～ 1909 年） |
| | ハンブルク植民地研究所設立 |
| 1910 年 | ポナペ島での蜂起（カロリン諸島）（～ 1911 年） |
| | 青島特別高等学堂設立 |
| | 第三回ドイツ植民地会議（ベルリン） |
| | 南アフリカ連邦成立 |
| 1911 年 | ウサンバラ鉄道開通 |
| | 第二次モロッコ事件、ノイカメルーン獲得 |
| | 辛亥革命（～ 1912 年） |
| 1912 年 | セピック川探検（ニューギニア）（～ 1913 年） |
| | 中華民国成立 |
| 1913 年 | 中央鉄道、ビジョカまで開通（カメルーン） |
| 1914 年 | 第一次世界大戦勃発 |

| | |
|---|---|
| | トーゴ、太平洋植民地、膠州湾租借地が占領される |
| | マリッツ蜂起（〜 1915 年） |
| 1915 年 | 西南アフリカが占領される |
| | 『中欧』出版 |
| 1916 年 | カメルーンが占領される |
| 1917 年 | ロシア革命 |
| 1918 年 | アメリカ合衆国のウィルソン大統領による十四ヵ条の提唱 |
| | ブレスト＝リトフスク条約締結 |
| | ドイツ休戦 |
| | レットウ＝フォアベック率いる東アフリカ軍投降 |
| 1919 年 | ヴェルサイユ条約締結、ドイツは一切の植民地を失う（ドイツ側は条約を「命令 Diktat」と呼んだ） |
| | ヴァイマル共和国議会において、植民地の強奪への抗議が 414 対 7 で可決 |
| 1920 年 | 国際連盟発足。随時、委任統治開始。 |
| | 日本における全俘虜収容所の閉鎖 |
| | 『ドイツ植民地事典』出版 |
| 1921 年 | ワシントン会議（〜 1922 年） |
| 1922 年 | 帝国植民地研究班（Koloniale Reichsarbeitsgemeinschaft）設立 |
| | ドイツ植民地在郷軍人同盟設立 |
| 1924 年 | ドイツ植民地統治開始 40 周年記念祭 |
| | 植民地会議（ベルリン） |
| | 『植民地責任の嘘』出版 |
| 1925 年 | ロカルノ条約締結 |
| 1926 年 | ドイツ、国際連盟に加盟 |
| | 『土地無き民』出版 |
| 1929 年 | 世界恐慌開始 |
| | イギリスによるドイツ領東アフリカをイギリス領東アフリカに併合するという計画に対して、ドイツ国内で抗議運動が激化 |
| 1933 年 | ヒトラー内閣成立 |
| | ドイツ、国際連盟を脱退 |
| | 植民地同盟設立（会長ハインリヒ・シュネー） |
| 1934 年 | 植民地政策局設立（局長フランツ・フォン・エップ） |
| | ドイツ植民地統治開始 50 周年記念祭 |
| 1935 年 | ニュルンベルク法制定 |
| 1936 年 | 「同一化（Gleichscha tung）」の圧力で、各植民地団体が行っていた業務も、植民地政策局が全て統轄するようになる。 |
| 1939 年 | 第二次世界大戦勃発 |
| 1940 年 | ナチ党の中央アフリカ計画 |
| 1942 年 | スターリングラードの戦い |
| 1943 年 | ナチ党の政治家マルティン・ボルマン（Martin Bormann）の指令により、植民地団体の活動が停止解散させられる。 |
| 1945 年 | ドイツ降伏 |
| | 国際連合発足。委任統治に代わり、随時、信託統治開始。 |

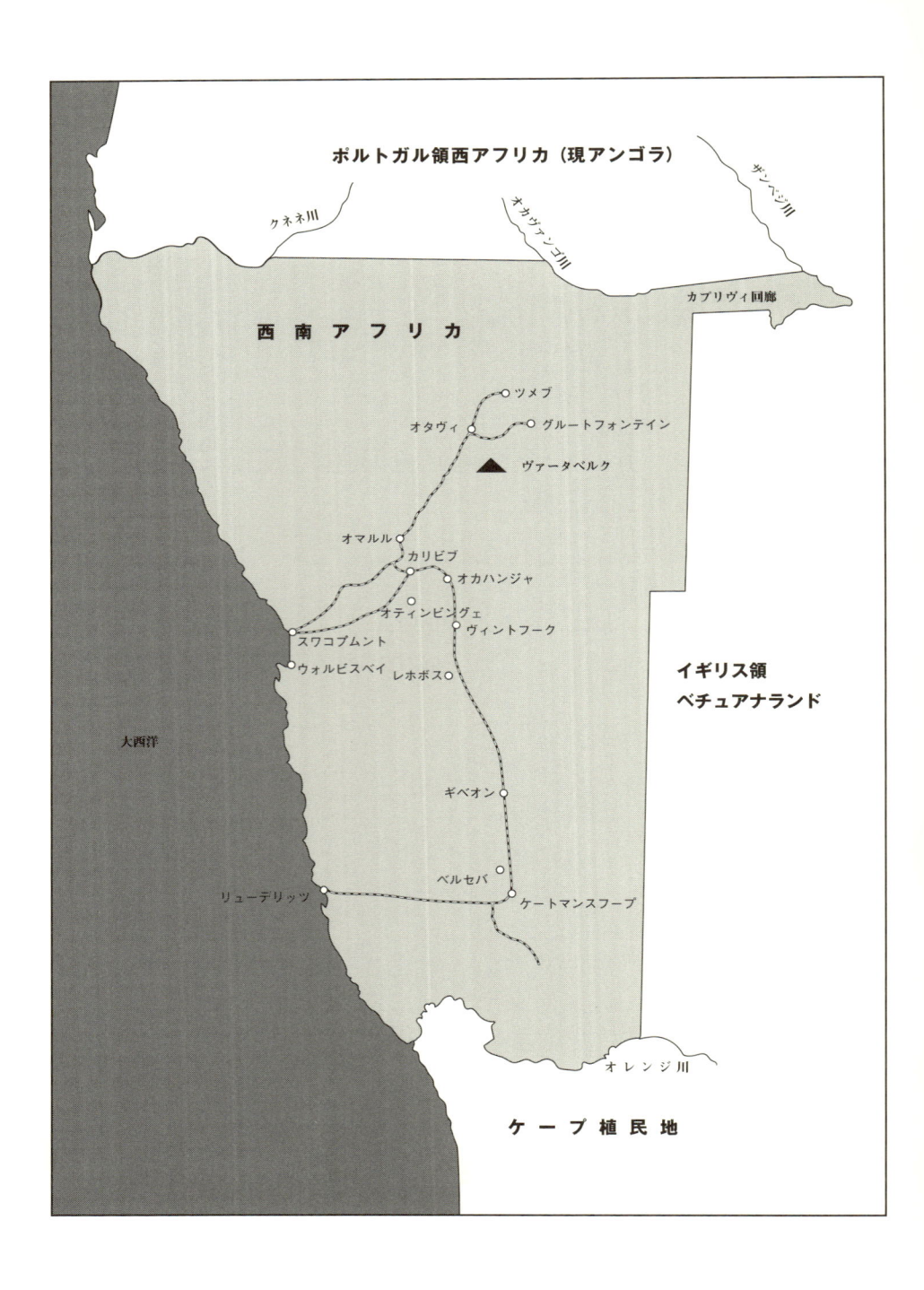

ポルトガル領西アフリカ（現アンゴラ）

クネネ川

オカヴァンゴ川

ザンベジ川

カプリヴィ回廊

西 南 ア フ リ カ

ツメブ

オタヴィ　　グルートフォンテイン

ヴァータベルク

オマルル

カリビブ

オカハンジャ

オティンビングェ

スワコプムント　　ヴィントフーク

ウォルビスベイ　　レホボス

イギリス領

ベチュアナランド

大西洋

ギベオン

ベルセバ

リューデリッツ　　ケートマンスフープ

オレンジ川

ケ ー プ 植 民 地

バマ

サンサネ＝マング

ト　ー　ゴ

イェンディ

バッサリ

ソコデ

ビンビラ

サラガ

ビスマルクブルク

フランス領ダホメ
（現ベナン）

ケテ・クラチ

アタクパネ

イギリス領ゴールドコースト
（現ガーナ）

ミサヘーエ
バリメ

ヌアチャ

ポルトノボ

ヴォルタ川

ホ

コトヌー

アネホ

ロメ

ギニア湾

アクラ

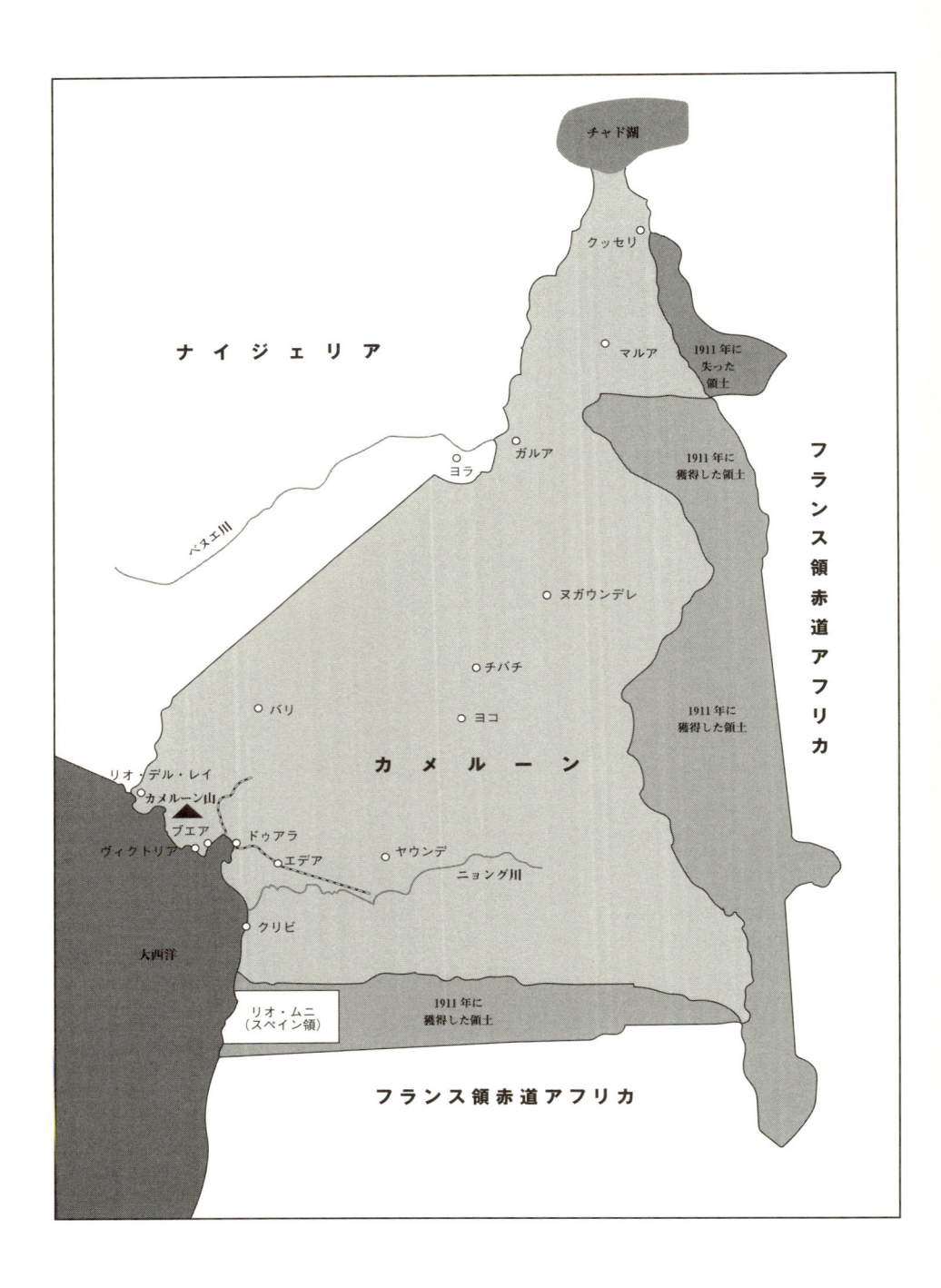

赤道州

アルバート湖

ウガンダ

イギリス領東アフリカ（現ケニア）

ベルギー領コンゴ

ヴィクトリア湖

ナイロビ

キブ湖

ブコバ

ルワンダ

ムワンザ キリマンジャロ

モシ

ブルンジ

ウスンブラ

アルーシャ

モンバサ

ウサンバラ鉄道

タンガニーカ湖

キゴマ

ウジジ

タボラ

ヴィルヘルムシュタール

タンガ

サーダニ

パンガニ

バガモヨ

ザンジバル

ドイツ領東アフリカ

ドドマ

キロサ

モロゴロ

ダルエスサラーム

イリンガ

ルフィジ川

ビスマルクブルク

マヘンゲ

キルワ

ノイランゲンベルク

リワレ

リンディ

ソンゲア

ミキンダニ

（ニアサ湖）

マラウイ湖

インド洋

ニアサランド

ポルトガル領東アフリカ
（現モザンビーク）

ローデシア

ザンベジ川

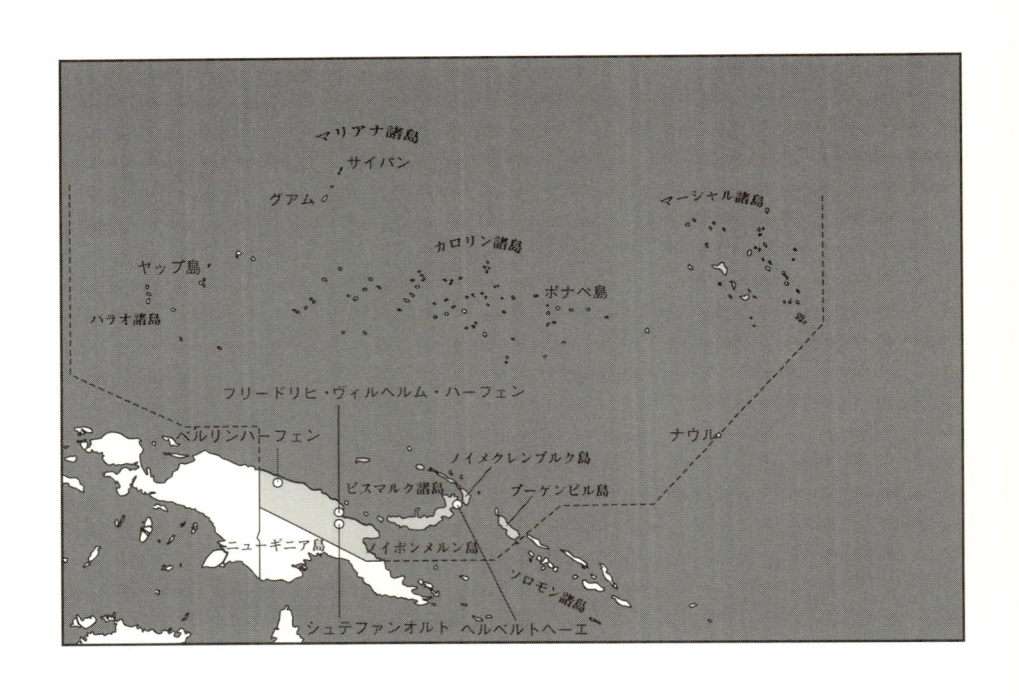

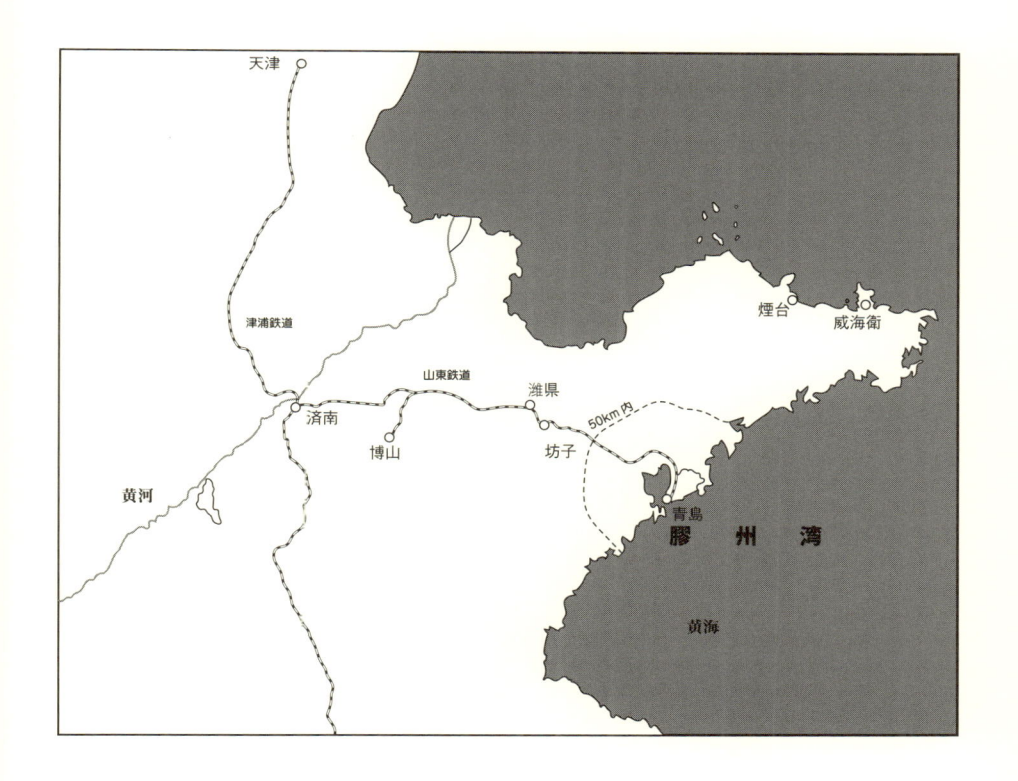

天津

津浦鉄道

山東鉄道

済南

博山

潍県

坊子

50km 内

青島

膠　州　湾

黄河

黄海

煙台

威海衛

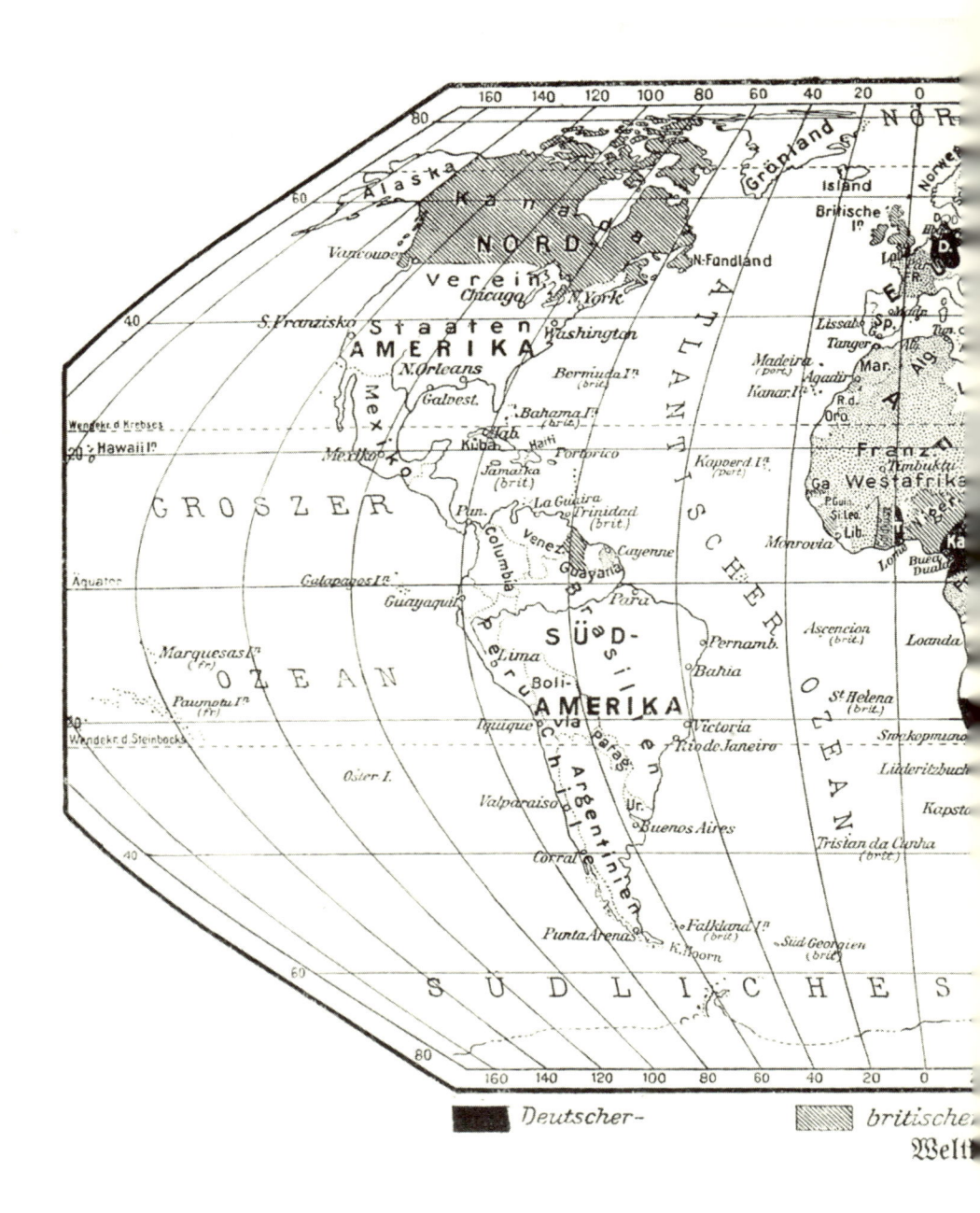

ドイツ植民地、イギリス植民地、フランス植民地が示された世界地図

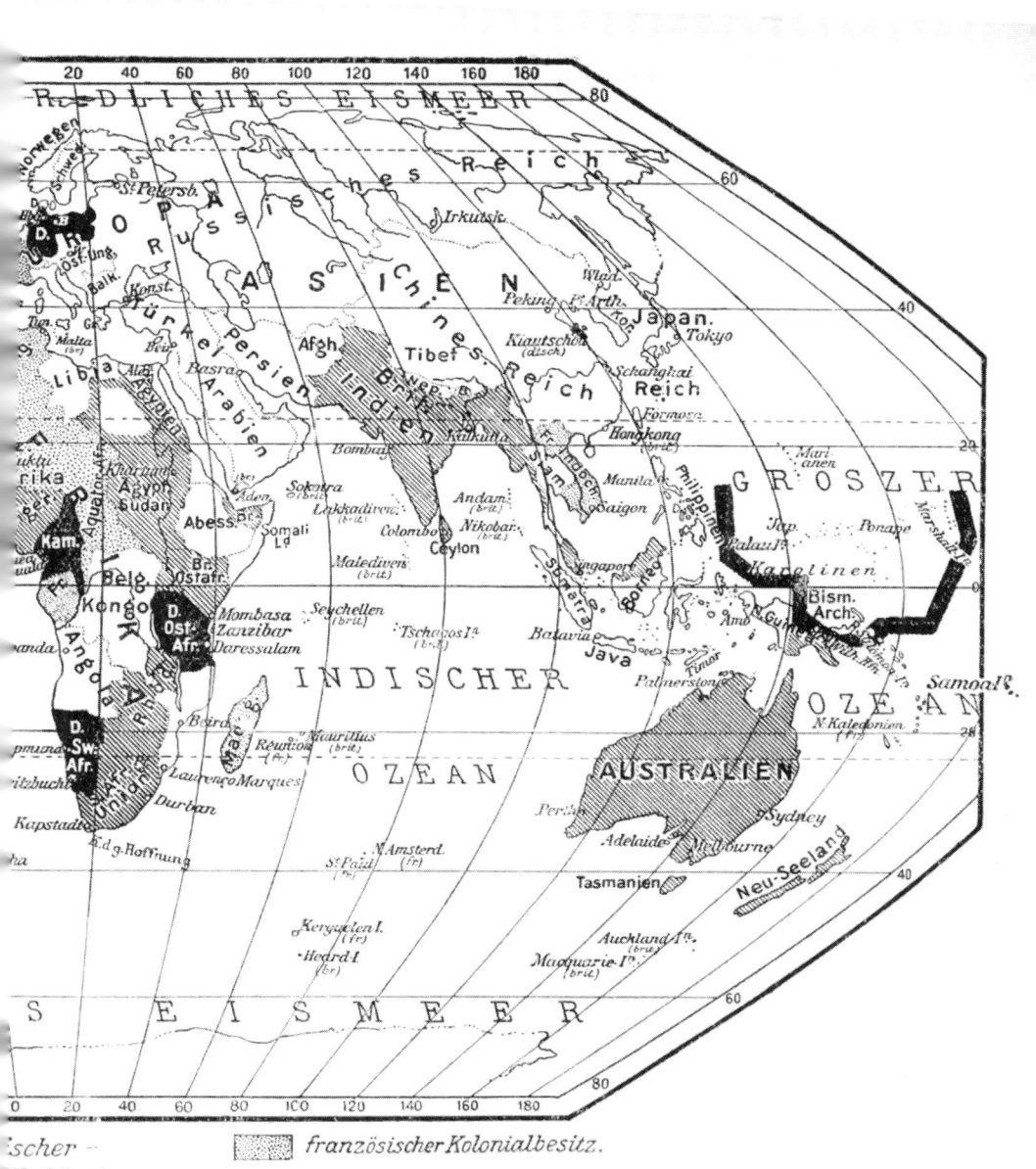

franzöſiſcher Kolonialbeſitz.

iſcher —

Weltkarte.

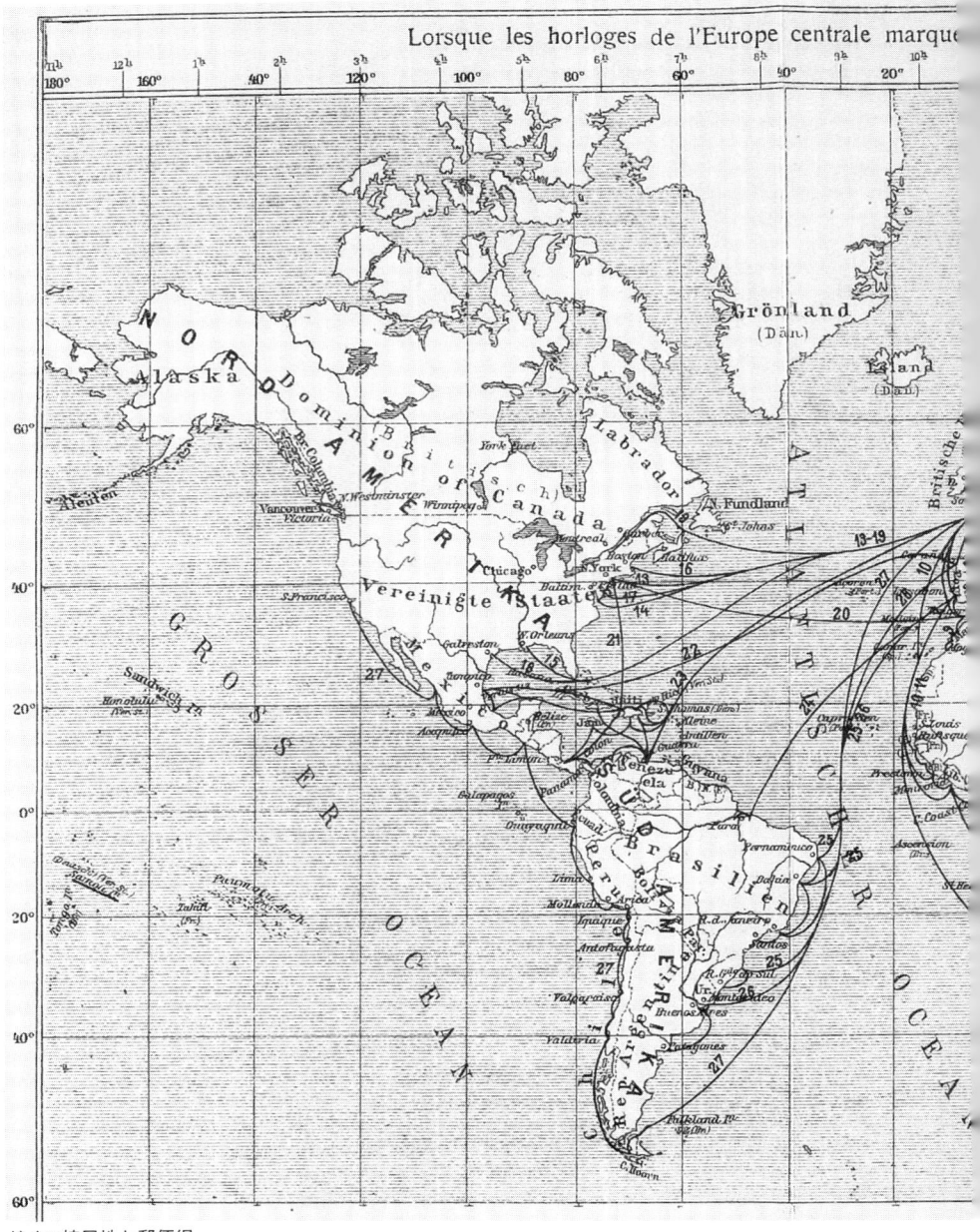

ドイツ植民地と郵便網

# 人名索引

ツェヒ（Zech auf Neuhofen, Julius von）108, 121, 127, 126, 128, 132, 133, 134, 136, 137, 138, 146, 147, 148, 157

ティップー・ティプ（Tippu Tip）243, 244, 428

ティルピッツ（Tirpitz, Alfred von）224, 376, 377, 379

デルンブルク（Dernburg, Bernhard）15, 16, 19, 32, 76, 77, 78, 138, 141, 199, 224, 262, 287, 308, 334, 427

ドミニク（Dominik, Hans）179, 183

トルッペル（Truppel, Oskar）379, 401, 411, 417, 424

トロータ（Trotha, Lothar von）55, 56, 57, 61, 67, 100, 263, 306, 389, 390


### ナ行

ナハティガル（Nachtigal, Gustav）12, 42, 44, 100, 113, 157, 173, 174, 182, 226


### ハ行

バリン（Ballin, Albert）160, 219, 220

ハール（Hahl, Albert）318, 327, 328, 329, 330, 331, 332, 338, 340, 348, 349, 351, 353, 360, 361, 362

ハンゼマン（Hansemann, Adolph von）11, 12, 23, 79, 326, 332

ビスマルク（Bismarck, Otto von）11, 12, 14, 18, 29, 42, 113, 173, 182, 247, 249, 250, 317, 324, 356

フーゲンベルク（Hugenberg, Alfred）30, 160, 252

プットカマー（Puttkamer, Jesko von）114, 116, 118, 119, 157, 168, 180, 181, 183, 187, 188, 195, 196, 197, 199, 209, 214, 226

フランソワ（François, Curt von）48, 51, 100, 114, 115

フリッツ（Fritz, Georg）99, 331, 337, 361, 362

ペータース（Peters, Karl）14, 18, 19, 29, 158, 247, 248, 250, 251, 252, 263, 299, 302, 306

ベーベル（Bebel, August）101, 103, 185

ボータ（Botha, Louis）80, 84, 86, 87, 88, 98


### マ行

マイアー（Meyer, Hans）161, 163, 246, 257

マハレロ（Maharero）39, 44, 48, 60

マハレロ（Maharero, Samuel）48, 52, 55

マレンゴ（Marengo, Jacob）55, 58, 59, 60, 63

ムンム（Mumm von Schwarzenstein, Alfons）334, 406

メクレンブルク（Mecklenburg, Adolf Friedrich zu）143, 157, 350


### ヤ行

ヨセフォ（Mata'afa Iosefo）325, 343, 344, 346

# 事項索引

### マ行

南カメルーン会社（Gesellschaft Süd-Kamerun）23, 191, 193
モロッコ事件（Marokkokrise）16, 17, 117, 160, 175, 211, 221, 299, 427


### ヤ行

ヤウンデ（Jaunde）178, 180, 181, 182 186, 191, 206, 207, 210
ヤップ島（Yap）152, 315, 321, 322, 338, 340, 341, 342, 352, 358, 361, 364, 365, 367, 368
ヤルート会社（Jaluit-Gesellschaft）334, 335, 339, 352, 356
ヤンツェン・トルメーレン（Jantzen & Thormählen）22, 172, 174


### ラ行

ライン・ミッション（Rheinische Missionsgesellschaft）23, 37, 38, 39, 40, 426
リューデリッツ（Lüderitz）36, 61, 67, 76, 79, 86, 152
リューデリッツ社（Lüderitz）22
ロメ（Lome）118, 119, 120, 121, 122, 123, 124, 125, 128, 132, 134, 139, 140, 141, 142, 143, 146, 147, 148, 149, 150

**栗原久定**　（クリハラ ヒサヤス）

早稲田大学第一文学部卒。千葉大学大学院人文社会科学研究科公共研究専攻博士前期課程修了。千葉大学大学院人文社会科学研究科公共研究専攻博士後期課程単位取得退学。「強いられる低開発への抵抗」（三宅芳夫・菊池恵介編 『近代世界システムと新自由主義グローバリズム』内）を執筆。専門はドイツとオーストリアの近現代史。特に第一次世界大戦中の同盟国の戦争目的を研究している。

hisayasukurihara@yahoo.co.jp

後発帝国主義研究第一巻

# ドイツ植民地研究

**西南アフリカ・トーゴ・カメルーン・東アフリカ・太平洋・膠州湾**

2018 年 6 月 10 日　初版第 1 刷発行
著者：栗原久定
装幀＆デザイン：合同会社パブリブ
発行人：濱崎誉史朗
発行所：合同会社パブリブ
〒 140-0001
東京都品川区北品川 1-9-7 トップルーム品川 1015
03-6383-1810
office@publibjp.com
印刷 ＆ 製本：シナノ印刷株式会社